سوسیالیسم رویایی من

دفتر اول:

در کوران مبارزه انقلابی

خاطرات یک کادر حزب توده از مبارزه حرفه ای

در سال های نخست انقلاب

رضا فانی یزدی

بهمن ۱۳۹۵

نام کتاب: سوسیالیسم رویایی من- دفتر اول : در کوران مبارزه انقلابی

نویسنده: رضا فانی یزدی

شابک : ٩٧٨-١-٩٤٦٦٥٥-٠٠-٤

ناشر: نشر بی بی

تاریخ انتشار: دیماه ١٣٩٥

تیراژ: ١٠٠٠ نسخه

آدرس ایمیلی : rezafani@gmail.com

طرح روی جلد: رضا فانی یزدی

به همسرم سهیلا، شریک زندگی ام، نیمه دیگر وجودم که چه مهربانانه و عاشقانه یار و یاورم بوده و هست. در تمام آن روزها پشت دیوار زندان در انتظار خبری و ملاقاتی در گرما و سرما به انتظار نشست. با دیدن اش و با هدیه هایش امید به آینده ام داد و حس زندگی دوباره را در آن دوران یاس و ناامیدی باز در دلم انداخت و در نگارش این کتاب با صبر و حوصله سال هاست که کمک ام کرده و مشوق ام بوده و این بدون وجود او ممکن نبود.

به دخترم میترا و پسرم البرز که از کودکی به قصه های درد و رنج زندان من گوش دادند و زندگی کودکانه شان توام شد با شنیدن حکایت های زندان و شکنجه و دیدن چهره همیشهُ اندوهگین من.

به مادرم که به من زندگی داد و شرافتمندانه زیستن را آموخت، همیشه و همه جا در کنارم بود و بیشتر از من رنج و شکنجه تحمل کرد. به پدرم که با رنج و زحمت شبانه روزی امکان زندگی آبرومندانه را برای ما فراهم کرد و اعتمادش به من مسئولیت آموخت. به برادران و خواهرانم که همیشه با عشق و محبت در کنارم بودند و به همه رفقا و دوستان ام که با هم شادی ها و غم ها را زندگی کردیم.

فهرست مطالب

دیشب خواب اکبر آقا را دیدم

گوشه اتاق چمباتمه زده بود. همان اتاق لعنتی بازجویی که در آن برای اولین بار او را دیده بودم. لاغر و تکیده تر از قبل بود. هنوز پاهایش تا بالای زانوهایش مثل یک مشک بادکرده و سیاه بود. صورتش آنقدر متورم بود و پای چشمانش از شدت مشت هایی که برسر و صورتش زده بودند آنقدر سیاه بود که پوست گندمگون او را دیگر نمی دیدی. چشمهایش تنگ‌تر از همیشه شده بود و قطرات خون از گوشه هر دو چشمش روان بوند بطوری که تمام پیراهنش خون آلوده شده و زمین گوشه اتاق درست همان جایی که او افتاده بود کلی خون ریخته بود. همان نگاه همیشگی را داشت. سرد و بی‌روح و کمترین احساسی را در آن چشمان خون آلود نمی‌دیدی، گرچه بدن مجروحش داشت از درد فریاد می کشید.

ترس داشتم که از او سوالی بکنم و یا چیزی بپرسم. مطمئن بودم که توی آن اتاق لعنتی میکروفون کار گذاشته اند و همه حرف های ما را گوش می کنند. می ترسیدم که اگر حرفی بزنم و یا سوالی بکنم، اکبر آقا حرفی بزند که بعدا برعلیه‌اش تمام شود. همان گوشه اتاق در حالیکه او را با وحشت نگاه می‌کردم، ناگهان خشکم زد. اکبرآقا یک حالت دیگری پیدا کرد. یک دفعه احساس کردم نگاهش متفاوت شد. چشمهای خون‌آلودش به سفیدی رنگ می‌باخت. کبودی های صورتش و پاهای سیاه و بادکرده‌اش کمکم بی‌رنگ می‌شدند. احساس می‌کردم اکبرآقا دارد جلوی چشمهایم می‌میرد. تمام بدنم می‌لرزید. نمی‌توانستم خودم را کنترل کنم. دندانهایم به شدت به هم می‌خوردند. فک‌ام انگار داشت از شدت درد به هم خوردن دندانهایم از جا در می‌آمد. یک دفعه همانطور که کنج اتاق چمباتمه زده بود، به یک طرف افتاد. سرش چنان محکم به موزائیک کف اتاق خورد که انگار ترکید. از صدای ترکیدن سرش از خواب پریدم. تمام بدنم خیس عرق بود. بالش زیر سرم خیس بود. یواش از تخت پایین آمدم که سهیلا را بیدار نکنم. یواش از اتاق خواب بیرون رفتم و در را پشت سرم بستم. ساعت هنوز ۲ صبح بود. خوابم نمی‌برد. وحشت مرگ اکبرآقا با آن شکل و شمایل توی آن اتاق لعنتی بازجویی رهایم نمی‌کرد. سماور را روشن کردم. هنوز بدنم خیس عرق بود. چند دقیقه‌ای همانطور توی آشپزخانه خشکم زده بود. نمی‌دانستم که چکار کنم. هفته‌ای نیست که حداقل یک بار خواب زندان را نبینم، خواب‌های لعنتی روزهای وحشت و شکنجه در زندان هنوز بعد از بیشتر از دو دهه رهایم نمی‌کند. ولی این یکی از همه بدتر بود. تصمیم گرفتم شروع کنم به نوشتن داستان زندگی خودم، خاطرات زندان، و داستان رنج و درد اکبرآقا.

هوای دلپذیر بهار انقلاب

بهار سال ۱۳۵۸ بود. چند ماهی بیشتر از انقلاب نگذشته بود. نوای شورانگیز "هوا دلپذیر شد، گل از خاک بردمید" سراسر کشور را فرا گرفته بود.

ما هواداران حزب توده ایران در مشهد در آن هوای دلپذیر بهاری پس از انقلاب محل جدیدی را در خیابان سعدی برای حزب اجاره کرده بودیم. پیش از آن دفتر کوچکی در خیابان جم داشتیم روبروی سینما آریا. این سینما که چند ماه پیش در روزهای اوج انقلاب توسط گروههای اسلامی به آتش کشیده شده بود و هنوز ساختمان نیمه سوخته آن با دیوارهای سیاه خود، خاطره آن روزها را زنده می کرد. حالا کمی وضع بهتر شده بود و در خیابان سعدی یک ساختمان چند طبقه اجاره کرده بودیم. طبقه اول آن را بخش تبلیغات در اختیار داشت که مسئول پخش روزنامه و نشریات حزب بود. طبقه دوم را به سازمان جوانان و کانون دانش آموزان داده بودیم، و طبقه سوم در اختیار تشکیلات ایالتی حزب در استان خراسان بود.

من از همان ابتدای شکل گیری تشکیلات اولیه حزب، در بخش کارگری مسئولیت گرفته بودم. ضمن اینکه مسئول بخش دانشجویی دانشکده مهندسی دانشگاه کار نیز بودم.

فضای دلپذیر روزهای بهاری اولین سال انقلاب تقریبا همه جوانان کشور را در یک رقابت صمیمانه برای خدمت به مردم کشور به میدان فعالیت‌های اجتماعی و سیاسی کشانده بود.

مذهبی‌ها در گروه‌های مذهبی و ارگان‌های تازه تاسیس انقلابی، و چپ‌ها و غیرمذهبی‌ها در گروه‌ها و احزاب سیاسی چپ جمع شده بودند. بخش بزرگی از جریان چپ در حزب توده ایران که قدیمی‌ترین جریان سنتی چپ در کشور بود خود را بازسازی می‌کرد. هر روز در دفتر کوچک حزب ما سروکله تعدادی از اعضای قدیمی و یا هواداران جدید پیدا می‌شد که مشتاقانه بدنبال فعالیت حزبی بودند و تقاضای عضویت در سازمان‌های حزبی را داشتند.

بدنه اصلی تشکیلات ما در چند ماهه آغازین پس از انقلاب بطور عمده از بچه‌های جوان و دانشجو شکل گرفته بود. یکی از رفقای ما به نام خلیل که گویا مسئول تشکیلات حزب در ایتالیا بوده و تازه به ایران برگشته بود، به مسئولیت تشکیلات خراسان گمارده شده بود. بچه‌های تشکیلات از آنجایی که او از خارج آمده بود خیلی از او حرف شنوی نداشتند. برای محکم کردن جای پای خلیل در تشکیلات، رفیق ما علی خاوری که چندماه پیش در آخرین روزهای انقلاب از زندان آزاد شده بود و از قضا خراسانی هم بود و کاریزما و اتوریته هم داشت و بسیار محبوب ما جوان‌ها بود، به مشهد آمد تا به تشکیلات سروسامانی بدهد. علی خاوری جدای از اینکه سالهای طولانی را در کنار دیگر زندانیان توده‌ای در زندان‌های شاه گذرانده بود، از دو نظر دیگر نیز محبوبیت و معروفیت داشت. یکی اینکه او و پرویز حکمت جو پس از دستگیری بسیار شکنجه شده بودند و دیگر اینکه همسرش خواهر یوری گاگارین، اولین فضانورد شوروی بود که به دور کره زمین چرخیده بود. ما توده‌ای ها، بویژه جوان‌های ایده آلیست و تازه سوسیالیست شده‌ای چون من، چنان شیفته و فریفته شوروی آن زمان بودیم که شوهرخواهر یوری گاگارین را

می‌شد تا حد پرستش دوست داشت. علی خاوری در یکی دو جلسه که تقریبا همه فعالین شهر را در آن جمع کرده بود برای خلیل تازه وارد ما به اندازه کافی اتوریته تشکیلاتی تولید کرد که او بتواند به کار روزانه خود با دردسر کمتری ادامه داده و به زندگی روزانه حزب سروسامانی بدهد.

ما چپ‌ها هم پیامبران و مراجع تقلید خودمان را داشتیم. حرف مارکس و انگلس و لنین برای ما همانند آیه‌های قرآن و احادیث پیامبر در نزد مذهبی‌ها، مقدس بود.

همانطور که برای مذهبی ها استمرار ولایت پیامبر به خلفا و ائمه و چهارده معصوم می رسید، برای برخی از جریانات چپ استمرار ولایت مارکس و انگلس و لنین به استالین و مائو و انورخوجه هم می‌رسید. برخی حتی هوشی مین و کاسترو و کیم ایل سونگ را هم در زمره معصومین چهارده گانه دیانت مارکسیسم بر می‌شمردند.

کعبه ما توده ای‌ها مسکو بود. مائوئیست‌ها پکن را آخرین قبله گاه خود قرار داده بودند. تازه مارکسیست-لنینیست‌های جدا شده از مجاهدین خلق به امامت انورخوجه و رو به تیرانا در آلبانی نماز می‌گذاردند. برخی که از همه فناتیک تربودند، به دنبال کیم ایل سونگ افتاده و سوسیالیسم رویایی خود را در پیونگ یانگ کره شمالی جستجو می‌کردند. از همه تاسف آورتر اما افرادی بودند چون محسن رضوانی که رئیس حزب رنجبران بود. او در دیدار با پول پوت، چشم بر گورهای بزرگ کامبوج که بیش از ۲ میلیون کشته را در مدتی کمتر از دوسال در خود جای داده بود، بست و در جهنمی که او آفریده بود، سوسیالیسم رویایی خود را در ویرانه های کامبوج جستجو می‌کرد.(*"نگاهی از درون به جنبش چپ ایران: گفتگو با محسن رضوانی"، حمید شوکت*)

امر تقلید تنها منحصر به پیروان آیات عظام نبود. به همان اندازه که مسلمانان سنتی درگروگان رهبری دینی و مراجع تقلید بودند، مسلمانان نیمه مدرن بعدی در گروگان رجوی و شریعتی گرفتار بوده و مارکسیست‌های به اصطلاح بی دین در گروگان مراجع مارکسیستی دست و پا می‌زدند.

گرچه ما توده ای‌ها به نظر دیگر پیروان دیانت مارکسیسم-لنینیسم مومن درست و حسابی نبودیم چرا که در بعضی از احکام مقدس شک کرده بودیم و به بعضی از ائمه و معصومین پس از مارکس و انگلس و لنین کم باور شده بودیم و به همین گناه بزرگ از طرف مومنین واقعی به ارتداد متهم بودیم. ما نیز همانگونه که کائوتسکی در دوره‌ای از طرف لنین لقب "مرتد" را گرفته بود، مرتد محسوب می‌شدیم. گناه ما تجدید نظر در آراء و احکام مقدس مارکسیستی بود و به همین دلیل هم به رویزیونیسم متهم بودیم. رویزیونیسم در فضای فکری آن دوران مترادف با واژه بدعت گذار در احکام و اصول در حوزه دیانت مارکسیسم بود. ولی علیرغم آنچه دیگران به ما نسبت می دادند عشق و ایمان به مارکسیسم و کعبه سوسیالیستی در مسکو در قلب و روح توده ای‌ها نیز کمتر از عشق و ایمان مذهبی دیگر پیروان دیانت مارکسیستی نبود.

از مطلب پرت افتادم.

منظورم این بود که علی خاوری چهره محبوبی بود و نه فقط محبوب که برای ما از جنس مراجع بود مثل آیات عظام برای حزب الهی ها و یا شریعتی و رجوی برای نسل های جوان تر مسلمان ها و مجاهدین خلق.علی خاوری به تشکیلات حزب در مشهد سروسامانی داد و موقعیت خلیل را بر اوضاع مسلط ساخت. حالا ما دفتر جدیدی داشتیم و مسئول حزبی جدیدی که از صدقه سری علی خاوری و رهبری حزب اندک اتوریته‌ای بدست آورده بود، تشکیلات را کم و بیش اداره می‌کرد و بچه ها هم به حرفش گوش می‌کردند. چند ماهی به همین منوال گذشت. یادم نیست دقیقا کی و چه روزی بود که برای اولین بار اکبرآقا را دیدم. احتمالا اواخر پاییز یا زمستان ۱۳۵۸ بود چرا که اکبرآقا یک پوستین قهوه‌ای رنگ بر تن داشت با یقه‌ای پوستی شبیه دم روباه، چنان گرم به نظر می رسید که گرمای آن را بر بدن ات حس می‌کردی. حبیب الله فروغیان نیز پالتوی پشمی بلند و گرمی پوشیده بود و کلاه پوستی برسرگذاشته بود، از جنس همان کلاه هایی که بیشتر وقتها روسها برسر می‌گذاشتند و بسیاری از رهبران روس از جمله برژنف همیشه وقتی در میدان سرخ مسکو از ارتش سرخ سان می‌دید برسر داشت. هر دو را برای اولین بار بود که می‌دیدم.

دم در طبقه اول ساختمان حزب در خیابان سعدی ایستاده بودم که آنها با خلیل وارد شدند. خلیل بعد از سلام و علیک، مرا به عنوان یکی از مسئولین کارگری حزب به آنها معرفی کرد. با دیدن قیافه و سن وسال و لباسهای پوستی آنها و کلاه پوستی فروغیان مطمئن بودم که از اعضای رهبری حزب هستند که تازه از خارج وارد شده اند. بعد از انقلاب کم کم تعداد زیادی از اعضای قدیمی رهبری حزب وارد کشور می‌شدند. اکثر آنها نه گذرنامه داشتند و نه شناسنامه. بعضی از طریق فرودگاه و بعضی غیرقانونی وارد شده بودند. ما هر از چندی یا در سفرهایمان به تهران یا هنگام بازدید آنها از تشکیلات خراسان با برخی از این چهره‌های دورآشنا، ازنزدیک آشنا می‌شدیم. آنها واقعا برای ما توده‌ای‌های جوان دورآشنا بودند. آنها را قبلا ندیده بودیم، برخی از آنها پیش از تولد ما از ایران خارج شده و تمام سالهای گذشته را در مهاجرت در کشورهای سوسیالیستی گذرانده بودند. اما با اینکه آنها را اصلا ندیده بودیم، آنها برای ما آشنا بودند. آنقدر آشنا که در ذهن جوانم برای تک تک آنها تصویری ساخته بودم. کتابها و مقالات آنها را بارها و بارها خوانده بودم. با نوشته‌های بیشتر آنها آشنا بودم. لحظه‌ای هم که آنها را می‌دیدم انگار از عمو و دایی و گاه پدر به من نزدیک تر بودند. این البته احساس ما جوانها بود. اما هیچ وقت نفهمیدم که آنها نسبت به ما چه احساسی داشتند. اکبرآقا را از همان اولین لحظه‌ای که دیدم به نظرم آمد که با همه آنها تفاوت داشت.

در او و چشمان گود افتاده‌اش احساسی پدرانه و صمیمی حس کردم. چهره‌ای مهربان داشت. موهای جوگندمی، ابروهای سفید و چشمان خاکستری و پوست رنگ پریده و سفید، اندامی‌لاغر، با چهره‌ای استخوانی و چشمانی گودافتاده و بینی ظریف و باریک. دست راستش همیشه سنگینی دست چپش را متحمل می‌شد. دست چپ اکبرآقا فاقد قدرت لازم برای هر کاری بود. کوچکتر از دست راستش بود وکاملا لمس و بی حس بود، و بسیار باریک و فاقد عضله. اکبرآقا پس از فرار از ایران در سال ۱۳۲۵ به شوروی رفته بود. از بخت بدش، از طرف ماموران مرزی در اتحاد شوروی به عنوان عضو حزب توده

مورد شناسایی قرار نگرفته و در دوران ترور استالینیستی که به همه به چشم جاسوس می‌نگریستند، به اتهام جاسوسی به زندان افتاده بود. در زندان عشق آباد بود که زلزله معروف عشق آباد زمین و زمان را لرزانده و بیش از ۱۷۶ هزار نفر از جمعیت ۲۰۰ هزار نفری عشق آباد را از بین برده بود. اکبرآقا بیش از یک هفته با دست و شانه‌ای شکسته در زندان زیر آوار مانده بود. پس از یک هفته بطور معجزه آسایی توسط مردمی که او را یافتند از مرگ حتمی نجات پیدا کرده بود و هنوز به یادگار آن زلزله دست معلول را با خود همه جا همراه می‌کشید.

اکبر باغبان، چند سال پس از آزادی زندان

با آنها خوش و بش کردم و چه خوشحال بودم که دو نفر دیگر از رهبران حزب را نه تنها از نزدیک می‌بینم که افتخار آن را داشتم که دست گرم آنها را در دستهای جوانم بفشارم. در آن سالها هنوز خیلی کم سن و سال بودم. بیست سالم بیشتر نبود. اکبرآقا تقریبا هم سن و سال پدرم بود. پدرم هنوز زنده بود، گرچه با سرطان مغز که بشدت هم پیشرفته شده بود دست و پنجه نرم می‌کرد، ولی هنوز زنده بود.

اکبرآقا و فروغیان حالا چند روزی بود که مرتب در دفتر حزب بودند. هنوز نمی‌دانستم که آنها دقیقا چرا و برای چه به مشهد آمده بودند.یک روز خلیل همه ما را جمع کرد و اکبرآقا را به عنوان مسئول ایالتی حزب در خراسان معرفی کرد. ما هنوز در خراسان کمیته ایالتی نداشتیم. اکبرآقا گویا به عنوان مسئول ایالتی قرار بود که کمیته ایالتی حزب را سازمان دهد. رفیق جوان ما، خلیل، یکی دو هفته بعد از مشهد به تهران رفت. فروغیان از اعضای کمیته مرکزی حزب بود، اهل خراسان، و از افسران عضو گروه اسنکدانی، و جریان معروف به قیام افسران خراسان که از آن جریان جان سالم بدر برده بود و حالا پس از سی و اندی سال باز به ایران آمده و حالا در مشهد در دفتر تازه تاسیس حزب پیش ما بود. فروغیان از اکبرآقا مسن تر بود. در حقیقت او بود که داشت کمیته ایالتی و مسئولین حزب را انتخاب می‌کرد. بشدت سیگار می‌کشید. با خودش شاید یک

چمدان سیگار روسی آورده بود. نمی‌دانم چرا، شاید فکر کرده بود در ایران سیگار فیلتردار و خوب پیدا نمی‌شود. ما که عاشق همه چیزهای روسی بودیم، شیفته این بودیم که پکی هم به سیگارهای روسی بزنیم. فروغیان یک بسته سیگار روسی را با دو بسته سیگار وینستون، مارلبرو و یا بهمن عوض می‌کرد. ما هم راضی بودیم. کیف می‌کردیم که سیگار روسی می‌کشیدیم، او هم کیف می‌کرد که به جای یک بسته سیگار آشغال روسی دو بسته سیگار درجه یک نصیب اش می‌شد. هر دو طرف معامله راضی بودند. بدشانسی فروغیان اما این بود که هم خودش زیاده از حد سیگار می‌کشید و هم ظاهرا با خودش کم سیگار آورده بود. بنابراین خیلی زود سیگارهای روسی‌اش ته کشید و معامله پایاپای سیگار هم تمام شد. حالا دیگر همه ما سیگار آمریکایی می‌کشیدیم، تا اینکه حزب اجناس آمریکایی را تحریم کرد و ما همه شدیم طرفدار بهمن و آزادی از محصولات شرکت دخانیات ایران که حقیقتا هم سیگارهای خوبی بودند.

اکبرآقا کم کم کارش را در مشهد شروع کرد. در خانه یکی از رفقای حزبی، آقای فانی ساروی، که طبقه بالای منزلش خالی بود مسکن گرفت. این ساختمان بغل خانه‌ای بود که حمید اجاره کرده بود. حمید از بهترین و فعال ترین رفقای حزبی ما بود. از قبل از انقلاب همدیگر را می‌شناختیم. توی کوه و نمایشگاه کتاب و بساط‌های کتابفروشی و تظاهرات دوران انقلاب با هم آشنا شده بودیم. حمید موتور تشکیلات حزب در خراسان بود، و مسئول کمیسیون تشکیلات. مدت‌های طولانی هم مسئول کمیته شهر مشهد بود.حمید و همسرش فریده از اکبرآقا حقیقتا مثل پدر نگهداری می‌کردند. حمید درهمان خانه بغلی اکبرآقا یک اتاق اجاره‌ای داشت که دیوار اتاق اش تا کمر از رطوبت خیس بود. درهمین خانه حمید و فریده که هر دو دانشجو بودند زندگی می‌کردند و همانجا اولین فرزندشان آزاده هم بدنیا آمد.

اکبرآقا در این مدت هم مسئول کمیته ایالتی حزب درخراسان بود، هم مسئول کمیته شهر مشهد، و هم مسئول شعبه کارگری ایالتی. من مسئول شعبه کارگری مشهد بودم و نیز عضو شعبه ایالتی که در آنجا مسائل کارگری را به اکبرآقا گزارش می‌دادم. در حقیقت از آنجا که فروغیان با عضویت من در کمیته ایالتی مخالف بود، اکبرآقا مسئول موقت شعبه کارگری ایالتی هم بود و تنها کاری که در این زمینه می‌کرد این بود که هفته‌ای یک بار گزارش‌های امور کارگری را از من می‌گرفت و در جلسه ایالتی آنها را بازگو می‌کرد. اکبرآقا گرچه در دهه ۱۳۲۰ و پیش از فرار به شوروی، از اعضای رهبری شورای متحده مرکزی کارگران و دهقانان در خراسان بود، اما حالا دیگر پس از چند دهه دوری از ایران اصلا با مسائل کارگری که در این دوره بخصوص پس از انقلاب در محیط‌های کارگری مطرح بود آشنایی چندانی نداشت. ما جلسات منظم هفتگی شعبه کارگری داشتیم و پس از چند جلسه، از آنجا که اکبرآقا اطلاع چندانی از مباحث موجود در ایران در زمینه سندیکاها و شوراها نداشت، به پیشنهاد من تصمیم گرفتیم که من این جلسه‌ها را برگزار کنم و در ضمن من و اکبرآقا در طول هفته جداگانه با هم ملاقات کنیم. نمی‌خواستم به اتوریته اکبرآقا در جمع اعضای حزب خدشه وارد شود، برایم احترام و اتوریته رهبری حزب از جنس همان مقدساتی بود که نمی‌باید به حریماش به کمترین بی حرمتی روا می‌شد.

دوران شیدایی ما

در آن روزها وقتی صدای آواز "هوا دلپذیر شد، گل از خاک بر دمید!" و آوای "بهاران خجسته باد" را گوش می‌کردم، چنان عطر گل‌های بهار فضای انقلابی سرمستم می‌کرد که شاید هیچ صوفی و شیدایی با سماع و حشیش هم نتوانسته بود لحظه‌ای از آن سرمستی و شیدایی من را حس و تجربه کند و یا آنهمه لذت برده باشد.

این احساسات کم و بیش در همه ما جوانهای شیدا وجود داشت. این همان احساسی بود که بچه‌های مسلمان با آن در میدان جنگ با دست خالی به مصاف تانک‌های عراقی می‌رفتند، یا داوطلبانه از میدان‌های مین می‌گذشتند و با تکه تکه کردن بدن خود راه را برای رفقای انقلابی پشت سر خود باز می‌کردند. این همان احساس خوشایندی بود که اعضای سازمان مجاهدین را با کمربندهای انفجاری به نماز جمعه می‌کشاند و ائمه جمعه را منفجر می‌کردند و یا در خانه‌های تیمی تا پای جان در مقابل هجوم سپاه و کمیته‌ها می‌جنگیدند و کشته می‌شدند و ازجنس همان احساسی بود که چپ‌های رادیکال را از سراسر کشور به جبهه‌های جنگ با حکومت در کردستان کشانده بود و در سرمای وحشتناک زمستان‌های سرد در دهات و کوهستان های مناطق کردنشین به زندگی آنها معنای دیگری داده بود که توانسته بودند زندگی راحت شهری در خانواده‌های نسبتا مرفه را رها کرده و برای ساختن آرزوهای خود در کوهها و بیابانهای کردستان، اسلحه به دوش، تا پای مرگ مبارزه کنند.

سوسیالیسم رویایی من درست مثل همان بهشت موعود بود. بهشتی که به روایت‌های ملا محمد باقر مجلسی جوی هایش پر از شراب و اطراف و اکناف اش پر از حوریان بهشتی و سرزمینی پر از گل و درختان اش پر از میوه‌های رسیده و خوش طعم. طبیعتی زیبا داشت، مردمانش همه شاد و تندرست و همیشه خوشحال بودند و همه آرزوهای آنها برآورده شده بود و هیچ جای گله و شکایتی باقی نمی‌ماند.

درست مثل همان حکومت وعده داده شده عدل علی در سخنرانی‌های آیت الله طالقانی و منتظری و یا جامعه قسط اسلامی و یا جامعه بی طبقه توحیدی مجاهدین خلق بود.

با این حال و هوا بود که زندگی می‌گذشت و چه خوش می‌گذشت.

آن قدر سرخوش بودم که از همه چیز یادم رفته بود. از خانه و خانواده، از پدر و مادر، و حتی از انسانیت. در آن فضای سرخوش مستی بود که وقتی مخالفین انقلاب را اعدام می‌کردند و یا بهایی‌ها و یا سلطنت طلب‌های بازمانده از حکومت گذشته را، انگار نه انگار که فرزندی مادر یا پدرش را از دست می‌داد و یا همسری برای همیشه در داغ از دست دادن محبوبش خون می‌گریست. انقلاب، سوسیالیسم، فضای مبارزه و شور و عشق و مستی جوانی، چون حجابی بر همه احساسات و شعور من سایه افکنده بود.

از پدرم که یکی دو سالی بود که در چنگال خرچنگ (سرطان) مغز گرفتار شده بود کلا یادم رفته بود. خانواده را مثل خیلی چیزهای دیگر فراموش کرده بودم. عشق انقلاب و انقلابیگری و خدمت به خلق چنان مرا در برگرفته بود که به قول مادرم، برای مادر و پدرم جایی در میان خلق باقی نمانده بود. او همیشه گله می‌کرد که چرا با آنها به اندازه کافی وقت نمی‌گذارم. با آنها به سفر نمی‌رفتم و در کنار آنها در مهمانی‌های خانوادگی

حضور نداشتم. بهانه‌ام همیشه آن بود که گرفتار کار حزبی هستم و سخت به خدمت به خلق مشغولم، و او با کنایه و طعنه می‌گفت که "مادر، کدوم خلق!؟ توی این خلق، جایی برای مادر و پدر و خواهرها و برادرات نیست؟ اگه توی خلق جایی برای پدر و مادری که این همه برای شما درد و رنج کشیده‌ان نیست، پس کی باقی می مونه؟ همون بهتر که فاتحه این خلق رو بخونی!"

خلق، مردم، طبقه کارگر، و بسیاری از مفاهیم دیگر جز مفهومی مجازی برای من و ما نبودند. و این همان مرحله جنون آمیزی بود که به سادگی می‌توانستی همه چیز را در راستای دستیابی به این مفاهیم مجرد توجیه کنی. از جنس همان خلسه‌ای بود که چون در او فرو می‌رفتی، مثل دراویش قادری و نقش بندی بر سروصورت خودت می‌کوبیدی و دشنه و کارد بر تن و بدنت فرو می‌کردی و هیچ دردی را که احساس نمی‌کردی که هیچ، لذت حصول حق و وصول به کمال هم نصیب ات می‌شد. خلسه‌ای لذتبخش که گاه حتی عشق و مهر مادری و پدری نیز نمی‌توانست از آن به در ات آورد. چه رسد به احساس رنج و درد پدری که در انتظار مرگ در بستر افتاده بود و آخرین روزهای زندگی‌اش را می‌گذراند .

پدرم در تختخوابی در گوشه‌ای از اتاق به زور داروهای مسکن در آرامش بسر می‌برد. او ابتدا دچار فراموشی کامل شده بود. در ظرف کمتر از چندماه در حالیکه به ظاهر در سلامت کامل بود، یکباره همه هوش و حواس اش را از دست داده بود. چند ماهی بود که از خانه به دور بودم و از او هیچ خبری نداشتم، حالا از سفرکوتاهی که به خارج از کشور داشتم برگشته بودم و او در همان مدت کوتاه دچار فراموشی شده بود و دیگر مرا به یاد نمی‌آورد و انگار نه انگار که مرا می‌شناخت.

از شروع تا اوج بیماری پدرم بیشتر از چهارماه طول نکشید. حالا پس از مدتی که از معالجه او می‌گذشت و در اثر چندین نوبت پرتودرمانی و استفاده از داروهای شیمیایی، کم کم هوش و حواس اش بهتر شده بود. کمی موی جدید برسرش ظاهر شده بود، در همان ماه‌های اولیه شیمی‌درمانی و پرتودرمانی همه موهای سرش ریخته بودند و به کلی تاس شده بود. بخش بزرگی از خاطرات خود را برای همیشه از دست داده بود.مثل بچه‌های کوچک شده بود. با اینکه سالها بود سیگار را ترک کرده بود باز عشق به سیگار به سرش برگشته و عاشق سیگار کشیدن شده بود.

من خودم نیز در آن سالها خیلی سیگار می‌کشیدم. گاه به دور از چشم مادرم بسته‌ای سیگار برایش می‌آوردم و او بسته سیگار را زیر تشک‌اش قایم می‌کرد. و معمولا به دور از چشم مادرم و مخفیانه در گوشه‌ای از حیاط با حالتی شبیه شیطنت بچه هایی که از ترس پدر و مادرشان در پشت دیوار‌های خرابه‌ای یواشکی سیگاری دود می‌کردند، سیگارش را روشن می‌کرد و با ولع تمام دود خاکستری آن را به درون سینه‌اش فرو می‌کشید.

محدوده حجم همه رابطه‌ام با پدر و مادرم شاید در روز از چند جمله کوتاه و یک سلام و علیک ساده فراتر نمی‌رفت و این درحالی بود که هر روز ساعتهای متوالی در حوزه‌ها و کمیته‌های مختلف با رفقای حزبی در موارد گوناگون بحث و گفتگو می‌کردم.

سوسیالیسم و کمونیسم

فعالیت حزبی و سیاسی در فضای سیاسی آن دوران بسیار رضایت بخش بود. به زندگی معنی و مفهوم دیگری می‌داد. در آن سن و سال جوانی برایم بسیار لذت‌بخش بود که خود را عضو خانواده بزرگی حس می‌کردم که نه فقط در هر گوشه‌ای از کشورم، بلکه در هر گوشه‌ای از دنیا رفقای حزبی‌ام مشغول ساختمان سوسیالیسم رویایی من بودند، سوسیالیسمی‌که گرچه هیچگاه و در هیچ کجای دنیا از نزدیک شاهدش نبودم اما برایم آرمانشهری بود که به همه نیازهای بشری پاسخ می‌داد. فاصله طبقاتی را از میان برمی‌داشت، فقر را ریشه کن می‌کرد، همه اشکال تبعیض را از بین می‌برد، و به هرکس به اندازه نیازش می‌داد و از هر کس به اندازه استعدادش در ساختمان جامعه سوسیالیستی بهره می‌برد. بهره کشی انسان از انسان تمام می‌شد. جای تضاد طبقاتی را کم کم تضاد انسان و طبیعت می‌گرفت که به نفع برآوردن نیازهای هرچه بیشتر بشریت و ساختمان جامعه نو و عادلانه بود.

نظام ترازنوین بشری در حال ساختمان بود و من هم هم در گوشه‌ای از دنیا در پی ساختن آن بودم. از همان سالهای نوجوانی که با واژه سوسیالیسم و کمونیسم آشنا شده بودم از سوسیالیسم در ذهن خلاق کودکانه‌ام یک تصویر خیالی و رویایی ساخته بودم. تصویری که در آن همه آرزوهایم بدون کمترین چک و چانه زدنی به واقعیت می‌پیوست. درست مثل بهشت، و تصویری که از بهشت در سالهای پیش از آن در ذهنم ساخته بودم. در سوسیالیسم رویایی من، همه راه‌های خوشبختی به روی همه شهروندان که همان انسان‌های تراز نوین سوسیالیستی بودند باز بود. دستگاه دولتی جایش را به اداره امور جامعه داده بود. از ماشین سرکوب دولتی دیگر خبری نبود. ما آن روزها بر این باور بودیم که در اتحاد جماهیر شوروی و دیگر کشورهای سوسیالیستی عضو پیمان ورشو، سوسیالیسم وارد آخرین فازهای ساختمان خود شده و مرحله گذار به جامعه کمونیستی فراهم شده است. کمونیسم یا جامعه کمونیستی که در حقیقت همان بهشت آرمانی ما بود، مثل هیچ چیز دیگری نبود. نیاز انسان کمونیست به تمامی تامین می‌شد و استعدادش شکوفا.

کمونیسم به نظر مراجع مارکسیستی مرحله جدیدی از رشد و شکوفایی در دوران بشریت بود. مارکس گفته بود که همه نظام‌های ماقبل کمونیستی، نظام‌های ماقبل تاریخ بشریت هستند و در حقیقت با سوسیالیسم و کمونیسم تاریخ بشر آغاز می‌شود و انسان تراز نوین ظهور خواهد کرد. انسان تراز نوین هدیه نظام سوسیالیستی و کمونیسم واقعا موجود به تمدن بشری بود. در آن سن وسال و در آن حال و هوا و با این تصاویر ذهنی از سوسیالیسم، کمونیسم و موهبت‌های دست نایافتنی آن بود که در فضای به شدت انقلابی ایران، احساس خوشبختی و رضایت تمام لحظات زندگی‌ام را پر کرده بود. جای این احساس را هیچ چیز دیگری نمی‌توانست در وجودم پر کند. مثل بسیاری از جوان های هم سن و سال خودم نیازی به رابطه جنسی یا مواد مخدر و امثال آن نداشتم. هیچ چیزی نمی‌توانست جایگزین لذت و خرسندی که مبارزه به من می‌داد، شده و یا با آن احساس رضایت خاطر رقابت کند . حتی اگر دختری در جلوی چشمانم لخت می‌شد بازاندام زیبای

او هم توانایی رقابت با عطش عاشقانه عشقی که به سوسیالیسم داشتم را نداشت و کمتر توجهی به آن نمی‌کردم چنانکه برایم چنین داستان هایی بارها اتفاق افتاده بود.

حزب توده ایران

حزب توده ایران باسابقه ترین سازمان سیاسی در کشور بود و تجربه تشکیلاتی پرباری داشت که با استفاده از آن توانست به سرعت رشد کرده و هواداران خود را در میان اقشار و گروه‌های مختلف سازماندهی کند. افزون بر تجربه تشکیلاتی دهه ی ۱۳۲۰ رهبران حزب تجربه زندگی در خارج از کشور و همکاری نزدیک با احزاب کمونیست برادر را نیز داشتند.

محیط فعالیت حزبی یک محیط سرزنده و سرشار از تحرک و پویایی بود و برای همه ما اعضای حزبی یک تجربه بی نظیر در کار سیاسی در آن دوران انقلابی بود که چه خوشایند هم بود.

عضویت در حزب

عضویت در حزب توده ایران داوطلبانه بود. هرکسی با پر کردن درخواست نامه عضویت، که به آن "آنکت" می‌گفتیم، می‌توانست خواستار عضویت در حزب توده ایران شود. در این درخواست نامه باید نام دو نفر از اعضای حزب به عنوان معرف ذکر می شد. پس از پذیرفته شدن عضویت، فرد متقاضی باید حق عضویت ماهانه پرداخت می‌کرد که میزان آن بستگی به توان مالی فرد داشت. شرط دیگر عضویت در حزب، شرکت مرتب در یک حوزه حزبی بود.

همه افراد عضو حزب باید حداقل در یک ارگان حزبی شرکت می کردند. این ارگان برای اعضای ساده حزب همان حوزه حزبی بود که اعضا در آن حوزه گزارش فعالیت های حزبی خود را می دادند. مسئولین تشکیلاتی، که عضو کمیته های ناحیه، شهر و ایالتی بودند، در واقع جلسه حوزه شان همان جلسه کمیته ای بود که در آنجا گزارش کار حزبی خود را می دادند. گرچه برخی از اعضای حزب در جلسات دیگری مثل شعبه ها و یا حوزه های مسئولین شرکت می کردند، ولی این جلسات حوزه حزبی فعالیت آنها محسوب نمی شد و ارگان تصمیم گیری و اجرایی هم نبود. در حقیقت نقش مشورتی و کارشناسی داشت.

حوزه

سلول پایه ای تشکیلاتی حزب توده ایران "حوزه" نام داشت که جلسه‌ی هفتگی اعضای حزب بود. سعی ما بر این بود که اعضای هر حوزه تا آنجا که ممکن بود از نظر صنفی با هم اشتراک داشته باشند و در صورت امکان در یک محدوده محلی و یا کاری نزدیک به هم باشند. گاه حوزه بر مبنای صنف و حرفه افراد تشکیل می شد، مانند حوزه های دانشجوئی و یا حوزه های کارگری. معمولا سعی می‌شد که تعداد اعضای هر حوزه بیش از پنج نفر نباشد. حداقل تعداد افراد حوزه سه نفر بود و با گسترش نفرات، حوزه های جدیدتر تشکیل می شد.

ساختار تشکیلات حزب، هرمی بود. اعضای ساده در یک حوزه هفتگی شرکت می‌کردند. هر حوزه، یک مسئول داشت. مسئولین حوزه‌ها برای گزارش دهی از کار حوزه خود در جلسه دیگری شرکت می کردند که به آن حوزه مسئولین می گفتند و مسئولین حوزه‌های مسئولین در جلسات کمیسیون تشکیلات ناحیه برای گزارش دهی هفته ای یک بار شرکت می کردند.

برنامه‌های سیاسی و رهنمودهای عملی حزب از طریق حوزه‌ها به میان اعضای حزب برده می‌شد و فعالیت‌های اعضای حزبی بر مبنای همین رهنمودهای عملی در حوزه‌ها برنامه‌ریزی و هماهنگ می‌شد. در همین حوزه‌ها، گزارش کار اعضای حزب، نظرات و انتقادات و پرسش‌ها و پیشنهادهای آنها نیز جمع‌آوری شده و به ارگان‌های بالاتر حزبی برده می‌شد.

در حوزه‌های حزبی ابتدا اخبار داخلی و خارجی را بررسی می‌کردیم. سپس رهنمودهای حزبی توسط مسئول حوزه داده می‌شد. معمولا یک کتاب هم برای مطالعه جمعی در دستور کار داشتیم که درباره‌اش صحبت می‌کردیم. در ابتدا تمایل همه ما بیشتر به مطالعه در حوزه‌های فلسفه و اقتصاد بود. مباحث مربوط به ماتریالیسم دیالکتیک و ماتریالیسم تاریخی برای ما که در ایران بودیم و کمتر دسترسی به این متون داشتیم بسیار جذاب بود. امیرنیک آئین از اعضای مشاور کمیته مرکزی حزب در همین زمینه درسنامه‌ای در دو جلد تنظیم کرده بود، تحت عنوان «ماتریالیسم دیالکتیک» و «ماتریالیسم تاریخی». کتاب «فلسفه علمی» نوشته احسان طبری و کتاب «اقتصاد سیاسی» نوشته جوانشیر از دیگر کتابهایی بودند که تقریبا در همه حوزه های حزبی در آن یکی دوسال اول پس از انقلاب مورد بحث و مطالعه قرار گرفتند. هر حوزه ای متناسب با سطح دانش و علاقه افراد عضو آن حوزه کتاب های مورد علاقه خود را که همگی از متون کلاسیک مارکسیستی-لنینیستی بود انتخاب کرده و مورد مطالعه و بحث و گفتگو قرار می دادند. رهبری حزب گاه کتابی را برای مطالعه توصیه می کرد، به عنوان مثال کتاب «راه رشد غیر سرمایه داری» نوشته اولیانفسکی از جمله کتاب هایی بود که از طرف رهبری حزب برای مطالعه در همه حوزه های حزبی توصیه شد. در ادامه جلسه معمولا هر کدام ازرفقا گزارشی از وضعیت کاری خود در زمینه های گوناگون می دادند. در حوزه های کارگری و کارمندی بیشتر صحبت از تشکل های صنفی و سازماندهی بود و در حوزه های دانشجوئی و جوانان بیشتر از فروش نشریه ها، شعارنویسی، کارهای توده ای، و سمپات گیری برای حزب صحبت می شد . بحث اصلی در همه حوزه ها درباره این بود که چگونه می‌توانیم به گسترش فعالیت حزبی و حضور حزب در عرصه های گوناگون و در هر دو محیط زندگی شخصی و حرفه ای کمک کنیم. جمع آوری کمک مالی برای حزب نیز یکی از موارد مورد بحث در حوزه‌ها بود. بیشتر رفقا در پخش نشریات حزب کمک می‌کردند از جمله روزنامه «مردم» ارگان رسمی حزب که بعدا شد «نامه مردم»، هفته نامه «اتحاد» درباره مسائل کارگری، ماهنامه «جرس» درباره مسائل دهقانی، ماهنامه «جهان زنان» ارگان سازمان دمکراتیک زنان ایران، هفته نامه «آرمان» ارگان سازمان دانشجویی و هفته نامه «آذرخش» نشریه دانش آموزی. روزنامه «مردم» در

تیراژ نسبتا خوبی، گاه تا بیشتر از دو هزار نسخه فقط در مشهد و صد ها نسخه در دیگر شهرستان‌های استان خراسان، پخش و توزیع می شد و به فروش می رسید.

مسئول هر حوزه موظف بود جلسات حوزه را هر هفته برگزار کند و گزارش فعالیت اعضای حوزه خود را در زمینه‌های مختلف، از سمپات‌گیری گرفته تا کمک مالی، به حزب بدهد. مسئول حوزه همچنین موظف بود در جلسه‌ی مسئولین حوزه‌ها شرکت کند. آن حوزه هم که آن را حوزه مسئولین می‌گفتیم، هفته‌ای یک بار تشکیل می‌شد.

مسئولین حوزه‌های مسئولین نیز باید هر هفته در جلسه دیگری شرکت می‌کردند و گزارش‌های حوزه‌های تحت نظر خود را در آنجا می‌دادند که آن را کمیته تشکیلات ناحیه می‌نامیدیم.

سانترالیزم دمکراتیک

ساختار تشکیلاتی حزب مانند یک هرم بود که در پایین آن حوزه های مربوط به اعضای ساده حزبی بود و از آنجا به طرف نوک هرم به ترتیب حوزه مسئولین، کمیته ناحیه، کمیته شهر، و کمیته ایالتی جا می گرفتند. در راس هرم در سطح کشور، کمیته مرکزی حزب بود که هیات سیاسی و هیات دبیران حزب را انتخاب می کرد که در فاصله میان کنگره ها و پلنوم های حزبی نقش اصلی را در رهبری حزب داشتند. هیات دبیران نقش اجرایی و مدیریتی داشت و بالاترین مقام آن دبیراول حزب بود. نورالدین کیانوری یک ماه قبل از پیروزی انقلاب در پلنوم شانزدهم حزب به مقام دبیر اولی حزب انتخاب شد.

تشکیلات حزب، بدنه حزبی را می‌ساخت. این بدنه تشکیلاتی، فعالیت‌های زیادی در زمینه‌های گوناگون انجام می‌داد. یعنی برای پیشبرد برنامه سیاسی حزب از هیچ کوششی فرو گذار نبود. اعضای حزب روزنامه می‌فروختند، از میان قشرهای گوناگون - از دستفروش گرفته تا دانشجو - سمپات‌گیری می‌کردند، پوسترهای تبلیغاتی تهیه و پخش می‌کردند، کمک مالی برای حزب جمع‌آوری می‌کردند، روی دیوارها شعار می‌نوشتند، تلاش می‌کردند زنان، کارگران و دهقانان را با حقوق خود آشنا کنند و آنها را به میدان فعالیت‌های اجتماعی و سیاسی کشانده و خط سیاسی حزب را در عمل با استفاده از همه شیوه های ممکن در جامعه پیش ببرند.

تشکیلات حزب به گونه ای سازماندهی شده بود که هم کارهای حزب را پیش می برد و هم در واقع تمرینی برای کادرسازی حکومتی در آینده بود. به این معنا که به موازات ساختار اصلی بدنه حزب، شعبه های تخصصی در زمینه های عملی مانند تبلیغات، امور کارگری، دهقانی، توده ای، زنان و ... قرار داشت که فرصت کارشناسی برای تربیت کادرهای حزبی فراهم می کرد. به این ترتیب، پس از مدتی حزب در همه عرصه‌های فعالیت سیاسی کشور کادرهایی باتجربه در اختیار داشت که نه فقط با موضوعات کاری در آن حوزه کاملا آشنا بودند که از نظر اجرایی نیز توانایی مدیریت سازمانی در آن زمینه را کم و بیش به دست آورده بودند.

کمیته ها

کمیته ایالتی در استان خراسان این افراد را در برمی‌گرفت: مسئول کمیته شهر مشهد، مسئول امور شهرستان‌ها، مسئولین ایالتی هریک از شعبه‌های کارگری، دهقانی، مالی، تبلیغات و انتشارات، امور توده ای، مسئول ایالتی سازمان جوانان، و نیز مسئول ایالتی شعبه زنان که در حقیقت مسئول «تشکیلات دمکراتیک زنان» در سطح استان بود.

از آنجا که عضویت مسئولین ایالتی سازمان جوانان و شعبه زنان (تشکیلات دمکراتیک زنان) در کمیته ایالتی هنوز به تصویب هیات دبیران حزب نرسیده بود، این افراد به طور مرتب در کمیته ایالتی خراسان شرکت نمی‌کردند و در موارد خاص برای گزارش‌دهی در جلسه کمیته ایالتی حاضر می‌شدند.

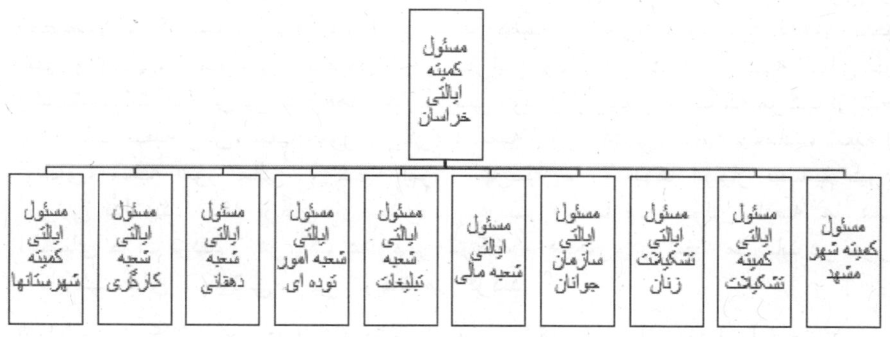

چارت تشکیلات کمیته ایالتی خراسان

کمیته شهر مشهد این افراد را در برمی‌گرفت: مسئولین کمیته های ناحیه های حزبی، مسئول کمیته تشکیلات در سطح شهر مشهد، مسئولین شهری شعبه‌های کارگری، دهقانی، مالی، تبلیغات و انتشارات، امور توده ای، مسئول کمیته شهر سازمان جوانان، و نیز مسئول شعبه زنان که در حقیقت مسئول تشکیلات دمکراتیک زنان در سطح شهر بود.

چارت تشکیلاتی کمیته شهری

کمیته ناحیه این افراد را در برمی‌گرفت: مسئول حوزه‌های مسئولین همان ناحیه که مسئول کمیته تشکیلات ناحیه بود و در عین حال عضو شعبه تشکیلات شهر نیز بود، یک عضو از هر یک از شعبه‌های (در سطح ناحیه) کارگری، دهقانی، مالی، تبلیغات و انتشارات، امور توده ای، مسئول کمیته ناحیه سازمان جوانان، و نیز یکی از اعضای شعبه زنان که در حقیقت مسئول کمیته ناحیه در تشکیلات دمکراتیک زنان بود.

شعبه های تخصصی

در اینجا شاید یک توضیح درباره ساختار بدنه تشکیلاتی حزب، و ساختار موازی آن که تخصصی و کارشناسی بود، ضروری باشد. کمیته‌های حزبی، مانند کمیته‌های ناحیه و شهر و ایالتی، ارگان‌های تصمیم‌گیری و اجرایی بودند. در کنار این بدنه اصلی حزب، یک تشکیلات موازی در حوزه‌های کارشناسی گوناگون وجود داشت که مرکب از شعبه‌ها بود، مانند شعبه زنان، شعبه امور کارگری، شعبه امور دهقانی، شعبه تبلیغات، شعبه امور توده‌ای، شعبه امور مالی، و شعبه امور شهرستان‌ها. شعبه‌ها اختیار تصمیم گیری و اجرایی نداشتند، بلکه ارگان‌های مشورتی بودند. اعضا و مسئولین شعبه ها همه از اعضای حزب بودند و هر یک علاوه بر شرکت و همکاری با شعبه می باید در حوزه ها و یا کمیته های تشکیلاتی حزبی شرکت می کردند.

تنها شعبه تشکیلات بود که ارگان مشورتی نبود، بلکه بخشی از بدنه اصلی حزب محسوب می شد و در ساختار هرمی حوزه ها جا می گرفت. هر حوزه یک مسئول داشت. مسئولین چند حوزه، خود در یک حوزه دیگر شرکت می‌کردند که حوزه مسئولین نامیده می‌شد. حوزه مسئولین باز خود یک مسئول داشت. مسئولین حوزه‌های مسئولین، اعضای شعبه تشکیل را تشکیل می‌دادند. مسئول شعبه تشکیلات در کمیته ناحیه شرکت می‌کرد.

اعضای شعبه‌های دیگر، مانند شعبه کارگری، دهقانی، تبلیغات، یا امور توده‌ای، از هر رده حزبی می توانستند انتخاب شوند. مسئول هر شعبه اعضای آن شعبه را برمی‌گزید. انتخاب مسئول شعبه با کمیته ایالتی بود که این انتخاب باید به تصویب هیات دبیران حزب می‌رسید. هیات دبیران یا مسئولین شعبه‌های مرکزی حزب در تهران، گاه در زمینه انتخاب مسئولین شعبه‌ها نظر می‌دادند. اعضای هر شعبه افراد آگاه و با تجربه در حوزه فعالیت آن شعبه بودند. مثلا در شعبه کارگری سعی می‌شد حداقل چند کارگر خبره و با تجربه در عرصه فعالیت‌های صنفی حتما حضور داشته باشند. ترجیح خود من به عنوان مسئول شعبه کارگری این بود که این افراد از اعضای رهبری شوراها و سندیکاهای کارگری باشند.

هر شعبه‌ای متناسب با حوزه فعالیت خود برای اعضای حزب رهنمودهای عملی مشخصی را در آن عرصه با توجه به سیاست و مشی جاری حزب تهیه می‌کرد و از طریق مسئول شعبه به کمیته‌های حزبی می‌برد و در صورتی که کمیته حزبی مربوطه با آن موافقت می‌کرد، آن رهنمودها به اعضای حزب منتقل می‌شد. پس از آن در جلسه‌های حزبی،

مسئولین حوزه‌ها این رهنمودها را پیگیری می‌کردند و گزارش فعالیت‌های اعضای حزب در آن زمینه‌ها را به شعبه‌های مربوطه می‌دادند.

مسؤلین شعبه های حزبی در کمیته های ایالتی با شعبه‌های مرکزی حزب که تحت مسئولیت هیات دبیران حزب بود رابطه مستقیم داشتند. این رابطه ها با شعبه مرکزی به دو صورت انجام می گرفت، یکی به شکل مرتب و ماهانه که در دیدار مستقیم در تهران انجام می شد؛ ما به تهران می رفتیم و با مسئولین و گاه یکی دو نفر از اعضای شعبه مرکزی دیدار می کردیم و گزارش کار شعبه را از استان محل فعالیت خود داده و رهنمود های شعبه مرکزی را دریافت می کردیم. شکل دیگر این رابطه برگزاری سمینارهایی در تهران بود، در این سمینارها مسؤلین شعبه های ایالتی از سراسر کشور به تهران دعوت می شدند و تقریبا تمام اعضای شعبه مرکزی نیز حضور داشتند. در تمام دوران چند ساله فعالیت حزبی پس از انقلاب تا دستگیری های ما بیش از دو یا سه سمینار به این گونه برگزار نشد.

یادم هست اولین بار که همه مسئولین شعبه های کارگری از سراسر کشور برای سمیناری به تهران دعوت شده بودند، وقتی به دفتر شعبه در تهران رفتم رفیق عزیز ما آصف رزمدیده که خود از اعضای کمیته مرکزی حزب و عضو شعبه مرکزی کارگری بود به من آدرس محلی را در نزدیکی های دانشگاه صنعتی شریف داد که خیلی هم به دفتر شعبه کارگری نزدیک بود. پیاده شاید چند دقیقه ای بیشتر فاصله نداشت. قرار شد به آنجا رفته منتظر او بمانم. نیم ساعتی گذشت و او به اتفاق چند نفر دیگر که همه سوار اتومبیل پیکان سفیدرنگی بودند سر قرار حاضر شد و من هم سوار همان ماشین شدم. پس از مدتی از همه ما خواستند که سرهایمان را پایین آورده و چشم هایمان را ببندیم که مسیر را نبینیم. همه ما چشم ها را بسته و سرها را تقریبا تا روی زانو خم کردیم تا پس از مدتی اتومبیل در محلی متوقف شد. در بزرگ خانه ای باز شد و ما با ماشین وارد آن خانه شدیم، پس از ورود به خانه آصف گفت که می توانیم چشم ها را باز کرده و از اتومبیل پیاده شویم.

خانه بسیار مجلل و بزرگی بود که شبیه آن را تا آن زمان ندیده بودم. حیاط بزرگ و سرسبزی داشت که چندین ماشین در آن پارک شده بود. ساختمان بسیار مجللی داشت. وارد ساختمان که می شدی، ابتدا یک راهروی بزرگ ورودی بود که سمت راست آن یک دستشویی بزرگ برای مهمانان قرار داشت، به اندازه یک اتاق سه در چهارمتری. آینه های بزرگی دیوارهای آن را پوشانده بود و چند جالباسی بسیار قشنگ منبت کاری شده بالای آینه ها به دیوارها نصب شده بود. در کنار آن، یک اتاق خواب مهمان بود. این راهرو به تالار بزرگی می رسید که در انتهای آن پلکانی قوس وار به طبقه بالا می رفت. در سمت چپ تالار مرکزی، یک تالار پذیرایی خیلی بزرگ قرار داشت که ما تمام روز در آنجا بودیم. میز غذاخوری بسیار بزرگی در وسط تالار پذیرایی بود و دور آن بیشتر از بیست صندلی چیده شده بود. یادم هست برای اولین بار شیرینی ظریف لوله ای شکلی را دیدم که به شکل یک مداد ظریف بود ولی بسیار خوشمزه. طعم شکلات یا کاکائو داشت. تا آن زمان ندیده بودم و آنقدر که خوشمزه بود، بدون توجه به اینکه دیگران نگاهم می کردند یا نه، با اولین چایی ام چندتا از آن شیرینی ها را خوردم. دیگر هیچوقت

آن شیرینی را تا وقتی که به امریکا آمدم، ندیدم. مقدار زیادی میوه، از همه رقم، روی میز بود. نهار برایمان چلوکباب از بیرون سفارش داده بودند.

برایم خیلی جالب بود که اولا برخی از رفقای حزبی ما اینقدر پولدار بودند. و جالب تر این بود که جلسه ی شعبه کارگری حزب در خانه یکی از پولدارترین شهروندان تهران برگزار می شد.

در آن جلسه از شعبه مرکزی به جز آصف که همراه ما بود بقیه پیش از ورود ما به آنجا آمده بودند. بعضی از آنها را برای اولین بار بود که می دیدم، و چه شوقی برای دیدن آنها داشتم. از همه بیشتر مشتاق دیدن رفیق دکتر حسین جودت بودم. او پیرمردی بود که شاید به راحتی هشتاد سالی از عمرش می گذشت و از اعضای کمیته مرکزی حزب و از متخصصین و کارشناسان مسایل صنفی- سندیکایی بود و چندین دهه از مسئولین شعبه امور کارگری حزب بود. مقالات زیادی در زمینه مسایل مربوط به مبارزات صنفی- سندیکایی نوشته بود و یکی دو کتاب هم در زمینه تشکل های کارگری از او به چاپ رسیده بود. لهجه آذری داشت ولی به زبان فارسی تسلط کامل داشت. دیدن او برایم خیلی خوشحال کننده بود. همیشه برای او و تحقیقات و تمرکزش در زمینه امور کارگری و تشکل های سندیکایی احترام فراوانی داشتم و مشتاق دیدارش بودم. رفیق دیگر که در حقیقت نقش مسئول شعبه را داشت، رفیق مهدی کیهان بود. او را پیش از آن بارها در مشهد دیده بودم و با هم آشنایی کامل داشتیم. کیهان نیز دکترای اقتصاد سیاسی داشت و مقاله پایانی دکترایش را چنانکه خودش برایم گفته بود در همین حوزه مبارزات کارگری و در رابطه با تشکل های سندیکایی نوشته بود. او گرچه پیش از مهاجرت به شوروی ، نظامی و از افسران گروه اسکندانی بود، ولی پس از مهاجرت گویا به تحصیل و تحقیق در حوزه مسائل کارگری علاقه مند شده و در حقیقت از کارشناسان اصلی حزب در این زمینه بود. رفیق جوانشیر از هیات دبیران حزب نیز در این جلسه حضور داشت. او رابط هیات دبیران با شعبه کارگری بود. هر کدام از اعضای هیات دبیران در حقیقت مسئولیت ارتباط با چند شعبه را نیز بر عهده داشتند. او در عین حال مسئول شعبه تشکیلات مرکزی حزب نیز بود که مهمترین مسئولیت تشکیلاتی در حزب بعد از نقش دبیر اول بود که کیانوری به عهده داشت.

از استان ها تا به آنجا که به خاطرم مانده یکی مجید نیکی بود که خود کارگر و عضو شورای کارخانه تراکتورسازی تبریز بود. مجید از اعضای کمیته ایالتی آذربایجان و مسئول شعبه کارگری آنجا بود. کاظمی از کمیته ایالتی خوزستان، روغنی از کمیته ایالتی تهران که عضو شعبه مرکزی نیز بود، محمد اسمنی از کمیته ایالتی فارس، و رفقایی از کمیته های ایالتی اصفهان و کردستان نیز آمده بودند که اسم آنها به خاطرم نمانده است.

تشکیلات جانبی

بیشتر سازمان‌های سیاسی در آن دوران، افزون بر بدنه اصلی تشکیلاتی‌شان که مرکب از شهروندان بزرگسال بود، چندین تشکل جانبی دیگر نیز داشتند.

حزب علاوه بر تشکیلات حزبی، «سازمان جوانان و دانشجویان دمکرات ایران» و «کانون دانش‌آموزان دمکرات ایران» و همچنین یک تشکیلات زنان به نام «تشکیلات دمکراتیک زنان ایران» را نیز بوجود آورده بود که هر یک از این سازمان‌های جانبی، تشکیلات و نشریه خود را داشتند.

سازمان جوانان یک تشکیلات جداگانه بود که به نوبه خود ساختاری شبیه ساختار هرمی حزب داشت و مانند یک تشکیلات کوچک حزبی بود که همه این تشکیلات و کمیته‌ها و شعبه‌ها و ساختار موازی را در درون خود داشت. اعضای سازمان جوانان عضو حزب نبودند، اما مسئولین سازمان جوانان اعضای حزب توده ایران بودند. ارتباط سازمان جوانان در سطح ناحیه و شهر با حزب از طریق مسئولین آن برقرار می‌شد بدین ترتیب که مسئول هر ناحیه در سازمان جوانان، در جلسه‌های حزبی همان ناحیه نیز شرکت می‌کرد. به همین ترتیب، مسئول شهر سازمان جوانان، در جلسه‌های حزبی کمیته شهر مشهد شرکت می‌کرد.

کانون دانش آموزان دمکرات ایران یک سازمان دانش آموزی بود که وابسته به سازمان جوانان بود و زیر نظر مسئولان سازمان جوانان اداره می شد و گزارش فعالیت های اعضای آن از طریق سازمان جوانان به حزب می رسید.

تشکیلات دمکراتیک زنان نیز یک تشکیلات جداگانه بود. ساختار تشکیلات زنان هم شبیه ساختار سازمان جوانان بود با این تفاوت که همه مسئولین آن از اعضای حزب بودند و خود در حوزه‌های حزبی شرکت می‌کردند و فقط فعالیت‌های آنها در امور زنان از طریق تشکیلات زنان انجام می‌گرفت و گزارش آن نیز از طریق مسئولین تشکیلات زنان که در کمیته‌های ناحیه و شهر و ایالتی شرکت می‌کردند به حزب داده می‌شد. فعالیت‌های تشکیلات زنان بیشتر با هدف آگاهی رسانی به زنان زحمتکش و سازماندهی آنان انجام می‌گرفت. تشکیلات زنان قرار بود که یک تشکیلات مستقل در کنار حزب باشد، اما در عمل شعبه زنان حزب به شمار می‌آمد.

نشریه ها

روزنامه «مردم» که پس از توقیف اولیه آن به «نامه مردم» تغییر نام داد ارگان رسمی حزب توده ایران بود و تا مدتها از طریق دکه های روزنامه فروشی به فروش می رسید. با بسته شدن فضای سیاسی، کم کم پخش و فروش آن بر عهده رفقای حزبی قرار گرفت که در بساط های خیابانی یا به صورت دستفروشی در سر چهارراه ها و یا به شکل تک فروشی به دست علاقمندان می رسید. نشریه های دیگر حزب «اتحاد» نشریه کارگری و «جرس» نشریه دهقانی بود که آنها نیز ابتدا در دکه های روزنامه فروشی و همزمان از طریق بدنه تشکیلاتی در اختیار اعضای حزب قرار می گرفت و پس از توقیف رسمی آنها، از طریق شبکه تشکیلاتی توزیع می شدند.

حزب همچنین فصل نامه «دنیا» و ماهنامه «صلح و سوسیالیسم» را که بیشتر به موضوعات تئوریک توجه داشتند منتشر می کرد. یکی دیگر از انتشارات هفتگی حزب

که بسیار مورد استقبال اعضا و هواداران حزب بود، متن «پرسش و پاسخ»های هفتگی دبیر اول حزب، رفیق کیانوری، بود که به صورت زنده در دفتر حزب برگزار می شد و در حقیقت نقش رساله های مراجع تقلید را پیدا کرده بود و پاسخ گوی سوالات اعضای حزب در همه موارد بود.

افزون بر این نشریات، حزب فعالانه به نشر کتاب‌های بسیاری به قلم رهبران حزب و یا ترجمه از آثار دیگر متفکرین در زمینه های گوناگون نظری و هنری می پرداخت. شعبه تبلیغات و انتشارات حزب یکی از فعال ترین و پر کارترین واحدهای حزبی بود. مسئولیت این شعبه بر عهده رفیق باقرزاده از افسران حزبی بود که ۲۵ سال از عمر خود را در زندان های شاه سپری کرده بود. مسئول بخش انتشارات در این شعبه محمد پورهرمزان بود که خود به تنهایی در سالهای پیش از انقلاب چندین هزار صفحه از مجموعه آثار لنین را از روسی به فارسی ترجمه کرده بود.

سازمان‌های جانبی حزبی نیز نشریه های خودشان را داشتند. ارگان سازمان جوانان و دانشجویان حزب، «آرمان» نام داشت. «آذرخش» ارگان کانون دانش‌آموزان دمکرات ایران بود. تشکیلات زنان دمکراتیک ایران ماهنامه «جهان زنان» را منتشر می کرد. این نشریات نیز از طریق تشکیلات حزبی و توسط دکه های روزنامه فروشی پخش و به فروش می رسید.

همپوشانی مسئولیت‌ها

گرچه حزب یک ساختار دقیق و از پیش تعریف شده داشت، اما گاه به خاطر کمبود افراد مسئول و باتجربه، دو یا چند مسئولیت به یک نفر سپرده می‌شد. به طور مثال چندین بار مسئول کمیته شهر مشهد همزمان مسئول کمیته ایالتی حزب در خراسان هم بود. برای مدتی اکبر آقا، در دوره دیگری عبدل، و برای مدتی بهرام همزمان مسئول هر دو کمیته شهر و ایالتی بودند . در ماه های آخر و در هنگام دستگیری، من نیز همزمان مسئولیت هر دو کمیته ایالتی و شهر مشهد را بر عهده داشتم .

این همپوشانی مسئولیت‌ها در مورد مسئولیت‌های گوناگون وجود داشت. گاه یک نفر هم مسئول شعبه امور توده‌ای یک ناحیه بود، هم مسئول امور توده‌ای شهر مشهد .

ناحیه های شهر مشهد

معمولا هر شهری با توجه به بزرگی آن و تعداد اعضای حزب به چند ناحیه تقسیم می‌شد.

شهر مشهد به سه ناحیه حزبی تقسیم می‌شد که هر ناحیه یک کمیته تشکیلاتی داشت. به طور تقریبی، این ناحیه‌ها در منطقه فلکه سعدآباد به هم می‌رسیدند و توسط خیابان‌های شاهرخ، نادری و کوهسنگی از هم جدا می‌شدند. ناحیه ۱ یک شهر مشهد منطقه زحمتکش نشین شهر بود که دروازه قوچان و میدان شهدا و خواجه ربیع و کوی طلاب و بالاخیابان و جاده سرخس و نواحی اطراف آن را در برمی‌گرفت. ناحیه ۲ دو شهر بطور نسبی

مناطق طبقه متوسط را در برمی‌گرفت، از جمله خیابان دانشگاه و کوهسنگی و چهارراه لشکر و سناباد. ناحیه ۳ سه شهر بیشتر مرفه نشین بود، مانند احمدآباد و شهرجدید.

کمیته حزبی مشهد، بالاترین ارگان حزبی در شهر مشهد بود و زیر نظر کمیته ایالتی حزب در خراسان قرار داشت. کمیته ایالتی حزب در خراسان نیز با شعبه تشکیلات شهرستان‌ها که زیر نظر رضا شلتوکی بود، در ارتباط بود و گزارش فعالیت‌های حزب در خراسان را از طریق شعبه مرکزی شهرستان‌ها به هیات دبیران کمیته مرکزی حزب توده ایران می‌داد.

روزهای خوش عشق و ازدواج

شوق رهایی از استبداد سلطنتی و احساس آزادی در فضای کشور در اولین روزهای پس از پیروزی انقلاب، طراوت و نو شدن همه چیز در این اولین بهار آزادی در کشور فضای عمومی را در سراسر کشور عطرافشان کرده بود. عواطف و احساسات همه مردم از جمله جوان ها در اوج بود. جوانها با احساس رهایی از همه قید های موجود به سادگی عاشق همدیگر می‌شدند. همه جا صحبت از خواستگاری و ازدواج و روابط عاشقانه بود.

در خانواده ما هم در همین یکی دو سال، دو ازدواج پا گرفت. خواهرم پری در جریان یک نشست اعتراضی با جوانی هم سن و سال خودش آشنا شد. این نشست توسط گروهی از معلمان سابق روستاها برگزار شد که در دوران خدمت سربازی به عنوان سپاه دانش برای تدریس به روستاها اعزام شده بودند و حالا پس از انقلاب فرصت را مغتنم شمرده و خواهان این بودند که به استخدام رسمی و تمام وقت اداره آموزش و پرورش در آیند.

پری و امین از سازمان دهندگان این نشست اعتراضی در محل اداره آموزش و پروش مشهد بودند. تعداد قابل توجهی از سپاهیان دانش در این محل متحصن شده بودند. این جریان همزمان بود با دوره استانداری حاج طاهر احمدزاده استاندار انقلابی و محبوب همه ما در مشهد. حاج طاهر احمدزاده از افراد سرشناس و بسیار محترم مشهد بود. ایشان یکی از چهره های فعال کانون نشر حقایق اسلام در شهر ما بود که یکی از محافل اصلی روشنفکری مذهبی در شهر مشهد به حساب می‌آمد. این کانون که زمانی توسط پدر دکتر شریعتی، آقای محمدتقی شریعتی و جمعی دیگر از همفکران ایشان تاسیس شده بود، کانونی بود برای تربیت روشنفکران دینی در مشهد. از همین کانون بسیاری از شخصیت‌های سیاسی امروز ایران نیز بیرون آمده اند. بسیاری از روشنفکران و رهبران جریان‌های سیاسی در دوره شاه نیز دورانی از زندگی خود را در این کانون گذراندند. دکتر علی شریعتی نیز سالهای طولانی - در دوران نوجوانی در مشهد و سپس بعد از بازگشت به ایران در دوران تدریس در دانشگاه مشهد - درهمین کانون فعال بود.

مسعود و مجید احمدزاده و امیرپرویز پویان، از رهبران و بنیانگزاران سازمان چریک‌های فدایی خلق ایران، و وحید افراخته، از رهبران سازمان مجاهدین و بنیانگزاران سازمان پیکار، در دوران نوجوانی در این کانون با سیاست و دنیای

روشنفکری آشنا شدند. و بسیاری از فعالین سیاسی سازمان‌های دیگر نیز از طریق همین کانون پا به عرصه سیاست گذاشتند.

حاج طاهر احمدزاده از مبارزین و شخصیت‌های ملی بود که در مشهد بود که در منطقه تلگرد به کار کشاورزی و دامداری مشغول بود و سالهای طولانی از عمر خود را در راه مبارزه برعلیه دیکتاتوری در دوران پهلوی در زندان و در تبعید به سر برده بود. مجید و مسعود احمدزاده، فرزندان ایشان، در دادگاه‌های نظامی در اواخر سال ۱۳۵۰ به اتهام مبارزه برعلیه نظام پادشاهی به اعدام محکوم شده و به قتلگاه فرستاده شدند.

مسعود احمدزاده مبتکر جنگ چریکی شهری و یکی از مبلغین اصلی این نظریه بود. اثر او تحت عنوان «مبارزه مسلحانه ، هم استراتژی و هم تاکتیک» در این زمینه یکی از منابع اصلی و موثر در شکل گیری اساس نظریات و بنیان فکری سازمان چریک‌های فدایی خلق ایران در مبارزه مسلحانه برعلیه رژیم شاه بود. این اثر از کارهای جوانی اوست. او در اسفند ماه سال ۱۳۵۰ اعدام شد در حالی که فقط ۲۵ بهار از زندگانی اش گذشته بود. او با نگارش این کتاب در کنار نوشته امیرپرویز پویان به نام «ضرورت مبارزه مسلحانه و رد تئوری بقا» مبارزه مسلحانه چریکی در ایران را تئوریزه کرد. در واقع شاید آن دو را بتوان پدران مبارزات چریکی شهری در دوران معاصر ایران قلمداد کرد.

حاج طاهر در آن زمان محبوب قلب‌های همه نسل‌ها بود. خودش با طالقانی و منتظری و بازرگان نشست و برخاست داشت و فرزندانش رهبران و بت‌های نسل جوان آن روزها بودند. همین هم موجب شد که زمانی که حاج طاهر احمدزاده از تهران به مشهد آمد، در ایستگاه راه آهن مشهد مردم از او مثل یک قهرمان ملی استقبال کردند و او را بر شرشانه‌های خود گذاشته و گل باران‌اش کردند. حالا حاج طاهر آقا مدتی بود که مقام استانداری خراسان را داشت. انقلاب پیروز شده بود و مردم انتظار معجزه داشتند. انگار قرار بر این بود که مقامات حکومت جدید، همه مشکلات را یک شبه حل کنند. در عین حال یک نوع نگاه طلبکارانه هم در میان مردم شکل گرفته بود. هر کسی و یا هر گروهی تحت یک عنوانی خواسته‌ای را مطرح می‌کرد و اگر مسئولین جدید از عهده آن بر نمی‌آمدند، انگ «ضدانقلاب»، «طاغوتی» و هزار برچسب دیگر به آنها زده می‌شد.

مطالبات هم حساب و کتابی نداشت. یکی از این نمونه‌ها همین تحصن سپاهیان دانش در مشهد بود که پری و امین از سازماندهندگان آن بودند. پس از اصلاحاتی که شاه آن را «انقلاب سفید شاه و مردم» نامیده بود، برخی از جوانانی را که از دبیرستان فارغ التحصیل می‌شدند به جای خدمت سربازی در پادگان‌ها تحت عنوان سپاهی دانش به روستاها می‌فرستادند. سربازی در آن دوران در ایران اجباری بود و هر جوان ۱۸ ساله موظف بود که به خدمت نظام رفته و ۲۴ ماه خدمت کند. این دوره در مجموع ۲۴ ماه طول می کشید و قرار بر این بود که پس از پایان دوران خدمت نظام، این سپاهیان مرخص شده و به دنبال کار و زندگی خود بروند. این جوانها چند ماهی دوره نظامی می‌گذراندند و بعد به روستاهای کشور اعزام می‌شدند و به تعلیم و تربیت بچه‌های روستایی می‌پرداختند. این اقدام شاه در حقیقت گامی مثبت بود در جهت سوادآموزی و گسترش مراکز آموزشی ابتدایی در سطح روستاهای کشور.

متناسب با معدل کل سال آخر دبیرستان، اداره نظام وظیفه جوانان آماده به خدمت را در بخش‌های مختلف تقسیم می‌کرد. اگر معدل آنها زیر ۱۲ بود، آنها سرباز صفر محسوب شده و تمام مدت ۲۴ ماهه خدمت را باید در پادگان ها می‌گذراندند. کسانی را که معدل آنها بین ۱۲ تا ۱۵ بود به سپاه دانش، سپاه بهداشت و یا سپاه ترویج و آبادانی کشور می‌فرستادند. کسانی را که معدل آنها بالای ۱۵ بود به عنوان گروهبان وظیفه در پادگان ها نگاه می‌داشتند. امتیاز گروهبان وظیفه این بود که در شهر محل خدمت و اقامت اش باقی می‌ماند و بعد از دوره ۴ ماهه آموزشی که شبانه روزی بود و همه باید آن را می‌گذراندند، در ۲۰ ماه ادامه خدمت، بعد از ظهرها به خانه می‌آمد. در حقیقت مثل کارمند ارتش با او رفتار می‌شد. بسیاری از هم دوره های من در آن دوران تحت تاثیر صمد بهرنگی که معلم روستاها بود به معلمی در روستاها علاقمند بودند. من همیشه آرزو داشتم که همچون صمد معلم شده و در یکی از روستاهای اطراف مشهد به کار آموزشی مشغول شوم. به همین دلیل هم هر وقت به سربازی فکر می‌کردم دوست داشتم که به عنوان سپاه دانش خدمت کنم. رسم آن دوران اما این نبود که کسی تمایل به ادامه خدمت سربازی داشته باشد، و دولت هم تعهدی نداشت که پس از پایان خدمت سربازی، آنها را در هیچ اداره‌ای از جمله ارتش یا وزارت آموزش و پرورش استخدام کند.

حالا اما انقلاب شده بود و هر مطالبه‌ای را می‌شد مطرح کرد و همه هم انتظار داشتند که مطالبات آنها برحق شمرده شده و مقامات حکومت جدید هم پاسخگو باشند.

گروه متحصنین در آموزش و پرورش مشهد که نمایندگی آنها در اختیار پری و امین بود، حالا از حاج طاهر احمدزاده و مقامات جدید در دستگاه انقلابی انتظار داشتند که آنها را به استخدام آموزش و پرورش در آورند. در آن دوره در راس اداره آموزش وپرورش مشهد یکی از افراد حجتیه‌ای پروپا قرص به نام صابری فرد نشسته بود که اساسا با حاج طاهر آقا هم زیاد رابطه خوبی نداشت. ایشان در مقام رئیس اداره آموزش و پرورش پاسخگو نبود و متحصنین هم از حاج طاهر آقا انتظار داشتند که دخالت کرده و مشکل آنها را حل نماید.

مشکلی که حل آن خیلی هم ساده نبود. به این معنی که باید همه آنها را به استخدام آموزش و پرورش در می‌آوردند. در واقع حاج طاهر آقا باید به جای صابری فرد تصمیم می‌گرفت و در امور و حوزه کار او دخالت می‌کرد و یا تصمیم خود را به او تحمیل می‌کرد و اگر این کار را نمی‌کرد، از اقتدار انقلابی برخوردار نبود و بعید نبود که حالا پس از سالها مبارزه بر علیه رژیم شاه به عنوان «سازشکار» و «ضد انقلابی» متهم شود.

این تحصن چند هفته‌ای ادامه داشت و با دخالت حاج طاهر آقا بالاخره به نتیجه مطلوب رسید. متحصنین موفق شدند که به عنوان معلم به استخدام آموزش و پرورش در آمده و به روستاهای اطراف مشهد اعزام شوند.

در این ماجرا بین امین و پری رابطه عاطفی و عاشقانه‌ای برقرار شد. آنها تصمیم به ازدواج با یکدیگر گرفتند.

امین از هواداران سازمان مجاهدین خلق بود و پری هم که در خانواده‌ای چپی زندگی می‌کرد، خودش را غیرمذهبی و متعلق به نحله چپ می‌دانست. هر دو خانواده شاید عمدتا بخاطر همین دوگانگی تعلقات سیاسی شان با این ازدواج مخالف بودند. اما احساسات لطیف دوران انقلاب و عشق و شور جوانی آن دو چنان بود که اجازه کمترین دخالتی را به خانواده‌ها نمی‌دادند. آنها هرگز باورشان نمی‌شد که صمیمیت و عشق آنها را هیچ چیزی بتواند تغییر دهد. امین به راحتی ادعا می‌کرد که با مطالعه متون مارکسیستی چه بسا چپی شود و پری هم در آن سالها مانعی نمی‌دید که اگر لازم باشد گاه روسری سر کند.

آنها علیرغم مخالفت خانواده‌ها ازدواج کردند.

در آن روزها که همه چیز متاثر از شور انقلاب و تغییر در جامعه بود، دختران و پسران جوان به سادگی به هم دل می‌دادند. کسی به فکر مال و منال نبود و به شغل و ثروت و مکنت خانوادگی طرف دیگر کمترین توجهی نمی کرد. هیچ کدام از ما نگران آینده نبودیم. انگار انقلاب و فضای حاصل از آن قرار بود تا آخر همان لطافت و طراوت اولیه را برای نسل ما حفظ کند و ما همیشه در همان فضای کاریکاتورگونه انقلابی باقی بمانیم. در آن فضای صمیمانه انقلابی حتی گاه اختلافات سیاسی و گروهی خود موجبات عشق و علائق بعدی می‌شد. بسیاری از پسران و دختران دانشجو با تعلقات سیاسی متفاوت در بحث و گفتگو در خیابان‌های اطراف دانشگاه و یا سر بساط‌های کتاب فروشی و یا در انجمن‌های گروه‌های سیاسی و یا در پیاده روی‌های طولانی در کوهپایه‌ها به هم دل می‌بستند و بدون کمترین نگرانی از گذشته‌های متفاوت یکدیگر یا از آینده‌های نامعلوم پیش روی، خیلی زود پیوند زندگی خود را جشن می‌گرفتند.

دختران دانشجو گاه خاطرخواه رفقای کارگر خود می‌شدند و پسران تحصیلکرده و درس خوانده شهری گاه در دام عشق دختران روستایی گرفتار می‌آمدند. انقلاب همه ارزش‌ها را در هم ریخته بود و نسل انقلابیون جوان کمترین ارزشی برای حفظ هیچ کدام از سنت‌های نسل‌های پیشین خود قائل نبود.

پدرم خوشبختانه هنوز زنده بود و شاهد اولین جشن ازدواج در خانواده ما بود. جشن ازدواج پری و امین اولین جشن ازدواج در خانواده ما بود. پیش از او خواهر بزرگترم، زهره، بدون جشن و بزمی با همسرش سعید زندگی را شروع کرده بودند. آنها هیچ علاقه ای به گرفتن جشن ازدواج نداشتند. زهره حتی هدیه هایی را که برای آغاز زندگی مشترک به او داده بودند را نگرفته بود، گرچه چند سال بعد پشیمان شده و سراغ آنها را از مادر شوهرش گرفت. برادر بزرگترم محمد هم بدون جشن و حتی برگزاری یک مهمانی کوچک خانوادگی زندگی مشترک با همسرش را آغاز کرده بود. جشن ازدواج پری گرچه خیلی مفصل نبود، ولی برای پدر و مادرم و همه ما اولین تجربه جشن و بزرگداشت آغاز زندگی مشترک یکی از اعضای خانواده ما بود.

امین و پری هر دو معلم دبستان بودند. امین کلاس اول را درس می‌داد که به نظرمن از همه کلاس ها سخت تر بود. آنها در روستای خوش آب و هوایی در نزدیکی مشهد که در دامنه کوههای بینالود واقع شده بود، کار می‌کردند. روستای اخلمد یکی از روستاهای سرسبز و بسیار زیباست که آبشار زیبایی به جذابیت آن می افزاید. روستای اخلمد همان

روستایی است که آقای خامنه‌ای رهبر کنونی کشور نیز مدتی پیش از انقلاب در آنجا بصورت مخفی زندگی کرده است.

پری و امین در این روستا صاحب اولین نوزاد خود شدند. روزبه متاسفانه پس از چند ماه درگذشت. مرگ کودک شان ضربه وحشتناکی به زندگی آنها وارد آورد. انتخاب نام روزبه پیشنهاد من بود. خسرو روزبه برای ما در آن روزها نه فقط قهرمان ملی ایران بود که از بت‌های پرستیدنی محسوب می‌شد. امین با اینکه طرفدار مجاهدین بود مخالفتی با انتخاب اسم روزبه برای پسرش نکرد .

امین در این دوران با «انجمن معلمان مسلمان» همکاری می‌کرد. سازمان مجاهدین خلق برای همه اصناف هوادار خود سازمان‌های صنفی-سیاسی تحت عنوان های مشابه درست کرده بود، مثل «انجمن معلمان مسلمان»، «انجمن مهندسین مسلمان» ، «انجمن دانشجویان مسلمان» و غیره . مسلمانان طرفدار انقلاب نیز در صنف ها و حرفه های مختلف اقدام به تاسیس انجمن‌های اسلامی نمودند، مثل «انجمن اسلامی معلمان» و یا «انجمن اسلامی مهندسین» و یا «انجمن اسلامی‌دانشجویان». تفاوت اسم آنها چنانکه مسلمان بعد از حرفه و یا صنف بیاید و یا اسلامی بعد از انجمن، نشان دهنده تعلق آنها به مجاهدین خلق و یا حزب اللهی‌ها بود. «انجمن معلمان مسلمان» در نزدیکی فلکه سراب دفتری داشتند که امین معمولا هفته‌ای یکبار که به مشهد می‌آمد به آن سری می‌زد. برادران امین با اینکه از او جوان تر بودند ولی از هواداران بسیار فعال سازمان مجاهدین خلق در مشهد بودند. فریدون دانشجوی دانشکده مهندسی مکانیک مشهد بود و از اعضای فعال سازمان دانشجویان مسلمان دانشگاه مشهد. فرزاد که هنوز ۱۶ سال بیشتر نداشت، دانش آموز دبیرستان بود و با سازمان دانش آموزان مسلمان فعالیت می‌کرد.

عکس عروسی پری و امین (به ترتیب از سمت راست، من، امین و پری)

رابطه میان خانواده‌های ما گرچه خیلی صمیمانه نبود، ولی خوب بود. من و فریدون تقریبا هم سن و سال هم بودیم و هر وقت همدیگر را می‌دیدیم، با وجود بحث و اختلاف نظر برسر مسائل سیاسی، با هم رابطه‌ای دوستانه داشتیم.

با امین مرتب بحث و جدل سیاسی داشتم. امین بسیار متین و ساکت و آرام بود. ولی در عین حال شخصیت محکم و بسیار سرسختی داشت و علاقه‌اش به سازمان مجاهدین از همان نوع ایمان و اعتقادی بود که بسیاری از هم نسل‌های ما در آن سال ها داشتند. ایمانی که درست مثل ایمان مذهبی همه معتقدین دینی بود، از نوع تسلیم تمام عیار به انبیاء و اولیا و مراجع. یادم هست جزوه‌های «تبیین جهان» نوشته مسعود رجوی را در آن سال ها مثل قرآن و نهج البلاغه می‌خواند و کمترین جای بحث و گفتگو و نقدی را باز نمی‌گذاشت. با این همه روابط ما بسیار دوستانه بود. گاه دعوا می‌کردیم، گاه صدایمان بلند می‌شد و گاه از شدت عصبانیت موقتا با هم قهر می‌کردیم. اما باز به محض دیدن یکدیگر بحث و صحبت را از سر می‌گرفتیم و کمترین کینه‌ای از هم به دل نمی‌گرفتیم. چندین بار به اخلمد رفتم و روزهای متعددی را در آن دره زیبا مهمان پری و امین بودم.

مناسبات من و خواهرم بسیار صمیمانه بود و هیچگاه اختلاف سیاسی من و امین کمترین تاثیری در روابط ما نمی‌گذاشت. بسیاری از خانواده‌ها پس از یکی دوسال که از انقلاب گذشت، روابط شان متاثر از نگاهی که به مسائل سیاسی و انقلاب و حکومت داشتند دچار مشکل می شد و حتی گاه از هم می‌پاشید. بسیاری از روابط عاطفی و عاشقانه‌ای که میان زوج‌های جوان در ماه های آغاز انقلاب شکل گرفته بود و به ازدواج منتهی شده بود، پس از مدتی به دلیل اختلافات سیاسی ازهم پاشیده و حتی گاه به خصومت و دشمنی می‌انجامید. جبهه انقلاب و ضدانقلاب که متاسفانه بیشتر هم توسط حکومت تعریف شده بود، به جبهه جنگ ناگفته‌ای تبدیل شده بود که کم کم نه تنها سازمان‌های سیاسی و احزاب را در مقابل هم قرار می‌داد که گاه خواهر و برادر، زن و شوهر، و حتی فرزندان و والدین را در مقابل همدیگر قرار می‌داد. همان خصومتی را که حکومت در این میدان تعریف کرده بود، به محیط خانواده‌ها هم تسری یافته بود.

سال‌های خوشی و عشق‌های بی شائبه و بی چشمداشت چه میان زوج‌های جوان و چه در بطن روابط و مناسبات سیاسی و اجتماعی در جامعه داشت کم کم رخت بر می‌بست و می‌رفت.

در مملکت باز شد

تجربه زندگی در کشوری به پهنای ایران، با همه تنوع گروه‌های سیاسی و مذهبی و قومی در آن، برای جوان تازه به دوران رسیده‌ای در دنیای سیاست مثل من تجربه‌ای بسیار گرانبها بود. انقلاب همان رویای شیرینی بود که درباره‌اش در کتابهای تاریخی خوانده بودم و همیشه آرزو داشتم که تحقق آن را در زندگی واقعی تجربه کنم.

حالا همان رویای شیرین به واقعیت پیوسته بود. پیش از آنکه فکرش را بکنم، انقلاب غافلگیرم کرده بود. جزیره ثبات آریامهری درست زمانی که تصورش نمی‌رفت از هم پاشیده و با توفان انقلاب منفجر شده بود. نظم عمومی از هم پاشیده بود. حکومت جدید و رهبران آن در پی ایجاد نظم مورد علاقه خود بودند. کسی تصوری از آینده نداشت. دیکتاتوری دوران محمدرضا شاهی به هیچ حزب و گروهی اجازه فعالیت نمی‌داد، این فضای بسته موجب آن بود که مردم هیچ شناختی از رهبران انقلاب و آنچه در فکر و ذهن آنها بود نداشته باشند . کمتر کسی از برنامه های آینده رهبران دینی برای اداره کشور اطلاع داشت. شاید حتی خود آنها هم نمی دانستند که به کدام سو خواهند رفت. آینده اصلا قابل تصور نبود. رهبران انقلاب هیچ کدام با برنامه معینی در سیاست مقبولیت عمومی را کسب نکرده بودند. فقط نقش آنها در توفان انقلاب و تنفر از رژیم گذشته بود که برای آنها محبوبیت فراهم کرده بود. حالا اما به میمنت پیروزی انقلاب هرکدام از آنها در پی پیاده کردن طرح‌های پس ذهن خود بودند. شاید بسیاری از آنها هم غافلگیر شده و هیچ نقشه‌ای از پیش طراحی شده برای حکومت کردن نداشتند. اما آنچه مسلم بود، خلاء قدرت سیاسی بسیاری را در آن روزها به وجد آورده بود.

بازی بزرگترها تازه شروع شده بود. هرکدام از آنها پس از سالهای طولانی انتظار، حالا در پی فرصت تاریخی بدست آمده از انفجار انقلابی در کشور، در صدد پیاده کردن هدف‌های قدرت طلبانه خود بودند. بازی فقط بین بزرگترهای داخلی نبود که جریان پیدا کرده بود. بزرگترها در منطقه و جهان هم درگیر این بازی شده بودند. با فروپاشی جزیره ثبات آریامهری، هرکسی بدنبال سهم خود در این سرزمین بود و همه هم همه چیز را برای خود می‌خواستند . ما بچه‌ها اما در این بازی گیج و منگ بودیم.

شیفته شعارهای انقلابی و رویاهای دست نایافتنی خود بودیم که بیشتر در کتابهای تاریخی و رمان‌ها ساخته و پرداخته شده بودند. از یک طرف به طرف دیگر پرتاب می‌شدیم. تصورمان این بود که در این بازی شریک بزرگترها شده ایم ولی به گونه‌ای شیدایی به دنبال آنها می‌دویدیم و چنانکه آنها می‌خواستند، در این بازی نقش ایفاء می‌کردیم.

در مملکت باز شده بود، همه چیز و همه کس وارد می‌شدند. از کتاب ها و پوسترهای ممنوعه که برای داشتن هرکدام از آنها در دوران حکومت گذشته ساواک پاپیچ ات می‌شد و سر از زندان در می‌آوردی و ماه ها و شاید سال ها آنجا می‌ماندی، تا افرادی که تصور دیدن شان در جزیره آریامهری بیشتر به خواب و خیال می‌مانست.

حالا به برکت انقلاب، سروکله افراد جدیدی در مملکت پیدا شده بود که رژیم شاه درگذشته سایه آنها را از صدفرسنگی با تیر می‌زد و یا حکم دستگیری آنها را صادر کرده بود و یا برای سر آنها جایزه تعیین کرده و غیابا به اعدام محکوم شان کرده بود.

فقط ایرانی‌های مهاجر نبودند که حالا پس از یکی دو دهه و گاه بیشتر به مملکت خود باز می‌گشتند. حالا تهران مهماندار بعضی از شخصیت‌های انقلابی منطقه بود. هنوز یک هفته از پیروزی انقلاب نگذشته بود که یاسرعرفات، رهبر سازمان آزادییخش فلسطین، بدون اینکه از قبل خبر آمدنش به ایران را بدهد، به ایران وارد شد. هنوز فرودگاه‌های کشور به روی پروازهای خارجی بسته بود که هواپیمای او در تهران بر زمین نشست. او در پاسخ

این پرسش که چرا سفرش را اطلاع نداده بود گفت "آدم برای رفتن به خانه‌اش اجازه نمی‌گیرد. من هم اجازه نگرفتم." او ایران پس از انقلاب را خانه خودش به حساب آورده بود و یکسره برای دیدن رهبری انقلاب به سراغ آیت الله خمینی رفت.

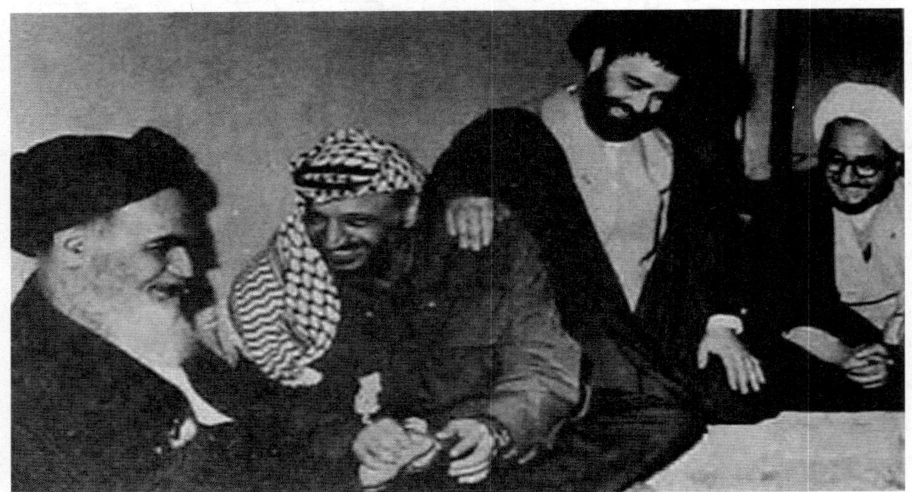

یاسر عرفات در دیدار با ایت الله خمینی، سید احمد خمینی و ایت الله خلخالی

او در مدت اقامت یک هفته‌ای‌اش در ایران با شخصیت‌های گوناگونی ملاقات و دیدار کرد. از رهبران حکومت نوپای ایران گرفته تا رهبران احزاب و سازمان‌های سیاسی، همه به دیدن او می‌رفتند و با او عکس‌های یادگاری می‌گرفتند.

سید احمد خمینی، یاسر عرفات و دکتر ابراهیم یزدی

یاسر عرفات با مهندس مهدی بازرگان، یدالله سحابی، جلال الدین فارسی و عباس امیر انتظام در تهران

ملاقات یاسر عرفات و مسعود رجوی در تهران

هنوز او قدم بیرون نگذاشته بود که عبدالسلام جلود، مرد شماره ۲ لیبی، وارد شد و یک ماه تمام در ایران بود. پس از او هیات‌های مختلف از دیگر نهضت‌ها و جنبش‌های آزادیبخش در منطقه آسیا و افریقا و امریکای جنوبی یکی پس از دیگری مهمان مقامات و رهبران و احزاب و سازمان‌های سیاسی ایران بودند.

جالب بود که در آن دوران تفاوت چندانی در برخورد رهبران جنبش‌های رهایی بخش با رهبران حکومت جدید و احزاب و سازمان‌های سیاسی وجود نداشت. همان هیات‌های نمایندگی که روزهای اول پس از ورود به دیدار رهبران حکومت می‌رفتند، در روزهای بعد به دیدار رهبران گروه‌های سیاسی می‌رفتند. انگار هنوز مطمئن نبودند که آینده سیاسی در ایران از آن کدام جریان و در اختیار چه کسانی خواهد بود. در برخی موارد این روابط و مناسبات با رهبران احزاب غیرحکومتی گاه بسیار دوستانه تر از رهبران

حکومت بود. هانی الحسن، سفیر و نماینده جنبش آزادیبخش فلسطین، مناسبات بسیار دوستانه‌ای با رهبری سازمان مجاهدین خلق ایران داشت و برخی از رهبران احزاب کمونیست، از جمله هیات نمایندگی کوبا یا ویتنام، در مناسبات خود با رهبران حزب توده ایران بسیار دست و دل باز ترعمل می‌کردند و نگران دغدغه‌ی رهبران حکومت نوپای دینی در ایران در اینباره نبودند.

فلسطینی‌ها البته از همه خوش شانس تر بودند و به میمنت انقلاب اسلامی در ایران، نه تنها در محل سفارت سابق اسرائیل دفتر نمایندگی خود را باز کردند، که در هر شهری یک خیابان یا فلکه به افتخار آنها نامگذاری شد. بسیاری ازخانواده‌های مسلمان به افتخار عرفات نام نوزادان پسر خود را یاسر می‌گذاشتند.

رهبران حکومت جدید هم به فراخور اینکه کدام هیات نمایندگی به دیدار آنها می رفت، از آنها تعریف و تمجید می‌کردند و وعده کمک‌های بی دریغ خود را در دفاع از مبارزات آنها داده و گاه چنان صحبت می‌کردند که انگار هدف‌های انقلاب اسلامی ایران همسان اهداف آن جنبش هاست.

آیت الله طالقانی یکی از رهبران برجسته انقلاب و عضو شورای انقلاب در پیام خود به هیات کوبایی گفت "ما در نفی استثمار، استعمار و دفاع از آزادی با مارکسیست ها عقاید مشترکی داریم.

نامه مردم، ارگان حزب توده ایران، ۱۷ مرداد ۱۳۵۸

امریکا و شوروی

با وجود همه اختلافات داخلی و رقابت ها، رقابت اصلی میان دو ابرقدرت اصلی آن دوران، یعنی شوروی و امریکا، بود که در صحنه سیاسی ایران فعالانه در جریان بود.

در افغانستان، روس ها حکومت داوودخان را که تمایل نسبی به غرب پیدا کرده بود، با یک کودتای نظامی به دست افسران طرفدار حزب دمکراتیک خلق برکنار کرده بودند و

ائتلاف جدید حزب دمکراتیک خلق و پرچم با تمایلات شدید طرفداری از شوروی در این کشور به قدرت تکیه زده بود.

با سقوط حکومت شاه که در دو دهه گذشته از ثبات نسبی برخوردار بود و متحد پرقدرت امریکا در منطقه خاورمیانه به شمار می‌آمد و بعد از اسرائیل مورد اعتمادترین حکومت منطقه برای امریکایی‌ها محسوب می‌شد، امریکا نقطه اتکای خود را تا حدودی در این منطقه از دست داد. انقلاب اسلامی در ایران از طرف دیگر ثبات نسبی در بسیاری از حکومت‌های مرتجع منطقه را نیز برهم زده و آینده آنها را به مخاطره انداخته بود و ترس از سرایت انقلاب به دیگر کشورها در آینده نیز وجود داشت.

روزنامه رنجبر، ۲۵دی ۱۳۵۸

امریکا که پس از کودتای ۲۸ مرداد به تدریج ایران را به حیاط خلوت خود برای مقابله با توسعه طلبی شوروی در منطقه تبدیل کرده بود و با حضور بیش از ۴۰ هزار مستشار نظامی و ایجاد پایگاه‌های جاسوسی و شنود جای پای خود را در منطقه محکم نموده بود، حالا پس از انقلاب اسلامی در ایران احساس می‌کرد که بازی منطقه‌ای را باخته و کلاه گشادی سرش رفته است.

تعادل در منطقه به نفع شوری به هم خورده و امریکایی‌ها با چنگ و دندان به دنبال پس گرفتن سنگرهای از دست رفته خود بودند و در همین حال روس ها با حمایت از انقلاب اسلامی و افزایش حضور خود در افغانستان به دنبال پیشروی و فتح جبهه‌های تازه‌ای در منطقه می‌گشتند.

ایران عملا به صحنه رویارویی امریکا و شوروی تبدیل شده بود و آینده سیاسی حکومت ایران تاثیر مستقیم در روند تغییرات سیاسی و توازن قدرت در منطقه داشت. گروه‌های سیاسی ایرانی در این میانه به گونه‌ای در حاشیه نبرد بین دو ابرقدرت صف آرایی کرده بودند که عملا آنها را در یکی از این دوجبهه قرار می‌داد. نگاهی به نشریات حزب توده ایران و حزب رنجبران یا روزنامه انقلاب اسلامی در آن زمان به خوبی بیانگر این واقعیت است.

رنجبر

ارگان حزب رنجبران ایران

سال اول دوره‌ی دوم — سه‌شنبه ۱۸ دی‌ماه ۵۸ — شماره ۶ — تکشماره ۱۰ ریال

نبرد سنگین در افغانستان

تبریز همچنان ناآرام است

دوازدهمین سالگرد شهادت تختی

بنی‌صدر:
سرمایه‌های آمریکایی ملی می‌شود

ببرک کارمل کیست؟

اعتصاب کارگران واحد اتوبوسرانی اهواز
در صفحه ۲

حمله مهاجمین به پاسداران انقلاب و خودرو ارتشی در بلوچستان

خط نه شرقی، نه غربی ضامن پیروزی جنبش‌های آزادی‌بخش

با پرچم «نه شرقی نه غربی» بدفاع از خلق افغانستان بر خیزیم

اشغال کنندگان سفارت افغانستان در تهران:
ارتش روسیه از افغانستان اخراج باید گردد

مرگ بر روسیه، مرگ بر ببرک

مصاحبه‌ای کوتاه

روزنامه رنجبر، ۱۸ دی ماه ۱۳۵۸

روزنامه مردم، ۱۱ دی ۱۳۵۸

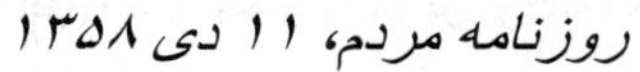

روزنامه مردم، ۱۳ دی ۱۳۵۸

جمهوری اسلامی، نه یک کلمه بیشتر و نه یک کلمه کمتر

رهبری انقلاب در ایران اما زیرکانه به دنبال اهداف پنهان خود بود که در اصل تشکیل یک نظام دینی مبتنی بر احکام دینی و فقه شیعه بود. آیت‌الله‌ها و رهبران دینی شیعه در ایران که سالهای طولانی در اتاق‌های انتظار قدرت سیاسی نشسته بودند و در بهترین حالت نقش مشاورین پادشاهان را بازی کرده بودند حالا فرصت تاریخی بی نظیری نصیب شان شده بود. فرصتی که آنها را قادر می‌ساخت که خود نظام مطلوب خود را بدون واسطه طراحی کرده و مدیریت اجرایی آن را نیز خودشان در دست بگیرند.

پیشنهاد آیت‌الله خمینی در انتخاب نام «جمهوری اسلامی» و اصرار وی بر «نه یک کلمه بیشتر و نه یک کلمه کمتر»، و پس از آن تدوین قانون اساسی جدید کشور به دست رهبران مذهبی در مجلس تازه تاسیس شده خبرگان در واقع پاسخ به این انتظار چندصدساله رهبران شیعه بود. آنها بالاخره موفق شده بودند که اولین نظام حکومتی را براساس فقه شیعه به صورتی طراحی کنند که فقها در آن دست بالا را داشته و از یک موقعیت ممتاز در همه ارکان آن برخوردار باشند.

آیت‌الله خمینی سرسختانه دربرابر مخالفت اکثریت قریب به اتفاق جریان‌های سیاسی کشور ایستاد و حتی به نظر برخی از اعضای شورای انقلاب و نخست وزیر وقت یعنی مهندس بازرگان که جمهوری دمکراتیک اسلامی را پیشنهاد کرد، وقعی ننهاد و با سماجت و تاکید بر انتخاب نام جمهوری اسلامی و نه یک کلمه بیشتر و کمتر، نظام بعدی را تحت عنوان «جمهوری اسلامی» در یک همه پرسی با دو گزینه ی «آری» و «نه» به تاریخ ۱۲ فروردین ۱۳۵۸ به رفراندوم گذاشت که با رای اکثریت قاطع مردم به تصویب رسید. تعدادی از گروه‌های سیاسی و بخشی از روشنفکران کشور در اعتراض به انتخاب نام "«جمهوری اسلامی» یا در همه پرسی شرکت نکردند و یا با رای «نه» مخالفت خود را با نظام جدید اعلام کردند. حزب توده ایران با وجود اینکه مخالف انتخاب نام جمهوری اسلامی برای نظام آینده بود، اما با این استدلال که "به نظر ما به هیچوجه نمی‌توان خواست واقعی مردم را به طور کامل و روشن در یک یا دوکلمه گنجانید" و "کلماتی نظیر «دمکراتیک» و «دمکراتیک ملی» یا «دمکراتیک اسلامی» و نظیر آنها به تنهایی نمی‌توانند مفهوم کاملی را به روشنی بیان کنند" و "آنچه به این کلمات معنا و مفهوم می‌دهد، برنامه و عملی است که در آنها گنجانیده می‌شود" تمایل خود را به موافقت با خواست رهبری نظام بیان کرد. حزب در اعلامیه‌ای که به همین مناسبت در رابطه با حمایت و یا عدم حمایت از پیشنهاد آیت‌الله خمینی صادر کرد، چنین بیان داشت که "ما مدتهاست که نظر خود را درباره ضرورت ایجاد یک جمهوری متکی بر اراده خلق بیان داشته ایم." و "اصل محتوای حکومت هاست." و تاکید کرد که "مردم مبارز ایران باید بکوشند تا قانون اساسی جدید بر پایه حفظ منافع اساسی جامعه ما و نیز استقلال ملی، صلح و دمکراسی در پیشرفت اجتماعی و رفاه عمومی‌تنظیم شود." بدین ترتیب حزب توده ایران در همه پرسی تعیین نام نظام جدید شرکت کرده و تحت عنوان اینکه "در رفراندوم تنها یک مسئله مطرح است: به خاک سپردن رژیم منفور سلطنت پهلوی" از همه اعضا و هواداران خود خواست که "بطور دسته جمعی و در یک صف واحد در این کار شرکت کنند"(مردم، ارگان رسمی‌حزب توده ایران، شماره ۳، ۸ فروردین ۱۳۵۸)

آیت الله خمینی پس از اعلام نتیجه همه پرسی در پیام تبریکی به مناسبت تاسیس نظام نوپای اسلامی در ایران چنین گفت "مبارک باد شما را، دشمن غول صفت و فرعون زمان را از پای در آوردید. مبارک باد شما را چنین حکومتی که در آن اختلاف نژاد و سیاه و سفید و ترک و فارس و لر و کرد و بلوچ مطرح نیست و همه برادر و برابرند. مبارک باد بر شما روزی که در آن تمام اقشار ملت به حقوق حقه می‌رسد، فرقی بین زن و مرد و اقلیت‌های مذهبی و دیگران در اجرای عدالت نیست."

ناآرامی‌ها در ترکمن صحرا، کردستان، خوزستان و بلوچستان

گرچه رفتار هواداران نظام انقلابی و اسلامی نوپا در برخورد با مخالفین بسیار تنگ نظرانه و سرکوبگرانه و تحریک آمیز بود، ولی آتش بسیاری از درگیری‌ها در کشور آشکارا توسط عناصر رژیم سابق و یا زمینداران وسرمایه داران بزرگ و خوانین و روسای عشایر افروخته می‌شد. متاسفانه به دلیل تفکر رادیکال غالب بر جریانات جوان و بویژه چپ‌ها به آسانی این آتش افروخته دامان آنها را گرفته و به مقابله و درگیری میان طرفداران حکومت و گروههای رادیکال چپ منجر می شد.

پشت بعضی از اغتشاشات روحانیون سنتی و یا وابسته به رژیم شاه بودند که از قدیم با آیت الله خمینی و روحانیون انقلابی اختلاف نظر جدی داشتند و حالا از هر فرصتی استفاده کرده و جنگ خود را زیر پوشش‌های دیگری مخفی می‌کردند. مثلا آیت الله حسن قمی در مشهد که بسیار مرتجع بود و دوران طولانی را نیز در تبعید به سر برده بود و در آخرین ماههای انقلاب به مشهد بازگشت، و آیت الله شریعتمداری مرجع دیگر تقلید در آذربایجان که روابط بسیاری نزدیکی با حکومت پهلوی داشت، از محبوبیت محلی خود استفاده می‌کردند و از هر بهانه‌ای سود جسته و برای حکومت جدید خط و نشان می‌کشیدند.

در بلوچستان خان مبارکی به کمک بعضی مفتی‌های سنی مذهب که در گذشته همکار ساواک بودند و باندهای قاچاق مواد مخدر، به تحریک مردم دست زده و به دنبال برافروختن آتش جنگ شیعه و سنی در این گوشه از کشور بودند.

در این میان گروه‌های دیگری نیز وارد بازی شدند. بعضی از افراد برجسته حکومت شاه مثل پالیزدار و اویسی و افسران گارد جاویدان شاه با کمک‌های فراوان مالی و لجستیکی که از کشورهای عربی همجوار ایران دریافت می‌کردند به تشکیل گروه‌های مسلح دست زده و با کمک اشرار محلی به قتل و ترور دست می‌زدند. تقریبا در چهارگوشه کشور از سیستان و بلوچستان و خوزستان در جنوب گرفته تا ترکمن صحرا و آذربایجان در شمال و شمال غربی تا کردستان در منطقه غرب در آتش جنگ و درگیری می‌سوخت و یا چون انبار باروتی در انتظار انفجار بسر می‌برد.

در همان روزها جنگ در ترکمن صحرا و سنندج در جریان بود و هیات‌های اعزامی حکومت در این مناطق با رهبران گروه‌های مخالف برای دستیابی به یک آتش بس موقت درگیر مذاکره بودند.

جنگ ۲۴ روزه سنندج که بعد از محاصره پادگان این شهر توسط نیروهای حزب دمکرات کردستان و کومله آغاز شد، به کشت و کشتار خونینی در این شهر منجر گردید که مقدمه جنگ‌های بعدی در این منطقه شد. در ترکمن صحرا نیز درگیری خونینی بین کمیته‌های انقلاب و اعضا و هواداران چریک‌های فدایی خلق در محل «ستاد خلق ترکمن» به وقوع پیوست که به کشته و مجروح شدن تعداد قابل ملاحظه‌ای از هر دو طرف منجر گردید. پاسداران ماه‌ها پس از این درگیری برای انتقام، چهار تن از رهبران ستاد خلق ترکمن - شیرمحمد درخشنده توماج، عبدالحکیم مختوم، حسین جرجانی و محمد واحدی - را ربوده و به شیوه‌ای ناجوانمردانه به قتل رساندند. پس از آنکه در ۱۸ بهمن ۵۸ جسد آنها در زیر پلی در جاده بین بجنورد و گرگان پیدا شد، معلوم شد که آنها پیش از اعدام به شدت شکنجه شده بودند.

جنگ فقط محدود به ترکمن صحرا و کردستان نبود. در خوزستان گروه‌های جدایی طلب و ناسیونالیست عرب که از طرف کشورهای عرب همجوار و دیگر جریانات خارجی حمایت می‌شدند، جبهه جنگ جدیدی را بر علیه حکومت انقلابی گشوده بودند.

در خرداد ۵۸ عده‌ای که به احتمال زیاد شامل هواداران سرسخت رژیم سابق هم می‌شدند، زیر پوشش ناسیونالیسم عربی و زیر چتر «جریان خلق عرب» لوله‌های نفت و دکل‌های مخابراتی را منفجر می‌کردند و در خرمشهر درگیری‌های خونینی را آغاز کردند که در ماه‌های پس از آن همچنان ادامه داشت. در مهرماه، ۵۸، در انفجار بمب در بازار خرمشهر و چندروز پس از آن در قطار خرمشهر به تهران، ده‌ها نفر از مردم کشته و مجروح شدند که یکی از اعضای حزب توده ایران به نام آژیر در همین انفجار جان خود را از دست داد. در بلوچستان نیز وضعیت بهتر از گوشه‌های دیگر کشور نبود. باندهای مافیایی قاچاق مواد مخدر همراه با خان‌های مرتجعی چون مبارکی‌ها، امنیت و آسایش منطقه را برهم زده و به قتل عام مردم و نیروهای انقلابی مشغول بودند.

نخستین کارزار آزاد انتخاباتی

در همین حال و هوا، بحث‌های مربوط به انتخابات مجلس خبرگان برای تدوین قانون اساسی جدید نظام جمهوری اسلامی ایران در جریان بود.

احزاب و گروه‌های سیاسی همه خود را برای شرکت در انتخابات آماده می‌کردند. پس از بیش از دو دهه که از کودتای ۲۸ مرداد ۱۳۳۲ می‌گذشت باز در ایران انتخابات آزاد برگزار می‌شد. گروه‌های سیاسی مختلف با چاپ پوسترها، پلاکاردها و بانرهای تبلیغاتی هرکدام کاندیداهای خود را به مردم معرفی می‌کردند.

در تمام این دوران گروه‌های فشار که مستقیم و غیرمستقیم از طرف مسئولین حکومت جدید حمایت می‌شدند، شبانه روز در خیابان‌ها پوسترها و بانرهای تبلیغاتی گروه‌های سیاسی را پایین آورده و تکه پاره می‌کردند. درگیری تا شب انتخابات ادامه داشت. برای اولین بار همه جامعه در تکاپو بود. انگار هرکسی فکر می‌کرد که می‌تواند و باید مهر خود را بر تدوین قانون اساسی جدید بزند. لیست‌های انتخاباتی در سراسر کشور از طرف

احزاب و گروه‌های سیاسی تهیه شده و اعضا و هواداران آنها شبانه روز در تلاش برای برپایی میتینگ‌ها و سخنرانی برای نامزدهای انتخاباتی خود بودند.

تقریبا همه احزاب، از حزب جمهوری اسلامی‌ایران، نهضت آزادی و جبهه ملی گرفته که بدنه اصلی حکومت را – یعنی شورای انقلاب و دولت موقت – تشکیل می‌دادند تا دیگر سازمان‌های سیاسی خارج از حکومت مانند مجاهدین خلق، چریک‌های فدایی خلق، حزب توده ایران و دیگر گروه‌های ریز و درشت چپ، همه به سهم خود لیست نامزدهای خود را بیرون دادند.

آیت الله طالقانی شاید تنها کسی بود که در لیست همه گروه‌ها و در بالای لیست قرار داشت. او محبوب ترین چهره انقلاب در آن دوران بود. امام جمعه تهران، عضو شورای انقلاب و محبوب قلب‌های همه ایرانیان. موافق و مخالف به او پناه می‌بردند. اما با این همه گروه‌های تندرو و محافل مافیایی تازه شکل گرفته در کمیته‌ها و سپاه از او هم حرف شنوی چندانی نداشتند.

هنوز دو ماه از انقلاب نگذشته بود که پسران او را دستگیر کردند و بدون توجه به اعتراض ایشان مدتی در حبس نگاه داشتند. جالب اینجا بود که مهدوی کنی که در آن دوران سرپرستی کمیته‌های انقلاب را برعهده داشت مدعی بود که دستگیری پسران آیت الله طالقانی از طرف کمیته‌ها نبوده و او خبری از دستگیری آنها ندارد. (روزنامه، ۲۴ فروردین ۱۳۵۸)

حزب توده در سراسر کشور کاندیداهای خود را برای مجلس خبرگان اعلام کرده بود و ما در مشهد حسابی سرگرم تبلیغ های انتخاباتی بودیم. کاندید حزب در خراسان علی خاوری بود. ما همچنین از کاندیدای سازمان مجاهدین خلق در خراسان، منصور بازرگان، در این انتخابات حمایت کرده و به او رای دادیم .

در جریان تبلیغات انتخاباتی تقریبا هر روز در خیابان ها با گروه‌های فشار درگیری و زدوخورد داشتیم. چندین ماشین پیکان بدون شماره در شهر دائما در حال حرکت بودند و هرجا پلاکاردهای حزب و پوسترهای ما را می‌دیدند آنها را پاره پاره می‌کردند و درصورت اعتراض ما، به شدت ما را کتک می‌زدند. در یکی از همین درگیری‌ها یک رفیق حزبی ما را چنان به قصد کشت کتک زده بودند که او بیهوش شد و کارش به اورژانس بیمارستان کشید.

حزب در تهران نیز در کنار معرفی نامزدهای حزبی، از جمله نورالدین کیانوری دبیراول حزب و احسان طبری و محمدعلی عمویی و تعدادی دیگر از رهبران حزب، از آیت الله طالقانی، ابوالحسن بنی صدر و مسعود رجوی نیز حمایت کرد.

مریم فیروز، تنها کاندیدای زن عضو رهبری حزب توده ایران، در نطق انتخاباتی خود در ۹ مرداد ۱۳۵۸ که از رادیو درسراسر کشور پخش شد، ضمن دفاع از دستاوردهای انقلاب، از حقوق برابر زنان و مردان در قانون اساسی جدید دفاع کرد. حزب همچنین در دیگر استان های کشور ضمن معرفی نامزدهای حزبی، از نامزدهای انتخاباتی بعضی سازمان‌های دیگر حمایت کرد. در آذربایجان احمد حنیف نژاد، کاندید سازمان مجاهدین

خلق، مورد حمایت حزب قرار گرفت. در استان فارس از دکتر حبیب الله پیمان، رهبر جنبش مسلمانان مبارز، حمایت کرد و در اصفهان از نامزدهای نمایندگی از طرف حزب جمهوری اسلامی ایران، آیت الله طاهری و دکتر حسن آیت پشتیبانی کرد. حزب همچنین اعلام کرد که از نامزدی آیت الله صادق خلخالی، حاکم شرع دادگاه‌های انقلاب، از هر نقطه‌ای که خود را کاندید نماید حمایت خواهد کرد.

حمایت حزب از دیگر کاندیداها، در راستای تعریفی بود که حزب در پلنوم شانزدهم از نیروهای انقلابی در آن مقطع تاریخی ارائه داده بود. در عین حال، این حمایت سیاسی حسن نیت حزب را برای ایجاد یک جبهه واحد انقلابی با همراهی دیگر نیروهای سیاسی نشان می‌داد. با وجود حمایت حزب از نامزدهای مجاهدین خلق و دیگر گروه‌ها در سراسر کشور، هیچ گروه و سازمان سیاسی دیگری حتی از یکی از کاندیداهای حزب توده ایران در هیچ نقطه‌ای از کشور حمایت نکردند.

درگذشت طالقانی

مجلس خبرگان با ترکیبی که اکثریت آن از اعضای حزب جمهوری اسلامی ایران بود و با یک اقلیت ضعیف از دیگر شخصیت‌های سیاسی در کشور تشکیل شد. در این مجلس به جز چند نفر ‌ــ آیت الله طالقانی، ابوالحسن بنی صدر، گلزاده غفوری و عزت الله سحابی و یکی دونفر دیگر ‌ــ که گاه با بعضی از اصول مورد مذاکره جدید قانون اساسی مخالفت می‌کردند، بقیه تقریبا هم نظر و در یک جبهه بودند.

آیت الله طالقانی که نفر اول انتخابات در تهران بود، متاسفانه پس از چند هفته در تاریخ ۱۹ شهریور همان سال درگذشت. او اولین رئیس مجلس خبرگان قانون اساسی جمهوری اسلامی ایران بود.

آیت الله طالقانی به دلیل سابقه طولانی مبارزاتی و نگاه روشنگرانه در حوزه مسائل دینی و کلام پرنفوذش از موقعیت ویژه‌ای برخوردار بود و عملا چون سد تنومندی در مقابل هجوم روحانیون واپس گرا قرار داشت. با درگذشت ایشان، میدان برای هجوم هرچه بیشتر روحانیون واپس گرا فراهم آمد. آیت الله طالقانی یکی از مخالفین اصل ولایت فقیه در قانون اساسی جدید بود. متاسفانه دو روز پس از مرگ ایشان این اصل در مجلس خبرگان به تصویب رسید.

فضای ضد توده ای

حزب توده ایران با اینکه یکی از قدیمی‌ترین احزاب سیاسی در ایران بود و تقریبا اکثر سرآمدان روشنفکری ایران دوره‌ای را در این حزب گذرانده بودند، بسیار مورد لعن و نفرین دیگر گروه‌های سیاسی بود. تقریبا همه از چپ و راست، دولتی و غیردولتی، مذهبی و غیرمذهبی، در مخالفت با حزب اتفاق نظر کامل داشتند. جالب تر از همه اما این بود که نخست وزیردولت انقلابی، مهدی بازرگان، و سخنگوی دولت ایشان، عباس

امیرانتظام، هنوز وقتی پای فعالیت حزب توده به میان می‌آمد، یاد دوران ستم شاهی افتاده و از غیرقانونی بودن فعالیت حزب توده ایران دفاع می‌کردند.

امیرانتظام در بهار آزادی ایران در مصاحبه‌ای درست دو ماه پس از انقلاب در ۲۸ فروردین در مورد فعالیت حزب توده چنین گفت: "قوانین مربوط به غیرقانونی بودن حزب توده تا وقتی لغو نشده به قوت خود باقی است." او گویا توجه نداشت که با این استدلال، دولت او همان اندازه غیرقانونی بود که فعالیت حزب توده ایران. دولت انقلاب زمانی توسط آیت الله خمینی منصوب شده بود که هنوز دولت قانونی شاهپور بختیار در حکومت بود و همه قوای کشور را در دست داشت. حالا جالب بود که سخنگوی همان دولت منصوب آیت الله خمینی به فعالیت قدیمی‌ترین حزب سیاسی ایران که به تازگی تعدادی از رهبرانش از زندان آزاد شده بودند و بیشتر آنها از قدیمی‌ترین زندانیان سیاسی کشور بودند و هرکدام ۲۵ سال را در زندان های شاه گذرانده بودند ایراد می‌گرفت که فعالیت آنها غیر قانونی است و قوانین شاهانه را به رخ ما توده ای‌ها می‌کشید. از نظر ایشان و رئیس دولت موقت انقلاب انگار نه انگار که در مملکت انقلاب شده بود، نهادهای انقلابی شکل گرفته بودند و دو هفته پیشتر از آن مردم در رفراندوم در سراسر کشور با رای به جمهوری اسلامی نظام پادشاهی و همه قوانینش را به تاریخ سپرده بودند.

اینگونه برخوردهای سخنگوی دولت جدید و تحریکات دائمی برخی از اعضای کابینه از جمله صادق قطب زاده و بدتر از همه آنها خود مهندس بازرگان نشان دهنده آن بود که دولت موقت و نخست وزیر آن کمترین پایبندی به دمکراسی و آزادی ندارند. همین مساله کمی بعد گریبان خود ایشان را گرفت.

مهندس بازرگان و بیشتر اعضای کابینه او از هر فرصتی برای حمله به حزب توده سود جسته و تا آنجا که جا داشت برعلیه حزب و کمونیست‌ها و مارکسیست‌ها در ایران در آن دوران صحبت می‌کردند. این برخوردهای منفی حتی تا به آنجا بود که پس از ترور آیت الله مطهری، رئیس شورای انقلاب در خرداد ماه ۱۳۵۸، مهندس بازرگان در مصاحبه‌ای با روزنامه لوموند (۱۵ مه ۱۹۷۹) ادعا کرد که "گلوله هایی که به شهید مطهری اصابت کرد گویا پاسخ به مبارزات او علیه مارکسیست‌ها بوده است."

او در حالی این اتهام را به مارکسیست‌ها می‌زد که همه گروه‌های چپ، از رادیکال ترین آنها تا حزب توده ایران، همگی یک صدا این جنایت تروریستی را محکوم کرده بودند. بعد هم معلوم شد که گروه فرقان که اتفاقا یک گروه مسلمان بود، مسئول این ترور بوده است.

مهندس بازرگان در همان مصاحبه حزب توده ایران را متهم کرد که "در تمام تظاهرات و اعتصابات و درگیری‌های نظامی و خرابکاری در امور دولتی و داشتن هدف مشترک با طرفداران شاه و حتی همکاری توده ای‌ها و ساواکی‌ها در هیات‌های تحریریه پیغام امروز و آیندگان" نقش داشته است. (مردم، شماره ۱۸، ۵ خرداد ۱۳۵۸)

ما در حوزه‌های حزبی به سهم خود اوضاع سیاسی را در کشور دنبال می‌کردیم. طرفداران گروه‌های سیاسی در همه دانشگاه‌ها فضایی را به فراخور تعداد هواداران خود در اختیار گرفته بودند. اتاق‌های گروه‌های سیاسی در دانشگاه‌ها مرکز بحث و تبادل نظر

سیاسی بود. بسیاری از ما در آن اولین سال انقلاب تقریبا به جای رفتن به کلاس‌های درس تمام وقت مان صرف فعالیت سیاسی می‌شد. من تقریبا تمام کلاس‌های درسی ام را به نفع فعالیت سیاسی‌ام فراموش کرده و به صورت تمام وقت در اتاقی که در اختیار ما بود مشغول بحث و صحبت سیاسی بودم.

بیشتر جدل‌های سیاسی ما با دیگر جریانات در دانشگاه حول دو محور بود. محور اول، مشی گذشته ی حزب و اتهام خیانت به نهضت ملی در دوران مصدق و نقش منفعلانه حزب در مقابله با کودتا برعلیه دکتر مصدق، و محور دوم حمایت ما از جمهوری اسلامی و عملکرد رهبری آن بود.

رادیکالیسم حاکم بر محیط دانشگاه از همان ماه‌های آغازین انقلاب، جنبش دانشجویی و محیط دانشگاهی را در مقابل رهبری انقلاب قرار داده بود. هر رخداد بیرون از دانشگاه، به شدت فضای دانشگاه را متاثر می‌کرد. مثلا اگر جنگ در ترکمن صحرا و کردستان اتفاق می‌افتاد، به سرعت در سراسر کشور گروه‌های رادیکال در دانشگاه‌ها را بیشتر متمایل به چپ بودند به وجد می‌آورد و گاه به رودررویی وحشتناک و زدوخوردهای جدی بین هواداران و مخالفین حکومت در محوطه دانشگاه‌ها و یا خیابان‌های اطراف آن می‌کشاند. هواداران سازمان مجاهدین خلق ایران گرچه در یکی دوساله اول از انقلاب و رهبری آن حمایت می‌کردند، اما عملا در رقابت با جریان‌های رادیکال چپ در محیط‌های جوان دانشجویی، همواره به نوعی در جبهه مخالفین حکومت قرار گرفته و واکنش ها و رفتار سیاسی شان گاه از بقیه گروه‌های سیاسی به مراتب تندتر بود. شاید هم این رفتار به خاطر چشم انداز رودررویی نهایی بود که رهبران آنها برای آینده ترسیم کرده بودند. روش آنها در خیابان هیچ هماهنگی با سیاست ظاهری رهبری آنها نداشت. آنها در خیابان به صورت میلیشیایی ظاهر می‌شدند وهمیشه یک حالت نیمه نظامی‌داشتند. در اکثر تظاهرات‌ها تعداد قابل توجه ای از آنها مسلح بودند و همیشه تعدادی از افراد حلقه‌های محافظ دور تظاهرات با خود اسلحه حمل می‌کردند. بیشتر اعضاء و هواداران مجاهدین با پوشیدن لباسهای خاکی رنگ شبه نظامی سعی داشتند که چهره میلیشیایی و شبه نظامی سازمان را به همگان نمایش دهند.

گروه فرقان

گروه فرقان که یک گروه تروریستی اسلامی بود در این میان ضربه‌های سنگینی به حکومت وارد کرد. این گروه با ترور سپهبد قره نی، اولین رئیس ستاد ارتش و نیروهای مسلح کشور و عضو شورای انقلاب در تاریخ سوم اردیبهشت ۱۳۵۸، آغاز عملیات تروریستی خود را اعلام کرد. هنوز یک هفته نگذشته بود که آیت الله مطهری، رئیس شورای انقلاب، مغز متفکر روحانیت شیعه و نظریه پرداز روحانیت و یکی از حلقه‌های پیوند روحانیت با دانشگاه نیز شبانه هنگامی که از منزل مهندس یدالله سحابی خارج می‌شد، مورد هدف گلوله‌های آنها قرار گرفته و کشته شد. دکتر مطهری اولین شخصیت و بالاترین مقام نظام جدید انقلابی و روحانی پر نفوذ و مورد اعتمادترین فرد نزد آیت الله

خمینی بود که در اولین روزهای بهار انقلاب، در شامگاه ۱۲ اردیبهشت ۱۳۵۸، قربانی شده وجان خود را از دست داد.

گروه فرقان به ترورهای خود ادامه داد. آنها به ترتیب حاج تقی طرخانی از اعضای هیات موتلفه اسلامی و فدائیان اسلام را در ۱۶ خرداد، و حاج مهدی عراقی را که از اعضای فدائیان اسلام و هیات‌های موتلفه اسلامی و از نزدیکان امام و افراد بانفوذ در بازار بود به همراه پسرش در ۴ شهریور ماه همان سال ترور کردند.

روزنامه انقلاب اسلامی، ۲۰ دی ۱۳۵۸

آیت الله دکتر مفتح از روحانیون پرنفوذ و سرشناس و دانشگاهی کشور در ۲۷ آذر قربانی ترور شد که آیت الله خمینی روز شهادت ایشان را روز وحدت حوزه و دانشگاه اعلام کرد. آیت الله قاضی طباطبایی از روحانیون نزدیک به رهبری و امام جمعه تبریز در ۱۰ آبان ترور شد و در پی آن ترور ناموفق حجه الاسلام هاشمی رفسنجانی بود. ترورهای گروه فرقان فضای پرتنش کشور را بیش از پیش متشنج کرد. در مراسم تشییع جنازه هر قربانی ترور، امام جمعه و روحانیون و شخصیت‌های سیاسی با سخنرانی‌ها و اعلامیه‌های تحریک آمیز به فضای رودررویی نیروهای سیاسی در کشور بیشتر دامن می‌زدند. چپ ستیزها این ترورها را به عمد به گروه‌های چپ و مارکسیست نسبت می‌دادند. با وجود اینکه معلوم شده بود که گروه فرقان مسئول این ترورهاست و بسیاری از اعضای شورای انقلاب از جریان ترورها بدست گروه فرقان کاملا خبردار بودند ولی هنوز از این ترورها استفاده کرده و به دنبال برانگیختن احساسات مذهبی مردم برعلیه مخالفین رژیم بویژه مارکسیست‌ها بودند.

سرانجام در چند عملیات توسط نیروهای امنیتی جدید نظام که هسته اصلی آنها را اعضای «سازمان مجاهدین انقلاب» تشکیل می دادند تقریبا همه اعضای این گروه از جمله اکبر گودرزی رهبر آنها نیز دستگیر شده و بسیاری از آنها در مدت کوتاهی پس از دستگیری محاکمه و اعدام شدند. خود اکبرگودرزی که رهبری گروه را در اختیار داشت در خرداد ماه سال ۱۳۵۹ تیرباران شد.

نهادهای انقلابی

همزمان با هجوم همه جانبه نیروهای ضدانقلابی در سراسر کشور، رهبران انقلاب پی‌گیرانه و سرسخت بدنبال ساختمان بنای جدید نظام اسلامی‌بودند. مجلس خبرگان کار تدوین قانون اساسی را برپایه شرع به پیش می‌برد. نهادهای انقلابی یکی پس از دیگری بوجود می‌آمدند.

نهادهای تازه شکل گرفته انقلابی چون «کمیته‌های انقلاب»، «سپاه پاسداران انقلاب اسلامی» و «دادگاه‌های انقلاب اسلامی» بیشتر به کار سرکوب مخالفین آمده و وظیفه حفاظت از نظم سیاسی جدید را بر عهده داشتند و در حقیقت ابزار سرکوب حکومت دینی بودند. از سوی دیگر، نهادهای دیگری شکل گرفته بودند که هدف آنها بیشتر متوجه خدمت به مردم بود. «جهاد سازندگی» و «نهضت سوادآموزی» دو نمونه از نهادهای انقلابی بودند که از محبوبیت بی نظیری در آن سالها برخوردار شدند.

کمیته‌های انقلاب اسلامی

کمیته‌های انقلاب که در حقیقت در دوران ورود آیت الله خمینی به عنوان کمیته‌های استقبال از ایشان تشکیل شده بود، اولین نهاد انقلابی در جمهوری اسلامی ایران بود. کمیته‌های انقلاب اولین دسته نیروهای مسلح و بازوی نظامی حکومت جدید بود که در محله‌های مختلف زیر نظر روحانیون اداره می‌شد. در این کمیته‌ها همه نوع آدم پیدا می‌شد که بسیاری از آنها الوات و بزن بهادرهای محله‌ها بودند که جز از مسئول کمیته‌ی خود، از هیچ کس دیگری حرف شنوی نداشتند. در روزها و ماه‌های آغاز انقلاب، رقابت میان کمیته‌های محلی به شدت در جریان بود و گاه به درگیری میان آنها می‌کشید. گاه اعضای مسلح یک کمیته زندانیان خود را به کمیته مرکز تحویل نمی‌دادند یا افراد کمیته‌ی دیگری را که متعلق به ناحیه دیگر شهر و زیرنظر روحانی دیگری بود، در منطقه خود دستگیر می‌کردند و گاه از ورود آنها حتی وقتی برای دستگیری افراد ضدانقلاب به حوزه عمل آنها وارد می‌شدند جلوگیری می کردند.

پس از مدتی آیت الله خمینی، آقای مهدوی کنی را به سرپرستی کل «کمیته‌های انقلاب اسلامی» منصوب کرد و با انتصاب او کم کم نظم جدیدی بر کار آنها حاکم گردید.

سپاه پاسداران انقلاب اسلامی

یکی دیگر از نهادهای انقلابی، «سپاه پاسداران انقلاب اسلامی» بود که حیات اش رسما طی حکمی از طرف آیت الله خمینی در روز دوم اردیبهشت ۱۳۵۸ اعلام شد. سپاه از ترکیب چند گروه نظامی که از قبل از انقلاب وجود داشتند به وجود آمد. برعکس کمیته ها که در هر منطقه ای با خودسری عمل می کردند، سپاه از همان ابتدا به صورت مرکزی توسط یک شورای رهبری اداره می‌شد و کم کم به قدرتمندترین نیروی نظامی جمهوری اسلامی تبدیل شد. مسئولین و رهبران سپاه برخلاف کمیته‌ها که بیشترشان را لومپن‌های محل تشکیل می‌دادند، بطور عمده نیروهای مذهبی تحصیل‌کرده و معتقد به انقلاب بودند که با اهداف انقلابی در سپاه جمع شده بودند. اکثر اعضای اصلی سپاه را اعضای سازمان

مجاهدین انقلاب اسلامی تشکیل می‌دادند. سازمان مجاهدین انقلاب که از ائتلاف چندین گروه اسلامی تشکیل شده بود، در حقیقت رقیب سازمان مجاهدین خلق بود که در خدمت رهبری انقلاب قرار گرفت و کم‌کم در همه ارکان نظام در موقعیت کادرهای اصلی ظاهر شدند.

دادگاه‌های انقلاب اسلامی

دادگاه‌های انقلاب نیز که حکام شرع آنها در ابتدا از طرف آیت الله خمینی منصوب می‌شدند، نیز یکی دیگر از اولین نهادهای انقلابی بود که وظیفه‌اش محاکمه نیروهای ضد انقلاب بود. دادگاه‌های انقلاب گرچه در ابتدا کار خود را با محاکمه عناصر ساواکی و وابسته به رژیم سابق و قاچاقچی‌های مواد مخدر شروع کردند، اما به سرعت به نهادی برای محاکمه و تعقیب و مجازات دیگر مخالفین نظام تبدیل شد. جنجالی ترین چهره و شخصیت دادگاه انقلاب، آیت الله خلخالی بود که با صدور حکم‌های اعدام برای هویدا، نخست وزیر نظام پیشین، و تیمسارنصیری، رئیس ساواک، و برخی دیگر از سران ارتش و رژیم سابق در دادگاه‌های چند دقیقه‌ای در محل استقرار آقای خمینی در مدرسه رفاه کار خود را آغاز کرده بود و به جلاد نظام اسلامی معروف گردید. خلخالی در ادامه صدور احکام اعدام خود، بسیاری از مخالفین نظام را به جوخه‌های اعدام سپرد. او پس از هر درگیری در مناطق مختلف کشور به این مناطق رفته و در دادگاه‌های صحرایی و چند دقیقه‌ای مخالفین را حتی اگر در درگیری‌ها مجروح شده بودند و یا حتی روی برانکارد به محل دادگاه آورده می‌شدند به اعدام محکوم می‌کرد. احسن ناهید، دانشجوی مهندسی دانشکده پلی تکنیک تهران که در درگیری‌های سنندج دستگیر شده بود در حالی که از شدت جراحت برروی برانکارد حمل می‌شد به دادگاه صحرایی برده شده و با همان وضعیت پس از صدور حکم اعدام اش توسط خلخالی، در حضور او تیرباران شد.

احسن ناهید پیش از تیرباران به حکم صادق خلخالی در کردستان

تیرباران تعدادی از فعالین سیاسی در پاوه، کردستان، به دستور صادق خلخالی

آیت الله خلخالی در رابطه با حوادث کردستان حتی دو نفر از رفقای توده‌ای ما را که اصلا نقشی در درگیری‌ها آن منطقه نداشتند و در پاوه دستگیر شده بودند، پس از انتقال به کرمانشاه به اتهام واهی شرکت در جنگ در ۲۸ مرداد ۱۳۵۸ اعدام کرد.

اعتراض کمیته مرکزی حزب توده به اعدام دو تن از رفقای حزبی توسط صادق خلخالی

حزب در نامه‌ای سرگشاده رسما به اعدام این دو رفیق توده‌ای - آذرنوش مهدویان و حسین شیانی - به شورای انقلاب، دولت و دادستان کل انقلاب اعتراض کرد و خواهان رسیدگی به این جنایت شد. اما در آن دوران هیچ کس گوش اش به این شکایت‌ها بدهکار نبود. (مردم شماره ۵۷، ۱۲ مهر ۱۳۵۸)

عملکرد دادگاه‌های انقلاب تا آنجا که به عناصر رژیم گذشته برمی‌گشت نه تنها مورد اعتراض گروه‌های مخالف نبود که تماما تایید می‌شد و حتی بیشتر گروه‌های مخالف خواهان مجازات‌های شدیدتر بر علیه وابستگان به رژیم گذشته بودند. اما خشونت بی اندازه آنها فقط محدود به وابستگان رژیم گذشته باقی نماند و بسرعت دامنگیر دیگر

گروه‌های دگراندیش و مخالف شد. دادگاه‌های انقلاب اسلامی در حقیقت از اولین نمادهای نظام حکومت جدید دینی بودند که به خشن ترین شکل ممکن پیام خشونت و بی رحمی را از همان روزهای آغازین انقلاب برای جامعه به ارمغان آوردند. شاید بتوان گفت که آنچه را که در سالهای بعدی جامعه ما تجربه کرد، می‌شد به خوبی از زبان و رفتار قضات شرع در این دادگاه‌های انقلاب اسلامی از همان روزهای نخست دید ولی متاسفانه شور انقلابی، و یا بهتر است بگویم عدم شعور سیاسی، بیشتر بازیگران سیاسی آن دوران امکان درک و پیش بینی فجایع آینده را ناممکن کرده بود. حکام شرع در این دادگاه‌ها از همان روزهای آغازین با اتکاء به آیات قرآن و احکام شرعی، خشن ترین نمونه‌های رفتاری پیامبر و ائمه در تاریخ اسلام را سر مشق کار خود قرار داده و با خشونت بی اندازه به مقابله با مخالفین و دگراندیشان آمده بودند. متاسفانه جامعه روشنفکری ایران تا آنجا که این سرکوب متوجه وابستگان رژیم پهلوی بود به آن هیچ توجهی نداشت و فقط زمانی زبان به اعتراض گشود که دیگر کار از کار گذشته بود و احکام جنایتکارانه دادگاه‌های انقلاب اعضا و هواداران آنها را گروه گروه به جوخه‌های اعدام می‌سپرد. حالا دیگر مردم به حلق آویز کردن و تیرباران و سنگسار عادت کرده بودند و بسیاری از مردم کوچه و بازار دادگاه‌های چند دقیقه‌ای و احکام خشن اعدام را به عنوان رفتار و عملکرد انقلابی از نظامی که قراربود برای آنها قسط و عدالت اسلامی را برقرار کند پذیرفته بودند.

جهاد سازندگی

جهاد سازندگی یکی از مردمی‌ترین ارگان‌های انقلابی بود که با ابتکار دانشجویان در کمتر از یک ماه پس از انقلاب هسته‌های اولیه آن به منظور خدمت به مردم مناطق محروم و دورافتاده کشور شکل گرفت.

گروه‌های کوچکی از چندین دانشگاه کشور به مناطق دورافتاده کردستان، سیستان و بلوچستان و ترکمن صحرا اعزام شدند و پس از چند هفته ایده اصلی ایجاد یک نهاد انقلابی به منظور سازندگی در مناطق محروم شکل گرفت. این نهاد که رسما توسط فرمان آیت الله خمینی در تاریخ ۲۷ خردادماه رسمیت یافت، منشاء خدمات بی نظیری در سراسر کشور گردید. جهاد در اقدامی مردم پسندانه در روزهای جمعه با بسیج مردم در فصل درو به کمک روستاییان می‌شتافت. همچنین در پروژه‌های عمرانی از جمله ساختن مدارس، بهداری ها، پروژه‌های آبرسانی و ساختمان مسجد و حمام در روستاهای کشور نقش عمده‌ای ایفا کرد. جهاد در اقدامی انقلابی در مدت زمانی نسبتا کوتاه، پروژه‌های بزرگ راه سازی را در مناطق دورافتاده کشور به مرحله اجرا در آورد. بیشتر روستاهای کشور که فاقد راه اسفالت و برق و تلفن و امکانات بهداشتی و درمانی و آموزشی بودند، به برکت وجود جهادسازندگی و استقبال مردم و یاری همگانی به این نهاد انقلابی، در مدت زمانی کوتاه به شبکه اصلی راه‌های کشور وصل شدند و از حداقل امکانات درمانی و آموزشی برخوردار شدند.

جهاد سازندگی در دوران جنگ نیز خدمات برجسته‌ای را در بخش‌های مهندسی برعهده داشت. بیشتر پروژه‌های سنگرسازی، ساختمان خاکریزها، احداث راه‌های موقت و احداث

پل‌ها که نقش اساسی درپیروزی بعضی از عملیات نظامی داشت بر عهده این نهاد انقلابی بود.

آیت الله خمینی در پیام خود در ۲۷ خردادماه سال ۱۳۵۸ در رابطه با تاسیس این نهاد مردمی‌اهمیت همکاری با آن را چنین بیان کرد "تقاضا می‌کنم که شما که برای ثواب می‌خواهید به مکه مشرف بشوید و یا می‌خواهید به مدینه منوره یا عتبات عالیات مشرف بشوید، امروز ثوابی بالاتر از این نیست که به برادران خودتان کمک کنید و این سازندگی را همه با هم شروع کنیم که ایران خودتان درست ساخته بشود و برادران شما نجات یابند."

نهضت سوادآموزی

نهضت سوادآموزی نهاد انقلابی دیگری بود که در همان سال به همت انقلاب و نیروهای انقلابی و با حمایت رهبری انقلاب تاسیس شد و مورد استقبال همه جریان‌های سیاسی قرار گرفت. نهضت سوادآموزی که هدف اش ریشه کن کردن بی سوادی در کشور بود در ۷ دی ماه ۱۳۵۸ با فرمان آیت الله خمینی اعلام موجودیت کرد. آیت الله خمینی با تاکید برضرورت ریشه کن کردن بی سوادی گفت "مایه بس خجلت است که در کشوری که مهد علم و ادب بوده و در سایه اسلام زندگی می‌کند که طلب علم را فریضه دانسته است، از نوشتن و خواندن محروم باشید. ما باید در برنامه دراز مدت فرهنگ وابسته کشورمان را به فرهنگ مستقل و خودکفا تبدیل کرده و اکنون بدون از دست دادن وقت و بدون تشریفات خسته کننده برای مبارزه با بی سوادی بطور ضربتی و بسیج عمومی‌قیام کنیم تا انشاءالله در آینده نزدیک هرکس نوشتن و خواندن ابتدایی را آموخته باشد. برای این امر لازم است تمام بی سوادان برای یادگیری و تمام خواهران و برادران باسواد برای یاددادن به پا خیزند و وزارت آموزش و پرورش با تمام امکانات به پا خیزد و از قرطاس بازی و تشریفات اداری بپرهیزد. برادران و خواهران ایمانی! برای رفع این نقیصه دردآور بسیج شوید و ریشه این نقص را از بن برکنید."

ایشان در ادامه فرمان خود گفت "من از ملت ایران امید دارم که با همت والای خود بدون فوت وقت ایران را به صورت مدرسه‌ای درآورند و در هر شب و روز در اوقات بیکاری یکی دو ساعت را صرف این عمل شریف نمایند."فرمان رهبری انقلاب و عطش فعالیت انقلابی در قشرهای مختلف کشور بویژه جوان‌ها موج جدیدی از خدمت به مردم را درسراسر کشور در جهت ریشه کن کردن بی سوادی بوجود آورد. بسیاری از رفقای دختر و پسر ما در محل کار و زندگی و به صورتی داوطلبانه کلاس‌های سوادآموزی دایر کرده و بعضی از رفقای دختر ما تا مدت‌ها در کلاس‌های نهضت به امر سوادآموزی مشغول بودند. فعالیت در بسیج و نهضت نسبتا راحت تر بود. ایده کار انقلابی در روستاها برای کمک به زحمتکشان روستا و مساله سوادآموزی از جنس همان ایده هایی بود که پس از هر انقلابی نیروهای مردمی را در سراسر کشورها به خدمات عمومی تشویق می‌کرد. پیش از انقلاب شاید این ایده‌ها را فقط در داستان هایی از انقلاب کوبا، چین و ویتنام در کتاب‌ها خوانده بودم. حالا با انقلاب در کشور خودمان شاهد تجربه واقعی آنها بودم.

روزهای جمعه با چنان شوقی به میدان شهدا که مرکز اعزام نیرو توسط جهاد به روستاها بود می‌رفتیم که اندازه نداشت.

در یکی دو سال اولیه انقلاب جهاد هنوز سروسامان پیدا نکرده بود و تقریبا هر هفته صدها و شاید هزاران نفر داوطلب کار را به روستاهای اطراف می‌فرستاد. برخلاف سپاه و دادستانی‌های انقلاب و کمیته‌ها که بسیار حساس بودند و از پذیرش و فعالیت افراد و اعضای گروه‌های دگراندیش در این نهادها به شدت جلوگیری می‌کردند، جهاد در ابتدا کمترین کنترلی بر اعزام نیروها نداشت. بسیاری از اعضای گروه‌های سیاسی از جمله مجاهدین خلق گاه با در دست داشتن بانرها و پلاکاردهایی با آرم سازمان و یا عکس‌های شهدای بنیانگزار سازمان در کامیون های جهاد سازندگی نشسته و همراه دیگر داوطلبان به روستاها و مناطق محروم می‌رفتند. دوران خوش فعالیت داوطلبانه انقلابی و خدمت به خلق به مفهوم واقعی آن فرا رسیده بود. همه ما با جان و دل جمعه‌ها را به روستاها می‌زدیم. بعضی از رفقای ما و دیگر اعضای گروه ها در سازماندهی اولیه جهاد سازندگی نقش تعیین کننده‌ای داشتند. جهاد و نهضت سوادآموزی قشنگ ترین تبلور کار انقلابی و شاید بهترین تجربه برای همه ما در خدمت به خلق بود. خدمتی که بدون کمترین چشمداشت و کاملا بی شائبه به شکل داوطلبانه انجام می‌شد و سال ها بود که در رویای آن زندگی کرده بودیم و حال پس از انقلاب رویای ما به واقعیت پیوسته بود.

با اینکه حزب در قدرت سیاسی کمترین نقشی نداشت و بیشتر مردم هم از ما استقبال چندانی نمی‌کردند، ولی سیاست حزب سیاست همراهی با انقلاب بود. برای ما اعضای حزب، انقلاب نه یک بازی سیاسی بود و نه یک هدف قدرت طلبانه برای دستیابی به قدرت. درک ما، یا بهتر بگویم برداشت من و بسیاری از رفقای جوان هم سن و سال من از انقلاب صرفا یک تحول اجتماعی-اقصادی-سیاسی بود که در آن ماشین دولتی سابق باید در هم می‌شکست، ماشینی که ابزار قدرت طبقه حاکم سرمایه داران وابسته در کشور و خدمتگزاران امپریالیسم بود. حالا آن اتفاق مثل همه انقلاب‌های دیگر افتاده بود. ماشین قدرت دولتی در هم شکسته بود. رهبران حکومت سابق دستگیر شده و مثل تاریخ همه انقلاب‌های جهان، توسط دادگاه‌های انقلاب دسته دسته محاکمه می‌شدند و بسیاری از آنها به جوخه‌های مرگ سپرده می‌شدند. بسیاری از سرمایه داران وابسته به حکومت سابق فراری شده بودند و اموال آنها به نفع خلق مصادره می‌شد.

بنیاد مستضفان

بنیاد مستضفان نهاد انقلابی دیگری بود که به منظور اداره اموال مصادره شده ضد انقلابی‌ها و سرمایه داران فراری در همان اولین ماه انقلاب به فرمان آیت الله خمینی درست شده بود. آیت الله خمینی در فرمان خود چنین گفت: "شورای انقلاب اسلامی به موجب این مکتوب ماموریت دارد که تمام اموال منقول و غیرمنقول سلسله پهلوی و شاخه‌ها و عمال و مربوطین به این سلسله را که در طول مدت سلطه غیرقانونی از بیت المال مسلمین اختلاس نموده‌اند به نفع مستمندان و کارگران و کارمندان ضعیف مصادره نماید." مسئولیت این نهاد جدید انقلابی که تحت نظر شورای انقلاب بود به عهده چند نفر

از افراد شورای انقلاب، آقایان خامنه ای، بهشتی، هاشمی رفسنجانی، موسوی اردبیلی، و احمد حلامی و مهندس عزت الله سحابی واگذار گردید.

شکل گیری نهادهای انقلابی یکی پس از دیگری و عملکرد مردمی آنها بویژه نهادهایی چون جهادسازندگی، نهضت سوادآموزی و بنیاد مستضعفان در حمایت از قشر محروم و زحمتکش کشور، ما را که با شعار دفاع از زحمتکشان و استقرار عدالت اجتماعی به میدان مبارزه آمده بودیم، سخت شیفته نظام جدید انقلابی در کشور کرده بود.

خشونت انقلابی

همه چیز مثل همه انقلاب‌های دیگر پیش می‌رفت. حکومت سابق در هم شکسته شده بود. رهبران حکومت سابق دستگیر شده و اعدام می‌شدند، اموال آنها به نفع مردم مصادره می‌شد، و نهادهای انقلابی که تابع هیچ نظم و دستوری نبودند تازه تاسیس شده و به خدمات مردمی درسراسر کشور مشغول بودند.

واقعا همان تجربه انقلاب در دیگر کشورها داشت در ایران عینا تکرار می‌شد. عشق به انقلاب و انقلابیگری و تنفر کور از رژیم سابق و هرآنچه که بدان مربوط می‌شد آنقدر به مفهومی مجرد در ذهن جوان، و شاید بهتر باشد بگویم ذهن خام من، تبدیل شده بود که واقعا آنچه را که در آن دوران داشت اتفاق می‌افتاد، نمی‌توانستم بطور عینی درک کنم. مثلا اخبار اعدام در روزنامه‌های اصلی کشور هر روزه اعلام می‌شد. اما برای بسیاری از ما انگار نه انگار که آنها انسان بودند، خانواده داشتند، پدر و مادر بودند و یا فرزندان آنها منتظر بازگشت آنها به خانه و کاشانه شان بودند. همین که آنها به رژیم سابق وابسته بودند و یا چنین وانمود می‌شد که از بقایای رژیم سابق هستند، خود به خود قتل آنها واجب می شد. هیچ سوالی نه در ذهن جوان من و نه در ذهن رهبران سالخورده سیاسی کشور مطرح نمی‌شد که چرا باید آنها را کشت، چرا نباید اعدام را که یکی از دلایل تنفر ما از رژیم سابق بود، لغو کرد، چرا نباید جلوی اعدام‌ها را گرفت، هیچ کس آن روزها صحبت از لغو اعدام نمی‌کرد. نه تنها از لغو اعدام حرفی نمی‌زدند بلکه اکثر گروه‌های سیاسی خواهان خشونت بیشتر در رابطه با عوامل رژیم سابق بودند. متاسفانه حتی بخشی از گروه‌ها و سازمان‌های سیاسی روش حکومت جدید را در رفتار با سران ارتش، وابستگان رژیم سابق و مامورین ساواک به سازشکاری محکوم می‌کردند.

انگار حکومت کم می‌کشت که بسیاری از گروه‌های سیاسی در آن روزها گله مند بودند. دولت آقای بازرگان متهم به سازشکاری بود، چرا که انقلابی رفتار نمی‌کرد . تقریبا هیچ کس و هیچ گروهی به احکام اعدام مسئولین رده بالای حکومت سابق توسط دادگاه‌های انقلاب کمترین اعتراضی نداشت.

برای بسیاری از گروه‌های سیاسی ایرانی در آن روزها همین که کسی متهم به همکاری با دستگاه‌های امنیتی و نظامی رژیم سابق و یا همکاری با امریکا و یا اسرائیل بود، کافی بود که در دادگاه‌های انقلاب مجرم شناخته شده و به اشد مجازات، اعدام، محکوم شود.

بعضی از سازمان‌های رادیکال حتی در مواردی خواهان اعدام خوانین، زمینداران بزرگ و سرمایه داران کشور نیز بودند.

اتهام جاسوسی

جاسوسی برای آمریکا و یا اسرائیل و یا هر کشور دیگرغربی و یا حتی همکاری با آن دولت ها از بدترین گناهان و نابخشودنی محسوب می شد و جرم اش از همه سنگین تر بود. سازمان‌های سیاسی چپ، مجاهدین خلق و بسیاری از گروه‌های مذهبی میانه رو از جمله ملی مذهبی‌ها در این عرصه بیشتر از بقیه میدان داری کرده و پیشقراول این میدان بودند.

مبارزه با امپریالیسم یکی از شعارهای اصلی تقریبا بیشتر گروه‌های سیاسی پیش از انقلاب بود. حالا با پیروزی انقلاب ، این شعار در عمل جای تازه‌ای در زندگی سیاسی کشور برای خود پیدا کرده بود.

گروگان گیری کارمندان سفارت امریکا، یا گروگان گیری ملت

مبارزه ضد امپریالیستی نه فقط یکی از اهداف اصلی انقلاب، که یکی از ارزش‌های مبارزاتی در آن دوران محسوب می‌شد. امپریالیسم امریکا به عنوان سرکرده امپریالیسم جهانی نه فقط مورد لعن و نفرین گروه‌های چپ و مارکسیست بود که بیشتر گروه‌های سیاسی در کشور با تمایلات ملی و یا ملی-مذهبی به همان اندازه گروه‌های چپ از مبارزه با امپریالیسم برای خود کسب اعتبار می‌کردند. این دشمنی آشکار با امریکا، غرب و اسرائیل در سخنرانی‌ها و پیام ها و نوشته‌های بسیاری از رهبران نهضت آزادی چون زنده یاد مهندس سحابی یا آیت الله طالقانی و یا گروه‌های دیگری مثل جنبش مسلمانان مبارز و یا جنبش انقلابی مردم ایران (جاما) به رهبری زنده یاد دکتر سامی و حتی بسیاری از رهبران جبهه ملی ایران در آن روزها کاملا مشهود و عادی بود و غفلت از آن به معنی سازشکاری با ضد انقلاب محسوب می‌شد. جالب اینجا بود که سازمان مجاهدین خلق ایران در این عرصه از همه دیگر گروه‌ها رادیکال تر بود و در مبارزه ضدامپریالیستی گوی سبقت را از قدیمی‌ترین سازمان چپ ایران، یعنی حزب توده نیز ربوده بود و کاربه جایی رسیده بود که این سازمان و بعضی دیگر از جریانات نورسیده چپ، مبارزه حزب توده ایران بر علیه امپریالیسم را مورد شک و تردید قرارداده و حزب توده را در این عرصه به سازشکاری متهم می‌کردند.

رهبری نظام اسلامی هم در ابتدا بیشتر توجه خود را به سران و وابستگان رژیم سابق معطوف کرده بود اما به چند دلیل زیر کم کم لبه تیز مبارزه خود را متوجه امریکا و امپریالیسم کرد. مهم ترین دلیل شاید رقابت با رادیکالیسم ضدامپریالیستی دیگر گروه‌ها بود. رژیم و مقامات نظام جدید حکومتی به هیچ وجه قصد نداشتند در این عرصه که از جذابیت قابل توجهی برخوردار بود از دیگر مدعیان مبارزه عقب بیافتند. دوم و شاید از همه مهم تر، دخالت‌های امریکا در مسائل ایران بود. این دخالت‌ها در زمینه‌های مختلف

روز به روز برعلیه نظام جدید تشدید می‌شد و در بعضی موارد آشکارا رد پای آمریکا در کنار نیروهای ضد انقلاب پیدا بود.

آمریکا از همان ابتدا به تجهیز نیروهای ضدانقلابی در داخل و خارج کشور پرداخت و تبلیغات وسیعی را بر علیه نظام جدید در سطح بین المللی سازمان دهی کرد ضمن اینکه از هیچ کوششی برای محکوم کردن رژیم ایران از طرف دستگاه‌های دیپلماسی غرب فرو گذار نبود. این رفتار آمریکا از طرف رهبران نظام اسلامی دخالت در امور داخلی ایران محسوب شده و در نتیجه روز به روز مناسبات میان دو کشور را متشنج تر می‌کرد. سفارت آمریکا در ایران به مرکزی برای تماس با ناراضیان از حکومت جدید تبدیل شده و به قول رهبران حکومت جدید به لانه جاسوسی مبدل شده بود. اما اوج اختلافات میان دو کشور زمانی بود که شاه به آمریکا سفر کرد و حکومت جدید خواهان اخراج او از خاک آمریکا و بازگرداندن او به ایران شد.

عامل دیگری که از همان اولین روزهای انقلاب در سمت گیری ضدامپریالیستی حکومت جدید موثر افتاد، ملاقات‌ها و دیدارهای رهبران حکومت با شخصیت‌های بین المللی و نمایندگان حکومت هایی بود که در مقابل غرب و امپریالیسم آمریکا صف آرایی کرده بودند. حضور رهبران نهضت‌های آزادیبخش و جنبش‌های مقاومت که به نوعی درگیر جنگ با حکومت‌های دست نشانده‌امریکایی بودند و دیدارهای آنها با رهبران حکومت انقلابی درایران و اعلام همبستگی و حمایت دوطرفه، رهبران حکومت جدید را روز به روز بیشتر به سمت اردوگاه مقابله با امریکا می‌کشاند. تقریبا همه کشورهای غیرمتعهد و به ویژه رادیکال ترین هایشان مانند سوریه، لیبی، یمن، کوبا، الجزایر و ویتنام جزو اولین کشورهایی بودند که انقلاب اسلامی در ایران و نظام حکومتی جدید را به رسمیت شناخته و به تبادل سفیر و ایجاد مناسبات سیاسی با ایران دست زدند. رهبران ایرانی در چنین فضایی و با چشم انداز در دست گرفتن رهبری مبارزات ضدامپریالیستی در منطقه روز به روز به شدت گفتمان ضدامپریالیستی خود افزودند.

در تاریخ ۱۳ آبان ۱۳۵۸ تعدادی از دانشجویان مسلمان، سفارت آمریکا در تهران را به بهانه سفر شاه به آمریکا اشغال کرده و همه کارکنان امریکایی سفارتخانه را به گروگان گرفتند. این رخداد نقطه عطفی در سیاست خارجی نظام جدید بود. تسخیر سفارت امریکا در آن دوران اقدامی بی نظیر و بسیار جسورانه و باورنکردنی در مبارزات ضدامریکایی در دنیا بود که باعث شد رهبران جمهوری اسلامی نه تنها رهبری هژمونیک مبارزه ضدامپریالیستی – ضدامریکایی در داخل کشور را در دست بگیرند، بلکه در دنیای خارج نیز برای خود اعتبار خاصی ایجاد کردند. این حرکت بلافاصله مورد تایید رهبر انقلاب، آیت الله خمینی، واقع شد. به فاصله کوتاهی پس از حمایت آیت الله خمینی از دانشجویان، تقریبا همه شخصیت‌ها و سازمان‌های سیاسی نیز این اقدام غیر قابل منتظره را تحسین کرده و حمایت خود را از این حرکت انقلابی اعلام کردند. محل سفارتخانه امریکا در تهران به قبله گاهی جدید برای مبارزین ضدامریکایی تبدیل شد. تقریبا هر روزه گروه‌های بزرگی از مردم ضمن تظاهرات و گردهمایی در مقابل این محل، حمایت همه جانبه خود را از اقدام دانشجویان انقلابی که خود را «دانشجویان پیرو خط امام» می‌نامیدند اعلام می‌کردند. همه گروه‌های سیاسی کشور از مارکسیست و

کمونیست روسی و چینی گرفته تا مجاهدین خلق و جبهه ملی و حزب دمکرات کردستان، یکی پس از دیگری اعلامیه صادر کرده و حمایت همه جانبه خود را از این اقدام انقلابی اعلام می‌کردند و هیات‌های نمایندگی خود را همراه با دسته‌های گل به دیدار دانشجویان پیرو خط امام می‌فرستادند.

اطراف سفارت امریکا که حالا نام "لانه جاسوسی" برآن نهاده شده بود، هر روزه پر بود از تظاهرکنندگان که گاه در میان آنها نمایندگان جنبش‌های آزادیبخش دیگر کشورها هم به چشم می‌خوردند. عده‌ای در خیابان‌های اطراف سفارت چادر زده بودند و شبانه روز آنجا مراقب بودند که اگر امریکا خواست دست به اقدام نظامی برای نجات جان گروگان‌ها بزند، آماده مقابله باشند. بساط آب و غذای مجانی پهن بود. طرفداران حزب توده نیز در چادری که در آن منطقه برپا کرده بودند، آش ضدامپریالیستی می‌پختند و مجانی به تظاهرکنندگان که هرروزه در آن محل جمع می‌شدند، می‌دادند. در و دیوار سفارت پر شده بود از نقاشی و طرح هایی که تا سال ها بر آن دیوار ها باقی ماند.

نشریه مجاهد، ۲۱ آبان ۱۳۵۸

نشریه مجاهد، ۶ آذر ۱۳۵۸

دستگیری عباس امیرانتظام

تسخیر سفارت نه تنها برگ برنده مبارزه ضدامپریالیستی را به رهبران انقلاب داده و آنها را در این عرصه پیشرو همه سازمان‌های سیاسی چپ و راست قرار داد، بلکه به رهبری نظام این فرصت تاریخی را داد که با دولت موقت مهندس بازرگان تسویه حساب کرده و او را از قدرت سیاسی خلع ید کنند. مهندس عباس امیرانتظام، سخنگوی دولت موقت، که تا چندماه پیش حزب توده ایران را جاسوس و غیرقانونی می‌خواند حالا چند ماهی نگذشته، خود متهم به جاسوسی برای امریکا شده و بلافاصله پس از بازگشت به کشور دستگیر و راهی زندان شد.

روزنامه انقلاب اسلامی که در حقیقت ارگان رئیس جمهور وقت آقای بنی صدر و طرفداران ایشان بود با خوشحالی خبر دستگیری امیر انتظام را تیتر اول کرده و به اتهام جاسوسی او برای امریکا مهر تایید می‌زد.

نشریه انقلاب اسلامی، ۲۹ آذر ۱۳۵۸

عباس امیرانتظام در آن زمان سفیر ایران در کشورهای اسکاندیناوی بود و پیش از آن سخنگوی دولت موقت انقلاب در کابینه مهندس مهدی بازرگان بود.

تقریبا همه احزاب و گروه‌های سیاسی از دستگیری امیر انتظام اظهار خوشحالی کرده و ضمن تایید این عمل در نشریات خود خواهان افشاگری‌های بیشتر دانشجویان خط امام شدند.

بحران گروگانگیری نه تنها همه گروه‌های سیاسی را برای بار دیگر به دنباله روی از رهبری انقلاب انداخت، بلکه موقعیت سیاسی حکومت و رهبری انقلاب را بطور جدی تثبیت کرد. رهبری انقلاب و حامیانش حالا ابزار جدیدی را در اختیار داشتند که با استفاده از آن به راحتی مخالفین خود را از عرصه مبارزه سیاسی خارج می‌کردند. آنها هر گاه که لازم می‌دیدند، سندی را از بایگانی‌های سفارت آمریکا بیرون کشیده و یکی از مخالفین خود را در آن فضای پوپولیستی خاصی که پیش آمده بود به رابطه با سفارت متهم می‌کردند. هرگونه نشست وبرخاستی با مامورین سفارت به حساب جاسوسی گذاشته می‌شد. این اسناد بطور مرتب تحت عنوان اسناد لانه جاسوسی به شکل کتاب و منتشر می شد.

آیت الله خمینی چند روز پس از اشغال سفارت و پس از انتشار خبری که از ورود نمایندگان ویژه جیمی‌کارتر، رئیس جمهور وقت آمریکا برای گفتگو درباره گروگان ها خبر می‌داد با صدور بیانیه‌ای اکیدا از همه مقامات مسئول کشور خواست که از چنین ملاقاتی پرهیز کنند. ایشان صریحا تاکید کرد که "اعضای شورای انقلاب به هیچ وجه نباید با آنان ملاقات کنند. هیچ یک از مقامات مسئول حق ملاقات با آنان را ندارند."(صحیفه خمینی، جلد ۱۰، رد ملاقات نمایندگان اعزامی جیمی کارتر)

جالب بود که در همین دوران عده‌ای قصد حمله به سفارت شوروی را داشته و در صدد اقدام مشابهی در این رابطه بودند که با صدور اعلامیه‌ای از سوی دفتر امام این حرکت در نطفه خنثی گردید. در این اطلاعیه به صراحت بیان شده بود که "امروز اشغال هر

سفارتخانه‌ای در ایران خیانت به مبارزات برحق ضدامریکایی مردم ماست." و "هرگز اجازه چنین کاری را نمی‌دهیم." (اطلاعیه دفتر خمینی، ۲ آذر ۱۳۵۸)

نشریه مجاهد، ۲ دی ۱۳۵۸

نشریه مجاهد، ۱۱ دی ۱۳۵۸

قانون اساسی

شور مبارزات ضدامپریالیستی با اشغال سفارت در اوج خود بود که مجلس خبرگان کار تدوین قانون اساسی را به اتمام رسانده و در همان فضای پرشور انقلابی به رای گذاشت. آیت الله خمینی در پیامی به همین منظور در هفته اول آذرماه ۱۳۵۸ از مردم ایران خواست که به قانون اساسی رای مثبت دهند. ایشان در پیام خود نوید داده بود که "اگر اشکالی باشد، ممکن است در متمم که در نظر گرفته‌اند رفع گردد."

حزب توده ایران با اینکه پیشتر مخالفت خود را با بسیاری از اصول قانون اساسی جدید اعلام کرده بود، اما باز هم به طور مشروط و با بیان اینکه "ما امیدواریم و انتظار داریم مسئولان امور، با تدوین متمم قانون اساسی — که‌امام نیز در پیام خود تصریح کرده‌اند — نقایص موجود در متن این قانون را برطرف سازند و انرا در خور انقلاب بزرگ و تاریخی مردم ایران بنمایند." اعضا و هواداران خود را تشویق کرد که در "رفراندوم قانون اساسی شرکت کرده و به این سند رای مثبت دهند." *(مردم، شماره ۱۰۶، آذرماه ۱۳۵۸)*

ما اعضای حزب توده ایران بار دیگر در روز ۱۲ آذرماه ۱۳۵۸ همراه با اکثریت قریب به اتفاق مردم ایران پای صندوق‌های رای رفتیم و به قانون اساسی جمهوری اسلامی ایران که حتی آن را بطور کامل هم نخوانده بودیم، رای مثبت دادیم.

بسیاری از گروه‌های سیاسی دیگر از جمله جریان‌های چپ در رفراندوم قانون اساسی شرکت نکردند و یا اگر شرکت کردند رای منفی دادند.

ولایت فقیه

دولتمردان نظام و بویژه روحانیون طرفدار آیت الله خمینی و محافل نزدیک به ایشان روز به روز مواضع خود را در دستگاه های نظام جدید حکومتی مستحکم تر کرده و بنیان نظام حکومتی خود را پی ریزی می‌کردند و مخالفین خود را از عرصه قدرت سیاسی و اجتماعی در کشور بیرون می‌راندند. یکی از موانع اصلی مقابل آیت الله خمینی، قدرت مراجع تقلید بود. در کشوری با جمعیت بزرگ شیعه نشین چون ایران، هر مرجع تقلید خود را والی و صاحب بخشی از مردم می‌دانست. حالا اما این مراجع تقلید با قدرتی مواجه شده بودند که نه تنها حوزه قدرت سیاسی آنها را به چالش کشیده بود که حتی در حوزه مرجعیت دینی نیز با آنها رقابت می‌کرد. بسیاری از مردم و بویژه جوانان مسلمان در کشور تحت تاثیر رهبری انقلابی آیت الله خمینی و تبلیغات مستقیم و غیرمستقیم روحانیون پیرو ایشان، تغییر مرجعیت داده و مقلد ایشان شده بودند. اما ضربه نهایی را اصل «ولایت فقیه» به مراجع تقلید وارد آورده بود. ولایت فقیه که در قانون اساسی جدید به تصویب رسید، به آیت الله خمینی موقعیت ممتازی را عطا کرد که در هیچ دوران دیگری هیچیک از مراجع تقلید از آن بهره مند نبودند. این موقعیت ممتاز قانونی شده بسیار همخوانی با لقب جدید «امام» برای ایشان داشت که در دوران چندماهه انقلاب به ایشان داده شده بود و ایشان را «امام خمینی» می‌نامیدند. «امام» لقبی بود که در اذهان

مردم کوچه و بازار و شیعیان تا آن زمان فقط از آن دوازده امام معصوم بود ولی حال به لطف انقلاب، این لقب به آیت الله خمینی نیز داده شده بود که خود تئوری پرداز ولایت فقیه در عصر جدید بود. اساس نظری ولایت فقیه این بود که در دوران غیبت امام زمان، ولی فقیه ادامه ی حکومت امامان است و بر همه فقها و مراجع دیگر لازم است که در امور عامه زندگی مسلمین از ایشان – یعنی ولایت فقیه – اطاعت کنند. حکم ولی فقیه بر همه احکام دیگر علما و فقها و مراجع تقلید اولویت داشته و اطاعت از آن بر همه مسلمانان شیعه واجب است.

بعضی از مراجع تقلید از همان ابتدا با آگاهی از اینکه نظریه ولایت فقیه حوزه قدرت آنها را محدود خواهد کرد، با ارائه دلایل دینی با آن مخالفت می‌کردند. ولی برای آیت الله خمینی که اسلام را نه فقط دیانت که سیاست خود نیز می‌دانست و کمترین جدایی میان دیانت و سیاست خویش قائل نبود، تئوری ولایت فقیه نه تنها شکل مناسبی از مدیریت و رهبری سیاسی جامعه اسلامی بود که بهترین ابزار قدرت مشروع دینی برای مقابله با دیگر مراجع مذهبی نیز به حساب می‌آمد.

سرکوب حزب خلق مسلمان

بزرگترین مرجع تقلید که از همان ابتدای شکل گیری مجلس خبرگان به شیوه‌های گوناگون مخالفت خود را با نظریه ولایت فقیه مطرح کرده و در حوزه سیاست نیز موقعیت آیت الله خمینی را به چالش می‌کشید، مرجع بزرگ شیعه آیت الله شریعتمداری بود. ایشان که یکی از سه مرجع تقلید مهم کشور – آیت الله مرعشی نجفی، آیت الله گلپایگانی و آیت الله شریعتمداری – بود، با تشکیل حزب خلق مسلمان در منطقه آذربایجان که پایگاه اصلی قدرت اش بود، قدرت آیت الله خمینی را به چالش کشید. آیت الله خمینی به خوبی می‌دانست که کوتاه آمدن در مقابل آیت الله شریعتمداری شاید به اعتراض‌هایی از طرف دیگر مراجع تقلید منجر شود و در همان حال بر این باور بود که سرکوب می‌تواند درس عبرتی برای دیگران نیز باشد. شاید به همین دلیل او سرکوب را برگزید. چند روز پس از تصویب قانون اساسی جدید بود که تظاهرات بزرگی در تبریز از سوی حزب خلق مسلمان و طرفداران آیت الله شریعتمداری و با حمایت مستقیم ایشان برپا شد.

این تظاهرات که به درگیری‌های خونینی در شهر تبریز و برخی دیگر از شهرهای آذربایجان منجر گردید، اولین شورش بزرگ برعلیه انقلاب و رهبری آن بود. چندصدهزار نفر در تبریز به خیابان ها آمده و بانک‌ها و مراکز مختلف دولتی و غیردولتی را به آتش کشیدند. مرکز رادیو و تلویزیون به دست تظاهرکنندگان افتاد و مدت ها شهر در آشوب بود. در قم نیز تظاهراتی به نفع آیت الله شریعتمداری برپا شد که به درگیری منجر گردید و یکی از پاسداران بیت ایشان نیز کشته شد. بالاخره پس از چندماه و با پا در میانی ابوالحسن بنی صدر و یدالله سحابی و در پی مذاکراتی میان نمایندگان شورای انقلاب و آیت الله شریعتمداری، حزب خلق مسلمان منحل شد. تعداد زیادی از هواداران این حزب در تبریز دستگیر شده و برخی از آنها اعدام شدند. همه هواداران شریعتمداری را از کمیته‌ها و نهادهای انقلابی در آذربایجان بیرون کردند.

آیت الله خمینی و طرفداران ایشان موفق شدند که نه تنها یک مرجع تقلید مخالف را از گردونه قدرت سیاسی که از مقام مرجعیت شیعه نیز حذف نمایند، چیزی که تا آن زمان بی سابقه بود و در طول تاریخ چند صد ساله حکومت پادشاهان شیعه در ایران اتفاق نیفتاده بود. این امر در عین حال هشداری بود به دیگرمراجع و روحانیون که هوس مخالفت و یا رقابت با مقام رهبری انقلاب را در حوزه سیاسی و فقاهتی برای همیشه از سر بدر کنند. ولایت فقیه حالا در اولین روزهای حضور قانونی‌اش با اتکا به قانون اساسی جدید، با اعدام طرفداران یکی از مراجع بزرگ تقلید موقعیت تاریخی جدید خویش را به دیگر مراجع و علمای دینی و مدرسین حوزه‌های علمیه در قم و مشهد و دیگر مراکز دینی در داخل و خارج از ایران اعلام می‌کرد.

نخستین انتخابات ریاست جمهوری

در همین ماه‌ها بود که بحث نخستین انتخابات ریاست جمهوری همه مسائل دیگر را تحت شعاع خود قرار داده بود. حالا پس از رفراندوم نظام جمهوری اسلامی ایران و قانون اساسی اش، نوبت انتخاب اولین رئیس جمهور فرا رسیده بود. همه سازمان‌های سیاسی به طور جدی در بحث انتخابات ریاست جمهوری فعال شده بودند. سازمان مجاهدین خلق ایران با اینکه در رفراندوم قانون اساسی شرکت نکرده بود، مسعود رجوی، رهبر سازمان، را برای ریاست جمهوری کاندید کرد. از سوی دیگر حزب جمهوری اسلامی ایران با سرمایه گذاری فراوان روی آقای جلال الدین فارسی تا آخرین روزهای انتخابات از وی به عنوان تنها نامزد انتخاباتی‌اش حمایت کرد. جلال الدین فارسی از جمله افرادی بود که سال ها در کنار گروه های اسلامی لبنان به مبارزه مسلحانه پرداخته و مناسبات بسیار نزدیکی با رهبران لیبی داشت و پس از انقلاب به ایران بازگشته بود. دیگر نامزدهای ریاست جمهوری عبارت بودند از حسن حبیبی از نزدیکان آیت الله خمینی و وزیر ارشاد دولت موقت انقلاب، محمد مکری، سفیر ایران در شوروی، تیمسار احمد مدنی، اولین استاندار خوزستان، صادق طباطبایی، سخنگوی دولت، دکتر کاظم سامی، اولین وزیربهداری دولت موقت ، صادق قطب زاده، وزیر امور خارجه، داریوش فروهر، وزیر کار و امور اجتماعی در دولت موقت، و ابوالحسن بنی صدر، عضو شورای انقلاب و وزیر اقتصاد و دارایی دولت موقت. شیخ علی تهرانی شوهر خواهر علی خامنه‌ای که از مخالفین سر سخت حزب جمهوری اسلامی‌بود با افشاء کردن تابعیت افغانی جلال الدین فارسی خواستار کناره گیری او از کارزار انتخابات ریاست جمهوری شد. حزب جمهوری اسلامی ایران بالاخره پس از اینکه معلوم شد آقای جلال الدین فارسی متولد و تبعه افغانستان است، مجبور به حذف ایشان از کاندیداتوری حزب شد و آقای حسن حبیبی را که کاندیدای مدرسین حوزه علمیه قم نیز بود به عنوان نامزد حزب معرفی کرد. در پی حذف جلال الدین فارسی، شانس ابوالحسن بنی صدر که سخنوری ورزیده بود برای پیروزی در انتخابات افزایش قابل توجهی یافت.

ابولحسن بنی صدر فرزند یک روحانی بود. ایشان در جوانی از اعضای جبهه ملی بوده و سال‌ها در خارج از کشور با انجمن اسلامی دانشجویان فعالیت داشت. در هنگام ورود آیت الله خمینی به پاریس، بنی صدر جزو استقبال کنندگان ایشان بود و در دوران اقامت ایشان

در پاریس نیز جزو نزدیکان وی محسوب می‌شد. در پرواز بازگشت به ایران نیز همراه آیت الله خمینی بود و خلاصه از حواریون محسوب می‌شد و در عین حال کاندیدای بخشی از روحانیت – یعنی جامعه روحانیت مبارز – در این دوره بود. بنی صدر در عین حال با انتقاد از روش‌های تندروانه رهبران برجسته ی حزب نوپای جمهوری اسلامی که از طرف اکثریت نیروهای مخالف و لیبرال‌ها در کشور مورد انتقاد بود، به نوعی برای خود در میان جبهه مخالفین جایی پیدا کرده بود. روش دوگانه سیاست ورزی بنی صدر از طریق روزنامه انقلاب اسلامی که نقش ارگان سیاسی او را بازی می‌کرد برای ایشان در میان برخی از مخالفین و نیروهای بینابینی محبوبیت نسبی و موقعیت ویژه‌ای بوجود آورده بود که هم می‌توانست کاندیدای جامعه روحانیت مبارز باشد و هم مجاهدین خلق به او تمایل پیدا کرده بودند.

روزنامه مجاهد، ۲۵ دی ۱۳۵۸

مسعود رجوی رهبر سازمان مجاهدین خلق نیز نامزد انتخابات ریاست جمهوری شده بود، اما با شانتاژ از طرف فدائیان اسلام و نهایتا حکم آیت الله خمینی مبنی بر اینکه کسانی که به قانون اساسی رای نداده اند، حق کاندیداتوری برای ریاست جمهوری را ندارند از دور کنار رفت.

روزنامه انقلاب اسلامی، ۳۰ دی ۱۳۵۸

سازمان مجاهدین پس از صدور حکم آیت الله خمینی و اعلام نظر ایشان، کاندیداتوری مسعود رجوی را برای ریاست جمهوری منتفی اعلام کرد.

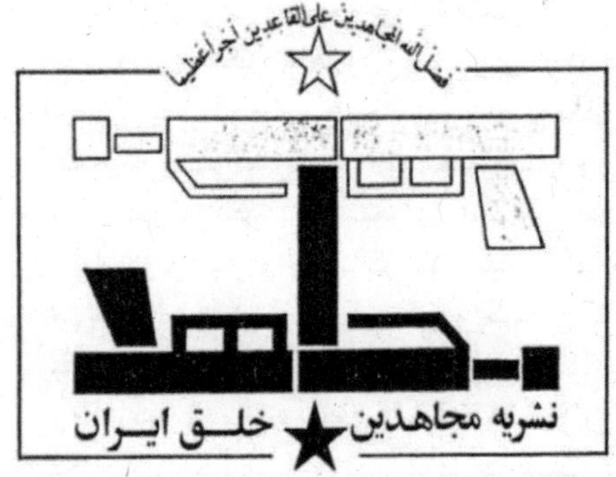

نشریه مجاهد، ۲ بهمن ۱۳۵۸

بهرحال مسلم بود که بنی صدر اکثریت آرا را از آن خود خواهد کرد. دیگر نامزدهای رقیب در برابر او شانس زیادی نداشتند. حزب توده ایران در اطلاعیه‌ای خطاب به نامزدهای ریاست جمهوری بیان داشت که "از همه کاندیداهای ریاست جمهوری که خود را وفادار به خط امام اعلام کرده‌اند می‌طلبد که بر سر یک کاندیدا توافق کنند." حزب در ادامه همان اطلاعیه نظر خود را در مورد کاندیداها چنین بیان کرد "حزب توده ایران با ارزیابی دقیق از خصوصیات انسانی و کارنامه گذشته سیاسی و برنامه آینده کاندیداهای

ریاست جمهوری به این نتیجه رسیده است که از میان آنان، آقایان: دکتر حسن حبیبی، دکتر کاظم سامی، داریوش فروهر و دکتر محمد مکری دارای چنین خصوصیاتی هستند که بتوانند به تعهد تاریخی خود وفا کنند." اما با توجه به شمار کاندیداها پیشنهاد کرد که "پیشنهاد روشن ما اینست که برای نشان دادن متحدترین پشتیبانی از خط امام خمینی، همه با هم آقای دکتر حسن حبیبی را، که مورد تایید محافل وسیعی از روحانیون مبارز هوادار خط امام نیز قرار گرفته اند، مورد پشتیبانی قرار دهیم." (علامیه کمیته مرکزی حزب ۲۹ دی ۱۳۵۸، مردم شماره ۱۴۷)

حزب گرچه در انتخابات مجلس خبرگان قانون اساسی به بنی صدر در تهران رای داده بود، اما این بار با توجه به گرایش‌های شدید ضدشوروی بنی صدر در سیاست خارجی و حملات او به حزب و دیدگاه‌های مائوئیستی- لیبرالی او در مسائل داخلی و خارجی، هیچ علاقه‌ای نداشت که او به عنوان اولین رئیس جمهور کشور انتخاب شود.

ما در این انتخابات باز برای بار دیگر همراه میلیون‌ها نفر مردم در صف‌های طولانی به پای صندوق‌های رای رفتیم و رای خود را برای آقای دکتر حسن حبیبی به صندوق انداختیم. حسن حبیبی شانسی برای انتخاب شدن نداشت. او از مجموع ۱۴ میلیون رای کمتر از ۷۰۰ هزار رای آورد و این در حالی بود که بنی صدر با نزدیک به ۱۱ میلیون رای نفر اول انتخابات شد. تیمسار احمد مدنی با بیش از ۲ میلیون رای نفر دوم شد.

بنی صدر

با انتخاب بنی صدر به عنوان اولین رئیس جمهور اسلامی ایران، اختلاف بین او و رهبران حزب جمهوری اسلامی ایران که بیشتر آنها مانند بهشتی، هاشمی‌رفسنجانی، خامنه ای، دکتر باهنر، و موسوی اردبیلی، روحانیون نزدیک به امام بودند، روز به روز بیشتر بالا گرفت. بنی صدر در سخنرانی هایش آنها را آشکارا متهم به کارشکنی و انحصارطلبی می‌کرد. این اختلافات روز به روز بیشتر در سطح جامعه علنی می‌شد و کم کم رهبران حزب جمهوری اسلامی نیز او را آشکارا مورد حمله قرار داده و اتهامات مشابهی را به او وارد کردند. میتینگ‌ها و سخنرانی‌های بنی صدر با استقبال خوبی مواجه می‌شد. نه فقط هواداران اش و کسانی که مایل به شنیدن سخنان رئیس جمهور جدید بودند، بلکه هزاران نفر از مخالفین او نیز در این سخنرانی‌ها شرکت می‌کردند و معمولا در آخر به درگیری و زدوخورد میان هواداران و مخالفین منجر می‌شد. به خاطرم هست که در یکی از سخنرانی او و در مشهد که بسیاری از هواداران سازمان مجاهدین نیز در آنجا جمع شده بودند، درگیری شدیدی به وجود آمد که در نتیجه تعداد زیادی مجروح شدند.

جالب ترین شعاری که در روز سخنرانی بنی صدر در مشهد شنیدم این بود که «ما می‌گیم شاه نمی‌خوایم، سپهسالار پیدا شده» این از آن رو بود که هواداران بنی صدر پس از انتصاب او به فرماندهی کل قوای نظامی‌کشور به او لقب «سپهسالار» داده بودند و درسخنرانی‌ها شعار می‌دادند «سپهسالار ایرانی، بنی صدر!» و گاه ادامه می‌دادند «به چشم دشمنان، خاری بنی صدر!» یادم است وقتی این شعار را آنها دم گرفتند، کلی خندیدم. در عین حال کمی هم به اوضاع و احوال آن روزها می‌خورد. بنی صدر پس از انتخاب‌اش به عنوان ریاست جمهوری و با احساس غرور از اینکه میلیون ها نفر به او

رای داده بودند، تا حدودی موقعیت خودش را گم کرده بود و به قول امروزی‌ها جو گیر شده بود. شاید هر کسی دیگری هم به جای او بود، همین احساس را پیدا می‌کرد. او ۱۵ سال قبل به عنوان یک جوان گمنام به خارج رفته بود و مثل هزاران هزار نفر از دانشجویان ایرانی عضو کنفدراسیون و انجمن‌های اسلامی شده بود و در ضمن تحصیل، فعالیت سیاسی هم کرده بود و در عین گمنامی، در رکاب آیت الله خمینی به ایران بازگشته بود. همه اعتبار او شاید از نشستن در هواپیمایی بود که در اوج انقلاب مردم ایران بر باند فرودگاه مهرآباد نشسته و خمینی را به وطن آورده بود. او و تعدادی دیگر از نزدیکان خمینی در میان استقبال میلیون ها نفر از مردم سراسر ایران از پلکان هواپیمایی که خمینی از آن پایین آمده بود، قدم بر زمین ایران گذاشته بودند.

حالا پس از کمتر از یک سال، همان مرد گمنام که به او شاید ۹۹ درصد از مردمی که به او رای داده بودند نیز تا همان روز ورودش به کشور حتی اسم او را هم نشنیده بودند، یکباره ستاره بخت‌اش درخشیده بود و کبوتر شانس اولین ریاست جمهوری نظام جدید اسلامی بر شانه‌اش فرود آمده بود. بنی صدر نه حزب داشت، نه پایگاه اجتماعی، نه تشکیلات، نه شناسنامه سیاسی معتبر، و نه یک گروه قسم خورده همراه که مدت ها در زندان‌های شاه بوده و یار و غمخوار هم شده باشند. اما خوش شانس بود. ستاره‌اش گل کرده بود. جلال الدین فارسی تنها کاندیدای حزب جمهوری اسلامی با همه سرمایه گذاری این حزب برای پیروزی او، به دستور آیت الله خمینی به دلیل افغانی بودن یک شبه از دور خارج شد. حزب جمهوری اسلامی با کنار گذاردن جلال الدین فارسی در این رقابت سرسخت، در آخرین روزها داشت بازی را می باخت و بنی صدر تنها شانس بود. بسیاری از روحانیون با بنی صدر بیشتر از دیگرنامزدها احساس راحتی می‌کردند. او خیلی از حرف های آنها را با بسته بندی‌های جدید و به ظاهر مدرن، به خورد مردم می‌داد. او در دفاع از حجاب برای زنان مدعی بود که از موهای زنان اشعه‌ای ساطع می‌شود که برای مردان تحریک کننده است. او مدعی بود که همه صد و بیست و چند علم موجود در جهان را خوانده و در همه این علوم به درجه اجتهاد رسیده است. او سال ها در مقابله با مجاهدین خلق قلم زده بود و چون دیگر روحانیون طرفدار خمینی آنها را التقاطی و منافق می‌نامید؛ بر علیه آنها چندین جزوه و کتاب نوشته بود، از اقتصاد توحیدی، رابطه مادیت و معنویت و روش شناخت برپایه توحید گرفته تا مقالات گوناگون در اثبات التقاطی بودن مجاهدین و یا در رد مارکسیسم و ماتریالیسم دیالکتیک. او از دیگر کاندیداهایی چون داریوش فروهرکه دبیر حزب ملت ایران و از اعضای اصلی جبهه ملی بود و اساسا به روحانیت اعتقادی نداشت و ظاهر اسلامی را هم حتی رعایت نمی‌کرد، به روحانیون نزدیک تر بود. تیمسار سید احمد مدنی از جبهه ملی آمده بود و مصدق را رهبر خود می‌نامید. دکتر کاظم سامی از نظر بسیاری از روحانیون به همان اندازه التقاطی بود که مجاهدین خلق بودند، و به همان اندازه ملی بود که رهبران جبهه ملی، و همان اندازه لیبرال بود که مهندس بازرگان.

بنی صدر بیشتر از همه به روحانیون نزدیکی داشت و نامزد قابل اعتماد آنها بود. همه چیز یک باره به نفع بنی صدر تمام شده بود و به قول معروف " ابر و باد و مه و خورشید و فلک در کار" بودند و او را در موقعیت بی نظیری قرار داده بودند. نزدیکی او از همان روزهای آغاز آمدن اش به ایران با سید احمد خمینی نیز فاکتور دیگری بود

که او را در زمره حواریون امام و اهل بیت ایشان قرار داده بود. خلاصه که با نشستن بر صندلی ریاست جمهوری و کسب فرماندهی کل قوا، موقعیت خودش را کاملا گم کرده بود. ولی نباید از حق گذشت که مقابله او با انحصارطلبی وفشارهای جریان‌های تندرو پیرامون حزب جمهوری اسلامی شایسته تقدیر بود. بگذریم که او خود نیز در رقابت با جریان حریف به همان اندازه رهبران حزب جمهوری، انحصارطلب و تمامیت خواه بود.

درگیری‌های میان بنی صدر و رهبران حزب جمهوری اسلامی بویژه در دوران انتخاب و معرفی نخست وزیر به اوج خود رسید. بنی صدر بالاخره زیر فشار شورای انقلاب و حمایت آیت الله خمینی ازجناح مقابل، به نخست وزیری رجایی تن داد ولی در انتخاب وزیران این اجازه را به رجایی نمی‌داد که خود کابینه‌اش را انتخاب نماید. اختلاف سلیقه و تنش و درگیری میان بنی صدر و رجایی روز بروز بیشتر آشکار می شد، رجایی اما سرسخت بود و زیر بار او نمی رفت و هیات وزیران خود را بدون نظر و موافقت بنی صدر به مجلس برد.

انتخابات نخستین مجلس شورای اسلامی

اولین انتخابات مجلس در آخرین روزهای سال ۱۳۵۸ را شاید بتوان تنها انتخابات آزاد نمایندگان مجلس در جمهوری اسلامی

ایران از آغاز شکل گیری آن تا به امروز نام برد. در این انتخابات تقریبا همه سازمان‌های سیاسی موافق و مخالف شرکت کرده و کاندیداهای خود را به مردم معرفی کردند. حزب توده ایران نیز لیست کاندیداهای خود را در سراسر کشور اعلام کرد. کاندیداهای حزب در مشهد بهرام دانش، مهدی کیهان، و فتح الله ناظر بودند. کمیته ایالتی حزب در خراسان که تازه تشکیل شده بود در اطلاعیه‌ای از همه مردم خراسان خواست که به کاندیداهای حزبی در خراسان رای دهند. ما در مشهد و دیگر شهرهای خراسان فعالانه به تبلیغ برای کاندیداهای حزبی مشغول بودیم. علاوه بر مشهد، در تعدادی از شهرهای دیگر نیز که افراد خوشنام حزبی در آنجا داشتیم کاندیدای حزبی معرفی کردیم. مثلا در بیرجند یکی از رفقای قدیمی حزبی را بنام محمد عسگری که اهل همان شهر بود معرفی کردیم و در کاشمر یکی از رفقای بسیار خوب و خوشنام، دکتر مختاری، را کاندید کردیم. در مشهد ما از حاج طاهر احمدزاده و شیخ علی تهرانی نیز در انتخابات اولین مجلس شورا حمایت کردیم. حاج طاهر احمدزاده یکی از نادر افرادی بود که از طرف همه گروه‌های مخالف و موافق نظام جدید مورد حمایت قرار گرفته بود.

فضای رقابتی زیبایی در سراسر کشور بوجود آمده بود و ما در چنین فضایی میتینگ‌های انتخاباتی و سخنرانی‌ها را سازماندهی می‌کردیم. در دفتر حزب که به تازگی خریداری شده بود همه ما سخت مشغول بودیم. شعبه تبلیغات از صبح تا شب با کمک تعداد زیادی از رفقای حزبی به درست کردن پلاکاردها و بانرهای تبلیغاتی مشغول بود. من به اتفاق چند نفر دیگر از رفقا به شهرستانها از جمله بیرجند و کاشمر سفر کردیم و سخت مشغول نصب پلاکاردها و پخش تراکت‌ها و برگزاری جلسه‌های محلی بودیم. احساس بسیار خوبی داشتیم. بیشتر از آنچه که به نتیجه انتخابات و پیامدهای آن فکر کنیم، غرق فعالیت تبلیغاتی

در آن فضای پر التهاب بودیم که به ما انرژی می‌داد. برای مهدی کیهان، بهرام دانش و فتح الله ناظر در یکی دو دانشکده در شهر جلسه سخنرانی برپا کردیم. در آمفی تئاتر دانشکده ادبیات در هنگام سخنرانی مهدی کیهان تعدادی از حزب اللهی‌ها و در کنار آنها فعالین حزب رنجبران و دیگر گروه‌های مائوئیست در صدد برهم زدن جلسه برآمدند که با سرسختی و زدوخورد محدودی موفق شدیم آنها را از سالن سخنرانی بیرون کنیم. آنها در مقابل درب سالن اما همچنان به شعاردادن بر علیه حزب مشغول بودند و گاه صدای آنها در سالن می‌پیچید. پس از پایان سخنرانی مهدی کیهان، شعار «درود بر کمیته مرکزی حزب ما» برای چند دقیقه فضای سالن را پر کرد. این شعار در مقابل اتهاماتی که به کمیته مرکزی حزب توده ایران زده می‌شد برای ما جای خاصی داشت. آن روزها وقتی صحبت از حزب توده ایران می‌شد بسیاری از مخالفین حزب، کمیته مرکزی را مشتی خائن، اما اعضا و کادرهای حزبی را افرادی وطن پرست می‌نامیدند. در حقیقت با این شعار ما به مخالفین حزب با فریاد اعلام می‌کردیم که اتهامات وارده بر کمیته مرکزی حزب را نمی‌پذیریم، کمیته مرکزی خائن نیست و ما اجازه نمی‌دهیم کسی میان ما و آنها فاصله ایجاد کند. این فریاد ما کادرهای جوان حزبی نشان از عشق و احترام ما بود به کمیته مرکزی حزب و یکپارچه دانستن رهبری، کادرها و اعضای حزبی در یک بدنه واحد.

مهدی کیهان از افسران گروه اسکندانی بود. گروهی از افسران نظامی در منطقه گنبد که در سال ۱۳۲۴ به سرکردگی سرگرد اسکندانی و سرهنگ آذر قیام کرده و پس از مدتی جنگ و گریز در منطقه ترکمن صحرا، تعدادی کشته شده و بقیه فرار کرده بودند. این قیام به قیام افسران خراسان معروف بود. پس از سرکوب، عده ای از آنها به آذربایجان که در آن هنگام در دست فرقه دمکرات آذربایجان بود رفته و در میان «فدائیان فرقه» که نیروی نظامی فرقه بود به آموزش نیروهای نظامی مشغول شده بودند. تقریبا همه آنها پس از شکست فرقه دمکرات آذربایجان به شوروی فرار کرده و آن سال ها را تا زمان انقلاب در آن سوی مرزها گذرانده بودند. مهدی کیهان یکی از آنها بود که حالا پس از ۳۲ سال دوری از وطن به همت انقلاب به وطن برگشته بود، او به محض ورود به کشور در مهرماه همان سال به همراه مادرش در فرودگاه مهر آباد دستگیر شده و پس از ۲۰ روز آزاد شد. حزب دررابطه با دستگیری غیرقانونی او در زمان ورود به کشور چندین بار اعتراض کرد و به مقامات مختلف نامه نوشت. حالا او پس از چند ماه اقامت در کشور کاندیدای حزب توده ایران در مشهد برای مجلس شورای ملی شده بود. مجلسی که پس از تشکیل آن نام اش به مجلس شورای اسلامی تغییر یافت. مهدی کیهان عضو شعبه کارگری و یکی از اعضای کمیته مرکزی حزب بود و عملا مسئولیت شعبه کارگری در دست او بود. اما به طور رسمی و در چارت تشکیلاتی مسئولیت این شعبه را دکتر حسین جودت عهده دار بود. جایگاه و نقش مهدی کیهان در حزب در بخش کارگری و همچنین حوزه فعالیت من در همین بخش در خراسان بین ما رابطه‌ای دوستانه بوجود آورده بود. ما تقریبا هر ماه همدیگر را می‌دیدیم و این دیدارها برایم بسیار خوشحال کننده بود. او فارق التحصیل آکادمی‌علوم اتحاد شوروی بود و در زمینه اقتصاد سیاسی دکترای خود را گرفته و در حوزه فعالیت‌های صنفی و کارگری از جمله افراد مطلع و خبره حزبی محسوب می شد و مولف چند جزوه کوچک و یکی دو کتاب در این زمینه بود.

بهرام دانش، کاندیدای دیگر حزب نیز از افسران قیام خراسان و از اعضای گروه سرگرد اسکندانی بود و او هم همچون مهدی کیهان پس از پیوستن به فدائیان فرقه دمکرات آذربایجان و شکست آنها به آن سوی مرزها رفته بود. بهرام دانش یکی از مجریان برنامه و گویندگان رادیو پیک ایران بود. جالب بود که در جلسه‌ای که با چند رفیق کارگر با او داشتیم، به محض اینکه بهرام دانش شروع به صحبت کرد، رفیق کبیری که عضو حوزه کارگری بود او را از صدایش شناخت. صدای آشنای بهرام دانش، کبیری را چنان به وجد آورد که بدون اینکه قبلا هرگز او را دیده باشد از جا پرید و چنان دانش را در آغوش گرفت که انگار سال ها بود که او را می‌شناخت. بهرام دانش جثه‌ی کوچکی داشت. پیرمردی شده بود و مهربانی یک پدربزرگ پیر را در چهره و صدایش و حتی رفتار حزبی و قضاوت هایش، گاه که مجبور می‌شد میانداری دعوایی را بکند، آشکارا می‌دیدی.

فتح الله ناظر نیز هم سن و سال آنها و از گروه افسران خراسان بود که دستگیر شده بود و پس از آزادی به سازمان افسری حزب پیوسته بود. پس از کودتای ۲۸ مرداد به دیار غربت مهاجرت کرده و در آلمان شرقی اقامت گزیده بود. همسر سابق اش و چند نفر از اعضای خانواده‌اش با او در آن مدت به دفتر حزب در مشهد رفت و آمد می‌کردند. همسر سابق او و بقیه نزدیکان اش خیلی شیک پوش و سانتی مانتال بودند. خود او هم به سر و قیافه‌اش می‌رسید. همین هم باعث شده بود که بعضی از رفقای جوان حزبی از او و خانواده‌اش خیلی خوششان نیاید چون که خیلی شیک بودند و یک حالت شق و رق و اتو کشیده داشتند و انگار که خودشان را جزو از ما بهتران می‌دانستند. با وجود اینکه حزب او را به عنوان یکی از مسئولین حزب در خراسان معرفی کرده بود ولی در حقیقت هیچ مسئولیتی در تشکیلات خراسان نداشت و جز در همان دوران انتخابات دیگر هیچ وقت در دفتر و دوروبر فعالیت‌های حزبی در منطقه ما پیدا نشد.

حزب در این دوره تعداد زیادی از کادرهای جوان را نیز به عنوان کاندیداهای حزبی در شهرهای مختلف معرفی کرد. البته در مشهد هیچ کدام از ما این شانس را نداشتیم، اما در شهرهای دیگر تعداد قابل توجهی از نیروهای جوان حزبی از طرف حزب به عنوان نامزدهای انتخاباتی معرفی شدند. در تبریز محمد آزادگر و مجید نیکی، در اهواز حسین قلمبر، در شیراز محمد اسمنی، در آبادان محمد کاظمی و در خرمشهر فریدون قدک ساز درمیان کاندیداهای حزب بودند. در تهران، حزب همانند دوره انتخابات مجلس خبرگان، اعضای کمیته مرکزی حزب را از جمله کیانوری، عمویی، طبری، جوانشیر، بهزادی و تعدادی دیگر از رفقای کمیته مرکزی را به عنوان نامزدهای انتخاباتی معرفی کرده بود. رفیق مریم فیروز نیز در کنار ملکه تاج محمدی و فاطمه ایزدی که جوان ترین آنها بود تنها نمایندگان زن در لیست نامزدهای انتخاباتی حزب بودند.

حزب در این دوره نیز حمایت خود را از تعداد زیادی از کاندیداهای دیگر گروه ها و سازمان‌های سیاسی اعلام کرد. از جمله کاندیداهای مورد حمایت حزب از گروه‌های اسلامی و لیست‌های روحانیون، دکتر حسن حبیبی ، حجت الاسلام محمد جواد حجتی کرمانی، موسوی خوئینی ها، ابوالقاسم سرحدی زاده، اعظم طالقانی (دختر آیت الله طالقانی)، سید کاظم موسوی بجنوردی و حجت الاسلام دکتر علی گلزاده غفوری بودند. حزب توده در کنار اینها چهره‌های دیگری از دیگر گروه‌های سیاسی چون مسعود

رجوی، دکتر کاظم سامی، مهندس عزت الله سحابی، زنده یاد پروانه مجد اسکندری (همسرداریوش فروهر) و علی محمد فرخنده جهرمی (علی کشتگر از سازمان چریکهای فدایی خلق) و حاج محمد مدیرشانه چی و سید هیبت الله طبیب غفاری از سازمان چریکهای فدایی خلق را نیز در لیست نامزدهای انتخاباتی خود برای تهران اعلام کرد.

تعداد زیادی از کاندیداهای حزب توده ایران در این انتخابات از زندانیان سیاسی پیش از انقلاب بودند. در مطلبی در روزنامه مردم، اسامی برخی از آنها و تعداد سالهای زندان هر کدام آمده بود. ۳۲ نفر از کاندیداهای حزب در این دوره از انتخابات مجلس، در مجموع ۲۷۸ سال زندان تحمل کرده بودند. بعضی از آنها از جمله محمدعلی عمویی، رضا شلتوکی، عباس حجری، ابوتراب باقرزاده، تقی کی‌منش و اسماعیل ذوالقدر هر کدام به تنهایی ۲۵ سال از عمر خود را در زندان های شاه به سر برده بودند و حالا فقط یک سال از آزادی آنها گذشته بود. حزب از نظر تعداد زندانیان سیاسی و بویژه کسانی که بیش از دو دهه در زندان های شاه در حبس بودند، رقیبی نداشت. برای بسیاری از نیروهای جوان که مبارزه سیاسی و مقاومت در زندان و سال های طولانی تحمل حبس و شکنجه برایشان ارزش انقلابی محسوب می‌شد و جذابیت داشت، وجود افرادی چون عمویی و شلتوکی و یا صفر قهرمانی به محبوبیت بیشتر حزب در قلب و روح آرمانخواهانه شان می‌افزود. رهبران حزب در مقایسه با دیگر رهبران سازمانهای سیاسی، و به ویژه سازمانهای چپ، از تجربه بیشتری برخوردار بودند و دارای پختگی سیاسی بیشتری بودند. آنها به نسبت رهبران دیگر احزاب، بسیار مطلع، کارکشته، باتجربه و باسواد بودند. بسیاری از آنها دارای مدارک تحصیلی عالی در سطح دکترا بوده و مدارج علمی و تحصیلی خود را در بهترین دانشگاه‌های غرب و یا کشورهای سوسیالیستی گذرانده بودند. بعضی از آنها جزو اولین افرادی بودند که دررشته‌های علوم و مهندسی درجه دکترا گرفته و جزو نخستین اساتید دانشگاه تهران و یا دیگر دانشگاه‌های کشور بودند.

حمایت سیاسی یک طرفه

روش احزاب و سازمان‌های سیاسی در انتخابات تا حد زیادی نشان دهنده پختگی سیاسی آنها و درک آنها از مرحله انقلاب، دوستان و دشمنان انقلاب، مدارا و مردم داری و تمایل آنها به همکاری و تحمل دیگر جریانات سیاسی بود. در آن دوره کمتر جریانی پیدا می‌شد که از طیف وسیعی از نیروها، یا در واقع رنگین کمانی از نیروهای سیاسی در پهنای کشور حمایت نماید. تقریبا اکثر جریان‌های سیاسی با اینکه حزب جمهوری اسلامی را به عنوان یک جریان انحصار طلب و تمامیت خواه مورد نقد و شکایت قرار می‌دادند ولی خود آنها نیز همان روش‌های انحصارطلبانه را در پیش می‌گرفتند. تبلور این نگاه را در لیست‌های انتخاباتی جریان‌های سیاسی و یا رهنمودهای آنها در اینکه چه کسانی را انتخاب کنیم و به چه کسانی رای دهیم به خوبی قابل مشاهده بود. به جز حزب توده ایران که در لیست‌های انتخاباتی خود رنگین کمانی از همه نیروهای سیاسی را تا آنجا که با مشی عمومی حزب همخوانی داشت در نظر می‌گرفت، هیچ نیروی دیگری چنین روشی را نه تنها در عمل رعایت نمی‌کرد که حتی به گونه‌ای قیم مابانه به دیگران هم توصیه می‌کرد که به فلان و یا بهمان کاندیدا و یا حزب رای ندهید. مثلا سازمان چریک‌های فدایی خلق

ایران که شاید از نظر ایدئولوژیک و نگرش سیاسی تقریبا همیشه چندگام عقب تر و دنباله روی حزب توده بود و نهایتا هم بخش بزرگی از آنها در جریانی به نام «اکثریت» در پی وحدت با حزب برآمد، در نشریه کار در مطلبی نه تنها به هواداران خود که به همه کمونیست‌ها چنین توصیه کرد که "نه ما و نه سایر کمونیست‌ها نمی‌توانند و نباید این «حزب» را تقویت و حمایت کنند."(کار شماره ۵۰: "نه ما و نه سایر کمونیست‌ها نمی‌توانند و نباید این «حزب» را تقویت و حمایت کنند.") این در حالی بود که در همین انتخابات دست کم دو نفر از کاندیداهای آنها، علی محمد فرخنده جهرمی- معروف به علی کشتگر- و سید هیئت الله طبیب غفاری در لیست کاندیداهای حزب قرار گرفته و مورد حمایت حزب توده ایران بودند و رفقای ما در تهران به آنها رای دادند.

اما با وجود این سیاست‌های کودکانه و چپ روانه، حزب همچنان از هواداران خود خواست که نه تنها از آنها (دو کاندیدای سازمان چریکهای فدایی) که حتی ازکاندیداتوری مسعود رجوی رهبر سازمان مجاهدین خلق که او هم به شدت و از مواضع چپ روانه به حزب توده ایران حمله می‌کرد نیز حمایت کنند. حمایت از مسعود رجوی که نماد سازمان مجاهدین خلق ایران بود و به شدت مورد تنفر نیروهای هوادار آیت الله خمینی، برای حزب توده ایران هزینه سیاسی سنگینی داشت. اما حزب با آگاهی کامل از عواقب و پیامدهای این گزینش باز هم مانند دوره گذشته و انتخابات مجلس خبرگان از ایشان حمایت کرده و از افراد حزبی خواست که به او رای دهند و با حمایت خود از دست کم ۵۰ هزار رای هواداران حزب در تهران را به آرای او افزود. حتی در مواردی کاندیداهای حزب توده ایران به نفع دیگر کاندیداها کناره گیری کردند. مثلا در شهر اندیمشک، رفیق ما حمید اشتری کاندید حزب به نفع کاندیدای سازمان مجاهدین، محمد خادمی، کناره گیری کرد.

نامزدهای انتخاباتی حزب در تهران و دیگر شهرستانها شانس زیادی برای انتخاب شدن نداشتند. اما برای حزب اصل شرکت در انتخابات مهم تر از هر چیز دیگر بود و از انتخابات برای پیشبرد سیاست عمومی خود که سیاست اتحاد و انتقاد با دیگر جریان‌های سیاسی بود، سود می‌جست. در تهران از میان کاندیداهای توده‌ای و رفقای ما، رفیق احسان طبری بیشترین آرا را بدست آورد. او با مجموع ۷۰ هزار رای نفر اول از لیست اعضای حزبی بود. نورالدین کیانوری به عنوان رهبر حزب، ۵۰ هزار رای آورد. آرای او در حقیقت آرای هواداران واقعی حزب بود چرا که هیچ کس دیگری جز هواداران حزب به او رای نداده بود و از همین جا می‌توان نتیجه گرفت که کاندیداهای دیگر گروه‌های سیاسی که مورد تایید و حمایت حزب بودند، ۵۰ هزار رای از آرای شان از سوی هواداران حزب توده بوده است.

نسبیت آری، اکثریت نه

حزب در گفتگوهای پیش از انتخابات، مخالف سرسخت دو مرحله‌ای کردن انتخابات بود و چون دیگر گروه ها از جمله مجاهدین خلق و یا شخصیت‌های سیاسی چون داریوش فروهر به انتخاب به تناسب آرا اعتقاد داشت و نظر خود را بارها به صورت اطلاعیه

هایی از طرف کمیته مرکزی و یا در پاسخ‌های کیانوری دبیراول حزب به پرسش هایی در این باره به تشریح بیان کرده بود. بطور نمونه، حزب در نامه مردم شماره ۱۷۹، چند روز پیش از انتخابات با تیتر بزرگ در مورد قانون انتخابات چنین نوشت «قانون انتخابات موجود غیرعادلانه و تبعیض آمیز است» و یا در رابطه با بحث یک یا دو مرحله‌ای بودن انتخابات ضمن مخالفت با دو مرحله‌ای کردن، چنین گفت «نسبیت آری، اکثریت نه» و در مطلبی دیگر که در نامه مردم شماره ۱۷۷ در دفاع از برقراری سیستم تناسبی انتخابات، نوشت "مردم بیصبرانه منتظر حل مثبت مساله دو مرحله‌ای بودن انتخابات‌اند و مردم حق دارند زیرا مساله ابدا بر سر تنها شکل رای گیری و شمار مرحله‌ها نیست بلکه از ورای آن و توسط آن، بر سر شرکت و یا عدم شرکت نیروها و احزاب و سازمان‌ها و گروه‌های مختلف انقلابی در سازندگی ایران آینده و نیل به هدف‌های انقلاب است، بر سر انحصار قدرت و یکه تازی یا مشارکت فعال همه نظریات و گرایشها متنوع و تشریک مساعی عمومی‌در جهت واحد به ثمر رساندن و پیش بردن انقلاب است." نامه مردم تقریبا هر روزه به این بحث پرداخته و باز در مطلبی دیگر در مردم شماره ۱۸۱ زیر عنوان «سیستم دو مرحله‌ای انتخابات مجلس شورای ملی غیردمکراتیک است» نظر حزب را مفصل بیان نمود. این اعتراض تا روز انتخابات همچنان ادامه داشت ولی متاسفانه مقامات حکومت زیر بار اعتراض گروه‌های سیاسی نرفته و اجازه ندادند که نتیجه انتخابات به گونه‌ای بیانگر خواست اکثریت مردم شود، خواستی که در این شعار به خوبی بیان شده بود، «اکثریت و اقلیت، هریک به نسبت، مشارکت همه نیروها، راه تامین وحدت». این شعار به همین شکل تیتر مقاله ای در مردم شماره ۱۸۷ بود.

انتخابات برگزار شد و پس از برگزاری آن تقریبا همه گروه‌های سیاسی به جز حزب جمهوری اسلامی‌ایران و جریانات حاشیه‌ای آن، به شیوه برگزاری انتخابات، دخالت‌ها و تقلب‌های آشکار وجابجایی آرا معترض بودند. حزب نیز در روزنامه مردم درست پس از برگزاری انتخابات، از زبان دبیر اول حزب یعنی نورالدین کیانوری اعتراض کرد. کیانوری مسئولیت همه این دخالت‌ها و نارسایی‌ها را تقصیر شورای انقلاب و شخص رئیس جمهور دانست. او گفت که "خبرهایی که از بسیاری از شهرها و مراکز رای گیری می‌رسد، گویای این واقعیت است که نه تنها پیش از رای گیری از سوی مقامات با نفوذ مرکزی و محلی اعمال نفوذهای جدی به عمل آمده، بلکه در جریان رای گیری تقلبات بسیار زیادی انجام گرفته است. (...) این تقلبات آنقدر شور است که خان هم به صدا در آمده و حتی سرپرست وزارت کشور و رئیس جمهور هم بخشی از این تقلبات را پذیرفته اند." او در ادامه در رابطه با چگونگی دخالت در تقلب‌ها گفت "دخالت و اعمال نفوذ بطور عمده به این صورت بوده است که در بسیاری از حوزه‌های انتخاباتی، نمایندگان حزب جمهوری اسلامی‌و گروه‌های موتلف آن، حتی در روز پنجشنبه و جمعه از همه امکانات استفاده کرده و مردم را علیه گروه‌های دیگر و بویژه حزب توده ایران، سازمان مجاهدین خلق و سازمان چریک‌های فدایی خلق تحریک کرده اند. (...) در بسیاری از مراکز رای گیری، در جریان نوشتن رای برای بیسوادان، بطور روشن اعمال نفوذ شده است. اشکال تقلب را بیشتر باید در ریخته شدن آراء زیادی بنام‌های مورد نظر و در جریان خواندن آراء که بکلی غیرقابل کنترل است، جستجو کرد. (...) این گونه تقلب در

رای گیری و رای خوانی در انتخابات مجلس خبرگان هم انجام یافت. در این میدان ریش و قیچی در دست هیات نظارت انتخابات است که بطور انحصاری لااقل ۹۵ درصد افرادش از وابستگان و نزدیکان حزب جمهوری اسلامی و گروه‌های موتلف آن تشکیل شده است. (روزنامه مردم، شماره ۱۹۵، ۲۸ اسفند ۱۳۵۸)

بازنگری شورش ۱۵ خرداد

روش تحلیلی و نوع برخورد حزب به قضایای سیاسی چه پیش و چه پس از انقلاب کمتر متاثر از رادیکالیسم چپ و یا انقلابیگری شورشی بود که به اصطلاح آن دوران انقلابیگری خرده بورژوایی نامیده می‌شد. حزب در تمام دوران فعالیت اش مدافع سرسخت اصلاحات در کشور بود. نیروهای رادیکال جوان در جامعه در تمام آن سال‌ها به خاطر همین روش‌های رفرمیستی حزب توده را به عنوان یک جریان رفرمیست طرد کرده و به شدت با سیاست‌ها و رهبری حزبی آن مخالفت می‌کردند. مثلا حمایت حزب از اصلاحات ارضی و اقدامات شاه در جریان انقلاب سفید که به معنی واقعی یک رفرم جدی در ساختار‌های عقب مانده جامعه آن روز ایران بود، مورد نقد شدید گروه‌های جوان و تازه چپ شده‌ها قرار گرفته بود و آنها حتی پس از انقلاب نیز در اولین سالگرد قیام ۱۵ خرداد که قیام روحانیت در مقابله با اصلاحات شاه در سال ۱۳۴۱ بود، حزب و رهبری آن را به نقد کشیده و هنوز سیاست آن زمان حزب را در حمایت از اصلاحات شاه محکوم می‌کردند. چپ‌های رادیکال مدعی بودند که حمایت حزب از اقدامات اصلاح طلبانه شاه و ارتجاعی خواندن قیام پانزده خرداد در حقیقت نشانه‌ای از غیرانقلابی بودن حزب، سیاست‌های فرصت طلبانه آن و نشانه‌ای از ریشه‌های تفکر رفرمیستی در دیدگاه‌های حزب و رهبری محافظه کار آن است.

تاسف آور اما این بود که در اولین سالگرد قیام پانزده خرداد پس از انقلاب، حزب توده ایران که ۱۵ سال پیش از آن این قیام را ارتجاعی ارزیابی کرده بود حالا که رهبر همان قیام رهبری انقلاب را در دست گرفته بود، از مواضع گذشته خود عدول کرده و تحلیل درست خود را از آن قیام به نقد کشید. حتی کیانوری منکر آن تحلیل شد و به جریان پوپولیست موجود در طرفداری از قیام پانزده خرداد پیوست، قیامی‌که از طرف همه گروه‌های چپ و راست یک صدا حمایت شد و در اولین سالگرد پس از انقلاب حتی رادیکال ترین جریانات چپ نیز از آن حمایت کردند.

سازمان پیکار در راه آزادی طبقهٔ کارگر

پیکار

دوشنبه ۱۴ خردادماه ۱۳۵۸ — بها: ۱۵ ریال

کنگرهٔ بیست و سوم حزب کمونیست فرانسه:
آخرین وداع با مارکسیسم ــ لنینیسم
رویزیونیستها در آخرین کنگره خود چه کردند؟
پیام حزب توده به رویزیونیستهای فرانسه
صفحه ۶ — مقاله‌ای از: پیوند

پانزدهم خرداد خونین

ما دیگر بدیهد با ارتجاع و امپریا لیسم حضور مکرد دما ن روشن
برای مدتی طولانی ادا مه خواهد داشت ‌. بقیه در صفحه ۹

مجرای اصلی انقلاب از نظر مردم ستمدیدهٔ ما چیست؟

اخیرا آقای سحتی یکی از رهبران حزب جمهوری اسلامی طی سخنان نسبتاً ایده‌ها و نظرات خود را در مورد مسائل اساسی مطرح کرده‌اند ‌. در اینجا سعی می‌کنیم بر‌جسته‌طور خلاصه به نظرات ایشان بپردازیم :

تاکید اساسی ایشان بر این بخشی می‌باشد که انقلاب مجرای اصلی آن می‌بود ‌. از نظر ایشان این انقلاب ‌. اسلامی و رهبری آن با روحانیت است و انقلاب باید در این مجرا باقی بماند ‌. ایشان هم در این بخشی و هم در عمل نشان داده‌اند که منظورشان از امور بر این امل چیست ؟ به زعم ایشان آنها که این اصول را قبول ندارند و به مثابل آن راه شی ‌ـ افتند ‌. ‌... بزرگترند که جامعه ما ‌. جامعه انقلابی ما ‌. انقلابیون ما و رهبری انقلاب کشیده

بس از کودتای ننگین ۲۸ مرداد ۳۲ توسط امپریا لیسم آمریکا در ایران و سقوط دولت ملی مکتسر صدق با روکار آی امپریا لیستها که مز زمان حکومت مصدق ‌. در آخر مبارزات و اقدامات امیر بالنجی توده‌ها ‌. تا اندازه‌ای لرزان شده بود ‌. مستحکم شد ‌. با این جقاوندکه این بار سهم امپریا لیسم آمریکا از خوان بغمای ایران در مقایسه با زمان قبل از کودتا ‌. بنحو محسوسی افزایش یافته بود ‌. و تقریبا به همین نسبت ‌. از سهم امپریا لیسم انگلیس کاسته یافته بود ‌. با این حال هنوز امپریا ‌. لیسم مسلط امپریا لیسم انگلستان بود ‌.

بس از کودتا ‌. و بازگشت شاه ‌. کاش و ما رودبشه مزدورش ‌. فکر یاره فقر و سه روزی و اعتناتی که صدروی در زمان حکومت ملی شدیابل شده بود ‌. بمی بنحه‌شبهت با فتوا دیمسگر اقتصادی ‌. سیاسی فرد و نظامی در ایران به امپریا لیستها فزونی گرفت ‌. مارد و چپاول منابع و دسترنج مردم زحمتکش میبا سیر صودی نجود گرفت ‌. سرکوب ماردم خواه‌ها ن ‌. خورد یک‌باره روز نمره در می‌گرفت ‌. شکستن طلسم بسش دهانها و بریدن زبانهای منظم و سازکار آزادی

عنصر قهریه نحو بارزی جای خود را در میان توده‌ها و در میان نیروهای راستین خلق باز کرد ‌. و نطفه ‌ـ های سازمانهای انقلابی بسرعت شکل گرفت ‌.

آری ‌. پانزده خرداد سکوی پرش جنبش توده‌ای خلقهای ما بود ‌. پانزده خرداد روز فضاحت و سر ‌ـ شکستگی رفرمیسم و رویزیونیسم و رشد و بالندگی عنصر قهر انقلابی بود ‌. در یک کلام ۱۵ خرداد نقطه عطفی بود در تاریخ مبارزات خلقهای ما ‌. که درس ‌ـ های بزرگ آن را توده‌های ستمدیده ما علیرغم میل رفرمیستها و رویزیونیستها و اکراه رهبری ‌. در انقلاب اخیر خویش و بویژه در قیام پرشکوه بهمن ماه به کار گرفتند ‌. و دلاورانه رژیم شاهنشاهی را درهم‌ـ کوبیده و ضربات سختی بر امپریا لیسم جهانخوار وارد ساختند ‌.

نشریه پیکار، ارگان سازمان پیکار در راه آزادی طبقه کارگر، ۱۴ خرداد ۱۳۵۸

دورهٔ هفتم،سال اول، شمارهٔ ۴۳ پنجشنبه ۱۷ خردادماه ۱۳۵۸

مُردُم

ارگان مرکزی حزب تودهٔ ایران

تکشماره ۱۵ ریال

۱۵ خرداد، روز تجلی اراده مردم ایران
برضد امپریالیسم، بسرکردگی امپریالیسم امریکا، صهیونیسم و ارتجاع با شکوه فراوان برگزار شد

مراسم ۱۵ خرداد، بزرگترین تظاهر ضد امپریالیستی پس از سرنگونی رژیم شاه مخلوع بود

خود از خودرو آگاهی انقلابی مردم غیر میخدم و از آن نیروی عظیم ‌. که آماد هدم کوبیدن دشمنان ارتجاع و امپریا لیسات ‌. یکی از ایمن نگاردان ارتجاع و امپریا لیسات هن از ذدوراز‌فیلد همراه صف طویل مردان وزنان رئیدبدین ‌. حرکت کنا ‌. دوانفشار درزنان غاء مخلوع ‌. مظهر ‌. بقیه در صفحه ۳

گرامی داشت ومز خود را برای دیپه کن کردن سلطمانی لیسم ‌. بسر کردگی امپریا لیسم آمریک ‌. در میهن ما ‌. زیر رهبری امام خمینی اعلام کرد ‌. غیر نگاردان و کارگران از مردم کاز ۸ قطعه‌صرام مئوق بهشتی درمرح رادیبال میکردنددرآخاربدواخبارگزارشهای

جمهوریهبوار درخشو وخردو میلو نی‌توده‌ا یگارند وعدد ن قدیمی، ۱۶اسال پیش ‌. روزپانزدهم خرداد امپریا لیسم آمریکا یکی از کشتارگاههای شاه جای بود ‌. امسال، خلق قهرمان ایران، که رژیم خونتوار آربامپریا را سرنگون کرده ‌. درجشن روزی ‌. یاد شهدای پانزدهم خرداد

توپخانه ‌. پادرایگر درخشو وخردو میلو نی‌توده‌ایگارند وعدد ن قدیمی ‌. که ۱۶اسال پیش بلادانداد، مخلوع درآن خون خزاران زئعتمد آن و بی‌سی‌‌وداع خیابان ریخته بودند تا رژیم را از نبات آنرا ‌. بسماد تبری میدل شده که آنگا فریاد طوفانی خلق علیه امپریا لیسم و

✸ در افق سیاسی ایران، همراه با لایه بندی‌های جدید اجتماعی، دو خط مشی مشخص پرسرعت شکل روشنتری می‌گیرد و دربین حال مبارزه و مقابله این دو مشی تشدید میشود ‌...

روزنامه مردم، ۱۷ خرداد ۱۳۵۸

افزایش حمله به دفاتر سیاسی

با پایان گرفتن انتخابات مجلس شورای ملی و پایان سال ۱۳۵۸ بیشتر از یک سال از انقلاب گذشته و نظام دینی کم کم نهادهای حکومتی خود را جا انداخته بود. اما شور و شوق انقلابی هنوز همه جا برپا بود. دانشگاه‌ها مثل همیشه یکی از مراکز فعالیت‌های سیاسی و نماد جنب و جوش جوانان انقلابی و رادیکال بودند. دانشگاه گویا هنوز قرارش این نبود که به زیر بلیت حکومت جدید برود.

دومین بهار و دومین نوروز را پس از فروپاشی نظام پادشاهی در پی انقلاب مردمی تجربه می‌کردیم. هنوز همه چیز به آرامی پیش می‌رفت، گرچه هیچ کدام از گروه‌های سیاسی دل خوشی از انتخابات در کشور نداشتند و حتی در مواردی که بعضی از کاندیداهای آنها شانس پیروزی بدست آورده بودند مثل عبدالرحمن قاسملو یا غنی بلوریان، رهبران حزب دمکرات کردستان ایران، از ورودشان به مجلس جلوگیری شد و این در حالی بود که هرکدام از آنها با بیشتر از ۹۰ درصد آرا از حوزه‌های انتخاباتی خود در ارومیه و مهاباد انتخاب شده بودند.

حالا کم کم می‌دیدی که مجلس و بیشتر مقامات دولتی در هر سه قوه در اختیار طرفداران نظام اسلامی بود که از درون احزاب و گروه‌های اسلامی در آمده بودند، احزابی چون نهضت آزادی و بعضی از طرفداران بنی صدر و حزب جمهوری اسلامی که مهمترین آنها بود. حوزه قضایی دربست در اختیار روحانیون قرار گرفته بود و احکام اسلامی جایگزین قوانین مدنی پیشین شد. با آغاز سال جدید و بازگشت دانشجویان پس از تعطیلات نوروزی به دانشگاه ها، کم کم محیط دانشگاه روز به روز متشنج تر می‌شد. تقریبا هرروز درگیری و زدوخورد در داخل و یا اطراف دانشگاه در جریان بود همه روزه به دفاتر سیاسی دانشجویی و همچنین به مراکز احزاب و سازمان‌های سیاسی حمله می‌شد. بنی صدر که رئیس جمهور بود ظاهرا مخالف این حمله‌ها بود و در اطلاعیه‌ها و سخنرانی‌های خود این حملات را تضعیف جبهه داخلی برعلیه امریکا می‌شمرد و محکوم می‌کرد. حتی کمیته‌های انقلاب نیز گاه اطلاعیه داده و از قصد حمله افراد مشکوک به دفاتر سازمان‌های سیاسی صحبت می‌کردند. در اطلاعیه‌ای که کمیته انقلاب اسلامی در اول اردیبهشت سال ۱۳۵۹ صادر کرد، به صراحت به افراد مشکوک دررابطه با حمله به دفاتر احزاب و سازمانهای سیاسی تذکر داده و آنها را از این کار برحذر داشت. در همین اطلاعیه همچنین از کلیه گروه‌های سیاسی خواسته شده بود که دفاتر خود را در دانشگاه‌ها تخلیه کرده و تحویل دهند. در مشهد، در همان روزها درگیری سختی میان عناصر مشکوک و حزب اللهی‌ها از یک سو و دانشجویان هوادار گروه‌های سیاسی از سوی دیگر در گرفت. در این درگیری که در دوم اریبهشت ماه سال ۱۳۵۹ اتفاق افتاد چندصد نفر مجروح شدند و یکی از دانشجویان هوادار سازمان مجاهدین خلق به نام شکرالله مشکین فام به ضرب گلوله به قتل رسید.

کمیته ایالتی حزب و سازمان جوانان و دانشجویان دمکرات ایران، سازمان دانشجویی حزب توده، نیز همچون بسیاری از شخصیت‌ها و گروه‌های سیاسی در مشهد این جنایت را محکوم کردند. کمیته ایالتی حزب از هواداران حزب و دانشجویان توده‌ای خواست که در مراسم تشییع جنازه مشکین فام که عضو شورای دانشجویی دانشگاه مشهد نیز بود

شرکت کنند. در مراسم تشییع جنازه مشکین فام در مشهد نزدیک به صدهزار نفر شرکت کردند که تظاهراتی در اعتراض به این جنایت بود. حاج طاهر احمدزاده، احسان و تقی شریعتی، فرزند و پدر دکتر علی شریعتی و بسیاری دیگر از گروه‌های دانشجویی و غیردانشجویی در پایان این مراسم با خواندن پیام‌های همدردی این جنایت را محکوم کردند. من نیز به همراه بسیاری از دوستان و رفقای توده‌ای در تمام مراسم تشییع جنازه و مراسم پس از آن حضور داشتیم و در پایان با خواندن پیام همدردی خود به دوستان و خانواده مشکین فام این عمل جنایتکارانه را محکوم کردیم.

روزنامه مجاهد، شماره ۴۹، ٤ اردیبهشت ۱۳۵۹

هنوز مناسبات میان حزب توده و سازمان مجاهدین خلق خیلی خراب نشده بود و خوشبختانه دوستی های ما با دوستان قدیمی مان که حالا جزو هواداران سازمان مجاهدین خلق شده بودند هنوز برقرار بود. جریان حمله به دفاتر دانشجویی و سازمان‌ها و احزاب در این چند روزه به شدت ادامه داشت. انگار به عمد عده‌ای این درگیری‌ها را دامن می‌زدند.

حمله به طبس

چند روز بعد، در ۵ اردیبهشت، خبر سقوط هواپیماها و هلیکوپترهای آمریکایی در منطقه طبس پخش شد. آمریکا گویا تصمیم داشت طی عملیاتی با اعزام تعدادی کماندو که برای آزادی گروگان ها تجهیز شده بودند و با کمک عده‌ای در داخل کشور، دست به عملیات آزادی گروگان ها زده و به این جریان پایان دهد. در خبرها پخش شد که بر اثر توفان شن هواپیماها و هلیکوپترها به هم خورده و سقوط کرده‌اند و در نتیجه تعدادی از کماندوها در

آتش سوخته و بقیه مجبور به فرار شده بودند. اما گویا هنوز تعدادی هلیکوپتر با اسناد درون آنها باقی مانده بود که طی یکی دو روز بعد توسط جنگنده‌های نیروی هوایی و با هماهنگی ستاد لشکر و فرماندهی لشکر ۷۷ خراسان، همه بمباران و نابود شدند. در این حادثه که کمی‌عجیب به نظر می‌رسید، فرمانده سپاه یزد محمد منتظر قائم و تنی چند که برای تخلیه اسناد و در اختیار گرفتن غنایم به آنجا رفته بودند، کشته شدند. بمباران هلیکوپترهای امریکایی که میلیون ها دلار ارزش داشت و اسناد باقیمانده در داخل آنها نشان از این داشت که عده‌ای در فرماندهی نیروهای مسلح و بویژه نیروی هوایی ایران با امریکایی‌ها در تماس بوده و برای جلوگیری از اینکه اسناد و هلیکوپترها به دست مقامات ایرانی بیافتد، آنها را از بین برده اند. حادثه طبس در عین حال نشانه‌ای از این بود که بسیار از درگیری‌ها و تشنجات داخلی در آن دوره شاید به گونه‌ای در پیوستگی و هماهنگی با جریانات خارجی عمل می‌کنند. تقریبا همه سازمان‌های سیاسی و رهبران کشور آن روزها از توطئه‌های امریکا در برهم زدن نظم کشور و ایجاد نفاق و جنگ و رودررویی بین نیروهای انقلابی در کشور دم می‌زدند.

اما با این وجود، درگیری‌ها همچنان ادامه داشت و هیچ کس جلودار گروه‌های فشار که با عنوان "حزب اللهی" و "هواداران امام" به همه چیز و همه کس حمله می‌کردند، نبود. در عین حال بسیاری از مقامات حکومتی بویژه برخی روحانیون، ائمه جمعه و رهبران حزب جمهوری اسلامی‌و هواداران آنها از این گروه‌های فشار و رفتار آنها بصورت مسقتیم و غیرمستقیم حمایت می‌کردند. در بسیاری از این درگیری‌ها گاه نیروهای سپاه و بیشتر مواقع کمیته‌ها به عنوان نیروی کمکی و آتش بیار معرکه حاضر بودند.

مقاومت مجاهدین در مقابل خلع سلاح

سازمان مجاهدین با اینکه روحیه جنگنده‌ای داشت اما هنوز با نامه نگاری و پیام به رهبران حکومت، آیت الله خمینی و بنی صدر و دیگر شخصیت‌ها، تلاش می‌کرد که از رویارویی نظامی و درگیری دور باشد. اما هنوز حاضر به پذیرش نظم جدید نبود. سازمان حتی حاضر نبود که سلاح‌های خود را به نیروهای انتظامی حکومت تحویل دهد و عملا با حضور نظامی در دفاتر خود و با صراحت در نشریه سازمان که به نام «مجاهد» منتشر می‌شد، از نگاهداری سلاح‌های خود دفاع کرده و با حضور میلیشیای خویش در جامعه نشان می‌داد که بر حضور نظامی‌اش در آینده پافشاری می‌کند و حاضر نیست که به خلع سلاح تن دهد.

سازمان‌های سیاسی دیگر نیز از جمله چریک‌های فدایی خلق و دیگر گروه‌های چپ و حتی هواداران حزب توده ایران هم که اعتقادی به مبارزه مسلحانه نداشتند، هنوز حاضر نبودند سلاح هایی را که از دوران انقلاب در اختیار داشتند، تحویل دهند. بیشتر آنها هنوز این سلاح ها را به صورت مخفیانه در اختیار خود نگه داشته بودند. در برخی مناطق چون کردستان تقریبا همه احزاب سیاسی همیشه مسلح بودند. گردان‌های مسلح آنها حتی اگر در جنگ با نیروهای انقلاب هم نبودند اما حضور مسلحانه آنها در همه جا قابل مشاهده بود.

افزایش تنش های سیاسی

در اریبهشت ماه چندین دفتر حزب توده ایران در شهرهای مختلف مورد حمله و هجوم عناصر مشکوک قرار گرفت. در ۱۲ اردیبهشت دفتر حزب در خرمشهر منفجر شد و چند روز پس از آن دفتر حزب در قصرشیرین نیز منفجر گردید. حزب در آن زمان انفجار این دفاتر را به عناصر مشکوک و وابسته به رژیم بعثی عراق نسبت می‌داد. حزب در کنار دیگر گروه‌های سیاسی، در نامه‌های سرگشاده به مقامات کشور، و در اطلاعیه‌ها وسخنرانی‌های گوناگون به حملات گروه‌های فشار اعتراض می‌کرد. حزب تاکید می‌کرد که "نادیده گرفتن گروه‌های فشار به معنی رشد «شعبان بی مخ ها» ست."

با وجود تنش‌های سیاسی جدی که سراسر کشور را در خود فروکشیده بود، دور دوم انتخابات مجلس در کشور برگزار شد. حزب در این دور نیز در ۱۹ اردیبهشت ۱۳۵۹ از همه اعضا و هواداران خود و مردم در تهران خواست که به دکتر کاظم سامی، مسعود رجوی و موسوی بجنوردی که به دور دوم راه یافته بودند رای دهند. طرفداران رژیم سابق نیز در داخل و خارج کشور فعال شده بودند. به عنوان مثال سرلشکر اویسی در مصاحبه‌ای با فیگارو در همان روزها (۲۱ اردیبهشت ۱۳۵۹) مدعی شد که سه هزار افسر نظامی در شبکه هایی با او در ارتباط هستند و او منتظر پشتیبانی امریکا برای انجام یک کودتای نظامی است.

در کردستان وضعیت روز به روز خراب تر می‌شد. در تیرماه ۱۳۵۹ کنگره چهارم حزب دمکرات کردستان ایران برگزار شد. در این کنگره غنی بلوریان به همراه گروهی از رهبران و اعضای حزب دمکرات کردستان انشعاب کردند. غنی بلوریان از محبوب ترین شخصیت‌های سیاسی کردستان بود و با اکثریت مطلق آرا از مهاباد، مرکز فعالیت این حزب، به مجلس شورای ملی انتخاب شده بود. او بیش از ۲۵ سال از عمر خود را در زندان‌های شاه به سر برده بود. این گروه که از آن پس به گروه منشعب از کنگره چهارم معروف شدند، علت انشعاب خود را سیاست‌های نادرست حزب دمکرات کردستان در رویارویی تمام عیار با انقلاب ورهبری آن بیان کردند. جدایی این گروه از حزب دمکرات کردستان پیش درآمد حملات مستقیم رهبری حزب توده به حزب دمکرات کردستان و عبدالرحمان قاسملو رهبر این حزب بود.

کشف کودتای نوژه

در همین گیرودار کودتایی برعلیه نظام جدید انقلابی کشف شد. شبکه کودتا که تعداد قابل توجهی از نیروهای نظامی و غیرنظامی را دربرداشت و قرار بود از پایگاه هوایی نوژه عملیات خود را آغاز و هدایت نماید، به کمک بخشی از اعضای نظامی حزب توده ایران شناسایی شدند و همه اطلاعات مربوط به آنها در اختیار مقامات دادستانی و اطلاعاتی کشور گذاشته شد. حزب توده ایران با فرستادن چندین نفر از اعضای نظامی و غیرنظامی از شبکه مخفی خود به درون شبکه کودتا، موفق به کشف کامل شبکه کودتایی شده و اطلاعات خود را در اختیار رهبران نظام اسلامی قرار داد. هدف این کودتا چنانکه بعدا در بازجویی‌ها و در دادگاه‌های آنها روشن شد، در هم کوبیدن مقر سکونت رهبر

انقلاب آیت الله خمینی، دستگیری بخشی از رهبران حکومت جدید، از بین بردن مراکز قدرت نظامی سپاه و کمیته‌ها و از جمله دستگیری و اعدام رهبران حزب توده ایران بود. چند سال بعد وقتی خودم دستگیر شدم از طریق گفتگو با بعضی از اعضای شبکه مخفی حزب که در آنجا با هم در اتاق‌ها و بندهای مشترک زندگی می‌کردیم در مورد این کودتا و جزئیات همکاری اعضای سازمان مخفی حزب با مقامات دادستانی و اطلاعات سپاه بیشتر آگاه شدم.

جالب بود که در آن زمان تعدادی دیگر از سازمان های سیاسی از جمله مجاهدین خلق و سازمان چریکهای فدایی خلق نیز مدعی شدند که در کشف شبکه کودتا نقش داشته اند. رهبران نظام نیز کشف کودتا را تماما دستاورد فرزندان گمنام امام زمان تلقی کردند. فرزندان گمنام امام زمان اسم شب شبکه های اطلاعاتی و عملیاتی سپاه و کمیته ها بود. اما جدای از همه این ادعا ها، همه گروه های سیاسی در آن زمان از کشف عملیات کودتا اظهار خوشحالی کرده و عملیات کودتایی را تحت عنوان توطعه امپریالیستی امریکا برای سرکوب جنبش انقلاب مردمی ایران محکوم کردند.

نامه مردم، ۲۱ تیر ۱۳۵۹

سازمان مجاهدین خلق و ادعای کشف کودتای نوژه

حزب توده ایران و کودتای نوژه- روزنامه مردم، ۲۲ تیر ۱۳۵۹

چریکهای فدایی خلق (اکثریت) وادعای کشف کودتای نوژه- نشریه کار، ۲۵ تیر ۱۳۵۹

سازمان پیکار و کودتای نوژه

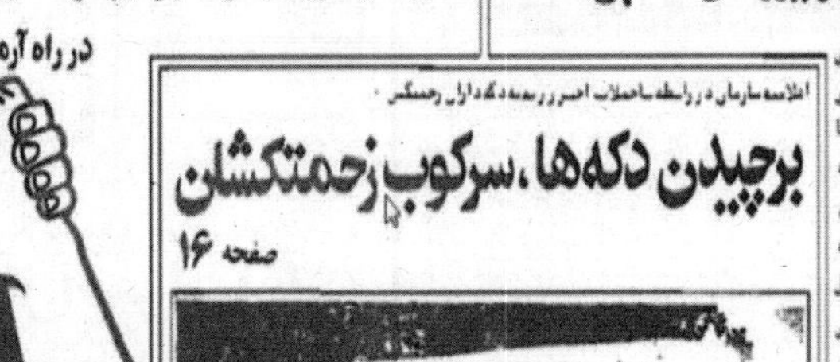

نشریه رنجبر، ۲۲ تیر ۱۳۵۹

توطئه های آمریکا در ایران بخشی از رقابت دو ابر قدرت است

جنبش های مطالباتی زحمتکشان

ریشه در بطن جامعه دارند و «توطئه امپریالیستی» نیستند

رنجبر

ارگان حزب رنجبران ایران

یکشنبه، سه شنبه، پنجشنبه منتشرمیشود

سال دوم دورهٔ دوم

سه شنبه ۲۴ تیرماه ۵۹ شماره ۷۷ تک شماره ۱۰ ریال

حزب توده: دشمن جمهوری اسلامی

رویای کهن تزارهای نوین

یادداشتهایی پیرامون اعلامیه ۸ تیر «اکثریت» سازمان چریکها

افشاگری های دادستان انقلاب ارتش

تنها منبع اطلاعاتی مورد اعتماد

حزب رنجبران و کودتای نوژه – رنجبر، ۲۴ تیر ۱۳۵۹

کشف توطئه کودتای ارتجاعی ترین محافل سرمایه داران بزرگ وابسته و نقش ضد خلقی ارتش

کارگران و زحمتکشان متحد شوید

کار

سازمان چریکهای فدائی خلق ایران

سه شنبه ۲۴ تیر ۱۳۵۹

سال دوم شماره ۶۷

۱۲ صفحه - قیمت ۲۰ ریال

نیروهای انقلابی را ضد امپریالیستی دفاع میکنیم

گرامی باد ۲۳ تیرماه

سالروز قیام قهرمانانه نفتگران

چریکهای فدایی خلق (اقلیت) و کودتای نوژه – کار، ۲۴ تیر ۱۳۵۹

فعالیت های سیاسی در دانشگاه

دانشگاه‌ها در سراسر کشور محل اصلی تجمع و گردهمایی همه گروه‌های سیاسی بود. بدنه اصلی سازمانهای سیاسی و کادرهای فعال آنها بیشتر از جمعیت دانشجویی کشور تشکیل شده بود. بچه‌های سازمان مجاهدین خلق در دانشگاه‌ها هم مثل هر جای دیگری در اکثریت بودند. سازمان مجاهدین در دانشگاه تحت عنوان «انجمن دانشجویان مسلمان» فعالیت می‌کرد. طرفداران چریک‌های فدایی خلق، زیر نام «سازمان دانشجویان پیشگام»، و ما توده ای‌ها زیر نام «سازمان جوانان و دانشجویان دمکرات ایران» فعالیت می‌کردیم. چپ‌های رادیکال مارکسیست-لنینیست، یا به اختصار م‌ل، همه زیر چتر «سازمان دانشجویان مبارز» فعال بودند. «انجمن‌های اسلامی» مرکز تجمع دانشجویان طرفدار انقلاب و حزب اللهی‌ها بود و بچه‌های طرفدار جنبش مسلمانان مبارز که به «امتی» معروف بودند (چون اسم نشریه آنها «امت» بود) نیز دفتر خود را داشتند. هر گروهی در دانشگاه دفتر و دستک خودش را داشت.

مدیریت دانشگاه نیز که پیش از انقلاب به صورت ریاست فردی و انتصابی بود، پس از پیروزی انقلاب به شیوه شورایی و انتخابی تغییر یافت. ریاست شورای دانشگاه مشهد در اختیار دکتر سیروس سهامی بود. دکتر سهامی یکی از شریف ترین افرادی است که در زندگی سیاسی خود افتخار آشنایی با ایشان را داشته‌ام. پس از دستگیری تقریبا ۶ سال با هم در زندان وکیل آباد بودیم و مدتی هم با ایشان و داماد گرامی‌اش آقای فروزان خزائلی هم اتاق بودم که ایشان نیز از افراد محترم و شریفی بود که سالها در زندان جمهوری اسلامی گرفتار آمد.

پیش از انقلاب فرهنگی بیشتر وقت ام در روز در دفتر حزب یا دفتر سازمان جوانان و دانشجویان دمکرات در دانشکده می‌گذشت. همانجا بود که برای اول بار چهره قشنگ و معصومانه سهیلا با آن چشمان باهوش اش توجه ام را جلب کرد. او به اتفاق طاهره، دوست اش که هم دانشکده‌ای من بود، به دفترحزبی ما در دانشکده آمده بود.

اتاق‌های اشغالی توسط دانشجویان سیاسی در دانشکده‌ها در حقیقت هم کتابخانه بود، هم اتاق گردهمایی، و هم پاتوق بحث و گفتگو. گاه اگر لازم می‌شد درب اتاق را می‌بستیم و از آنجا به عنوان محلی برای برگزاری حوزه‌های حزبی و دانشجویی هم استفاده می‌کردیم. وسائل کوه نوردی مثل کوله پشتی و کیسه خواب و گتر و چند جفت کفش و گاهی طناب و کارابین هم آنجا پیدا می‌شد. بسته به مشی سیاسی، گاه شاید وسایل و تجهیزات دیگری هم می‌شد در آنجا پیدا کرد. مثلا در ماه های اولیه پس از انقلاب انواع مختلف سلاح‌های سرد و گرم را نیز در این اتاق‌ها می‌دیدی. همه گروه‌های سیاسی، جدای از اتاق‌های دانشجویی در دانشکده ها، ساختمان‌های دیگری را در سطح شهر و گاه در حاشیه خیابان‌های مشرف به دانشگاه به عنوان دفتر و ساختمان اصلی خود به اشغال در آورده بودند.

در مشهد، سازمان مجاهدین خلق ساختمان بزرگ باشگاه پهلوی در خیابان کوهسنگی را در ماههای اولیه انقلاب به اشغال خود در آورده بود که چند ماه بعد، پس از روزهای متوالی درگیری و زد و خورد با طرفداران حکومت، آن را واگذار کرد. همین محل به

اضافه ساختمان جنبی آن که محل دبیرستان علم بود بعدا به مرکز سپاه پاسداران تبدیل شد و دقیقا همان محلی که دفتر «جنبش ملی مجاهدین» («جنبش ملی مجاهدین» نامی بود که برای اولین بار در اعلامیه‌ای با امضاء مسعود رجوی در آستانه انقلاب مطرح شد. او سازمان مجاهدین خلق ایران را تحت عنوان «جنبش ملی مجاهدین» که ظاهرا پر طمطراق تر از اسم سازمان بود معرفی کرد که گویا جنبشی است در ابعاد ملی از مجاهدین.) بود به مرکز اطلاعات سپاه مبدل شد. چند سال بعد بسیاری از بچه‌های عضو و هوادار سازمان و همه ما پس از دستگیری در همین محل شکنجه و بازجویی شدیم و ماه ها در همان جا با چشم بند در گوشه راهروها یا در سلول‌های انفرادی یا در اتاق‌های دربسته گرفتار آمدیم.

چریک‌های فدایی خلق یکی از ساختمان‌های دانشگاه را در مقابل سلف سرویس (ناهارخوری دانشجویان) مقابل دانشکده علوم اشغال کرده بودند و آن محل تحت عنوان دفتر اصلی سازمان پیشگام محل استقرار رفقای فدایی شده بود.

ما توده‌ای اما به جز چند اتاق در دانشکده‌ها مختلف، محل دیگری را به عنوان مرکز فعالیت حزبی به اشغال در نیاورده و در عوض طبقه دوم ساختمانی را در خیابان جم، مقابل سینمای آریا اجاره کرده بودیم و آنجا اولین خانه حزبی ما بود. دو اتاق و یک راهرو کوچک بیشتر نداشت که یکی ازآن اتاق‌ها را خلیل در اختیار گرفته و اتاق دیگر و راهروی آن، محل دیدار، گفتگو، جلسات و قرارهای حزبی ما بود.

جریانات سیاسی

همه جریانات سیاسی را که آن زمان در دانشگاه ها فعالیت داشتند شاید بتوان به دو گروه عمده چپ و اسلامی تقسیم کرد.

گروه‌های سیاسی چپ

گروه‌های چپ متشکل از چندین دسته و گروه بودند که بطور کلی به چهار خط یک تا چهار معروف شده بود.

خط یک

خط حزب توده ایران بود. پرسابقه ترین گروه چپ ایرانی که تا چند سال پس از انقلاب و تا زمان دستگیری رهبران و کادرها و اعضای آن از طرفداران و مدافعین انقلاب اسلامی بود. مشخصه اصلی آن دفاع از اتحاد شوروی تحت عنوان «سوسیالیسم واقعا موجود» و همراهی با دیگر احزاب کمونیستی طرفدار شوروی تحت عنوان «احزاب برادر» و پایبندی به مبانی نظری مارکسیستی تئوریسین‌های روسی بود.

خط دو

خانواده فدائیان خلق بودند. سازمان چریک‌های فدایی خلق در اواخر دهه ۱۳۴۰ به همت گروهی از جوانان چپ ایرانی تاسیس شده بود و تا هنگام انقلاب به مبارزه مسلحانه چریکی باور داشت. سازمان چریک‌های فدایی خلق در دهه ۱۳۵۰ و بویژه در سال ۱۳۵۴ با ضربات مرگباری از طرف ساواک روبرو شد و جز چند تیم مسلح از آنها چیزی باقی نماند. بسیاری از آنها در درگیری‌ها کشته و تعداد زیادی از چریک‌ها در آن سال ها اعدام شدند و تعداد قابل توجه دیگری از آنها در زندان های شاه به حبس‌های دراز مدت محکوم شده بودند. در جریان انقلاب بسیاری از اعضا و هواداران سازمان چریک‌های فدائی خلق ایران در سال ۱۳۵۷ از زندان‌ها آزاد شدند. این سازمان به کمک بدنه بزرگ هواداران خود در دانشگاه‌های کشور، به بزرگترین سازمان چپ ایرانی در سال های آغازین پس از انقلاب تبدیل شد. اما در فاصله کوتاهی پس از انقلاب با چند انشعاب درونی مواجه گردید که بدنه بزرگ آن را تکه پاره کرد و به اهمیت تاثیرگذاری این سازمان درروند تحولات بعدی سیاسی در کشور آسیب جدی وارد آورد.

گروه موسوم به «گروه اشرف دهقانی» اولین گروه انشعابی از این سازمان بود. تقریبا یک سال پس از این انشعاب، بخش دیگری از اعضای سازمان زیر نام گروه «سازمان چریک‌های فدایی خلق-اقلیت»، یا به اختصار «اقلیت»، از این سازمان جدا شد و باقیمانده سازمان تحت عنوان «سازمان چریک‌های فدایی خلق -اکثریت»، یا به اختصار «اکثریت»، به کار خود ادامه داد. مدتی بعد بخش دیگری از اعضای سازمان اکثریت به همراه چندتن از اعضای کمیته مرکزی و مشاورین آنها زیر نام گروه «شانزده آذر» که معروف به «کشتگر-هلیل رودی» بودند از این سازمان جدا شدند. باقی مانده اعضا و رهبری سازمان تحت عنوان «سازمان فدائیان خلق ایران (اکثریت)» به فعالیت خود ادامه دادند. این بخش از سازمان بسیار متاثر از سیاست‌های حزب توده ایران بود و عملا به دنباله روی از سیاست‌های حزب کشیده شده بود و اگر رهبری حزب توده ایران در آن زمان تمایل به وحدت زودرس با آنها می‌داشت آنها بی دریغ از وحدت و ادغام در تشکیلات حزب توده ایران استقبال می‌کردند. اما دستگیری رهبران و بدنه تشکیلاتی حزب توده ایران در عمل مانع از وحدت و ادغام سازمانی شد. پس از مصاحبه‌های تلویزیونی رهبران حزب توده ایران و فروپاشی تشکیلات حزبی در درون کشور، بحران اعتماد و اتوریته میان باقیمانده بدنه حزب و اکثریت به وجود آمد. به صلاحدید مقامات شوروی و بخشی از رهبری سازمان فدائیان و مقاومت بخش دیگری از کادرها و رهبران سازمان، سازمان فدائیان خلق ایران (اکثریت) به شکل مستقل ادامه فعالیت داد و هنوز هم با همان نام و تقریبا با همان اعضای رهبری دوران خود در دهه ۱۳۶۰ در خارج از کشور ادامه فعالیت می‌دهد.

خط سه

گروه‌های موسوم به خط سه گروه هایی بودند که عمدتا اختلاف نظرشان با خط یک و دو در رابطه با سوسیالیسم واقعا موجود و موقعیت احزاب کمونیست و جبهه جهانی

کشورهای سوسیالیستی بود. آنها به مبارزه مسلحانه چریکی نیز باور نداشته و منتقد سازمان چریک‌های فدایی خلق در این زمینه نیز بودند. این گروه‌ها که بزرگترین آنها و تاثیرگذارترین شان موسوم به «سازمان پیکار در راه آزادی طبقه کارگر»، یا به اختصار «پیکار»، بود، گرچه با مائوئیسم چینی و تز معروف سه جهان مائو ظاهرا مخالفت می‌ورزیدند، اما درعمل مائوئیست بودند و قبله و الگوی آنها یکی از عقب مانده ترین کشورهای سوسیالیستی در اروپا یعنی آلبانی بود.

سازمان پیکار محصول یک کودتای درون گروهی در سازمان مجاهدین خلق ایران بود و تا مدتها با نام «بخش مارکسیست – لنینیستی سازمان مجاهدین خلق» یا «سازمان مجاهدین خلق ایران م – ل» فعالیت می‌کرد. این سازمان به همراه تعدادی دیگر از محافل کوچک روشنفکری که عمدتا پس از انقلاب از خارج کشور آمده بودند و چند نفری هم از مائوئیست‌های آزاد شده از زندان در کنفرانس‌های موسوم به «وحدت» بارها تلاش کردند که یک جریان سراسری و یک حزب واحد چپ به وجود آورند. شعار همه آنها در آن دوره تلاش در جهت تشکیل و ایجاد حزب طبقه کارگر بود.

سازمان‌های خط سه در دانشگاه‌های کشور تحت عنوان «سازمان دانشجویان مبارز» فعالیت می‌کردند که وجه مشترک شان ضدیت با حزب توده ایران، تمایل شدید به مائوئیسم، مخالفت شدید با شوروی و اطلاق صفت سوسیال-امپریالیسم به این کشور بود.

بسیاری از اعضای گروه‌های موسوم به خط سه پس از هجوم جمهوری اسلامی به مخالفین‌اش به ویژه در سالهای شصت به بعد دستگیر شده و تعداد قابل ملاحظه‌ای از آنها در این دهه مرگبار اعدام شدند.

یکی از اولین زندانیان سیاسی چپ در ایران که دستگیری او و سروصدای زیادی به پا کرد، تقی شهرام بود. او که از رهبران سابق سازمان مجاهدین خلق و از بنیانگزاران سازمان پیکار بود، چند ماه پس از پیروزی انقلاب در تیرماه ۱۳۵۸ دستگیر شد و یک سال بعد به اتهام کشتن مجید شریف واقفی به اعدام محکوم گردید و در تیرماه ۱۳۵۹ اعدام شد.

تقی شهرام جزو اولین افراد از گروه‌های چپ و مخالف جمهوری اسلامی ایران است که به دلیل سوابق سیاسی گذشته خود اعدام شد. پیش از او تعدادی از بهائی‌ها و عده قابل ملاحظه‌ای از عناصر حکومت پهلوی، ساواکی‌ها و امرای ارتش و وزاری شاه اعدام شده بودند. ولی او نخستین فعال سیاسی چپ بود که پس از انقلاب به خاطر فعالیت‌های گذشته خود و به اتهام قتل رفقای سابق خود در سازمان مجاهدین خلق ایران دستگیر شده و پس از یک محاکمه چند روزه اعدام شد.

خط چهار

در حقیقت عنوانی بود که به «سازمان انقلابی کارگران ایران»، یا به اختصار «راه کارگر»، داده شده بود. آنها از آنجا که با هیچ کدام از گروه‌های دیگر توافق نظری نداشتند و در عین حال ملغمه‌ای از همه نظرات دیگر را در خود جمع کرده بودند بیانگر خط جدیدی بودند که به خط چهار معروف شد.

بنیانگزاران و نظریه پردازان اصلی این خط در عین مخالفت با سوسیال-امپریالیسم شوروی، حزب کمونیست شوروی را یک حزب روزیزیونیست می‌دانستند و معتقد بودند که شوروی از نقش انترناسیونالیستی خود منحرف شده است. در ضمن آنها تز مائوئیستی «سه جهان»[1] را ارتجاعی دانسته و مخالف آن بودند. حزب توده از نظر آنها یک حزب پیشاهنگ طبقه کارگر نبود و دچار اپورتونیسم بود. آنها مخالف رهبری انقلاب اسلامی بودند و به نوعی به استقرار فاشیسم خرده بورژوایی در حاکمیت سیاسی ایران پس از انقلاب باور داشتند که همین نیز دلیل اصلی مخالفت آنها با حکومت جدید بود. مشخصه دیگر آنها مخالفت آنها با مشی مبارزه مسلحانه چریکی پیش و پس از انقلاب بود. برخی از کادرها و رهبران این گروه در همان سال ۱۳۶۱ از خط چهار جدا شده و به حزب توده ایران و سازمان فدائیان اکثریت پیوستند.

این گروه گرچه در محفلی کوچک اما همچنان زیر نام «سازمان انقلابی کارگران ایران» در خارج از کشور فعال است.

خطهای چهارگانه چپ فقط بخشی از جریان سیاسی در آن سالها بود.

---

[1] نظریه سه جهان توسط رهبر کمونیست چین مائو تسه‌تونگ مطرح شد. مائو جهان را به سه بخش تقسیم کرده بود که تحت عنوان سه جهان معروف شده بودند. از نظر او جهان اول شامل دو ابرقدرت امریکا و شوروی بود. جهان دوم شامل قدرت‌های کوچکتر اروپایی بود و جهان سوم را کشورهای در حال رشد و تحت استعمار تشکیل می‌دادند. طبق نظریه او چین می‌توانست و می باید که رهبری جهان دوم و سوم را در اختیار گرفته و جهان اول را از پای در آورد.

گروه های اسلامی

گروه های اسلامی به طور عمده شامل دو دسته اصلی هواداران حکومت و مخالفین حکومت بودند.

سازمان مجاهدین خلق ایران

جریان اصلی مخالف رژیم در حقیقت «سازمان مجاهدین خلق ایران» بود که در هرگوشه‌ای از کشور حضورش کاملا محسوس بود. در هر شهر و روستایی، در هر مدرسه و دبیرستان و دانشگاهی، و در هر اداره و کارخانه‌ای مجاهدین حضور داشتند. تعداد قابل توجهی از نیروهای مجاهدین خلق در ارگان های انقلاب مانند سپاه پاسداران انقلاب اسلامی، کمیته‌های انقلاب ، دادستانی‌ها و جهاد سازندگی و هیات‌های هفت نفره واگذاری زمین فعالیت می‌کردند. در اولین ماه های انقلاب، آرم سازمان مجاهدین خلق در کنار عکس رهبران انقلاب در هر گوشه و کناری دیده می‌شد. حتی بسیاری از کمیته‌های انقلاب که اعضای سازمان مجاهدین خلق در آنها فعال بودند آرم سازمان را به دردیوار دفاتر خود آویزان کرده بودند.

هنوز یادم هست که در حاشیه میدان بهارستان، در محل سابق مجلس شورای ملی ایران که پس از انقلاب در اختیار انقلابیون در آمده بود و مرکز کمیته‌های انقلاب نیز بود، به روی میله‌های نرده های اطراف آن آرم بزرگی از سازمان مجاهدین خلق بر پارچه‌ای نقش شده و آویزان بود. مجاهدین در تهران ساختمان بزرگ بنیاد پهلوی را به اشغال در آورده بودند و مسلحانه در آن رفت و آمد می‌کردند. بر سر در نمای بیرونی این ساختمان پوسترهای بزرگ بنیانگزاران سازمان مجاهدین خلق در کنار عکس هایی از رجوی و موسی خیابانی آویزان بود. در تظاهرات مجاهدین در تهران و شهرستان ها، ده‌ها هزار نفر شرکت می‌کردند. سازمان مجاهدین خلق متشکل ترین سازمان سیاسی نظامی در ماههای اولیه انقلاب بود و از محبوبیت بی نظیری در کشور برخوردار بود.

جنبش مسلمانان مبارز و جاما

یکی دیگر از گروه‌های اسلامی، «جنبش مسلمانان مبارز» بود که به خاطر اینکه نشریه آنها «امت» نام داشت به «امتی ها» معروف بودند. گرچه برخی از رهبران این گروه مانند دکتر حبیب الله پیمان از اعتبار فراوانی در جامعه سیاسی ایران برخوردار بودند، اما تشکیلات این گروه بسیار محدود بود و در محیط‌های دانشجویی و جوان حضور چندانی نداشت. علت اصلی آن این بود که مواضع این گروه بسیار متعادل بود و بخاطر جو و فضای انقلابی آن دوران، در میان دو خط افراطی سیاسی با هویت اسلامی، یکی مجاهدین خلق و دیگری طرفداران حکومت اسلامی- یعنی انجمن‌های اسلامی و نیروهای حزب اللهی – زیاد جاذبه‌ای برای آنها باقی نمی‌ماند. اکثر بچه‌های هوادار آنها در یکی دو سال اولیه انقلاب در ارگانهایی مثل سپاه و جهاد سازندگی مشغول بودند و بسیاری از آنها در

همان ارگان ها باقی ماندند و برخی از آنها پس از آغاز جنگ و حمله عراق به کشور به جبهه های جنگ رفته و تعدادی از آنها نیز در جبهه‌ها به شهادت رسیدند. در محیط دانشگاهی در میان جوانان دانشجو سازمان هایی مثل جنبش مسلمانان مبارز و یا «جنبش انقلابی مردم ایران»، یا به اختصار «جاما»، کمتر از دیگر گروه ها محبوبیت داشتند. جنبش مسلمانان مبارز و یا جاما که توسط دکتر کاظم سامی از مبارزین ملی دوران شاه رهبری می‌شد و سوابق مبارزاتی درخشانی در چند دهه پیش از انقلاب داشتند، بیشتر در میان اساتید و کادرهای علمی دانشگاهی و در سطح جامعه در بدنه تکنوکرات حمایت می‌شدند، ولی در میان جوانان استقبال چندانی از آنها نمی‌شد.

نهضت آزادی مردم ایران و جبهه ملی

نهضت آزادی مردم ایران، به رهبری مهندس مهدی بازرگان، و حتی جبهه ملی ایران که یکی از قدیمی‌ترین سازمان‌های سیاسی کشور بود نیز در محیط‌های دانشگاهی جاذبه چندانی نداشتند. جبهه ملی به اعتبار احزاب عضو آن وزنه سنگینی در سیاست ایران به شمار می‌آمد. بسیاری از رهبران این احزاب از شخصیت‌های سر شناس کشور بودند از جمله آنها می‌توان از «حزب ملت ایران» به رهبری داریوش فروهر، وزیر کار در کابینه انقلاب، «حزب ایران» به رهبری دکتر کریم سنجابی، وزیر امور خارجه کابینه انقلاب، و «حزب مردم ایران» به رهبری قاسمی، و حزب «پان ایرانیست‌ها» به رهبری ایرج پزشکزاد نام برد. جبهه ملی همچنین از اعتبار سوابق مبارزاتی نهضت مقاومت ملی و اعتبار شخصیت و کاریزمای رهبرانی چون دکتر محمد مصدق، آیت الله زنجانی، آیت الله طالقانی، اللهیار صالح، و مهندس مهدی بازرگان بر خوردار بود. اولین نخست وزیر حکومت انقلابی مهندس مهدی بازرگان بود که سال ها در رهبری جبهه ملی و نهضت مقاومت ملی بود و بسیاری از اعضای کابینه او نیز از دوستان و همکاران حزبی خود او بودند. اما با این همه، جایی در میان دانشجویان پر شور و انقلابی نداشت و دانشگاه های کشور خالی از هواداران نهضت آزادی و جبهه ملی بود. دانشگاه به رادیکالیسم انقلابی و بیشتر به چپ گرایش داشت. سازمانهایی چون جبهه ملی ایران ، نهضت آزادی، جاما و حتی جریان‌های رادیکال تر آنها مانند جنبش مسلمانان مبارز که تقریبا با پلاتفرم اسلامی‌-سوسیالیستی خود را معرفی می‌کردند در محیط جوان و رادیکال دانشگاهی کمتر مورد استقبال قرار می‌گرفتند.

انقلابی گری ارزش مطلق دوران انقلاب بود، لیبرالیسم، گرایش به رفرم و خودداری از بیان مطالبه دگرگونی بنیادی و انقلابی کمترین جاذبه‌ای در میان مردم و بویژه دانشجویان و جوانان نداشت. به همین دلیل حتی گروه‌های مخالفی چون جبهه دمکراتیک ملی ایران، گروهی تازه تاسیس که معروف ترین شخصیت آنها شکرالله پاکنژاد بود و برخی از بنیانگذاران آن چون دکتر هدایت الله متین دفتری نوه مصدق و برخی وکلای مترقی چون دکتر کریم لاهیجی از اعضای برجسته آنها بودند با اینکه بشدت مخالف سیاست‌های رهبری انقلابی و دستگاه سیاسی قدرت حکومتی بود ولی از انجا که به ارزش‌ها و روش‌های لیبرالی گرایش داشت در محیط جوان دانشگاهی با کمترین استقبال روبرو گردید. این گروه با انتخاب نام جبهه دمکراتیک ملی از یک طرف خود را به میراث جبهه

ملی ایران و مصدق می چسباند و مدعی ادامه راه و مرام جبهه بود و از طرفی با فاصله گیری از رهبری وقت جبهه ملی به خاطر حمایتشان از حکومت اسلامی و شرکت برخی از آنها در اولین کابینه حکومت انقلابی و شورای انقلاب منتخب آیت الله خمینی آنها را مرتجع می‌نامید و به همین دلیل پسوند دمکراتیک را به نام جبهه ملی اضافه کرده وتحت عنوان جبهه دمکراتیک ملی فعالیت میکرد. عمراین گروه بسیار کوتاه بود و کمترین تاثیری در میدان سیاست در آن دوران نداشت، گرچه بسیاری از شخصیت‌های سیاسی و فعالین آنها در سالهای بعد تحت عناوین گوناگون همچنان به فعالیت سیاسی مشغول بوده و هنوز هم هستند.

انقلاب فرهنگی

شورای انقلاب در ۱۴ خرداد سال ۱۳۵۹ تصمیم به تعطیل دانشگاه‌ها در سراسر کشور گرفت. با تعطیلی دانشگاه‌ها به بهانه «انقلاب فرهنگی» همه چیز دگرگون شد.

روزنامه انقلاب اسلامی، ۲ اردیبهشت ۱۳۵۹

اوایل سال ۱۳۵۹ بود که ماجرای انقلاب فرهنگی کم کم شروع شد.

بیش از یک سال از انقلاب گذشته بود. دانشگاه‌ها مرکز فعالیت سیاسی گروه‌های موافق و مخالف انقلاب بود. رفت و آمد بچه‌ها به دفاتر گروه‌های سیاسی به مراتب بیشتر از کلاس‌های درسی بود. بسیاری از بچه‌ها سر کلاس‌های درس نمی‌رفتند. بحث و گفتگو و گاه درگیری‌های لفظی و حتی فیزیکی بین گروه‌های مخالف هر روز بیشتر از پیش می‌شد. گرچه دعوای اصلی همیشه میان حزب اللهی‌ها و طرفداران مجاهدین خلق بود، ولی جریانات چپ نیز از حملات گروه‌های مسلمان حزب اللهی در امان نبودند. در عین حال تنش میان گروه‌های چپ به دلیل اختلافات سیاسی درونی آنها نیز به دامنه این درگیری‌ها در محیط دانشگاه می‌افزود.

دانشگاه و انقلاب

دانشگاه پس از انقلاب، قدرت سیاسی روحانیت و اتوریته حکومت تازه تاسیس را پذیرا نبود و به هیچ عنوان نمی‌خواست به نقشی که رهبری انقلاب برای آن به عنوان موسسه آموزشی و تربیت کادر برای حکومت جدید قائل بود تن دهد. رهبران حکومتی و تکنوکرات‌های نظام تازه تاسیس اسلامی نیز به این واقعیت کاملا آگاه شده بودند. نظام

اسلامی برای به وجود آوردن موسسه آموزشی مورد نیاز خودش باید دستگاه آموزش عالی کشور را از اساس دگرگون می‌کرد.

انقلاب فرهنگی در حقیقت در این راستا برنامه ریزی شده بود. اما یکی از دستاوردهای دیگر آن برای نظام جدید، سرکوب گروه‌های سیاسی مخالف و دگراندیش و ریشه کن کردن آنها از محیط‌های دانشگاهی در سراسر کشور بود. اما هدف اصلی انقلاب فرهنگی شخم زدن زمین فرهنگی و علمی کشور به شیوه‌ای بود که محصول آن در سالهای بعدی به کار نظام اسلامی در آید.

با اعلام انقلاب فرهنگی و تعطیلی دانشگاه‌ها و بازگشت دانشجویان به شهرهای اصلی خود، تغییرات اساسی در بدنه بسیاری از گروه‌ها و احزاب سیاسی در کشور به وجود آمد.

یکی از اثرات مستقیم و مشهود بستن دانشگاه‌ها و اخراج فعالین سیاسی و دانشجویی، قطع رابطه سازمان‌های سیاسی با دانشجویان، و نیز قطع رابطه نسل گذشته دانشجویی در کشور با نسل جدید دانشجویان بود.

با تعطیلی دانشگاه ها، اخراج گسترده فعالین و هواداران گروه‌های سیاسی مخالف و دگراندیش و تصفیه کامل کادر علمی و استادان و استقرار یک نظام جدید پذیرش دانشجو و استخدام استاد، ارتباط تاریخی دانشگاه‌های کشور با گذشته سیاسی آن به کلی از میان رفت و دانشگاه عرصه‌ای برای تاخت و تاز تازه به دوران رسیده‌های نظام اسلامی گردید.

حوزه‌های علمیه در قم دانشگاه را به خود ضمیمه کردند و رهبران حوزه‌های دینی و متفکرین دلداده به انقلاب اسلامی و شریعت برای کلاس‌های دانشگاهی متون درسی تهیه کردند. تسلط دین و حوزه در محیط دانشگاهی تا آنجا پیش رفت که اتحادیه انجمن‌های دانشجویی در دانشگاه‌های سراسر کشور نام خود را «دفتر تحکیم وحدت حوزه و دانشگاه» گذاشتند. دانشگاه چنان سرکوب شد که دیگر برای یکی دو دهه پس از آن کمترین اعتراض سیاسی و مدنی و حتی صنفی در آن مشهود نبود. باندهای قدرت جدید در حکومت به تناسب نیاز خود از انجمن‌ها و اتحادیه‌های دانشجویی سود جسته و در جنگ‌های قدرت درون حکومتی، دانشجویان را به عنوان پیاده نظام خویش در حوزه دانشگاه ها و دیگر عرصه‌های تقابل سیاسی بر علیه یکدیگر به کار گرفتند. [2]

---

[2] این وضعیت تا دوران اوج گیری جنبش اصلاحات همچنان ادامه داشت تا اینکه موج جدید اعتراض‌های دانشجویی در سال ۱۳۷۸ آغاز گردید و کم کم جنبش جدید دانشجویی در کشور به طور نسبتا مستقل از حکومت امکان حضور پیدا کرد. این جنبش گرچه در مقایسه با جنبش دانشجویی پیش از انقلاب و سالهای نخست انقلاب بسیار محافظه کارتر است، نشانی از رادیکالیسم آن دوران را ندارد و از حضور کمرنگ تری در دانشگاه‌ها برخوردار است، اما برای بار دیگر به عنوان یک جنبش مستقل دانشجویی در صحنه کشور ظاهر شد و نهایتا راه خود را پیدا نمود. بر خلاف جنبش دانشجویی سنتی پیش از انقلاب و سالهای نخست انقلاب که به شدت متاثر از جنبش چپ بود و در واقع نماد رادیکالیسم در جنبش عمومی مبارزاتی در کشور محسوب می‌شد، جنبش جدید دانشجویی حالا پس از دوران سرکوب به شدت محافظه کار شده و به نماد یک جریان لیبرالیستی و وابسته به جناح های قدرت در جنب جنبش اصلاحات خود نمایی می‌کرد و به

داوطلب رفتن به جنگ

روزهای انقلاب همچنان می‌گذشتند. من هم چنان مشغول فعالیت حزبی بودم. جنگ ایران و عراق مدتی بود که در جریان بود. با اینکه مشهد از حمله موشک و گلوله و توپ در امان مانده بود و با جبهه‌های جنگ بیشتر از یکی دوهزار کیلومتر فاصله داشت، اما کابوس جنگ و وحشت فضای جنگزده برسر مردم مشهد نیز مانند مردم سایر شهرها سایه انداخته بود. همه مسجدهای شهر به پایگاه‌های بسیج تبدیل شده بودند.

بچه‌های حزبی هم با اشتیاق برای دفاع از میهن و انقلاب در پایگاه‌های بسیج حاضر می‌شدند و آمادگی خود را برای اعزام به جبهه‌های جنگ اعلام می‌کردند. حزب مشوق همه ما برای رفتن به جبهه بود.

من هم در آن زمان چون دیگر جوانان کشورمان با انرژی جوانی و شور فراوان انقلابی و با سری نترس داوطلب اعزام به جبهه شده بودم. در مسجد امام حسن در مشهد هر شب بعد از نماز شب، گردهمایی داوطلبین اعزام به جبهه بود. هر شب بیشتر از یک صدنفر در مسجد جمع بودند و به تمرین عملیات کاراته و تکواندو یا باز و بسته کردن اسلحه‌های کلاشینکف و یوزی و ژ-سه مشغول بودند. بر خلاف سال های بعدی لازم نبود کسی را در خیابان و وسط راه در جاده‌ها دستگیر کنند و به زور به جبهه‌های جنگ اعزام کنند، جوانهای شهر خود با اشتیاق و عاشقانه هر شب در مسجدهای شهر در این تمرین‌ها شرکت می‌کردند و در صفوف انتظار برای اعزام به جبهه‌های جنگ با یکدیگر رقابت می‌کردند. انگار که به حجله عروسی می‌رفتند. آنقدر شاد و سرخوش بودند که هیچ کس نمی‌توانست جلودار آنها باشد، نه اشک‌های مادران دلواپس و نه ناله‌های پدران نگران از دست دادن فرزند. در آن سال های اولیه جنگ صدها و هزاران نفر در صفوف طولانی در مساجد کشور عاشقانه و داوطلبانه در انتظار اعزام به جبهه‌ها بودند.

نوعی نماینده بخشی از اصلاح طلبان حکومتی در دانشگاه ها شد تا آنجا که برای مجلس شورای اسلامی در لیست‌های اصلاح طلبان حکومتی نیز به گونه‌ای سمبلیک جا گرفتند و یکی دو نماینده از دانشجویان به زور بازوی اصلاح طلبان حکومتی وارد مجلس شورای اسلامی و شوراهای شهر شدند. اکثر رهبران جنبش جدید دانشجویی متاثر از افکار لیبرالیستی غالب در دوران اصلاحات بودند. این جنبش گرچه دوباره به شکل یک جنبش اعتراضی محدود در سطح دانشگاه های کشور ظاهر شد ولی به دلیل چشمداشت به قدرت سیاسی جنبه رادیکالیسم اعتراضی آن به کلی فدای وجه غالب قدرت طلبی سیاسی آن قرار گرفت و به همین دلیل پس از خروج اصلاح طلبان آنها به خارج از کشور آمده و با شرکت در پروژه‌های سرنگونی حکومت به شکلی حرفه‌ای وارد زد و بندهای سیاسی شدند و از جنبش اعتراضی مستقل دانشجویی به دلالی سیاسی و کار در سازمان‌ها و بنیادهای وابسته به دولت های خارجی سقوط کردند.

پیامد شیفتگی به غرب و لیبرالیسم مدل آمریکایی که از دوران حکومت آقای هاشمی آغاز شده و در دوران خاتمی به گفتمان مسلط روشنفکری محافل داخل و خارج از کشور تبدیل شده بود، تولید افرادی در دانشگاه های کشور بود که دفتر تحکیم وحدت را برای سال های متمادی در اختیار گرفته و مبلغ این سیاست شدند تا آنجایی که ۲۴ انجمن دانشجویی در دوران بوش و همزمان با یورش به عراق و افغانستان توسط نیروهای آمریکا و ناتو اطلاعیه داده و به بهانه ترجیح استبداد بر استعمار خواهان هجوم نظامی‌آمریکا به ایران شدند.

در مسجد امام حسن مشهد از قضا یکی از رفقای حزبی ما به نام رحمان سیدی که بسیار ورزیده هم بود، مسئول بسیج مسجد شده بود. او برای بعضی از بچه‌های حزب پارتی بازی می‌کرد که زودتر از بقیه داوطلبین به جبهه اعزام شوند. مسئولین سپاه به تدریج متوجه شده بودند که برخی از افراد داوطلب در آن جمع توده‌ای و یا از اعضای دیگر گروه‌های سیاسی هستند. آنها نه تنها ازاعزام ما به جبهه‌ی جنگ خودداری می‌کردند که ما را از بسیج محل و مسجد هم اخراج می‌کردند. برای رفتن به جبهه و شهادت و از دست دادن دست و پا هم حالا دیگر باید مسلمان و حزب اللهی می‌بودی. داوطلب بودن کافی نبود. جبهه و شهادت و جنگ هم حالا در انحصار مسلمانان تازه به دوران رسیده انقلابی و حزب اللهی قرار گرفته بود.

از قضا در یکی از همان شب ها که برای تمرین و آمادگی برای رفتن به جبهه به مسجد رفته بودم، چند نفر از فرماندهان یکی از تیپ‌های سپاه پاسداران به آنجا آمدند. آنها چنانکه خودشان می گفتند مسئول عملیات خرابکارانه پشت جبهه دشمن بودند. یکی دو ساعتی از تمرین‌های ما که گذشت، آنها خود را معرفی کرده و چند نفری را برای تیم های عملیاتی خود انتخاب کردند. اینکه من از یکی از آن چند نفربودم، برایم افتخار بزرگی محسوب می شد. انگار کبوتر بخت و اقبال بود که بر شانه‌ام نشسته بود. وجود رحمان و سفارش او هم شاید مزید بر علت شده بود که در آن شب قرعه به نام من افتاده بود.

دو روز بعد باید به پادگان سپاه می رفتم و خودم را برای دوره آمادگی و سپس اعزام به جبهه معرفی می کردم.

آن شب از شادی در پوست خودم نمی‌گنجیدم. سوار بر موتور هوندا ۱۲۵ که به تازگی خریده بودم شدم و به خانه آمدم. جریان را با مادرم در میان گذاشتم. او برخلاف من سخت متاثر شد. انگار یکباره غم همه وجودش را فراگرفت. با اندوه تمام از من تمنا کرد که دست کم برای مدتی از رفتن به جبهه خودداری کنم. می‌گفت هنوز چندروزی از مرگ پدرت نگذشته است. چند برادر کوچکتر از خودم داشتم که حالا پس از مرگ پدر در حقیقت سرپرست آنها شده بودم. مادرم اصرار می‌کرد که از خیر رفتن به جبهه به خاطر او و برادران خردسال ام بگذرم.

من اما یک دنده و سرسخت حال و هوای جبهه در سرم افتاده بود. اقبال رفتن به جبهه آن هم به همراه یک گروه کوچک چندنفره برای عملیات پشت جبهه دشمن را به همین سادگی نمی‌شد از دست داد، فرصتی بود که نصیب هر کسی نمی‌شد. رحمان همان شب گویا به حزب خبر داده بود و حمید را که مسئول کمیته تشکیلات و عضو کمیته شهر مشهد بود در جریان اعزام احتمالی من به جبهه گذاشته بود.

فردا صبح برای خداحافظی و اطلاع رسانی به حزب به منزل اکبرآقا رفتم. اکبر آقا هنوز از انتخاب من از برای رفتن به جبهه اطلاع نداشت. با اکبرآقا جریان را در میان گذاشتم. بر خلاف تصورم او اصلا خوشحال نشد. با چهره‌ای نگران به من می‌نگریست و در چشمان اش می دیدم که با چه تعجبی به من نگاه می کند. انگار اصلا برایش قابل درک نبود که چنان مسرور و خوشحال قرار بود که به قتلگاه بروم. پس از چند دقیقه سکوت، با نگاه سردش که بر صورت ام به شدت سنگینی می کرد، گفت "در این مورد تصمیم می‌گیریم."

سردی نگاه و رفتار عجیب اکبرآقا کمی نگران ام کرده بود ولی مطمئن بودم که معنای "تصمیم می‌گیریم" جز موافقت با رفتن من به جبهه و همان چیزی که در انتظارش بودم، نخواهد بود. قطعا حزب نمی‌باید مخالفتی با رفتن من به جبهه می‌داشت. حزب از همه اعضا و مسئولین حزبی خواسته بود که در صورت امکان در بسیج و سپاه ثبت نام کرده و داوطلب اعزام به جبهه‌های جنگ باشند. حالا من بهترین امکان را پیدا کرده بودم و او با مکث می‌گفت که "تصمیم می‌گیریم." طبیعی بود که تصمیم به رفتن من به جبهه می‌گرفتند.

به اکبرآقا حالی کردم که باید همین امروز خودم را معرفی کنم و دوره تعلیماتی ببینم. گفت "تا بعد از ظهر خبرت می‌کنیم."

عصر همان روز، در جلسه کمیته ناحیه سه، مجید رسایی که مسئول کمیته بود کاغذ کوچک سربسته‌ای را به من داد. آن را باز کردم و خواندم. در یک جمله به من ابلاغ کرده بودند که با توجه به حجم مسئولیت‌های حزبی باید از رفتن به جبهه خودداری کنم. انگار یک بشکه آب یخ بر سر و روی ام ریخته باشند، در جا یخ زدم. برایم غیر قابل باور بود که حزب از اعزام من به جبهه ممانعت می‌کرد.

رحمان هم مثل من همزمان هم عضو کمیته ناحیه سه بود و هم عضو کمیته شهر مشهد. او در هر دو کمیته حزبی مسئول شعبه امور توده‌ای بود و من مسئول شعبه کارگری. پس از پایان جلسه از رحمان و مجید خواستم که کمی در این مورد صحبت کنیم. مجید به راحتی برایش قابل توجیه بود که نمی‌توان و نباید به مسئولین حزبی اجازه داد که به جبهه بروند، زیرا که ضرورت داشت که ما بمانیم و تشکیلات را سروسامان بدهیم. در حقیقت به نظر او نقش ما برای جنگ و حزب در بخش تدارکات پشت جبهه بود که اهمیت پیدا می‌کرد.

یک تکه کاغذ با جمله‌ای مختصر و کوتاه از طرف اکبرآقا همه چیز را عوض کرد و این در حالی بود که شب قبل از آن مادرم با التماس و زاری موفق نشده بود نظرم را تغییر دهد. تعجب آور اما این بود که در بحث و جدل با مادرم، تصور نرفتن به جبهه برایم مانند پشت کردن به همه آرمان های انقلابی و وجدان انقلابی ام بود و عجز و لابه‌های او کمترین تاثیری در تصمیم گیری من نداشت. ولی در مواجهه با ابلاغیه حزب که در حقیقت تصمیم اکبرآقا بود جز همان چند دقیقه اول هیچ احساس بدی به من دست نداد. به راحتی پذیرفتم که نباید به جبهه رفت. حزب به وجود من احتیاج داشت و من متعلق به حزب بودم. مجموعه احساسات ام چنان در گروگان عشق به حزب و سوسیالیسم در آمده بود که هیچ کسی و هیچ چیزی امکان رقابت با آن را نداشت.

از همان شب دیگر از رفتن به مسجد و تمرین‌های بسیج منصرف شدم. دستور حزب مقدم بر هر چیز دیگری بود.

مبارزه ادامه داشت

با وجود همه درگیری‌ها در سالهای ۱۳۵۸ و ۱۳۵۹ بین موافقین و مخالفین انقلاب و نظام نوپای اسلامی که گاه به زدوخوردهای خیابانی می‌کشید و همیشه هم تعدادی مجروح و گاه

کشته برجای می‌گذاشت و در مواردی به جنگ‌های خونینی در بعضی از نقاط کشور منجر می‌شد، اما هنوز فضای این سال‌ها فضای پر از امید و عشق بود. فضای انقلابی آن روزها نسل جوان و میانسال کشور را به وجد آورده بود، وجد عجیبی که در هیچ دورانی نسل دیگری آن را تجربه نکرده بود. وجد برای کار داوطلبانه، کمک به دیگران، عشق به آینده و ساختمان جامعه‌ای بهتر برای همه. هرکدام از ما آرمانشهری را که شاید سرابی بیش نبود پیش روی خود گذارده و دوان دوان به سویش می‌رفتیم. انرژی نسل ما انگار صدچندان شده بود. نه از بحث سیاسی خسته می‌شدیم، نه از کتاب خواندن، و نه از ایستادن در صف‌های طولانی تظاهرات که هرروزه به بهانه‌های مختلف به راه می‌افتاد. همه ما از سر صبح تا پاسی از شب را با انقلاب و مسائل مربوط به آن می‌گذراندیم و چه لذت بخش بود. رفتن به روستاها، کار در کارخانه ها، کمک به سوادآموزی، جنگیدن در جبهه و یا تا صبح در خیابان های شهر به نام بسیج و بسیجی پاسداری دادن و یا در اتاق‌های دانشجویی تا وقتی دانشگاه‌ها باز بودند، از مبارزه و آینده گپ زدن و بحث و جدل کردن و یا جنگیدن و کشته شدن در کوهپایه های کردستان و یا دشت های ترکمن صحرا.

روابط درونی ما

ما توده‌ای‌های جوان در حوزه‌های حزبی دنیای جدیدی را تجربه می‌کردیم. روابط دوستانه و رفیقانه‌ای شکل می‌گرفت که از کیفیت دیگری از زندگی خبر می‌داد که تا آن زمان تجربه نکرده بودیم. رفقای حزبی شیفته همدیگر می‌شدند. گاه بعضی از بچه‌ها را می‌دیدی که چنان عاشقانه به بعضی ازمسئولین حزبی نگاه می‌کردند و مجذوب آنها شده بودند که به یاد روابط عرفا و مرید و مرادی آنها می‌افتادی. دوران عجیبی بود. اگر بعضی از رهبران گروه‌های سیاسی ادعای شمس بودن می‌کردند شاید به جرات بتوان گفت که هزاران مولانا به دنبال آنها مدهوش روانه دیرهای خراباتی سیاست می‌شدند. حالت مسخ انقلابی همه فضای جامعه را در خود فرو برده بود. تجربه کار جمعی داوطلبانه و انقلابی در حزب برای ما توده ای‌ها تجربه قشنگی بود. از همه چیز و همه کس به نفع فعالیت حزبی به راحتی می‌گذشتیم. بیشتر ما موقعیت‌های خوب شغلی، فرصت‌های تحصیلی، امکانات مادی، کارهای پر درآمد، استفاده از امکانات مادی خانوادگی، و یا امکاناتی مثل سفر، مهمانی‌های خانوادگی و مانند آن را به نفع یک آینده کاملا مجرد و مجازی که جز در ذهن ما وجود نداشت، فدا می‌کردیم. تصور همه ما به گونه‌ای بود که انگار کپسول زمان و مکان در محدوده جغرافیای ایران برای همیشه در همان حال متوقف باقی خواهد ماند. شاید درست به همین دلیل هم بود که همه مواهب واقعی را به خلسه انقلابی آن دوران گذرای پرشور تاخت می‌زدیم، حتی زندگی را.

البته باید بگویم که تقریبا بیشتر جوان‌های هم دوره ما همینطور بودند از جمله همان بچه حزب اللهی‌ها که بدون کمترین چشمداشتی جان بر کف به سوی جبهه‌های جنگ می‌رفتند و بسیاری از آنها پیشاپیش می‌دانستند که راه برگشتی برایشان نبود. اما باز عاشقانه و دیوانه وار و شیدایی روانه جبهه‌های آتش و خون می‌شدند.

شرکت در حوزه‌های حزبی، رفت و آمد در دفتر حزب و دیدن رفقای حزبی، زن و مرد، دختر و پسر، پیر و جوان، و احساس زندگی و شعف در تک تک آنها شاید خود یکی از انگیزه‌های اصلی ادامه فعالیت بیشتر برای رفقای ما بود. هرکدام از ما با مسئولیت‌های جدیدی که می‌گرفتیم، بیشتر احساس تعلق به حزب پیدا می‌کردیم. گستره مسئولیت‌های جدید و آنچه که با آن روبرو می‌شدیم گاه برای ما غیرقابل تصور بود. مثل این که بعضی از کتابهایی را که قبلاً خوانده بودیم داشت به گونه‌ای واقعی در زندگی خودمان اتفاق می‌افتاد با این تفاوت که این بار قهرمانان داستان خود ما بودیم.

اولین حوزه کارگری

خوشحال تر از همیشه بودم. حالا عضویت‌ام در یک حزب ترازنوین طبقه کارگر و مبارزه برای سوسیالیسم و بهبود وضعیت زندگی زحمتکشان کم کم جنبه واقعی تری پیدا می‌کرد. انگار داشتم به طبقه کارگر وصل می‌شدم. چیزی که در آن روزها آرزوی خیلی از جوانهای مثل من بود. پارول (رمز تماس) چند رفیق کارگر را گرفته بودم.[3] باید سراغ یک یک آنها می‌رفتم و قرار اولین جلسه حوزه حزبی کارگری را می‌گذاشتم. اولین نفر رضوان بود. رضوان شاید نزدیک به ۵۰ سال از عمرش می‌گذشت، شاید هم کمی جوانتر بود. او خودش را استادکار جوشکاری معرفی کرد. گفت که سال ها تجربه جوشکاری داشته و در پروژه‌های بزرگی در همه جای ایران کار کرده است. آنقدر ذوق زده شده بودم که اصلاً از محل کار او و اینکه الان چکار می‌کند حتی کلمه‌ای هم نپرسیدم. فقط می‌خواستم بدانم که کی و کجا اولین جلسه حوزه را برقرار کنیم. او سخاوتمندانه گفت که جلسه را می‌توانیم در خانه خود او برپا کنیم و از نظر وقت هم هیچ مشکلی ندارد و همه روزهای هفته برایش مناسب است.

خانه رضوان در کوی آب و برق بود که فاصله زیادی با شهر داشت و تنها امکان رفتن به آنجا این بود که یا خودت باید ماشین می‌داشتی و یا با اتوبوس شرکت واحد به آنجا بروی. باز رضوان سخاوتمندانه گفت که خودش می‌تواند همه را با ماشین خودش به آنجا برده و شب هم پس از جلسه ما را به شهر برگرداند. حسابی خوشحال بودم. اولین رفیق را ملاقات کرده بودم و محل حوزه هم پیدا شده بود. سراغ رفیق بعدی رفتم. خانه او در گوشه‌ای دیگر از شهر بود. در یکی از آخرین میلان‌های خیابان محمدرضا شاه سابق که حالا به نام شهید بهشتی نامگذاری شده است. او رفیق محمد کبیری بود، از رفقای

---

[3] پارول یک پرسش و پاسخ رمزی شفاهی برای برقراری دوباره ارتباط تشکیلاتی فرد بود. حزب همواره پیش‌بینی می‌کرد که شرایط فشار باعث از هم پاشیدگی تشکیلات شود. از این رو برای هر عضو حزب یک پارول تعیین می‌کرد، یعنی برای هر فرد حزبی یک پرسش رمزی و یک پاسخ رمزی بدان پرسش با کمک خود آن فرد تعیین می‌شد. حزب برای برقراری ارتباط دوباره با آن فرد، کسی را از طرف تشکیلات به سراغ او می‌فرستاد تا آن پرسش رمزی را از او بپرسد و آن فرد با دادن آن پاسخ رمزی، هویت خود را مشخص می‌کرد. این شیوه برقراری ارتباط بین فرد حزبی با تشکیلات بود.

قدیمی حزب که مدتی هم پس از کودتای ۲۸ مرداد در زندان به سر برده بود. او کارگر نجار ساختمانی بود. قالب گیری می‌کرد. برای سیمان ریزی و درست کردن فونداسیون ساختمان و یا دیوارها و سقف ابتدا باید قالب‌های چوبی را درست می‌کردند که درون آنها میل گردها (آرماتورها) را با سیم‌های نازک فلزی به هم ببندند که آماده سیمان ریزی شود. آنوقت ماشین‌های بتون ریز حاضر شده و درون قالب‌ها را پر از بتون می‌کنند. قالب‌های چوبی مثل دیواره‌ای اجازه نمی‌دهند که بتون‌ها که هنوز خیس هست به بیرون بریزد. پس از سفت شدن بتون، قالب‌ها را بر می‌دارند. این کار تخصص ویژه‌ای است که در ساختمان سازی بتونی به کار می‌رود. رفیق محمد کبیری، یا استاد محمد، گویا سال‌ها تجربه در قالب سازی داشت. او به نظرم مسن تر از رضوان می‌آمد. مهربان و دوست داشتنی بود. مرا به داخل خانه‌اش دعوت کرد و با چند استکان چای و شیرینی خوش آمدم گفت. به نظرم آمد که او احتمالا بیشتر از دو و نیم برابر سن و سال آن زمان من، زندگی را تجربه کرده باشد. دختر بزرگ اش هم سن و سال من بود. جوری رفتار می‌کرد که انگار هزار سال است که مرا می‌شناسد. کمی‌با هم حرف زدیم. از تجربه زندگی‌اش به طور کوتاه برایم گفت و سال‌های زندان‌اش و شکنجه هایی که شده بود. با هم قرار گذاشتیم. یادم نیست چه روزی را قرار گذاشتیم، شاید پنج شنبه عصر بود. برای ساعت ۶ عصر قرار گذاشتیم که همه از کار آمده باشند. قرار شد همان روز پنج شنبه ساعت ۶ دور فلکه تقی آباد همدیگر را ملاقات کنیم. به او گفتم که محل جلسه در خانه رفیقی در کوی آب و برق خواهد بود.

روز بعد به سراغ رفیق دیگری رفتم. استاد رحیم سبیل‌های از بناگوش دررفته‌ای داشت. استادکار بنا بود. کلاه شاپو برسر داشت. با لهجه قدیمی و اصیل تهرانی حرف می‌زد. به خانه‌اش رفتم. همسر جوان و زیبایی داشت که بیشتر به دخترش می‌مانست. هم سن و سال من بود. تعجب کردم وقتی او را همسرش معرفی کرد. زهرا حداکثر ۲۵ سال بیشتر نداشت، شاید هم کمتر. خوشرو و مهربان و دوست داشتنی بود و مهمان نواز. با آقا رحیم هم قرار گذاشتم. وقتی گفتم به کوی آب و برق می‌رویم، پرسید "منزل آقا رضوان میریم؟"

متوجه شدم که آقا رضوان را می‌شناخت. همان روز سراغ رفیق دیگری رفتم. او از همه مسن تر به نظر می‌آمد. احمد فرقانی قد کوتاهی داشت. از آنهایی بود که سه برابر قدش زیرزمین بود. مثل هیچ کدام از رفقای قبلی نبود. شروع به سوال پیچ کردن‌ام کرد. اسم و رسمام را پرسید. پرسید چکاره‌ام. وقتی فهمید دانشجو هستم گفت "آدم دیگه پیدا نمی‌شد که تو رو فرستادن؟!"

به ام حسابی برخورده بود. ولی خوب چاره‌ای نداشتم. نمی‌خواستم با بی ادبی از خودم دورش کنم یا او را برنجانم. ساکت بودم. گفتم "رفیق، مگه قرار بود چه جور آدمی‌بیاد سراغ شما؟"

گفت "هنوز سبیل هات هم که حسابی در نیامده!"

پیش از آن که او به سبیل‌ام بند کند پیش خودم فکر می‌کردم که سبیل هایم دست کمی از سبیل‌های استالین ندارد. همان پرزهای پشت لب ام را بلند کرده بودم و از ریش ام هم به آنها جوری وصل کرده بودم که تقریبا مثل یک کادر، بالا و دوطرف لب ام را کاملا

گرفته بود. حالا استاداحمد فرقانی طعنه می‌زد که "هنوز سبیل هات هم که حسابی در نیامده." گفتم "رفیق، مگه قراره همه رفقای حزبی مثل استالین سبیل کلفت باشن؟ بعضی‌ها هم مثل رفیق ارانی اصلا اهل سبیل و سبیل گذاری نیستن. با سبیل هم میونه خوشی ندارن. خودت هم که همچین سبیل درست و حسابی‌ای نداری."

عکسی از من در بیست سالگی

انگار اصلا توقع شنیدن جواب متقابل از یک بچه دانشجو که به قول خودش هنوز سبیل‌اش هم درنیامده بود وسرش توی درس و مشق بود نداشت. با قیافه‌ای ترش کرده و با حالتی خیلی طلبکار که معلوم بود سالها بدهی‌اش را پرداخت نکرده بودند گفت "خوب، حالا آمدی که چی؟!"

گفتم "قراره حوزه بذاریم. اولین جلسه رو پنج شنبه عصر، کوی آب و برق، خونه یکی از رفقا برگزار می‌کنیم. شما هم عضو حوزه ما هستی."

درباره بقیه اعضای حوزه پرسید. از رضوان و رفیق کبیری گفتم. هردوی آنها را می‌شناخت. خودم هنوز استاد خلیل را ندیده بودم و نمی‌دانستم او چگونه آدمی‌است، اما او اوستا خلیل را هم می‌شناخت. گفت "خلیل ترکه رو می‌گی؟"

گفتم او را هنوز ندیده‌ام. قبل از جلسه پیدایش خواهم کرد. آدرس خانه‌اش را دارم، شاید امروز و یا فردا به سراغش بروم.

با هم خداحافظی کردیم و قرار شد پنج شنبه ساعت ۶ او هم دم فلکه تقی آباد باشد.

همان شب سوار بر موتورم به سراغ اوستا خلیل رفتم. خانه او در یکی از میلان‌های ته خیابان خواجه ربیع بود، در منطقه‌ای معروف به سِمزقند، چند میلان بالاتر از محل دیوانه خانه مشهد. از پشت در صدای خروس‌ها بلند بود. در زدم، خودش بود. اوستا خلیل آوازی با قد متوسط، صورتی مثلثی و با ته ریشی جوگندمی و سبیل‌های نسبتا کوتاه. دست که دادیم، دست کوچک من در میان دست قوی و بزرگ او انگار گم شد. درست عین همان

پرولتاریایی بود که در تمام آن سال‌ها تصویرش در مغزم حک شده بود. با دیدن او انگار یک باره افتادم توی کتاب‌های ماکسیم گورکی و مانوفاکتورهای روسیه اوایل قرن بیستم. آوای صدایش از فشار دستان قوی‌اش محکم تر بود. صلابت پرولتاریایی داشت. خودم را معرفی کردم. اسم رمز را گفتم. انگار منتظر بود. چنان در آغوش فشارم داد که استخوان‌های قفسه سینه‌ام داشت خرد می‌شد. به درون خانه مهمان‌ام کرد. در حیاط خانه‌اش چندین قفس پر از انواع و اقسام خروس‌ها بود. خروس‌های کوچک و بزرگ که بعضی از آنها گردن‌های درازی داشتند که تا آن روز شبیه آنها را ندیده بودم. از میان قفس‌ها به ته حیاط رفتیم که دو اتاق کوچک در آنجا ساخته بود. وارد راهروی کوچکی که وسط دو اتاق بود شدیم. با نگاه من به اطراف انگار متوجه شد که چیزی به نظرم عجیب آمده است. گفت "خودم اینجا رو ساخته‌ام، دست تنها!"

همسرش در خانه بود. هم سن و سال خودش بود و با هم به زبان آذری حرف می‌زدند. سلام کردم. با همان لهجه شیرین ترکی جواب سلام‌ام را داد و وارد اتاق شد. من و اوستا خلیل به اتاق مقابل رفتیم. بعد از چند دقیقه همسرش که چادر به کمر بسته بود با یک سینی که دو استکان چای و یک قندان پر از قند در آن بود به اتاق وارد شد و استکان‌های چای و قندان را مقابل ما گذاشت و خودش رفت. دور و بر اتاق چندین عکس بود، از جوانی اوستا خلیل. چندتایی از آنها نیمه برهنه بود، با لباس کشتی. بدن اوستا خلیل آنقدر زیبا بود که باورم نمی‌شد. هموزن کشتی گیرهای ۵۷ کیلوگرم یا حداکثر ۶۲ کیلوگرم بود. درست مثل مجسمه داوود انگار خود میکل آنژ آن را تراش داده بود. چهره‌اش گرچه حالا پیر شده بود ولی هنوز برخطوط و قالب همان چهره جوانی اش باقی مانده بود.

با دیدن عکس‌ها که در بعضی از آنها افراد دیگری هم در کنار او بودند از جوانی‌اش پرسیدم. با متانت و تواضع خاصی از گذشته‌های دور زندگی‌اش برایم گفت. گفت که قهرمان کشتی بوده و زمانی یکه تاز میدان‌های کشتی کشور بوده است. در کنار عکس تکی خودش عکس دیگری را در قاب گرفته و در میانه طاقچه گذاشته بود. نگاهش ناگهان روی همان عکس میخکوب شد. او یکی از همان رفقای قدیمی‌اش بود که هنوز عاشقانه و با مهر عجیبی نگاهش می‌کرد مثل عاشقی که دیدار معشوقه‌اش را سالهای طولانی انتظار کشیده باشد. گویا سالهای طولانی بود که بی خبر از او مانده بود و جویای حال و زندگی و در انتظار خبری از او به سر می‌برد. او محمود طاهری برادر احمد طاهری بود، قهرمان کشتی ایران که از رهبران کارگران و عضو شورای متحده مرکزی کارگران در دوران شکل گیری این شورا در دهه ۱۳۲۰ شمسی در مشهد بود و گویا به شوروی رفته و دیگر هیچ خبری از او نشده بود. اوستا خلیل متولد باکو بود و هنوز خاطره هایی از زندگی کودکی در کودکستان‌های آنجا را با خود داشت. صحبت از دین و خدا و پیامبر که می‌شد، اعتقادش این بود که ساده ترین راه حذف دین از زندگی در همان اوان کودکی است. او خاطره‌اش را از کودکستان خود در باکو برایم تعریف کرد که چگونه وجود خدا را از زندگی او و برای همیشه با یک عمل ساده حذف کرده بودند. می‌گفت نزدیکی‌های ظهر که می‌شد و همه ما گرسنه بودیم، مربی کودکستان ما را جمع می‌کرد و از همه ما می‌خواست که دست به سوی آسمان برده و از خدا تقاضای نان و غذا کنیم. ما بچه‌های خردسال هم به آسمان التماس می‌کردیم و از خدا نان و غذا می‌طلبیدیم. خبری نمی‌شد. نه

خدا غذا می‌داد و نه از آسمان نان نازل می‌شد. بعد از چند بار التماس از آسمان و خدا، همان مربی به ما می‌گفت به عکس لنین که بر دیوار کلاس آویزان بود نگاه کنیم و از او بخواهیم که غذا بدهد. با لهجه شیرین‌اش و به آذری عین جمله را که هنوز به خاطر داشت می‌گفت که ترجمه‌اش این بود که "لنین بابا، غذا بده!" آنوقت مربی از درون خیزه‌های (کشوهای) میزش نان و بیسکویت در می‌آورد و به هوا پرتاب می‌کرد و بر سروروی ما می‌ریخت. به همین سادگی او و کودکان خردسال هم سن و سال او از آن به بعد لنین را به جای خدا گذاشته بودند و باور کرده بودند که خدا وجود ندارد و کاری از او برنمی‌آید و این لنین باباست که هم نان می‌دهد و هم بیسکویت. باورش این بود که اگر در کودکی خدا را از ذهن بچه دورکردی، برای همیشه او را رها خواهد کرد وگرنه با پیچیدگی ذهن در میانسالی و ترس از آخرت درپیرسالی، خدا و همه اعوان و انصارش همیشه همراه ما خواهند ماند.

از خروس هایش پرسیدم که صدای قوقولی قوقوی آنها در اتاق پیچیده بود. گفت که خروس باز است. برایم جالب بود، و بعدها فهمیدم که او یکی از خروس بازهای قهار و درجه اول مشهد بود و برای شرکت در مسابقات خروس بازی حتی به افغانستان می‌رفت. خروس‌های گران قیمتی داشت که آموزش دیده بودند و گاه برخی از آنها را به خروس بازهای دیگر می‌فروخت. دوست نزدیک و خروس باز او یکی از اساتید دانشگاه و پزشک متخصص و جراح مغز و اعصاب دکتر شیبانی در مشهد بود. شب دیروقت شده بود. از صحبت با اوستا خلیل نه تنها خسته نمی‌شدم که می‌توانستم ساعت‌ها و ساعت‌ها به پای او نشسته و به خاطرات شیرین زندگی‌اش گوش کنم و لذت ببرم. ولی او فردا صبح زود باید سر کار می‌رفت. او کارگر ساختمانی بود ودر سیلوی در حال ساختمان مشهد در آن روزها مشغول کار بود. خودم را داشتم آماده رفتن می‌کردم که همسرش باز با سینی ای در دست که چند تخم مرغ نیمرو کرده و چند تکه نان بربری در آن بود به اتاق وارد شد. شام را با همه با هم خوردیم. حالا دیگر معلوم بود که باید می‌رفتم. با او قرار جلسه حوزه را گذاشتم. موتورم را سوار شدم و به سوی خانه گاز دادم. انگار که پرواز می‌کردم. تمام راه به فکر جلسه بودم که چگونه پیش خواهد رفت، چه مطالبی را در جلسه با آنها به بحث بگذارم. در جلسه‌های حوزه‌های دانشجویی و روشنفکری خودمان کار خیلی راحت بود. تحلیل سیاسی، بعدش احتمالا بحث روی یک موضوع که از پیش مطالعه کرده بودیم. مثلا بخشی از یک کتاب فلسفه یا تاریخ و بعد هم گزارش کار هفته ای. اما حالا موضوع فرق می‌کرد.

هیچ برنامه‌ای به ذهن‌ام نمی‌رسید. فقط خوشحال بودم که اولین حوزه کارگری را برگزار خواهم کرد. این اولین حوزه کارگری حزب در مشهد بود که همه اعضایش کارگر بودند و به عنوان یک حوزه کارگری قرار بود تشکیل شود.

با باز شدن دفتر حزب در شهرها و شهرستان ها و راه افتادن روزنامه مردم، ارگان رسمی حزب، حزب از اعضای قدیمی و هواداران خود خواسته بود که ضمن کمک مالی به حزب، در صورت تمایل برای همکاری به دفاتر حزب مراجعه کرده و آنکت حزبی پر کنند. آنکت همان تقاضای عضویت بود. بعد از پرکردن آنکت حزبی و بررسی آنها توسط کمیسیون تشکیلات و در صورت پذیرش درخواست عضویت، قرار تماس با آنها را به

رفقای حزبی می‌دادند و اعضای جدید به شرکت در حوزه‌های حزبی دعوت می‌شدند. اولین تشکیلات حزبی در مشهد توسط سازمان جوانان و دانشجویان دمکرات که همان بدنه جوان حزب در ایران بود، سازماندهی شد. منوچهر (اسم واقعی او سعید بود) رفیق مسئول این کار که از تهران آمده بود از قضا یکی از دوستان خودم بود که مدتی هم در هندوستان با هم بودیم. به خواهش من او درسازماندهی تشکیلات حزبی مرا در بخش کارگری قرار داد. به این ترتیب از همان ابتدای شکل گیری تشکیلات حزبی در خراسان به بخش کارگری حزب منتقل شده بودم. این بخش تقریبا هنوز هیچ فعالیت معینی نداشت و با مراجعه کارگران هوادار حزب و پذیرش آنها به عنوان اعضای جدید حزب داشت کم کم فعالیت خودش را آغاز می‌کرد. این حوزه از اولین حوزه‌های این بخش بود.

یکی دو روز گذشت. التهاب برگزاری اولین جلسه حوزه کارگری رهایم نمی‌کرد. در این دو سه روزه تمرکزم را روی مطالعه مسائل کارگری گذاشته بودم. آن وقت‌ها بحث شوراها و سندیکاهای کارگری بحث داغی بود. درک از شورا و وظایف آن در میان گروه‌های چپ و حتی مسلمان‌ها که خودشان بحث تشکیل شوراها را با شعار «و امرهم شورا بینهم» مطرح کرده بودند، بسیار مغشوش بود. بعضی از گروه‌های چپ برداشت شان از شورا همان شوراهای کارگری و دهقانی در میانه دو انقلاب فوریه و اکتبر روسیه در ۱۹۱۷ بود و تصورشان این بود که با تقویت شوراها و تاکید بر مضمون فعالیت سیاسی شوراها می‌توان از این مرحله از انقلاب به یک انقلاب دمکراتیک خلقی که مرحله ابتدایی گذار به سوسیالیسم را نوید می‌دهد، رسید. برداشتی دیگر از شورا وجود داشت که بیشتر برداشت جریان‌های اسلامی و حتی نوع تفکر آیت الله طالقانی و مجاهدین خلق بود که شورا را مسئول اداره امور و مدیریت واحدها می‌فهمید و در واقع از شورا الگویی برای مشارکت مردم در مدیریت واحدها – چه در واحدهای تولیدی و چه در عرصه شهر و روستا و نهایتا کل کشور – در ذهن داشت. حزب از شوراها درک متفاوتی داشت. درک ما از شوراهای کارگری همان مضمون فعالیت سندیکایی و اتحادیه‌ای بود. در حقیقت ما شورا را یک تشکل صنفی می‌دیدیم. برای همین هم حزب تا مدتی و گاه به خطا در مقابل شوراها بحث ایجاد سندیکاهای کارگری را مطرح می‌کرد. بهرحال تصورم این بود که در اولین جلسه حوزه کارگری بسیاری از این بحث‌ها موضوع مورد گفتگوی ما خواهد بود و چه بهتر که آماده باشم.

بالاخره روز و ساعت قرار موعود ما رسید. آقا رضوان با وانت بار تویوتای سفید رنگ خودش سرقرار حاضر شده بود. بقیه هم یکی یکی آمدند. سوار وانت شدیم. به رسم ادب من رفتم در قسمت بار نشستم. اوستا خلیل و اوستا محمد هم پس از من در قسمت بار نشستند. رفیق فرقانی و اوستا رحیم هم جفت همدیگر در قسمت جلوی ماشین کنار آقا رضوان نشستند. نیم ساعتی بیشتر طول نکشید که به خانه آقا رضوان رسیدیم. خانه رضوان در قسمت ۶۰۰ متری بود. کوی آب و برق منطقه‌ای در حاشیه مشهد بود که سازمان آب در آنجا برای کارمندان خودش سال ها پیش از انقلاب خانه‌های سازمانی در سه مدل و اندازه مختلف ۶۰۰ متری، ۸۰۰ متری، و ۱۲۰۰ متری ساخته بود. اوائل که آنها را ساخته بودند چون از شهر خیلی دور بود و رفت و آمد به آنجا دشوار، بسیاری از کارمندان سازمان آب خانه‌ها را یا اجاره داده و یا به قیمت‌های خیلی ارزان می‌فروختند.

یادم هست که خانه‌های بخش ۱۲۰۰ متری به قیمت ۳۰ هزار تومان در اوایل دهه ۱۳۵۰ خرید و فروش می‌شد. چند نفر از اقوام ما سال‌ها بود که ساکن آن منطقه بودند.

خانه آقا رضوان خالی از خانواده و خلوت بود. آن روز هیچ کس جز ما در آن خانه نبود. آقا رضوان با اینکه سن و سالی از او گذشته بود هنوز مجرد بود و زن و بچه‌ای نداشت. وارد خانه شدیم. خیلی التهاب داشتم که هرچه زودتر جلسه را شروع کنم. رضوان به آشپزخانه رفته بود و چای حاضر می‌کرد. ما در اتاق جنب آشپزخانه نشسته بودیم و گپ می‌زدیم. به محض اینکه رضوان وارد اتاق شد از رفقا خواستم که با اجازه آنها جلسه را شروع کنیم. رفیق ما، فرقانی، گفت که "حالا چه عجله‌ای داری؟ انگار اولین حوزه حزبی یه که شرکت کردی که اینقدر ذوق زده شدی و عجله داری!"

انگارکه یک سطل آب سرد رویم ریختند. نمی‌دانستم چکار کنم. به عنوان مسئول جلسه و حوزه بنا نبود که اتوریته‌ام مورد سوال قرار بگیرد. در عین حال نمی‌خواستم که خیلی رسمی و شق و رق مثل حوزه‌های دانشجویی کار را پیش ببرم. ساکت شدم و منتظر نشستم تا بقیه هم صحبت کنند. ظاهرا تازه درد دل دوستان ما شروع شده بود. از همه چیز و همه جا می‌گفتند. از قدیم‌ها، از رفقای قدیمی همدیگر می‌پرسیدند و سراغ این و آن را از هم می‌گرفتند. شنیدن قصه‌های آنها برایم جالب و شنیدنی بود، ولی خوب باید جلسه را هم یک جوری شروع می‌کردم و کار رسمی حوزه را نیز راه می‌انداختم. حقیقتاش خجالت می‌کشیدم که صحبت آنها را قطع کنم. بهرحال باید احترام سنی آنها را نگاه می‌داشتم. تقریبا همه آنها بیشتر از دو یا سه برابر سن من جوان بیست ساله، زندگی را تجربه کرده بودند. رفیق فرقانی و اوستا خلیل و کبیری فعالیت حزبی شان را از همان سال‌های آغاز دهه ۱۳۲۰ که حزب تاسیس شده بود شروع کرده بودند. تقریبا نزدیک به بیست سال پیش از به دنیا آمدن من آنها در حوزه‌های حزبی و جلسه‌های شورای متحده مرکزی شرکت می‌کرده اند. حالا چطور می‌توانستم آنها را در حوزه‌ای به مسئولیت خودم به گوش بنشانم. بهرحال دل به دریا زدم. گفتم "رفقا اگه اجازه بدین، جلسه رو رسما شروع کنیم."

رفیق فرقانی باز با نگاهی تحقیرآمیز و به شدت طلبکارانه به من نگاه کرد و گفت "خوب، از خودت بگو! چطور به حزب و فعالیت حزبی علاقمند شدی؟ چطور شد که درس و مشق رو ول کردی و به امور طبقه کارگر علاقمند شدی؟ اصلا کسی بزرگتر از تو توی حزب پیدا نمی‌شد که برای این جلسه بفرستن؟"

کم کم داشتم عصبانی می‌شدم. ولی جلوی خودم را گرفتم. گفتم "رفیق عزیز، شما شاید دو برابر عمر من سابقه فعالیت حزبی داری، مطمئنا من جای پسر شما هستم، کم تجربه از نظر کار حزبی. اینجا پیش شما و دیگر رفقا نشسته‌ام که از شماها یاد بگیرم. بفهمم در محیط‌های کار چی می‌گذره. تجربه شما رو به رفقای دیگه منتقل کنم و از تجربه‌های شما و رفقای دیگه، ما جوون‌ها و رهبرهای حزبی یاد بگیریم که چطوری همیشه سیاست حزب و دفاع از انقلاب و رهبری‌اش رو بین توده‌های زحمتکش برد."

تا از انقلاب و رهبری آن گفتم، انگار برق گرفت‌اش و آتش‌اش زدند. با اینکه هنوز چند ماه بیشتر از انقلاب نگذشته بود و رهبر انقلاب در اوج قدرت و محبوبیت بود و در میان

ما جوان ها چون بتی پرستیده می‌شد و کمترین شبهه‌ای در دفاع از او به خود راه نمی‌دادیم، او یکباره فحش و بد و بیراه را به سراپای روحانیت و رهبران انقلاب کشید. مانده بودم که چکار کنم. قبلا با بسیاری از رفقای قدیمی صحبت کرده بودم. از تمایلات ضدروحانیت و ضدمذهبی آنها تا حدود زیادی آگاه بودم. ولی باورم نمی‌شد که حالا در حوزه حزبی، آن هم اولین حوزه‌ای که من مسئولیت آن را داشتم، رفیقی این چنین گستاخانه فحش و بد و بیراه نثار رهبری انقلاب و روحانیون کند در حالیکه ما در سیاست رسمی خود از آنها صمیمانه و با صراحت تمام دفاع می‌کردیم و سرسختانه در مقابل فشارهای نیروهای ضدانقلابی، با سینه‌ای سپرکرده و با افتخار، خود را متحد درازمدت رهبری انقلاب در مبارزه دربرابر امپریالیسم می‌دانستیم که با براندازی نظام ستم شاهی سیاست‌های انقلابی عدالت جویانه در حمایت از زحمتکشان را به پیش می‌برد.

اینجا دیگر نمی‌توانستم کوتاه بیایم. خدای نکرده مسئول حوزه بودم و به نوعی نماینده و سفیر حزب در این واحد کوچک سازمانی. باید اتوریته خودم را اعمال می‌کردم. با جدیت تمام از او خواستم که فحاشی به رهبران انقلاب و روحانیت را متوقف کند. با تعجب به من خیره شد انگار به دشمن اش نگاه می‌کرد. گفت " تو نماینده حزب هستی یا وکیل مدافع آخوندها؟! از کی تا حالا رفقای مسئول حزبی وکیل مدافع این ولدالزناها شده‌ان؟ شما می‌دونین اینها در این سال‌ها که شما در خارج تشریف داشتین بر سر ما و مردم ما چه آوردن که حالا زیر قباشون قایم شدین و از اونها برای ما حرف می‌زنین؟"

او ادامه داد: "رفیق، تو جوان تر از اینها هستی که سیاست حزب را بفهمی. دفاع حزب از آخوندها فقط ظاهریه! حالا که همه مردم پشتیبان اونها هستن و زیر بیرق اونها سینه می‌زنن، حزب نمی‌تونه چاک دهنش رو باز کنه و هرچی میخواد نثار این مادرجنده‌ها بکنه. اما در حوزه حزبی که این حرفها رو نداریم!"

بدبختانه همه رفقای دیگر درمیان این بحث و جدل یا ساکت بودند و یا در تایید فرقانی سرتکان می‌دادند. من اما با باور به سیاست حزب و اینکه سیاست دفاع ما از انقلاب سیاستی واقعی و در جهت هدف‌های استراتژیک ما در راستای درهم کوبیدن پایگاه‌های امپریالیسم در ایران و منطقه بود، کمترین شکی نداشتم و به هیچ عنوان قرارم این نبود که حالا چون رفقا کارگر هستند و یا دو برابر سن من عضو حزب بوده اند، در مقابل آنها کوتاه بیایم. با حالتی بسیار جدی گفتم "رفقا، اجازه بدین این بحث رو تمام کنیم و جلسه را رسما شروع کنیم." هنوز حرفم تمام نشده بود که اوستا رحیم به رضوان اشاره کرد که "چی شد؟!؟"

متوجه نشدم. رضوان بلند شد و از اتاق بیرون رفت و چند دقیقه بعد با یک بطری عرق و چند استکان و کمی ماست و خیار و نان و چند قوطی تن ماهی شیلات شمال وارد اتاق شد. شوکه شده بودم. حالا چکار باید می‌کردم. چند لحظه‌ای خشکم زد. در همین حین رضوان استکان‌ها را پر از عرق کرده بود. همه برداشته بودند جز من. فرقانی با همان نگاه تحقیرآمیزش به من نگاه می‌کرد. شاید انتظار نداشت که من بچه محصل و شاید از نظر او سوسول، عرق خوری هم یاد داشته باشم. استکان را برداشتم و قبل از همه آنها به سلامتی حزب، انقلاب و اولین جلسه حوزه حزبی و به گرامیداشت همه رفقایی که مبارزه آنها امکان حضور دوباره حزب را در مملکت فراهم کرده بود، بالا رفتم. فرقانی انگار

کمی جا خورد. حالتی تحسین آمیز در چشمان اش دیدم. نمی‌توانست جلوی خودش را بگیرد. با حالتی شوخی وار و با تمسخر گفت "فکر نمی‌کردم با این همه عشق و علاقه ات به آخوندها، عرق خور هم باشی! فکر نکردی خدای نکرده رهبران انقلاب خوششون نیاد؟ یادت باشه در گزارش حوزه چیزی ننویسی که مسئول حزبی ات ازت دلخور بشه!"

اوستا خلیل با نگاهی عصبی به فرقانی گفت "معمار، دست وردار. این جوون رو اینقدر اذیت نکن. اینها جوون هستن. مثل همون روزها که ما جوون بودیم. حزب روی پای جوون‌ها می‌چرخه! من و تو که پیر و فرسوده شدیم. اینها کم کم تجربه پیدا می‌کنن. از ما زرنگ تر نباشن، خرفت تر نیستن. تحصیلکرده و درس خونده‌ان. از تاریخ خبر دارن. اینها نسل فیدل کاستروآن."

اوستا خلیل به کمک‌ام آمده بود. فرقانی در مقابل لهجه غلیظ آذری او، سوابق سیاسی و مبارزاتی او و اعتقاد راسخ او به حزب و صدای محکم و پرصلابت و دست‌های گنده‌اش که موقع حرف زدن با حرارت بالا و پایین می‌رفتند، حتی کلمه‌ای حرف برای گفتن نداشت. سکوت کرده بود. در همین اثنا هنوز استکان بعضی از آنها نصفه خالی بود که شیشه عرق را برداشتم و استکان خودم را پر کردم و اینبار به سلامتی اوستا خلیل خوردم.

مترصد فرصتی بودم که جلسه را شروع کنم. گفتم "رفقا، اجازه هست؟"

اوستا رحیم گفت "چه عجله‌ای داری؟ بذار یک کمی‌حال کنیم."

به نظرم می‌رسید هیچ کدام از آنها حوصله جلسه رسمی را نداشتند. شاید هم اصلا تجربه جلسه حوزه را آنگونه که در فکر من بود نداشتند. شاید قدیم‌ها حوزه طور دیگری اداره می‌شده و شاید هم -همانطور که بعدها فهمیدم - تمام این سالهای دوری از حزب و جدایی را اینها در محافل کوچک با همین حال و هوا گذرانده بودند. عرق خورده بودند و از آرزوهای خیالی خود، همان سوسیالیسم تخیلی، گپ زده بودند. یاد صحنه ای از سفرم به تبریز افتادم.

تابستان سال ۱۳۵۵ بود. رفته بودم تبریز. خواهرم تازه با سعید که از هواداران حزب بود و شیفته و کشته فرقه چی‌های آذربایجان و اهل تبریز بود ازدواج کرده بود. بدون هیچ مراسمی. هردوی آنها در هندوستان دانشجو بودند. ما تابستان آن سال برای دیدار و آشنایی خانوادگی همگی به تبریز رفتیم. فکر می‌کنم جمعه بعد از ظهری بود که رفته بودیم شاهگلی.

مشروب حسابی خورده بودیم که قدم زنان راه افتادیم. یادم نیست چقدر طول کشید که رسیدیم به محلی که بقایای استخر مانندی در آنجا بود. سعید می‌گفت این باقی مانده پروژه آبرسانی است که در دوران حکومت فرقه درزمان پیشه وری در آذربایجان در دست احداث بوده و پس از سرکوب فرقه و فرار رهبران آن، پروژه متوقف شده بود. عده‌ای از فرقه چی‌های قدیمی نزدیک همان استخر نشسته بودند. ۵ یا ۶ نفر بیشتر نبودند. سن و سالی از آنها می‌گذشت. تقریبا هم سن و سال همین رفیق احمد فرقانی بودند که امروز در جلسه کنارش نشسته بودم و چپ و راست به من گیر می‌داد. آنها رو به استخر و به یاد

دوران حکومت فرقه و به یاد رفقای از دست رفته شان عرق می‌خوردند، ساز می‌زدند و آواز می‌خواندند. گویا سال ها بود که به عشق فرقه هر از چند گاهی و یا شاید هر هفته این مراسم را داشتند. یک لحظه به نظرم رسید که احتمالا حالا همان‌ها هم در جلسه‌های حزبی در تبریز جمع شده اند و شاید هنوز هم هر هفته می‌خواستند به عادت آن دوران استکان عرقی خورده، آوازی بخوانند، سازی بزنند و یاد گذشته‌های خوش خود و رفقاشان را دوباره زنده کنند.

حالا با دیدن این رفقا و استکان‌های عرق و یاد آوری روزهای گذشته به یاد آن روز در اطراف تبریز افتادم. باید می‌فهمیدم که این دسته از رفقای ما از طریق همین جلسه‌ها و به همین شکل بیش از دو دهه عشق به حزب و سوسیالیسم و مبارزه را در سینه‌های خود نگه داشته بودند و حالا طبیعی بود که حاضر نبودند فضای آن جلسه‌ها را با بحث‌های خسته کننده، آن هم در دفاع از روحانیت و رهبری انقلاب اسلامی، خراب کنند. شاید اگر من هم تجربه آنها را داشتم، همان کار را می‌کردم. برای آنها حزب بیشتر از اینکه امروز چه می‌گفت، آن خاطره‌ای بود که آنها از دوران خوش جوانی به یادگار در دل نگاه داشته بودند. به هر حال نمی‌خواستم در اولین جلسه، آنها در ذهن خود از من تصویر یک جوان سوسول تحصیل‌کرده را که آمده همه خاطره‌های آنها را در هم بریزد و مدافع آخوندها هم هست، بسازند. پس کمتر حرف زدم و به آنها گوش کردم. پا به پای آنها نشستم و عرق خوردم. اوستا خلیل با صدای زیبایش برایمان آذری خواند و فرقانی تا جایی که جا داشت به آخوندها، رهبران انقلاب، دین و مذهب فحش داد و بد و بیراه گفت و هرجا هم که جا داشت متلکی به من انداخت. ساعت از ۱۰ شب گذشته بود. باید به خانه برمی‌گشتم. از رضوان خواهش کردم که اگر ممکن است ما را به شهر برگرداند. قرار جلسه بعدی را گذاشتم. هفته بعد، همان روز و همان ساعت، باز هم در خانه آقا رضوان.

آقا رضوان همه ما را سوار ماشین کرد. این بار با ماشین دیگرش به شهر برگشتیم. آنقدر عرق خورده بودم که در تمام مسیر برگشت هر لحظه احساس می‌کردم که دارم پس می‌آورم. اگر استفراغ می‌کردم آبرویم می‌رفت. حتما فرقانی یک متلک جدی باز نثارم می کرد. هر جور بود جلوی خودم را گرفتم. یک کلمه حرف نزدم. در مسیر به سه راه راهنمایی در خیابان احمدآباد که رسیدیم از رضوان خواستم که ماشین را نگه دارد تا پیاده شوم. از آنجا تا خانه ما که آن روزها در خیابان آبکوه بود، راه زیادی نبود. در عین حال به هوای تازه احتیاج داشتم. پیاده شدم. به طرف خانه می‌رفتم. تازه یادم آمد که اگر کمیته چی‌ها که شب‌ها جلوی مسجد محله بودند و یا در خیابان‌ها گشت می‌زدند در این حال مستی دستگیرم کنند، چه آبرو ریزی خواهد شد!

از داخل میلان‌های خیابان راهنمایی به طرف خیابان کاتب پور رفتم و از آنجا به میلان گیتی خودمان رسیدم.

وقتی به خانه رسیدم، همه خواب بودند. آهسته در گوشه اتاقی که به آن اتاق مهمان می‌گفتیم، خزیدم و در فکر جلسه بعدی بودم که چگونه پیش خواهد رفت که خواب به سراغام آمد.

فعالیت‌های کارگری

تقریبا اواسط سال ۱۳۵۸ بود که از طریق خسرو مطلع شدم که نمایندگان شوراهای تازه تاسیس شده کارگری هفته‌ای یک بار در روزهای سه شنبه ساعت ۶ بعد از ظهر در محل سابق دفتر سندیکاهای کارگری مشهد دور هم جمع می‌شوند و در مورد نقش شوراهای کارگری در بسیج کارگران برای دفاع از حقوق شان صحبت می‌کنند.

خسرو دانشجوی دانشکده مهندسی دانشگاه کار بود و من هم مسئول حوزه اش بودم. خسرو پسرخاله‌ای داشت به نام حبیب که در مشهد یک مغازه کلاهدوزی داشت. آنها در نزدیکی چهارراه لشکر درست در جنب پادگان مشهد که چندین خیاطی که کارشان دوخت و دوز لباس‌های سربازی و نظامی بود مشغول بودند. حبیب با اینکه خود صاحب مغازه بود ولی در آن جلسات به اتفاق خسرو به عنوان نماینده کارگران کلاهدوز شرکت می‌کرد. من که شیفته کار با کارگران بودم، به محض اطلاع از این جلسه همان هفته به اتفاق خسرو به آنجا رفتم. دراولین جلسه خودم را به عنوان کارگر کتابفروشی معرفی کردم. زیاد هم دروغ نمی‌گفتم، مغازه پدرم را مدتی بود که کتابفروشی کرده بودم و خودم هم آنجا کار می‌کردم. گرچه صاحب مغازه بودم ولی در عین حال از آنجا که مغازه مال پدرم بود، می‌گفتم که کارگر او هستم. بهرحال مجبور بودم دروغی سرهم کنم وگرنه در آن جمع جایی نداشتم. جلسه پرشروشوری بود.

عده‌ای جمع شده بودند که هر کدام خود را نماینده کارگران صنفی معرفی می‌کردند. من هم شده بودم نماینده کارگران کتابفروش مشهد، و خوشبختانه هیچ کس دیگری هم در آن جمع ادعای کارگر کتابفروشی بودن را نداشت. اصلا کارگران کتابفروشی‌ها در مشهد فاقد سندیکا و یا شورای کارگری بودند. پس کسی ادعای مرا رد نکرد. تازه هیچ کس هم نمی‌دانست که راست می‌گویم یا دروغ.

تقریبا همه کسانی که آنجا بودند تمایلات سیاسی داشتند و بیشتر بحث‌ها و درگیری‌های لفظی هم در این جمع نه پیرامون مسائل کارگری که معطوف به مباحث سیاسی مربوط به شوراها و سندیکاهای کارگری بود که احزاب و سازمان‌های سیاسی چپ در آن سال ها سخت درگیر آن بودند. در کوران انقلاب بحث شوراهای کارگری سخت بالا گرفته بود. خیلی از چپ‌ها تحت تاثیر تجربه انقلاب اکتبر و نقش شوراها در بسیج کارگران و تسخیر قدرت از طریق شوراها به دنبال توسعه انقلاب به مرحله جدید – دمکراسی خلقی به گفته مائوئیست‌ها، و سوسیالیستی به گفته بعضی دیگر از گروه‌های چپ – بودند.

در آن جلسه چندین نفر به اسم رضا حضور داشتند. یکی من بودم، نماینده قلابی کارگران کتابفروشی، دو رضای دیگر خود را نمایندگان دو شرکت بزرگ صنعتی در مشهد معرفی می‌کردند. یکی خود را نماینده شرکت نساجی تیم و دیگری خود را نماینده یک شرکت نساجی دیگر معرفی می‌کرد. هردو آنها بعدا معلوم شد که مثل من دروغ می‌گفتند، آنها نیز نماینده شوراها در آن جمع نبودند گرچه یکی از آنها عضو شورای کارخانه تیم بود که از قضا یکی از رفقای ما هم به نام نوروز نیز عضو همان شورا بود.

تنها نماینده واقعی کارگری، نماینده کارگران خیاط بود که مسئول سندیکای آنها در مشهد بود و به سازمان مجاهدین خلق گرایش داشت.

من و حبیب و خسرو تنها توده‌ای‌های آن جمع بودیم. کم کم بعضی دیگر از رفقای ما و افراد جدیدی از گروه‌های دیگر به آن جمع اضافه شدند. پس از مدت ها بحث و صحبت برسر اینکه آیا شورا بهتر است و یا سندیکا، همه پذیرفتیم که "شورا" در فضای انقلاب بیشتر پذیرفتنی است و شاید هم با توسل به سوره قرآنی «و امرهم شوری بینهم» که در نظر مسلمانان انقلابی به معنای این بود که در امور دنیوی با مشورت کار را به پیش ببرید، از اهمیت خاصی برخوردار بود. البته روشن بود که مقصود چپ‌ها از شورا چیز دیگری بود. ولی بهرحال بحث شورا در محیط‌های کارگری با اسقبال بیشتری روبرو می شد.

همه جا صحبت از شورا بود، از شورای انقلاب و مجلس شورا گرفته تا شوراهای کارگری و دهقانی. تقریبا در هر موسسه و یا سازمانی و در همه ارگان‌ها به جای هیات مدیره از نام شورا استفاده می‌کردند. شورای فرماندهی سپاه پاسداران انقلاب اسلامی، شورای مرکزی جهاد سازندگی، شورای مرکزی کمیته‌های انقلاب و هزار شورای دیگر.

حزب اما در آن سال ها با توجه به تجربه گذشته تشکل‌های کارگری در ایران و دیگر کشورهای پیشرفته صنعتی، بدنبال تشکیل سندیکاهای کارگری بود. یعنی نهادهایی صنفی که هدف آنها نه دخالت در امور سیاسی، بلکه متشکل کردن کارگران و زحمتکشان حول خواسته‌های صنفی آنها بود. حزب بر این اعتقاد بود که طبقه کارگر را می‌توان در ابعاد وسیع‌تری حول خواست‌ها و مطالبات صنفی آنها متشکل کرد و نه حول مسائل حاد سیاسی روز که دیگر گروه‌های سیاسی چپ با تشکیل شوراهای کارگری به دنبال آن بودند.

شوراها اما در عمل در بیشتر موارد همان نقش سندیکاها و اتحادیه‌های کارگری را بازی می‌کردند و شاید بیشتر دعوا بر سر اسم بود تا مضمون فعالیت شورایی یا سندیکایی. ما در آن جلسات پذیرفته بودیم که باید از هر دو تشکل به هر نامی که دارند، از آنجا که به سازماندهی زحمتکشان در مبارزه برای مطالبات صنفی و گاه سیاسی روزانه آنها کمک می‌کند، استقبال کرد و دعوای شورا و سندیکا را کنار گذاشته بودیم.

کم کم کار ما رونق پیدا کرده بود. من نیز با شرکت فعال در آن جلسات و گذاشتن وقت کافی، در حالی که از همه آنها جوان تر بودم موقعیت خوبی کسب کرده بودم. تقریبا بیشتر افراد شرکت کننده در این جلسات بالای سی سال سن داشتند.

ما برای خودمان چند مسئولیت تعریف کرده بودیم. مهمترین آنها رفتن به کارخانه‌ها بود و تشویق کارگران به ایجاد تشکل‌های خود و انتخاب شوراها در محیط‌های کار. کار دیگر ما این بود که کارگران را از حقوق و مزایای جدیدی که شورای عالی کار برای آنها به تصویب می‌رساند، آگاه کرده و اگر کارفرمایان حاضر به پرداخت حقوق و مزایای جدید نبودند، کارگران را تشویق به شکایت برای گرفتن حقوق قانونی خود کنیم. برای این کار از آنها می‌خواستیم که در صورت امکان، شورایی انتخاب کنند و نماینده شورا را برای همکاری با ما به جلسات هفتگی ما بفرستند. اگر امکان شکل گیری شورا نبود، از آنها می‌خواستیم که دست کم نماینده‌ای انتخاب کرده و او را برای شرکت در جلسات ما بفرستند. شورای عالی کار در آن زمان حداقل دستمزد را ۵۶۷ ریال در روز اعلام کرده بود. این در حالی بود که در بسیاری از کارخانه‌ها و مراکز تولیدی و خدماتی هنوز

کارگران یا دستمزد قدیم را که ۲۱۷ ریال بود دریافت می‌کردند و یا حتی از آن هم کمتر حقوق می‌گرفتند.

ما درصورتی که متوجه می‌شدیم که کارگران در واحدی از دستمزد و مصوبه جدید شورای عالی کار برخوردار نیستند، برای آنها شکایتی تنظیم کرده و آن را به اداره کار می‌فرستادیم. معمولا کارفرمایان هیچ کدام به خودی خود حاضر به پرداخت دستمزد جدید نمی‌شدند و این کار به هیات حل اختلاف می‌کشید. هیات حل اختلاف متشکل بود از نماینده اداره کار، نماینده کارفرما، نماینده استانداری، نماینده دادگستری، و کارگر شاکی. اداره کار نماینده کارفرما را می پذیرفت، اما نماینده کارگر را به رسمیت نمی‌شناخت و با کارگران فقط به صورت شخصی حاضر به مذاکره بود.

از آنجا که کارگران بویژه در واحدهای کوچک نماینده‌ای نداشتند و یا اگر داشتند، این نماینده یا بیسواد بود یا اصلا نمی‌توانست در جلسه از خودش دفاع کند، ما در جلسات هفتگی خود تصمیم گرفتیم که نماینده‌ای انتخاب کنیم که به عنوان نماینده کارگران یا وکیل آنها در جلسه هیات حل اختلاف شرکت کرده و آنها را نمایندگی کند. اداره کار نمایندگی کارگران را نمی‌پذیرفت. از این رو ما نه به عنوان نماینده، که به عنوان وکیل کارگران در آن جلسات شرکت می‌کردیم، همانطور که نماینده کارفرما — که یا خود او بود و یا وکیل او- در جلسه حضور داشت.

از آنجا که بیشتر دوستان عضو این شورا بسیار رادیکال بودند و به مذاکره با هیات حل اختلاف باور نداشتند و آن را تحت عنوان چک و چانه زدن با کارفرما و یا نمایندگان حکومت محکوم می‌کردند، در میان آنها هیچ تمایلی به شرکت در جلسات حل اختلاف وجود نداشت. شاید دلیل دیگر آن هم این بود که آنها واقعا کارگر بودند و امکان حضور در جلسه‌های هیات حل اختلاف را که معمولا در ساعات اداری وسط روز برگزار می‌شد، نداشتند. این دو دلیل باعث شده بود که من که هم وقت کافی داشتم و هم داوطلب این کار بودم، به نمایندگی از طرف این شورا برای نمایندگی کارگران در هیات حل اختلاف انتخاب شده و با سمت وکیل کارگران در جلسات هیات حل اختلاف در اداره کار مشهد شرکت کنم.

ما در مدت کوتاهی موفق شدیم به تعداد زیادی از کارخانه‌ها در مشهد رفته و بسیاری از کارگران را تشویق به تشکیل شورا کنیم. در همین حال متوجه شدیم که در بسیاری از کارخانجات بخش خصوصی، بویژه کارخانجات مربوط به صنایع غذایی و کمپوت سازی، میزان دستمزد کارگران نه تنها ۵۶۷ ریال نیست که حتی همان دستمزد سابق را هم که ۲۱۷ ریال بود، به کارگران نمی‌دادند. در بسیاری از موارد دستمزد کارگران زن و دختربچه هایی که در این کارخانجات کار می‌کردند حتی زیر ۱۵ تومان، یعنی کمتر از ۱۵۰ ریال در روز بود.

حسابی سرگرم شده و کلی کیف می‌کردم از اینکه حالا مستقیم با کارگران در تماس بودم. در این مدت چندین شکایت برای آنها تنظیم کردم و به عنوان نماینده و وکیل آنها در کنارشان در اداره کار دنبال کار آنها را گرفتم. در عین حال به طور مرتب گزارش کار را در جلسه هفتگی شورای هماهنگی به دیگر اعضاء نیز می‌دادم. تمام سعی‌ام این بود که

حداقل یک نماینده از میان همان کارگرانی که برای آنها شکایت تنظیم می‌کردیم، در جلسه‌های هفتگی ما شرکت کند. اما متاسفانه از آن جا که این کارگران عموما زن بودند، معمولا امکان حضور در جلسات ما را نداشتند. در بیشتر موارد این گروه از کارگران زن و دختربچه که همگی اهل یک محله در یکی از دهات یا شهرک‌های اطراف مشهد بودند، همگی با یک مینی‌بوس صبح به سرکار رفته و غروب به خانه‌های خود باز می‌گشتند. اگر مجبور می‌شدیم به هر دلیلی یکی از آنها را به جلسه بیاوریم، باید خودمان به دنبال آنها می‌رفتیم. بعدا در چندین مورد بی‌بی و فاطمه خانم را خودم با موتور به این جلسه‌ها آورده و به خانه هایشان بازگرداندم.

متاسفانه در بیشتر موارد، بعد از حضور ما در کارخانه‌ها و تشکیل شورا و یا انتخاب نماینده کارگران، کارفرما همان روز اعضای شورا و یا نماینده را از کار اخراج می‌کرد. در صورتی که شکایت قانونی در رابطه با کمبود دستمزد و یا ساعات کار تنظیم می‌کردیم و کارفرما خبردار می‌شد، به سرعت همه کارگران را اخراج می‌کرد. اکثریت قریب به اتفاق کارگران زن و دختر در این کارخانه‌ها با اینکه سال‌ها در آنجا مشغول کار بودند، ولی نه کارگر رسمی محسوب می‌شدند و نه بیمه داشتند. آنها حتی مجبور به تغییر نام خود برای ادامه کار بودند. کارفرمایان زیرکانه هر هشتاد روز یک بار لیست کارگران را تغییر داده و همان کارگران قبلی را به اسامی دیگری در لیست‌های خود می‌گذاشتند. این کار به چند دلیل صورت می‌گرفت. اولا هر بار ماموری از اداره کار به این کارخانه‌ها مراجعه می‌کرد عملا با لیستی از کارگران جدید مواجه می‌شد که کمتر از ۹۰ روز سابقه کار داشتند و از این جهت آنها همیشه کارگر فصلی محسوب شده و از هیچ مزایایی برخوردار نمی شدند. اما از همه مهمتر این بود که در صورتی که کارگر به هر دلیلی از کارفرما شکایت می‌کرد، هیچ دلیل و مدرکی دال بر اثبات مدت زمان و تعداد سال ها و ماه های خدمت خود نداشت که ارائه کند. از این رو کارگر در صورت اخراج از کار نمی‌توانست مدعی خسارت اخراج شود. پس از انقلاب، شورای عالی کار مصوبه‌ای را به تصویب رسانده بود که در صورتی که کارفرما، کارگری را از کار اخراج می‌کرد، باید مبلغی معادل یک ماه و نیم دستمزد در ازای هر یک سال خدمت به او می‌پرداخت. مثلا اگر کارگری دو سال در کارخانه‌ای کار کرده بود، در صورت اخراج مبلغی معادل دستمزد ۹۰ روز کار به او تعلق می‌گرفت. تغییر اسم کارگران در هر ۹۰ روز حقه کثیفی بود که کارفرمایان با به کار بردن آن همان گروه کارگران را همیشه تحت عنوان کارگر فصلی به اسامی‌گوناگون به کار گرفته و همه حق و حقوق قانونی آنها و از جمله مزایای اخراج آنها را در صورت اخراج از کار پایمال می‌کردند.

مشکل اصلی ما در پیشبرد شکایت کارگران زن و دختر در کارخانه‌های مواد غذایی همین مساله بود که نمی‌توانستیم سابقه خدمت آنها را ثابت کنیم که بر مبنای آن حساب کنیم که پس از اخراج چه میزان و چقدر حق اخراجی به آنها تعلق می‌گیرد.

پس از مدت‌ها سروکله زدن با کارگران زن، بالاخره یکی دو راه به نظرم رسید که از آن طریق می‌توانستم ثابت کنم که کارفرما کلک می زند. حداقل ثابت می‌کردم که ادعای او مبنی براین که کارگران کمتر از ۹۰ روز سابقه کار داشتند دروغ محض است.

بهترین راه مقایسه لیست‌های پرداختی حقوق بود. کارگران در بسیاری موارد پس از دریافت حقوق روزانه خود باید کاغذی را امضا می‌کردند. از آنجا که اکثر آنها بیسواد بودند، در ازای رسید پول، پای کاغذ را انگشت می‌زدند. گرچه که اسامی آنها در این لیست‌های پرداخت حقوق در هرچندماه فرق می‌کرد، ولی در همه این لیست‌ها اثر انگشت‌ها یکی بود و همین را به عنوان دلیلی بر سابقه کار آنها استفاده می‌کردم. من در شکایت‌ها مدعی می‌شدم که کارفرما از پرداخت حقوق خودداری کرده و او را مجبور می‌کردم که مدرکی جهت ثابت کردن پرداخت حقوق‌ها در همه ماه‌های گذشته به هیات حل اختلاف ارائه نماید. کارفرمایان طبق قانون موظف بودند که لیست پرداختی حقوق را نگه دارند. این لیست پرداختی برای کارفرما سندی بود که نشان می‌داد کارگران کمتر از سه ماه کار کرده و فصلی محسوب می‌شدند. من اما با مقایسه لیست‌های چند دوره نشان می‌دادم که گرچه اسامی متفاوتی در لیست‌ها وجود داشت ولی اثر انگشت‌ها و امضاها در همه لیست‌ها مشابه بود و به این ترتیب ثابت می‌کردم که کارگران بیشتر از مدت ۳ ماه در آن کارخانه کار کرده‌اند، گرچه با نام‌های متفاوت. بنابراین نباید کارگر فصلی محسوب شوند و حقوق و مزایای اخراج باید به آنها تعلق گیرد.

راه دوم این بود که باید شاهدی پیدا می‌کردیم که شهادت دهد. در این موارد از کارچاق‌کنی که کارگرها را جمع کرده و به کارخانه‌ها می‌گرفتیم و یا از راننده‌های مینی‌بوس‌ها که آنها را از محل زندگی به کارخانه می‌بردند. آنها شهادت می‌دادند که این کارگرها را مثلا مدت بیش از یک سال است که به کارخانه کمپوت سازی مجد می‌بردند. مشکل اما این بود که هیچ وقت ما نمی‌توانستیم میزان دقیق ماه‌ها و روزهای کاری آنها را حساب کنیم. اولا کارگرها خیلی مرتب و منظم هر روز و هرماه سرکار نمی‌رفتند. دوم اینکه در بعضی موارد روزی یک خواهر و روز دیگر خواهری دیگر بجای اولی سر کار می‌رفت. گاه همسایه‌ای به جای همسایه خود که مریض شده بود و یا دوران حاملگی را می‌گذراند، سرکار رفته بود. به این ترتیب عملا استمرار کاری از بین رفته بود. ولی به هرحال پی گیری ما و خوشبختانه جو انقلاب و فضای حمایت از مستضعفان و حضور چند کارمند باوجدان در اداره کار که در جلسات هیات حل اختلاف حاضر می‌شدند، در بسیاری از موارد به کمک می آمد و به پیروزی کارگران در این جنگ و دعوا ها منجر می گردید.

من به عنوان نماینده شورا در اداره کار و هیات حل اختلاف سخت مشغول بودم و از این کار نه تنها لذت می‌بردم که عاشق آن بودم. در آن زمان این موقعیتی بود که بقیه بچه‌های چپ آرزوی آن را داشتند. نه تنها هر روزه با کارگران در تماس بودم که نقش نماینده و وکیل آنها را هم بازی می‌کردم. این موقعیت دلیل اصلی آن شد که من پست شعبه کارگری حزب را بگیرم، چرا که هیچ کس دیگری چنین تجربه‌ای را نداشت. کار با کارگران نه تنها به افزایش اطلاعات من نسبت به وضعیت زندگی کارگران کمک کرده بود که به انباشت دانش من در زمینه قوانین کار و تامین اجتماعی نیز کمک می‌کرد و در حقیقت دید مرا به مساله کار و کارگر و محیط کار بسیار واقع بینانه و تا حدود زیادی کارشناسانه کرده بود.

در این شورا با کارگران زیادی آشنا شدم که بعدها بسیاری از آنها را جلب فعالیت حزبی کردم و آنها به عضویت حزب در آمدند.

بی‌بی و فاطمه خانم

قشنگ ترین خاطره‌ام از آن دوران آشنایی با بی‌بی و فاطمه خانم است. بی‌بی و فاطمه خانم سرکارگرهای کارخانه کمپوت سازی بودند که پس از رفتن به کارخانه آنها متوجه شدم که متوسط دستمزد همه آنها زیر ۱۵۰ ریال در روز بود، یعنی حتی کمتر از یک سوم حداقل دستمزد رسمی کشور.

آنها در کارخانه‌ای در چند کیلومتری مشهد در جاده سنتو کار می‌کردند. اسم آن کارخانه کمپوت سازی شادان بود. یکی از همان روزهای خوش زندگی بود که در نزدیکی های ظهر با موتورم به آن کارخانه رفتم. موتورم را دم در کارخانه به جک زدم و وارد کارخانه شدم. به نگهبان دم دروازه کارخانه خودم را نماینده شورای هماهنگی شوراها و سندیکاهای شهر مشهد و نماینده آن شورا در وزارت کار معرفی کردم. او که از عنوان پرطمطراق من فقط «وزارت کار» را شنیده بود، به خیال اینکه نماینده اداره کار هستم، به داخل دفتر رفت و با کارفرما صحبت کرد و پس از چند دقیقه که پشت دروازه منتظر ماندم اجازه داد وارد کارخانه شوم. در راه ورود به دفتر کارخانه از او خواستم که کارگران را در محلی جمع کند که برای آنها سخنرانی کنم. او هنوز تصور می‌کرد که جهت بازرسی از کارخانه آمده‌ام و اصرار داشت که مرا برای صرف چای به دفتر کارخانه ببرد. ولی اصرار او فایده نکرد. مدیر کارخانه که از قضا صاحب کارخانه هم بود از دفترش بیرون آمد و پس از حال و احوال، جویای نام و مسئولیت‌ام در اداره کار شد. به او گفتم که نماینده شورای هماهنگی در اداره کار هستم و نماینده کارگران در هیات حل اختلاف. او هنوز متوجه نشده بود که جریان چیست. مطمئن بودم که اسم شورای هماهنگی و نماینده آن در هیات حل اختلاف تا آن زمان به گوش‌اش نخورده بود. پس از معرفی، از من پرسید که برای چه کاری به کارخانه آمده‌ام که در پاسخ به او گفتم که برای ایجاد شورای کارگری و تعیین نماینده آمده‌ام و باید که با همه کارگران در یک محل صحبت کنم، قدم زنان با هم به طرف سالن اصلی کارخانه می‌رفتیم. سالنی که در قسمت‌های مختلف آن حداقل سی نفر زن و دختر کم سن و سال و چند مرد مشغول کار بودند.

وارد سالن که شدیم با صدای بلند فریاد زدم که "خواهران و برادران کارگر، لطفا چند دقیقه کار را تعطیل کنین!"

توجه همه آنها جلب شد. همه دور من جمع شدند. برای آنها از اهمیت شورا و اینکه پس از انقلاب شورا چه اهمیتی دارد صحبت کردم. چند جمله‌ای هم از صحبت‌های آقای طالقانی را که یکی از محبوب ترین شخصیت‌های انقلاب بود و به تازگی فوت کرده بود، درباره اهمیت شورا برایشان نقل کردم.

زنده یاد آیت‌الله طالقانی از طرفداران پروپا قرص تشکیل شوراها بود و در نماز جمعه‌ای نبود که از شورا صحبت نکند. کم کم وارد بحث حقوق و مزایای کارگران شدم و اینکه اگر شورا داشته باشند و یا نماینده‌ای انتخاب کنند می‌توانند به جلسه‌های ما بیایند و ما به آنها کمک خواهیم کرد که شکایت خود را بر علیه کارفرما تنظیم کنند.

همین جا بود که تازه صاحب کارخانه گوشی دستاش و شصتاش خبردار شد که چه کلاهی سرش رفته و دست مرا گرفت و به حالتی زننده مرا به طرف در سالن کشید. من اعتراض کردم و او فریاد می‌زد که : "کمونیست خداشناس، گورت رو گم کن! الان به کمیته تلفن می‌کنم."

در همین اثنا بود که فاطمه خانم جلو آمد و فریاد زد: "حاجی، ولش کن! بذار حرفشو بزنه."

حاجی در جوابش گفت: "فاطمه، این کارها به تو مربوط نیست!"

فاطمه عقب رفت و پس از چند لحظه دوباره به طرف ما آمد و گفت: "حاجی، بذار بنده خدا حرفشو بزنه. این جوون اومده اینجا ما رو راهنمایی کنه. دیدی که از قرآن و انقلاب میگه. چرا بهش میگی خداشناس؟!"

چند تن دیگر از کارگرها هم جمع شدند. خلاصه حاج آقا کوتاه آمد. من صحبت را کوتاه کردم و آدرس دفتر را به فاطمه خانم دادم و از او خواهش کردم که حتما سری به ما بزند. در ضمن از او پرسیدم که کجا زندگی می‌کند. او ساکن محله‌ای در جاده سرخس بود که به قلعه ساختمان معروف بود.

آن هفته در جلسه ما از فاطمه خانم خبری نشد. اما خودم یک روز بعد از ظهر به قلعه ساختمان رفته و پرس و جو کنان خانه او را پیدا کردم. دمدمای غروب بود که مینی بوس آنها وارد شد و او را به همراه بی‌بی و چند کارگر دیگر دیدم. جلو رفته و سلام کردم و از او پرسیدم که چرا به دفتر ما نیامده است.

او مرا به خانه‌اش دعوت کرد. چای دم کرد و از وضع کارخانه گفت و اینکه چندسالی بود که در آنجا کار می‌کرد و چقدر حقوق می‌گرفت. فاطمه خانم و بی‌بی هر دو سرکارگر بودند و همه کارگران محله را آنها جمع و جور کرده و به سرکار می‌بردند. برای فاطمه خانم از قوانین جدید و از حداقل دستمزد جدید گفتم و اینکه اگر شکایت کنند، حداقل دستمزد آنها به ۵۶۷ ریال افزایش یافته و حتی اگر کار خود را از دست بدهند، به ازای هر سال کار حداقل یک ماه و نیم حقوق دریافت خواهند کرد. فاطمه خانم خودش چهارسال سابقه کار داشت. با حسابی سرانگشتی به او گفتم که حتی اگر اخراجش کنند، کارفرما باید بیشتر از هشت هزارتومان به او بدهد. پس به نفع اوست که آنها را اخراج نکند، برایش توضیح دادم که حداقل کاری که شکایت برای آنها می‌کند اینست که کارفرما را مجبور خواهد کرد که حقوق آنها را مطابق حداقل دستمزد جدید بپردازد و شاید هم اداره کار او را وادار کند که مابه التفاوت دستمزد کنونی آنها و حداقل دستمزد را، تا آنجا که امکان بیرون کشیدن سوابق آنها از ابتدای انقلاب تا کنون باشد، بپردازد. یعنی اینکه اداره

کار احتمال داشت که کارفرما را وادار کند که مابه‌التفاوت دستمزدهای قبلی را با حداقل دستمزد رسمی قدیم که ۲۱۷ ریال بود، برای سنوات گذشته بپردازد.

پس از اینکه کمی گپ زدیم و یکی دو تا چای دو خوردیم، فاطمه دختری را به دنبال بی‌بی فرستاد و بی‌بی و هر دو دخترش که آنها هم کارگر همان کارخانه بودند به اتاق فاطمه خانم آمدند. فاطمه خانم در خانه کوچکی زندگی می کرد که حیاط بسیار کوچکی داشت و دور آن پنج شش اتاق کوچک ساخته شده بود که فاطمه دو اتاق آن خانه را در اختیار داشت که با یک راهرو بسیار کوچک از هم جدا می شدند. در وسط همین حیاط کوچک حوض دایره شکلی بود که همه مستاجرین آن خانه در کنار همان حوض لباس ها و ظرف های خود را می شستند و تنها شیر آب خانه در کنار همان حوض بود. همه از همانجا آب برای غذا و چای درست کردن بر می داشتند، رخت و لباس خود را می شستند و وضو می گرفتند و در عین حال آفتابه خود را پیش از رفتن به مستراح از همان آب پر می کردند. پس از کمی صحبت با حضور بی بی و دخترهاش ما همانجا تصمیم گرفتیم که فردا بی‌بی کارگران کارخانه را تشویق کند که فاطمه خانم را به عنوان نماینده انتخاب کرده و او را به شورای سندیکاها و شوراهای کارگری معرفی کنند و همگی نیز زیر کاغذی را که همانجا من برایشان تنظیم کردم، انگشت زده و به فاطمه خانم وکالت دهند که شکایت آنها را برای گرفتن حداقل دستمزد جدید دنبال کند.

فاطمه خانم به قدری خوشحال شده بود که حد و حساب نداشت. او نه فقط سرکارگر کارخانه بود و زنان و دختران را سرجمع کرده و به کار می برد که درعین حال نقش شهردار محله را هم داشت. همه ساکنان خانه‌های اطراف به سر او قسم می‌خوردند و اکثر زنان و دختران آن کوچه در واقع از طریق او در کارخانه کار پیدا کرده بودند. راننده مینی بوس هم به خاطر او بود که پول خوبی در می‌آورد، هر روزه صبح و غروب دو سرویس کامل مسافر داشت.

چند روز بعد دوباره به سراغ فاطمه خانم رفتم. او اثرانگشت و امضای همه کارگران را گرفته بود.حتی یکی از مردان سرکارگر هم امضا کرده بود و فاطمه خانم را به نمایندگی انتخاب کرده بودند. ولی جالب بود که هیچکدام اسم خود را ننوشته بودند. تعدادی اثر انگشت بود و چند خط کج و معوج که به اصطلاح امضاها بودند.

از او یکی یکی اسم کارگرها را پرسیدم. جالب اما این بود که هیچکدام از آنها انگار نام خانوادگی نداشتند. فاطمه خانم همه را با اسم کوچک، مثل زهرا یا خدیجه، یا به اسم مادر یا فرزندشان می‌شناخت، مثلا دختر بی‌بی، دختر زهرا، یا ننه حسن. به هر زوری بود، تعدادی اسم کوچک و لقب را به همان ترتیبی که فاطمه خانم گفته بود، کنار امضاها و اثر انگشت‌ها نوشتم. مثلا بی‌بی را نوشتم "بی‌بی"، و دختران بی‌بی را یکی "زهرا دختر بی‌بی" و دیگری "فاطمه دختر بی‌بی" نوشتم. زهرا ۱۴ ساله بود و فاطمه ۱۲ ساله. خود بی‌بی زن پا به سن گذاشته ای به نظرم می‌رسید، اما بعدا وقتی شناسنامه‌اش را نگاه کردم، متوجه شدم که فقط ۳۲ سال سن داشت.

فاطمه خانم دقیقا می‌دانست که هرکدام از آنها چقدر حقوق می‌گیرند. در مقابل اسم هرکدام از آنها این اطلاعات را نوشتم که چقدر حقوق می‌گیرند و بطور تقریبی هر کدام چند ماه یا چند سال در آنجا کار کرده‌اند.

شکایت را همان شب در خانه فاطمه خانم تنظیم کردم و با او قرار گذاشتم که فردا بعد از ظهر، پیش از اینکه اداره کار تعطیل شود، با هم به اداره کار رفته و شکایت را تسلیم کنیم.

خودم با موتور به دنبال‌اش رفتم. چند ده متری آن طرف تر از کارخانه، کنار جاده منتظرش ماندم تا بالاخره پس از نیم ساعتی سروکله‌اش پیدا شد. پشت موتورم نشست و با هم به اداره کار رفتیم. در اداره کار آشنایی داشتم، جوانی محترم و دوست داشتنی بود که همیشه شکایت‌های ما را خارج از نوبت به جریان می‌انداخت. او پسر عموی رفیق دوران دبیرستان ام، محمدرضا سعیدی بود. حسین سعیدی ، جوانی خوشرو و خوش برخورد و بسیار مهربان و مردم دوست بود. با فاطمه خانم سراغ آقای سعیدی رفتیم. وقتی من و فاطمه خانم را با هم دید و شنید که خودم با موتور به دنبال‌اش رفته و او را ترک موتور سوار کرده و با هم به اداره آمده بودیم، از خنده غش کرد. دل اش را از خنده گرفته بود و با لهجه مشهدی همیشگی‌اش گفت: "حالا که آقا رضای ما خودش رِه هلاک مُکنه، شکایت رف رو میز هیات!"

او مسئول بود که پرونده را با موازین حقوقی و ماده‌های قانون کار مطابقت داده و آن را برای رسیدگی به هیات حل اختلاف بفرستد. البته آنها خودشان می‌توانستند کارفرما را صدا کرده و با او وارد چک و چانه شوند و به او فرصت دهند که با کارگران تسویه حساب نماید. از او خواهش کردم که هرچه زودتر نامه کارفرما را بفرستد و پیش از اینکه او کارگران را اخراج کند، جلسه اول آنها برگزار شود.

آقای سعیدی لطف کرده و کار ما را پیش از بقیه پرونده‌ها جلو انداخت. همان هفته اولین جلسه را با کارفرما گذاشت و از آنجا که کارفرما حاضر به مصالحه نشد، پرونده را به هیات حل اختلاف ارجاع داد. دو سه هفته بعد نوبت ما شد. در این فاصله کارفرما چندنفر از کارگران را صدا کرده و از آنها خواسته بود که شکایت خود را پس گرفته و دور و بر فاطمه خانم را خالی کنند. فاطمه خانم هم بیکار ننشسته و به سراغ کارفرما رفته و او را تهدید کرده بود که اگر حق قانونی آنها را ندهد، از آوردن کارگران به کارخانه سر باز زده و کاری خواهد کرد که در تمام قلعه ساختمان یک کارگر هم به کارخانه حاج آقا نیاید.

در روز جلسه حل اختلاف، فاطمه خانم و بی‌بی و یکی دیگر از کارگران مرد آمده بودند. اول نماینده دادگستری دبه در آورد که چون سه نفر از آنها آنجا هستند، لازم نیست که من در جلسه شرکت کنم. ولی اصرار فاطمه خانم و بی‌بی به اینکه من وکیل آنها هستم کار خودش را کرد و من در جلسه ماندم.

کارفرما با وکیل آمده بود. فردی به ظاهر متشخص و خوش لباس که کراوات هم زده بود. هنوز در آن دوران بعضی‌ها کراوات می‌زدند و بستن کراوات به تابو تبدیل نشده بود. او تیپ کلاسیک یک وکیل دادگستری دوران شاه را داشت: لباس منظم، اتو کشیده، کراوات زده، با کیف سامسونت در دست، و بسیار مودب و شمرده صحبت می‌کرد. وقتی نوبت معرفی شد و من خودم را وکیل کارگران معرفی کردم، با لبخندی بر لب سوال کرد که آیا

پروانه وکالت دارم و از نماینده دادگستری پرسید که آیا ایشان وکالت نامه امضا شده از طرف موکلین خود به جلسه ارائه داده‌اند.

من در جواب او گفتم که "جناب، دوران طاغوت به سر رسیده و دیگه برای وکالت، پروانه لازم نیست همون طور که برای ریاست دادگستری نیازی به وکیل پایه یک دادگستری بودن نیست."

بعد با طعنه به وکیل گفتم "انشاءالله که حضرت عالی از خواب بیدار شده و توجه کرده اید که در این مملکت انقلاب شده!"

او با حالتی متکبرانه و تحقیرآمیز به ما – یعنی من و فاطمه خانم و بی‌بی و آن کارگر مرد – که در طرف دیگر میز بزرگ در آن اتاق نشسته بودیم نگاهی انداخت و هیچ نگفت.

جلسه با قرائت شکایت نامه‌ها و حاشیه‌ای که آقای حسین سعیدی بر آن زده بود و به صراحت به نقض قانون کار در پرداخت حداقل دستمزد مصوبه شورای عالی کار اشاره کرده بود، شروع شد. آقای سعیدی به تناسب سال‌های خدمت برای هرکدام از کارگران مبلغی را معین کرده بود که کارفرما می‌باید پرداخت کند.

جلسه در مدت کوتاهی تمام شد و هیات حل اختلاف با صدور رای به نفع کارگران جلسه را پایان داد. معمولا رسم بر این بود که کارفرما پس از صدور رای، بازی را تمام شده فرض می‌کرد و با چک و چانه با کارگران و مسئولین اداره کار با مقداری تخفیف پول کارگران را می‌داد. برخی از آنها دبه در می‌آوردند و از پرداخت حقوق به بهانه‌های مختلف خودداری می‌کردند. برخی مدعی می‌شدند که شکایت‌ها باید از طرف تک تک کارگران باشد و نمایندگی را اصلا نمی‌پذیرفتند و گاه هم موفق می‌شدند که با آوردن چند کارگر به جلسه که شکایت خود را پس می‌گرفتند یا نمایندگان را نماینده خود نمی‌دانستند، کارشکنی کنند.

در آن دوران اداره کار اگر چه در مجموع به نفع کارگران عمل می‌کرد، ولی زیادی پیگیر قضیه نمی‌شد. اگر کارفرما یا وکیل او ایراد قانونی خوبی پیدا می‌کردند، از دادن رای به نفع کارگران خودداری می‌کرد و یا شکایت را پیگیری نمی‌کرد. از آنجا که کارگران، به ویژه در کارخانه‌های کوچک، بی سواد و یا کم سواد بودند و از قوانین و پیچ و خمهای قانونی و مقررات سردر نمی‌آوردند، معمولا پس از شکایت، بدون اینکه پولی گیرشان بیاید، از کار اخراج می‌شدند.

در رابطه با این شکایت، کارفرما پس از اینکه همه راه‌ها را بسته دید، اقدام به اخراج فاطمه خانم و بی‌بی و دختران بی‌بی و چند نفر دیگراز کارگران کرد. تنها همان سر کارگر مرد که همراه ما شده و فاطمه خانم را به نمایندگی انتخاب کرده بود با ترفیع حقوق به کار خود ادامه داد و شکایت خود را نیز پس گرفت. اداره کار موظف بود در صورت مشاهده و دریافت گزارش در مورد تخلف، حتی اگر کارگران شکایتی نکرده و یا شکایت خود را پس گرفته اند، به آن مورد رسیدگی کند. اما اداره کار نه تمایلی به این کار داشت و نه حتی از نظر نیروی انسانی امکان رسیدگی به شکایت‌ها و یا بازرسی کارخانه‌ها و

واحدهای کارگری را داشت. ما اما دست از کار نکشیدیم. شکایت ما ادامه یافت. اداره کار رای نهایی را صادر کرده بود. رای به دادگستری ابلاغ شده بود و دادگستری موظف بود که کارفرما را احضار کرده و مبلغ تعیین شده از طرف اداره کار را برای آنها از کارفرما بگیرد.

در عین حال شکایت دیگری برای فاطمه خانم، بی‌بی و دخترانش و بقیه کارگران اخراجی تنظیم کردم که این بار خواستار خسارت اخراج بودیم و باید به آنها به میزان سال‌های خدمت خسارت پرداخت می‌شد. این خسارت گرچه بطور قانونی برای هر سال ۴۵ روز بر اساس آخرین دستمزد بود، اما برای فاطمه خانم و همکاران او از آنجایی که آخرین دستمزد آنها بطور غیرقانونی زیر حداقل دستمزد بود، متناسب با حداقل دستمزد قانونی محاسبه می‌شد که این مبلغ برای مدتی ۵۶۷ ریال و برای سالهای پیش از آن ۲۱۶ ریال در نظر گرفته می‌شد. و این مبلغ در آن روزها برای یک کارگر پول کمی نبود. بگذریم که پیدا کردن سند و مدرک برای نشان دادن سابقه کار بسیار دشوار بود، به ویژه در مورد واحدهای کوچک کاری که دفتر و دستک درست و حسابی نداشتند و کارگران به نام‌های مختلف هر سه ماه اخراج و با نام دیگری دوباره استخدام می‌شدند.

گرچه حکم شورای حل اختلاف نهایی بود، ولی وقتی کارفرما حاضر به پرداخت خسارت نمی شد، باید برای پیگیری شکایت به بخش اجرای احکام دادگستری می رفتیم تا دادگستری کارفرما را وادار به پرداخت حقوق کارگران کند. در اینجا قاضی مسئول اجرای حکم و دفتر او مسئول بودند که مراحل اجرائی شدن حکم را پیگیری کنند و این فرصتی بود برای کارفرما که به اشکال مختلف کارشکنی کرده و از پرداخت حقوق کارگران خودداری نماید. در مورد فاطمه خانم و کارگران کمپوت سازی شادان، کارفرما مدعی شد که مشکلی برای پرداخت حقوق کارگران ندارد، اما نمی داند که مدعی کیست و نمی داند که چک ها را در وجه چه کسی بنویسد. ما نه می توانستیم همه کارگران را یک جا در محل دادگستری جمع کنیم، و نه همه آنها شناسنامه یا مدرکی داشتند که با اسم هایی که با آنها در دوره های مختلف در کارخانه کار کرده بودند مطابقت کند. حتی خود فاطمه خانم و بی بی هم همیشه به یک اسم کار نکرده بودند. لیست های مختلفی بود که بعضی اثر انگشت داشت، بعضی به جای امضا شکل های خرچنگ قورباغه داشت ولی در هیچ لیستی نمی شد رد اسامی کارگران را دنبال کرد و آنها را در لیست های مختلف تطبیق داد. وکیل کارفرما هم همین مساله را پیراهن عثمان کرده بود و مدعی بود تنها حاضر است که چک ها را در وجه افرادی که اسم آنها در لیست ها هست نوشته به دست خود آنها بدهد.

من و آقا رضوان و یکی دو تا از رفقای دیگرمان در آن روز همه تلاش خود را کردیم که تا آنجا که ممکن است تعداد بیشتری از کارگران را به دادگستری بیاوریم. حدود ۲۰ نفری را جمع کردیم. فاطمه خانم مثل همیشه چادر به کمر بسته و پشت گردن اش گره زده بود. اکثر کردهای ساکن کوهپایه های مسجدسلیمان و شمال مشهد همین طور چادرشان را به شکل ضربدر از دور شانه ها به پشت کمر برده و آن را پشت گردن گره می زدند. شاید اصطلاح چادر به کمر بستن از همینجا آمده است. معمولا انتهای روسری و یا به قول ما مشهدی ها چارقد خود را که نقش و نگار داشت به پشت سر برده و مثل یک کلاه دور

سرش محکم می پیچید و سپس دو انتهای چارقد را به جلو آورده و روی پیشانی خود گره می زد.

فاطمه خانم همیشه به همین شکل بود، چادر به کمر بسته و چارقد به سر و گردن. قدش متوسط و چهارشانه و گردن کلفت بود. حالت چهره اش بیانگر قدرت فیزیکی و در عین حال عزم و اراده اش در مقابله با آنچه که نمی پسندید، بود. صدای پرصلابت و محکمی داشت و بسیار قوی و پربنیه بود.

جلوی پله های دادگستری منتظر ایستاده بودیم که سر و کله وکیل کارفرما از دور پیدا شد. کت و شلوار تیره رنگ، پیراهن آبی آسمانی رنگی برتن داشت و مثل همیشه کراوات زده بود و کیف سامسونت اش به او ابهت یک تکنوکرات کارکشته را می داد. به نظرم پنجاه سالی داشت. همانطور که به طرف ما می آمد، در نگاه اش حس تنفر و تحقیر را آشکارا می دیدی. فاطمه خانم انگار احساس او را نسبت به ما از همان فاصله چند متری به خوبی گرفته بود. قشنگ می دیدم که حالت چهره فاطمه خانم به شدت منقلب شده بود و حالتی تهاجمی در وجودش شکل گرفت. با حالتی خشمگین رو به من کرد و با اشاره به وکیل گفت "داداش رضا، باز این دیوث آمده اینجا. حالا خدمت اش می رسم."

درست دم پله ها که رسید، فاطمه خانم به او حمله کرد و کراواتش را گرفت و شروع کرد به فحش و بد و بیراه گفتن که "ای دیوث، چرا حق یک عده زن و دختر کارگر بدبخت و بیچاره رو پامال می کنی؟"

و به سرعت برق چند سیلی محکم به گوش وکیل زد. آن مردک بیچاره انگار همه ابهت اش یک جا آب شد و به زمین رفت. با یک حالت زار و ذلیل داد می زد که "ول کن!"

فاطمه خانم می گفت که "اوسارته (افسارت را) گرفتم."

وکیل داد می زد"چرا می زنی؟!"

و با همان حالت به من می گفت "کمونیست، بگو ول کنه! همه اش تقصیر تویه."

صحنه جالبی بود. کیف او از دستش به پایین پله ها پرت شد و کراواتش همچنان در دست فاطمه خانم بود که او را به این سو و آن سو می کشید.

وکیل بیچاره با حالت زار به من نگاه می کرد و مطمئن بود که همه این بازی کار من است و فاطمه خانم را من شیر کرده و به سمت او فرستاده ام. دلم به حالش بد جوری می سوخت اما در عین حال خوشحال بودم که فاطمه خانم حق اش را کف دستش گذاشت. وکیل بیچاره روی پله ها تلو تلو می خورد و به سختی خودش رو کنترل می کرد. ترسیدم بلایی سرش بیاد، کیف اش را از کف خیابان جلوی پله ها برداشتم و از پله ها رفتم بالا و بین او و فاطمه خانم حائل شدم و او را از دست فاطمه در آوردم، با تنفر نگاهم می کرد و کیف اش را از دستم که به طرف او برده بودم با حالتی عصبی کشید و گرفت و به سرعت وارد ساختمان دادگستری شد. ما هم دنبال او رفتیم و پشت اتاق اجرای احکام منتظر شدیم تا نوبت مان شده و صدایمان کنند. وکیل با حالتی عصبی پشت در اتاق قدم

می زد و از وحشت اینکه نگاهش به فاطمه خانم اصابت کند سرش را اصلا بالا نمی آورد تا درب اتاق باز شد و ما را صدا زدند.

وارد اتاق شدیم ، قاضی مسوول دفتر اجرای احکام پرونده را نگاهی کرد و رو به وکیل کرد و گفت "چرا از پرداخت حقوق معوقه کارگران خودداری می کنین؟"

وکیل با صدایی آهسته بر خلاف دفعات پیش که خیلی شمرده شمرده ولی محکم و بلند حرف می زد در حالی که به سختی می شد صدای او را شنید گفت "نمی دونیم چک ها رو در وجه چه کسی بنویسیم، کارگران باید یک یک با شناسنامه هاشون مراجعه کنند، ما مشکلی برای پرداخت نداریم فقط نمی دونیم به چه کسی بپردازیم."

فاطمه که از کوره در رفته بود از گوشه اتاق به طرف او خیز برداشت و در حالی که با صدای بلند فحش و بد و بیراه می داد گفت "به همو کسی می دی که کارگر ها رو هر روز قطار میکرد و به کارخانه می آورد، چطور اون روز شناسنامه نمی خواستی لامذهب بی دین حالا شناسنامه شناس شدی؟ شناسنامه از گور پدرم برات بیارم! کارگر خودش اینجا پشت در واستاده، شناسنامه چیه دیگه، به آدم زنده ای که روز تا شب کار کرده پول نمی دی می گی به یک تیکه کاغذ می خای پول بدی؟ پدرسگ بی همه چیز!"

قاضی مسئول اجرای احکام که شاید کمتر از سی سال بیشتر سن نداشت به فاطمه رو کرد و گفت "مادر آروم باش، اینجا ما نمی ذاریم حق کسی پایمال بشه. حالا چرا شناسنامه هاتون رو نیاوردین با خودتون، از کجا بدونیم که کی کیه و چقدر کار کرده؟"

فاطمه با عصبانیت گفت "داداش، گفتم شناسنامه از قبر بابام بیارم، بیشتر این بدبختا افغانی ان، ما هم با صد تا اسم برای حاجی کار کردیم. کدوم شناسنامه؟ یک روز فاطمه ام، یک روز زهرا، یک روز زینب و یک روز کبرا. ما از کجا بدونیم چه کاغذی رو با چه اسمی انگشت زدیم؟ این کافر خدا نشناس هر سه ماه یکبار یک کاغذ می ذاره جلو ما و میگه انگشت بزن و می گه اگه از اداره کار یا بیمه آمدن، بگو اسم ام اینه! یک روز فاطمه، فرداش زینب. اینه حقه کارگر؟ شما هم که دستت با حاجیه!"

مسئول احکام به فاطمه گفت "بگو کارگر ها بیان داخل."

من فورا از اتاق بیرون رفتم و به همه کارگرها که پشت در منتظر بودند گفتم بپرین تو. اتاق پر شده بود، مسئول اجرای احکام با صدای بلند گفت" کی ها شناسنامه دارن"

هیچکس صدایش در نیامد.

بی بی که چارقد سبزش از زیر چادرش بیرون بود گفت" شناسنامه چیه دیگه، این دخترا شناسنامه ندارن، مگه می خوای عروسشون کنی که دنبال شناسنامه می گردی؟ ما کار کردیم، پولمونو می خایم ، شناسنامه دیگه چرا؟"

دستهایش را به طرف بالا به آسمان بلند کرد و گفت " ای خدا از دست این قوم الظالمین!"

وکیل آرام کنار اتاق روی یکی از چند صندلی که توی اتاق بود نشسته بود و اندکی احساس شادی در چهره اش پیدا بود. راستی راستی هیچ کس شناسنامه با خودش نداشت.

من هم که به اصطلاح وکیل آنها بودم، هیچ مدرک شناسایی با خودم نداشتم چه رسد به این کارگران که تازه بیشتر آنها افغانی بودند و اگر هم ایرانی بودند و شناسنامه هم داشتند احتمالا شوهر و یا پدرشان اجازه نمی دادند که آنها شناسنامه هایشان را با خود اینور و آنور ببرند.

خلاصه که گیری کرده بودیم. یواشکی به بی بی و فاطمه خانم حالی کردم که کوتاه نیایند وگرنه معلوم نیست که سرنوشت این قضیه به کجا ختم شود و یا اصلا پولی گیر آنها بیاید.

به قاضی اجرای احکام گفتم "حاج آقا، چرا چک رو در وجه من که وکیل کارگر ها هستم نمی نویسین. اینها اصلا حساب بانکی ندارن که چک نقد کنن. قبلا هم هیچوقت کارفرما به اینها چک نداده. شما بگین یک چک برای نمونه از چک هایی که نقد شده به عنوان نمونه بیاره که به نام یکی از اینها باشه! اینها همیشه نقد پول می گرفتند و در ازای دریافت حقوق فقط امضاء و انگشت می زدن، اونهم هر روز زیر یک اسم که معلوم نیس اسم کی بوده."

قاضی رو به وکیل کرد و گفت "شما چی می گی؟ اصلا رونوشت و یا کپی چک های حقوقی و یا رسیدهای بانکی رو داری که به اسم باشه؟"

وکیل مانده بود که چه بگوید. گفت "جناب، حقوق اینها نقد پرداخت می شده، چکی نبوده."

قاضی گفت "پس الان هم نقد پرداخت بشه، همین جا در حضور دادگاه. همین مادر هم تصدیق هویت کنه، مگر او کارگر ها رو نمی آورده؟ خوب خود او هم الان تصدیق هویت می کنه. اگه کسی از شاکی ها اعتراض داره، جداگانه رسیدگی می کنیم."

وکیله انگار میخکوب شده بود، زل زده بود به من و فاطمه خانم که روبروی میز قاضی ایستاده بودیم.

فاطمه یک دفعه گفت "چیه بغ کردی! لال مونی گرفتی؟ خوب حرف بزن نا مسلمون!"

فاطمه خانم یک جوری به او نگاه می کرد که احساس کردم شاید الان برود و باز بپرد و بزند توی گوش او. انگار وکیل هم همین احساس را از او گرفت. رو به قاضی کرد و گفت"چک میدیم در وجه ایشون."

منظورش فاطمه خانم بود. فاطمه خانم گفت "چک چیه؟ من که بانک ندارم! پول نقد باید بدی."

رویش را به زن ها و دخترهایی که در اتاق بودند کرد و گفت "چک به چه درد اینها می خوره؟ همین سیاه سر..." به یکی از دختر بچه های افغانی اشاره می کرد "با چک چه گهی بخوره؟ باباش با ای تیکه کاغذ پیش کی بره، پول چی بده؟"

زنان و دخترها همه با هم حرف می زدند و همهمه شده بود.

قاضی هم در فکر فرو رفته بود و به پرونده نگاه می کرد. وکیل هم ساکت و آرام همانجا روی صندلی که از همان اول روی آن جا خوش کرده بود نشسته بود که یک دفعه حاج آقای صاحب کارخانه وارد اتاق شد. فاطمه به من و آقا رضوان نگاه می کرد و انتظار

داشت که ما یک چیزی بگوییم، شاید مفری پیدا شود. من رو کردم به قاضی و گفتم"حاج آقا، هیچ کدوم از کارگرها حساب بانکی ندارن. چطوره که اگر پول نقد نمی دن چک رو در وجه ایشون بنویسن." جالب بود که من هم آن زمان هنوز حساب بانکی نداشتم بنابرین نمی تونستم بگم چک رو در وجه من بنویسند.

به رضوان اشاره کردم و گفتم "ایشون هم یکی از نماینده های شوراس و همین الان در حضور شما می ره چک رو نقد می کنه و بر می گرده و پول رو بین کارگرا تقسیم می کنیم."

فاطمه خانم گفت "خیر گفتی داداش رضا."

قاضی نگاهی به وکیل و کارفرما کرد و گفت "حاج آقا، یا شما فل مجلس نقد پرداخت می کنین، و یا چک رو در وجه یکی از این آقایون، نماینده ها، می نویسین."

سپس نگاهی به کارگرها کرد و پرسید "همه راضی؟"

فاطمه خانم آهی کشید و گفت "خدا پدرت رو بیامرزه!"

حاج آقای صاحب کارخانه دیگر معطل نکرد و دسته چک اش را در آورد و چک را در وجه رضوان نوشت. آقا رضوان رفت بانک و با یک عالم پول بر گشت. توی همان محوطه دادگستری پول ها را طبق رای دادگاه بین کارگرها تقسیم کردیم و همه پای رسید دریافتی را انگشت زدند که یک نسخه آن را وکیل گرفت و یک نسخه را هم قاضی در پرونده گذاشت.

وکیل با یک نگاه پر از خشم و تنفر به من خیره شده بود. من اما خوشحال از اینکه حق کارگرها را گرفته بودم، داشتم پول ها را برایشان می شمردم و با حالتی که انگار دنیا را فتح کرده ام با احساس پیروزی به او و نگاه تنفرآمیزش با یک لبخند تمسخر آمیز حال دادم.

من و رضوان رفتیم پایین دم پله ها منتظر شدیم که کارگرها سرجمع شوند و در همان حال سیگاری روشن کردیم. چه احساس قشنگی داشتم، اولین پیروزی من بود به عنوان وکیل و نماینده کارگرها .

چند لحظه نگذشته بود که فاطمه خانم آمد پیش ما. یک پاکت توی دست اش بود. داد به من و گفت "داداش رضا، این حق شماست. زحمت کشیدی، خدا خیرت بده."

پاکت را باز کردم. دیدم یک دسته اسکناس توی آن بود. به فاطمه خانم نگاه کردم. پاکت را به او پس دادم و گفتم "فاطمه خانم، من و آقا رضوان که برای پول کار نمی کنیم."

جا خورده بود، گفت" پس برای چی صبح تا شب دنبال کار چهار تا زن و دختر بودین؟ از کجا خرجتون می گذره؟"

گفتم فاطمه خانم "ما توده ای هستیم. می دونی توده ای چیه؟"

یک توده‌ای حرفه‌ای

حالا دیگر به طور حرفه‌ای به فعالیت حزبی مشغول شده بودم و از سرصبح تا آخر شب زندگی‌ام با حزب عجین شده بود. از این حوزه به آن حوزه می‌رفتم. مسئولیت چندین حوزه حزبی را داشتم و در کمیته‌های مختلفی شرکت می‌کردم و در عین حال عملا مسئول شعبه کارگری حزب در مشهد بودم. اولین مسئول کارگری شهر مشهد یکی از رفقای خیلی قدیمی‌ما به نام امامعلی بود. چهارشانه، درشت اندام، قدی متوسط، با چهره‌ای بسیار مصمم، از کارگران قدیمی کارخانه نخریسی مشهد بود. کارخانه نخریسی در مشهد یکی از قدیمی‌ترین کارخانه‌ها بود. درست شبیه کارخانه هایی بود که عکس آنها را در کتاب‌های تاریخی و یا فیلم‌های روسی دیده بودم. کارخانه‌ای با دودکش‌های بلند و دیوارهای بلندی دورتادور آن. درب بزرگی داشت و ساعت شروع و پایان کار را با سوت بلندی که زوزه آن در تمام شهر مشهد می‌پیچید انگار که به همه اهالی شهر اعلام می‌کرد. بیشتر از ۹۰۰ کارگر داشت. همیشه آرزو می‌کردم روزی از در بزرگ این کارخانه به درون آن راه پیدا کنم و با پرولتاریایی که در آینده قرار بود جامعه آرمانی سوسیالیستی مرا بسازند از نزدیک در محیط کار و زندگی شان آشنا شوم.

کارخانه نخریسی یکی از مراکز اصلی فعالیت حزب در دهه‌های ۱۳۲۰ و ۱۳۳۰ بود و بسیاری از رهبران شورای متحده مرکزی کارگران از اعضای حزب و در این کارخانه شاغل بودند. پس از کودتای ۲۸ مرداد ۱۳۳۲، بسیاری از کارگران کارخانه نخریسی دستگیر و زندانی و تقریبا همه ی اعضای حزب از آنجا اخراج شده بودند. شاید بهتر است بگویم اکثریت آنها اخراج شدند، چون هنوز رفقایی داشتیم که از همان زمان در آنجا کار می‌کردند و حالا پس از گذشت ۲۵ سال از پیروزی کودتا، باز یا آنها به سراغ حزب آمده بودند و یا ما به سراغ آنها می‌رفتیم.

جلسات شعبه کارگری هر هفته مرتب برگزار می‌شد. اکبرآقا بود، امامعلی، من، رضا خراطچی و رضوان. ما شده بودیم شعبه کارگری حزب در مشهد. از همان اولین جلسه معلوم بود که نه اکبرآقا و نه امامعلی هیچ کدام تمایلی به اداره جلسه و یا پذیرش مسئولیت کار شعبه ندارند. اما هر طور بود کار پیش می‌رفت. من و رضا از حوزه‌های کارگری و تماس هایی که با کارگران داشتیم گزارش می‌دادیم و آن رفقا هم گوش می‌کردند. کم کم یکی دو نفر دیگر هم به جمع ما اضافه شدند. حسن بیگی را به پیشنهاد رضا به شعبه آوردیم. او در حقیقت نماینده نسل جدید کارگران بود. گرچه چندسالی از من بزرگتر بود، اما در جمع ما هنوز جزو جوان‌ها محسوب می‌شد. او کارگر کارخانه سیم سازی مشهد بود. کارخانه سیم سازی از نسل جدید کارخانه هایی بود که در دهه ۱۳۵۰ در مشهد آغاز به کار کرده بود. مدرن تر از دیگر کارخانه‌ها و شاید گل سرسبد کارخانه‌های صنعتی مدرن در مشهد بود. این کارخانه در حدود ۷۰۰ نفر کارگر داشت. حسن مسئول شورای کارگری این کارخانه بود و با توجه به اینکه با ادبیات چپ و مارکسیسم هم آشنایی داشت، جزو کارگران روشنفکر محسوب می‌شد. حسین، برادر بزرگترش، از اعضای سازمان چریک‌های فدایی خلق بود، یک هنرمند تئاتر که چریک شده و در یک درگیری با مامورین ساواک در سال ۱۳۵۶ در تهران کشته شده بود. جلسات ما هفته‌ای یک بار تشکیل می‌شد. اما جلسات شعبه در این دوران بیشتر جنبه فرمالیته داشت. جلسه‌های اصلی

کارگری در همان حوزه‌های کارگری بود. من در این مدت حسابی درگیر مسائل کارگری شده بودم و کم کم به مباحث و موضوعات روز در این عرصه کاملا مسلط شده بودم. از قانون کار و مسائل مربوط به آن گرفته تا تمام موضوعات مربوط به شوراها و سندیکاهای کارگری و تاریخچه آنها در گذشته و حال در کشورمان را می دانستم. شاید همان اواسط سال ۱۳۵۸ بود که رفیق ما بابک امیرخسروی که آن زمان عضو کمیته مرکزی حزب و از اعضای شعبه تشکیلات حزب بود، برای سازماندهی جدید حزبی به مشهد آمد. بابک در جلسات مختلف حزبی شرکت می‌کرد تا از نزدیک با افراد و کار کمیته‌ها و حوزه‌ها آشنا شود. او دوبار در جلسه شعبه کارگری ما هم شرکت کرد. هر دو بار جلسه در خانه ما برگزار شد. ما چند سالی بود که ساکن محله آبکوه بودیم. خانه‌ای را که مال یکی از دوستان برادربزرگترم عباس بود، رهن کرده بودیم. این خانه در خیابان عطار قرار داشت که موازی خیابان آبکوه بود، بین میلان های گیتی و ارم واقع می‌شد. میلان گیتی حالا بولوار شهید کلاهدوز نامگذاری شده است. ورودی خانه راهروی درازی داشت که به یک حیاط کوچک می‌رسید. زمین این خانه در واقع قطعه پشتی بود که این راهرو دراز به آن راه می‌داد. چهار اتاق خواب داشت. اتاق‌های سه در چهارکه طبق معمول با قالی ایرانی فرش شده بود. در هیچ کدام از این اتاق‌ها از مبل و میز و صندلی خبری نبود. چند میز و صندلی ارج داشتیم، اما آنها همیشه در گوشه‌ی زیرزمین منتظر عید نوروز بودند. عید که می‌شد، آنها را به اتاق مهمان می‌آوردیم.

جلسات حوزه‌های حزبی ما مدل مسجدی بود. همه ما روی زمین دو زانو می‌نشستیم. برای ما جوان‌ها بی خیالی بود. عادت داشتیم. برای رفقای قدیمی هم که مقیم ایران بودند، باز عادی بود. خب بیشتر آنها هم در خانه‌هایشان کف زمین می‌نشستند. ولی یادم هست که برای رفقای از خارج برگشته معمولا خیلی سخت بود که مثل ما روی زمین بنشینند. آنها به صندلی عادت داشتند، احتمالا زانوهایشان به درد می‌آمد. مرتب این پا و آن پا می‌کردند و تکان می‌خوردند و پر واضح بود که ناراحت اند. یادم هست که بابک در هر دو جلسه مرتب از این پا به آن پا جابجا می‌شد. راحت نبود. بابک آن زمان‌ها گرچه شاید هم سن و سال حالای من بود، ولی به نظرم پیر می‌رسید. خوش اخلاق بود و مهربان و مثل همین الان‌اش آهسته و مودب حرف می‌زد. هیچ سعی نمی‌کرد که از اتوریته عضویت‌اش در کمیته مرکزی حزب استفاده کرده و صدایش را بالا ببرد و یا در قیافه‌اش حالتی رئیس مانند نشان دهد. ما هرکدام از مشکلات کار حزبی برایش می‌گفتیم. من جوان ترین عضو جلسه بودم. با همه احترامی که به رفقا داشتم، ولی طوری حرف می‌زدم که روشن بود که از مسئولیت گرفتن امام‌علی راضی نیستم. یادم هست که دومین جلسه ما با حضور بابک داشت تمام می شد که امام‌علی خودش با حالتی موقر و در حالیکه به من نگاه می‌کرد وظاهرا نارضایتی مرا تایید می‌کرد، به بابک گفت که تمایلی به پذیرش مسئولیت شعبه ندارد و فکر می‌کند که نوبت جوانتر‌هاست که مسئولیت کارها را بپذیرند. رفیق باغبان، یعنی اکبرآقا، که خودش از امام‌علی کم سن و سال تر بود، با حالتی که انگار رضایت نداشت از او خواست که به هرحال به عنوان مسئول باقی بماند گرچه که کارها را البته جوان تر‌ها انجام خواهند داد. من با اینکه از تعارف‌های اکبرآقا خیلی عصبانی شده بودم، ولی به رسم ادب در آن لحظه چیزی نگفتم. اما وقتی جلسه تمام شد بطور شخصی از این وضعیت به بابک گله کردم و بدون اینکه صراحتا از مسئولیت شعبه برای خودم صحبتی

کنم، به او حالی کردم که ادامه این وضع به نفع حزب و شعبه کارگری نیست. او هم به طور ضمنی با همان متانت همیشگی‌اش با تکان دادن سر به نوعی با من موافقت نشان می‌داد.

سفر بابک به مشهد باعث شد که سازماندهی جدید حزبی تحقق پیدا کند. پس از سفر او بود که شکل جدید تشکیلات حزبی که تقریبا تا پایان فعالیت ما باقی ماند، بوجود آمد. کمیته ایالتی جدید شکل گرفت. کمیته حزبی شهر مشهد با زیرمجموعه سه ناحیه در مشهد بوجود آمد. شعبه‌های حزبی مثل شعبه‌های امور دهقانی، کارگری، توده ای، تبلیغات، امور مالی و زنان تشکیل شدند. در کنار سازماندهی تشکیلات حزب، سازماندهی جدید سازمان جوانان هم در سطح ایالتی سر وسامان پیدا کرد. هنوز در برخی کمیته‌ها از کمیته ایالتی گرفته تا کمیته شهر و یا ناحیه‌ها و حتی شهرستانها، مسئولیت هایی بود که خالی مانده بودند و یا افرادی بودند که چندین مسئولیت داشتند ولی طرح اصلی تشکیلات بصورت منظم بوجود آمد و کم کم هر کدام از ما در یک یا چند مسئولیت در این بدنه تشکیلاتی جای گرفتیم.

کمیته شهر مشهد برای اولین بار با ترکیب کامل و با مسئولیت اکبرآقا شکل گرفت. زیر کمیته شهر، سه کمیته ناحیه به وجود آمدند. مسئول ناحیه ۱ و ۲ و ۳ به ترتیب، طاهره، مجید رسایی و حسن ابراهیم نژاد بودند که هرسه آنها در کمیته شهر مشهد شرکت می‌کردند. در کنار آنها حمید معقولی به عنوان مسئول شعبه تشکیلات، باقر شهنی زاده به عنوان مسئول شعبه تبلیغات، حمیدرضا دزفولیان به عنوان مسئول سازمان جوانان، منصور دهقان پور به عنوان مسئول شعبه دهقانی، من به عنوان مسئول شعبه کارگری، رحمان سیدی به عنوان مسئول شعبه توده ای، و دکتر ساکت به عنوان مسئول شعبه امور مالی منصوب شدیم. مسئول شعبه زنان و تشکیلات زنان نیز موقتا در اختیار رفیق مان طاهره بود که مسئولیت ناحیه ۱ مشهد را در اختیار داشت. ولی بعدا رفقای دیگری این مسئولیت را به عهده گرفتند. ولی تا زمانی که مهوش به مشهد نیامده بود تشکیلات زنان مسئول مستقیمی که در جلسات کمیته شهر شرکت کند، نداشت.

کم کم احساس می‌کردم که در فعالیت تشکیلاتی غرق شده‌ام. حالا که به آن روزها نگاه می‌کنم، می بینم انگار فعالیت تشکیلاتی فرصتی برای فکر کردن باقی نمی‌گذاشت. ما هم شده بودیم مثل کارمندان هر سازمان و اداره دیگری. تفاوت‌اش این بود که ما کارمند حزب شده بودیم. هر روز از صبح که بیدار می‌شدیم کارمان شده بود از این حوزه به آن حوزه سر زدن و یا از این جلسه به آن جلسه رفتن و هرچه به رده‌های بالاتر تشکیلات نزدیک می‌شدیم، عملا از مباحث عادی که باید موضوع اصلی زندگی ما می‌بود، بیشتر پرت می‌شدیم. مثلا بعضی وقت‌ها شاید ساعت‌ها وقت ما در جلسات صرف یک تغییر تشکیلاتی یا تعیین مسئولی برای قسمتی و یا بحث بر سر چگونگی سمپات گیری می‌شد. جالب تر اینکه گاه بعضی از اعضای حزب برای اینکه ناشناخته باقی بمانند، نباید در خیلی از مباحث روزانه شرکت می‌کردند. انگار که مقصود نهایی ما شده بود حفظ بدنه تشکیلات حزبی. گرچه در ابتدای هر جلسه حوزه و یا کمیته‌ی حزبی، بخشی از وقت جلسه را به بحث سیاسی و بررسی اخبار و تحلیل سیاسی اختصاص داده بودیم، اما این بحث کم کم بیشتر حالت فرمالیته پیدا کرده بود و همان تحلیل‌های حزب و یا پاسخ‌های

کیانوری در پرسش و پاسخ‌های هفتگی‌اش را تکرار می‌کردیم و کسی هم نقدی به آنها نداشت. در واقع تشکیلات به یک شبکه اداری شبیه شده بود که هیات سیاسی و یا دبیران تصمیمات خود را از این کانال به بقیه ابلاغ می‌کردند. تازه در هیات سیاسی و دبیران هم کیانوری بود که حرف اول و آخر را می‌زد. مطالبی را تحت عنوان تحلیل سیاسی و نظرگاه‌های حزبی تهیه می‌کردند و آن تحلیل‌ها از همان کانال شبکه اداری به بقیه اعضا و هواداران منتقل می‌شد. معمولا نه کسی چیزی به آنها اضافه می‌کرد، و نه کم. در این مورد حفظ امانت رعایت می‌شد و تمامی نظرات کیانوری از سر تا به پایین تشکیلات بدون کمترین تغییر و یا دست کاری منتقل می‌شد.

البته باید اذعان کنم که در ابتدا که هنوز به فعالیت تشکیلاتی عادت نکرده بودیم و یا در خلسه عادت کار تشکیلاتی گرفتار نیامده بودیم، گاهی نقدی و یا اعتراضی و یا اظهار نظری دیده می‌شد که باز هم بیشتر از طرف رفقای قدیمی ما بود. آنها در دو زمینه به طور جدی به حزب ایراد اساسی داشتند. اول و مهمتر از همه سیاست حزب در حمایت از روحانیت انقلابی بود. آنها کمترین اعتمادی به آخوندها نداشتند و در بهترین حالت، سیاست حزب را به عنوان دودوزه بازی می‌فهمیدند و به ما جوان ترها می‌گفتند که به این سیاست باور نکنید زیرا که رهبری حزب موقتا از آنها حمایت می کند و در نهایت از پشت به آنها خنجر خواهد زد. مورد دیگر اعتراض آنها به برگزاری پلنوم حزب بود. برخلاف ما جوان ها که هیچ اعتراضی به ترکیب کمیته مرکزی حزب نداشتیم و نتیجه پلنوم شانزدهم حزب را که همزمان با پیروزی انقلاب در اواخر دیماه ۱۳۵۷بود دربست پذیرفته بودیم، تعداد قابل ملاحظه‌ای از آنها می‌گفتند که حالا که انقلاب پیروز شده، زندانیان آزاده شده‌اند و بقیه هم از مهاجرت به میهن بازگشته‌اند و امکان فعالیت علنی حزب فراهم آمده، بهتر این بود که حزب به جای برگزاری پلنوم در خارج کشور، کنگره حزب را در داخل کشور برگزار می‌کرد و به شیوه‌ای دمکراتیک و از طریق سازمان‌های حزب و با حضور نمایندگان محلی از سراسر کشور به انتخاب رهبری جدید و مشی جدید حزب اقدام می‌نمود. ظاهرا آنها کمتر از ما شیفته مبارزه سیاسی بودند، شاید هم تجربه زندگی آنها را واقع بین تر کرده بود. به هرحال هر چه بود، آنها هم کم کم به نظم جدید خو گرفتند. مواردی نیز دیده می‌شد که از حزب و فعالیت حزبی سرخورده شده و کناره گیری می‌کردند، ولی بازهم در حاشیه هوادار حزب باقی می‌ماندند.

به قول بعضی از رفقای ما، داستان عضویت در حزب توده حکایت همان مثل معروفی است که پدر سنتی در هنگام عروسی دخترش به او می‌گوید که با لباس سفید عروسی وارد خانه شوهرت می‌شوی، و با کفن سفید بیرون می‌آیی. جاده حزب هم یک طرفه بود. کمتر کسی از مسیر یک طرفه آن خارج می‌شد. توده‌ای شدن کار آسانی نبود. آنقدر ضدیت و تنفر در آن دوران اطراف حزب بوجود آمده بود که تقریبا همه هم نسل‌های ما از تنفر از حزب شروع می‌کردند. پس از سیر و سیاحت در عالم سیاست ایران، اگر حال و حوصله کتاب خواندن داشتی و کنجکاوتر از بقیه بودی و در عین حال می‌توانستی دروازه ذهن ات را به روی نوشته‌های مارکس و انگلس و لنین و دیگر کمونیست‌های بعد از آنها باز بگذاری و تاریخ احزاب کمونیست و نظام‌های واقعا موجود سوسیالیستی را مطالعه می‌کردی، آخرش در نهانخانه دل ات سودای توده‌ای بودن بود که خانه می‌کرد.

تودهای که می‌شدی دیگر جدایی معنی نداشت. تودهای بودن یک روش زندگی بود. یک نوع اخلاق بود. یک غافله و کاروان بود که از سوسیال دمکرات‌های دوران مشروطیت به کمونیست‌های قفقازی و حیدرعمواوغلی‌ها و احسان الله خان‌ها در جنگل و بعد به ارانی و روزبه و سیامک‌ها وصل ات می‌کرد. توده ای ها همه جا سرآمد شعر و سخن و ادبیات بودند. انگار همه غافله شعر و هنر و ادبیات و علم و سخنوری و نمایش و قصه نویسی در ایران را در این قرن توده ای‌ها به راه انداخته بودند. با پیوستن به حزب توده خودت را وارث همه آنها می‌یافتی. با نیما بیشتر انس می‌گرفتی، شعر اخوان و شاملو را بیشتر دوست می‌داشتی، با خواندن «آرش» سیاوش کسرایی، احساس ایرانی بودن ات بیشتر گل می‌کرد و دل ات می‌خواست که جان ات را در تیر می‌کردی و هرچه دورتر پروازش می‌دادی. وقتی معنی لغتی را نمی‌فهمیدی، به سراغ دهخدا می‌رفتی. به نمایشخانه و تئاتر که می‌رفتی، یاد عبدالحسین نوشین می‌افتادی، و هنرمندان سینما و تئاتر مثل کهنمویی و کشاورز باز تو را بیشتر در آغوش حزب نگه می‌داشتند. اولین مفاهیم جامعه شناسی را از دکتر امیرحسین آریان پور یاد می‌گرفتی و هرگاه به حل المسائل ریاضی و کتاب‌های کنکور که راه ات را به دانشگاه باز می‌کرد سری می‌زدی، شهریاری بود که به دادت می‌رسید. ابتهاج نه فقط در دنیای شعر که در شبکه ۲ رادیو گوش‌ات را به موسیقی شجریان و لطفی نوازش می‌داد و باز بیشتر با حزن زیبای صدای جاودانه آنها به حزب دلبسته ات می کرد. پیوند سیاست و شعرو موسیقی را ساز لطفی و صدا و طبع شاعرانه طبری برایت زمزمه می‌کرد و بهترین تصاویر را بر درودیوار شهر از هانیبال الخاص می‌یافتی. تودهای ها همه جا بودند. به مبارزه سیاسی که نگاه می‌کردی، باز قدیمی‌ترین زندانیان سیاسی جهان توده ای‌ها بودند. دولت آبادی قشنگ ترین رمان‌های معاصر را آفریده بود و محمود اعتمادزاده (به آذین) جان شیفته و چندین ده هزار صفحه دیگر از آثار بزرگ کلاسیک رئالیستی را ترجمه کرده بود و کریم کشاورز با ترجمه‌های گرانقدرش ما را با تاریخ اسلام و ایران و عرفان و هزاران سال نثر پارسی آشنا کرده بود. و این غافله ادامه داشت. به آثار کلاسیک‌های مارکسیسم که می‌رسیدی از مجموعه آثار مارکس و انگلس، از کاپیتال و مانیفست کمونیسم تا مجموعه آثار لنین، همه را یک تنه محمد پورهرمزان ترجمه کرده بود و به همه فارسی زبان‌ها در ایران و افغانستان هدیه داده بود. پس معلوم بود که وقتی به این قافله می‌پیوستی و خودت را وارث و یا جزئی از آن می‌دیدی، دیگر راه برگشت وجود نداشت و آنها که برگشته بودند و یا در نیمه راه از پای افتاده بودند، به قول معروف عاقبت به خیر نشده بودند. خوب، همین بود که باز با هزار انتقاد اگر به وسط میدان نمی‌آمدی، در کنار ایستاده و برای بازیگران آن میدان دست می‌زدی و یا زیرلب تشویق شان می‌کردی، و یا کم کم باز به میدان می‌آمدی. بسیاری از رفقای قدیمی ما حکایت این داستان بودند. گاه نق می‌زدند، گاه معترض بودند، ولی همیشه در حاشیه باقی می‌ماندند و هر وقت سراغ شان می‌رفتی، دست رد برسینه ات نمی‌زدند. خانه هایشان در اختیار رفقای حزبی بود، کمک مالی می‌کردند، اسم و آدرس رفقای قدیمی هم قطارشان را در اختیار ما می‌گذاشتند و ما از طریق آنها راه به گذشته‌ها پیدا می‌کردیم و خودمان را وارث نسل پیشین می‌یافتیم.

امامعلی یکی از همان رفقایی بود که پس از سازماندهی تشکیلات حضور فعالانه‌اش در حزب کمرنگ تر شد ولی از طریق او ده‌ها نفر دیگر را از گذشته‌های دور پیدا کردیم.

امامعلی با ارتباط‌های گسترده و امکاناتی که از همان دورزمان‌ها داشت، کمک کرد که به دژ پرولتاریایی رویایی‌ام نقب بزنم. رفقایی را در کارخانه نخریسی که پس از کودتا و درهمه آن سال ها توده‌ای باقی مانده بودند و از قضا جان سالم هم بدر برده بودند، پیدا کردم. اما هنوز مهم تر از همه اینها رفتن به درون کارخانه نخریسی و دیدن آن دژ رویایی بود. تصویر سخن رانی‌های لنین و مشت‌های گره کرده کارگران و جلسات شوراهای کارگری روسیه یک جوری برایم افتاده بودند توی کارخانه نخریسی و فکر می‌کردم با رفتن درون آن دژ پرولتاریایی، همه آن تصویرها را زنده پیدا خواهم کرد. و از همه مهم تر اینکه خودم هم درون آن تصویرها جایی داشتم. پس با اشتیاق عجیبی سراغ آن رفقا می‌رفتم. چندین پارول (پرسش و پاسخ رمزی برای برقراری تماس تشکیلاتی) جدید گرفته بودم و آنها را به هیچ قیمتی حاضر نبودم در اختیار رفقای دیگر قرار دهم. آن‌ها همان جواهری بودند که برقاش برای اولین بار باید چشمان خودم را خیره می‌کرد. اولین نفر آنها رفیق جانیان بود.

دیدار با رفیق جانیان

غروب یکی از روزهای آخر تابستان سال ۱۳۵۸ بود. در کوچه‌های اطراف کارخانه نخریسی سوار بر موتور به دنبال خانه رفیق جانیان گشتم تا خانه او را پیدا کردم. موتورم را به جک زدم، دسته‌اش را قفل کردم و در زدم. در میانه در زنی میانسال پیدا شد. پیراهن گل گلی تن‌اش بود و روسری نداشت. نسبتا سفید چهره یا شاید اندکی گندم گون به نظر می‌رسید. به نسبت زن‌های ایرانی در آن دوران، متوسط قد بود و کمی‌چاق و چله، خوشرو و مهربان با لبخندی بر لب. مرا مثل فرزندش نگاه کرد و انگار که منتظرم بود. با مکثی پرسیدم "اینجا منزل آقای جهانیان است؟"

تا مدت‌ها جانیان را جهانیان می‌گفتم. همانطور که به من و موتورم نگاه می‌کرد، گفت "بله پسرم، چکار داری؟"

گفتم "برای دیدن آقای جهانیان آمده‌ام. تشریف دارن؟"

سرش را به طرف داخل خانه برگرداند و انگار که فهمیده بود که برای چه آمده بودم و می‌خواست آشنایی بدهد، فریاد زد "رفیق جانیان، برای شما آمده ان."

و مرا به داخل خانه دعوت کرد. از شنیدن کلمه رفیق از دهان آن زن چنان ذوق زده شده بودم که حد و اندازه نداشت. احساس کردم که همان یک کلمه «رفیق»، درب کارخانه نخ ریسی را به رویم گشوده بود و به دنیای مبارزه پرولتاریایی وصلام کرده بود. خانه راهروی کوچکی داشت که در هر طرف آن دو اتاق قرار داشت و یک موتور سیکلت گازی هم در همان راهرو روی جک نشسته و پارک شده بود. هنوز تازه داخل راهرو شده بودم که از اتاق صدایی آمد، "چی گفتی اکرم؟"

پس فهمیدم که نام این زن اکرم است. از آن لحظه به بعد او برایم اکرم خانم شد. اکرم خانم مرا به دومین اتاق در سمت چپ همان راهرو کوچک هدایت کرد. آقای جانیان آنجا نشسه بود و داشت سیگار می‌کشید. جثه‌ای متوسط داشت. اصلا شبیه کارگران توی فیلم‌ها و

رمان‌ها نبود. هیکل ظریف و استخوانی و لاغری داشت. سیه چرده بود، با سبیل‌های نه چندان کلفت استالینی، موهای سیاه دوروبر گوش و گونه هایش که بر آن آثار سفیدی کم کم پیدا شده بود. فکر می‌کنم در آن زمان بیشتر از ۵۰ بهار زندگی را تجربه نکرده بود. عینک داشت. از جایش بلند شد. سلام کردم و پس از احوالپرسی خودم را معرفی کردم "رضا هستم، امامعلی مرا فرستاده." پارول (رمز تماس برای شناسایی) حزبی‌اش را گفتم. جمله‌ای بود که الآن یادم نیست. خنده‌ای کرد. دست ام را هنوز در میان دو دست اش نگاه داشته بود. مرا در آغوش کشید. همدیگر را بوسیدیم. وقتی از هم جدا شدیم، چشمان مان هر دوی ما پر از اشک بود. هق هق آرام گریه‌اش چند لحظه مرا در زمین و زمان متوقف کرد. تا به خودم آمدم، دیدم خودم هم گریه‌ام گرفته است. هنوز ایستاده بودیم و من از پنجره به حیاط کوچک آنها نگاه می‌کردم. دست اش را روی شانه‌ام گذاشت و به آرامی انگار به نشستن دعوتم می‌کرد، در گوشه‌ای از اتاق که پتویی چندلا پهن شده بود. کنار هم، روی زمین نشستیم. دقیقه‌ای نگذشته بود که اکرم خانم وارد شد. با سینی چای. چهره‌اش هنوز در خاطرم همان گونه که آن روز دیدماش حک مانده است . خندان و خوشحال بود. انگار که پرنده بخت و اقبال روی پشت بام خانه آنها نشسته بود. مهربان تر از مادر نگاه ام می‌کرد. دستپاچه شده بودم. دوباره به او سلام کردم. خنده‌اش گرفت و سینی چای را پیش ما گذاشت. با حالتی شوخ و خندان و با یک نوع حرف زدن که انگار اشاره‌ای نیز در آن وجود داشت، پرسید "رفیق جانیان، چیز دیگه‌ای هم میل دارین؟"

جانیان به آرامی و با نگاهی که از روی چهره او یک باره بر صورت من لغزید، گفت "بعداً!"

اکرم خانم از اتاق بیرون رفت. شوق پرسش از کارخانه نخریسی امانام نمی‌داد. اما رفیق ما انگار آنقدر آنجا کار کرده بود که اصلا برایش مهم نبود که از آنجا برایم صحبتی بکند. برای او دژ پرولتاریایی رویایی من انگار اصلا جذبه‌ای نداشت و فقط محلی برای کار روزانه و درآمد مختصر خانه بود. از بعضی رفقای قدیمی‌اش از من می‌پرسید. فکر می‌کرد که از همه و همهٔ کس اطلاع دارم. از رفقای شان که به شوروی گریخته بودند و سال ها بود که از آنها خبری نداشت پرس و جو می‌کرد. از طاهری می‌پرسید و چندین و چند نفر دیگر که تا به آن روز اسم هیچ کدام شان به گوشام نخورده بود. اسم همه آنها را در کاغذی که در جیب‌ام داشتم نوشتم و به او قول دادم که از رفقا در مورد آنها پرس و جو کنم. فکر می‌کردم اکبرآقا احتمالا بسیاری از آنها را می‌شناسد و هفته بعد با دست پر جواب سوال هایش را خواهم داد و او را حسابی خوشحال خواهم کرد. از کارخانه پرسیدم که چند تا کارگر دارد، چند شیفت کار می‌کنند، وضع شورای کارگری چطور است و چه تعداد دیگر از رفقای ما در آنجا مشغول کارند. سوال پیچاش کرده بودم. ولی او انگار نه انگار که جوانی تشنه و حریص دانستن آنجا نشسته بود، با خونسردی نگاه ام می‌کرد و به آرامی و با طمانینه جواب‌های کوتاه می‌داد: "زیاد نیستن... کمتر از ۱۰۰۰ ... تا ۲ تا شیفت ... کاری نمی‌کنن ... چندتایی بیشتر نیستیم." و باز رفت سر خاطرات اش، رفقای قدیمی و دوران گذشته. انگار نه انگار که انقلاب شده بود. هنوز حزب برای جانیان در دهه بیست و پیش از کودتای ۲۸ مرداد ایستاده بود و کمی که جلوتر می‌آمد به زندان و

مدت حبسی که کشیده بود و رفقای هم بندش می‌رسید. بعد از آن انگار هیچ اتفاقی نیفتاده بود و یا شاید او علاقه‌ای نداشت که در اولین دیدار ما از آنها حرفی به میان آورد.

من و آقای جانیان

در همین حال و هوا بودیم که اکرم خانم با سینی وارد شد. یک بطر عرق و دو استکان و کمی مخلفات در کنار آن بود. سینی را گذاشت جلوی ما و به شوهرش گفت: "جشن بگیر، باز زندگی ات شروع شد. گذشته‌ها رو کنار بذار و دوباره شروع کن."

در رفتار آقای جانیان سرخوردگی و افسردگی خاصی مشهود بود. مثل اوستا خلیل خندان نبود که انگار انرژی همه کارگران قدیم و جدید حزبی و غیرحزبی را در کلام و حالت‌های چهره‌اش می‌دیدی. مثل فرقانی هم نبود که مرتب ایراد بگیرد و چپ و راست متلک باران ام کند و از رهبری حزب ایراد بگیرد. آرام بود، متانت خاص خودش را داشت. صبور و با حوصله بود ولی چندان پرانرژی به نظر نمی‌آمد. با تصویری که از کارخانه نخریسی و پرولتاریای صنعتی و سنت های مبارزاتی توده ای‌ها در آن کارخانه داشتم اصلا جور در نمی‌آمد. اما باید حوصله می‌کردم. بهرحال کم کم فهمیده بودم که رفقای قدیمی با اینکه همه به نوعی شیفته و یار همیشگی حزب مانده‌اند، اما هر کدام شان در ابراز عشق و علاقه راه و روش خاص خودشان را دارند. ولی در یک چیز بیشتر آنها مثل هم رفتار می‌کردند، علاقه به الکل و عرق خوری. انگار که استکان عرق پای ثابت محفل‌های رفیقانه و تنهایی آنها بوده است. حالا هم که در مملکت انقلاب اسلامی شده و عرق خوردن ممنوع شده بود و شلاق داشت، باز هم عرق خوردن آنها را کسی نتوانسته بود از آنها بگیرد. عرق آن روز دست پخت اکرم خانم بود. اکرم خانم از وحشت عرق‌های بیرون که معلوم نبود چگونه و چطور تقطیر می شدند و در روزهای پس از انقلاب بسیاری را کور کرده و یا از پای در آورده بود، تصمیم گرفته بود که مثل غذا

پختن در خانه، عرق درست کردن را به عهده بگیرد. دو آتشه بود، یعنی دوبار تقطیر شده بود. گرم و گیرا بود.

مدتی بود که تاریکی همه جا را گرفته بود، بطری عرق ما هم به ته رسیده و تمام شده بود ولی حرف‌های ما تمامی نداشت. از چند نفر دیگر از رفقای کارگر عضو کارخانه برایم گفت. یکی از آنها از اعضای شورای کارگری کارخانه بود. سید نام داشت. قبل از اینکه سوار موتور شده و از آنها خداحافظی کنم، اکرم خانم اصرار کرد که اگر حالم خوب نیست و نمی‌توانم خودم را کنترل کنم، شب را مهمان آنها باشم. احساس نمی‌کردم که مشکلی در راه پیدا کنم و تازه اگر می‌خواستم بمانم، خانه ما تلفن نداشت که به مادرم زنگ بزنم و بگویم که شب به خانه بر نمی‌گردم. او حتما نگران می‌شد. پس باید می‌رفتم. سوار موتور شده و به طرف خانه راه افتادم . در طول راه همه هوش و حواس ام به کارخانه نخریسی، رفیق جانیان و اکرم خانم بود. بی تفاوتی رفیق جانیان در تعریف از کارخانه، حالت رویایی مرا از آن دژ تخیلی پرولتاریایی به هم زده بود. انگار کارخانه در ذهن‌ام تغییر کرد. حالا کوچک تر به نظر می‌آمد. حتی همان شب در راه بازگشت از خانه آنها وقتی از جلوی کارخانه سوار بر موتور رد می‌شدم و نگاهم به دیوارهای بلند و درب اصلی آهنی و بزرگ آن افتاد، دیگر به نظرم آن ابهت قبلی را نداشت. احساس کردم که حالا درون آن را از پشت دیوارهای بلندش در آن شب تاریک می‌بینم. کلمات رفیق جانیان که گفته بود "زیاد نیستن ... کمتر از ۱۰۰۰ تا ... ۲ تا شیفت ... کاری نمی‌کنن ... چندتایی بیشتر نیستیم" مرا از درز در بزرگ آهنی به درون کارخانه برده بود و آنجا را کوچک تر و محقرتر از تصویر خیالی‌ام یافتم. اما در عوض اکرم خانم همه حواس ام را پر کرده بودم. مطمئن بودم که هوادار حزب است. اگر نبود، جانیان را "رفیق" خطاب نمی‌کرد. اگر نبود، مرا به چشم فرزندش نگاه نمی‌کرد و با آن محبت مادرانه به خانه راه‌ام نمی‌داد.

آن سال ها، خیلی از خانواده‌های رفقای ما وقتی به در خانه هایشان می‌رفتیم و می‌دانستند که توده‌ای هستیم و برای جلسه یا دیدار حزبی آمده ایم، رو ترش می‌کردند. گاه حتی دروغ می‌گفتند که فلانی خانه نیست، یا هنوز نیامده، و خلاصه اینکه ما را از سر باز می‌کردند. ما هم گاه می‌فهمیدیم که دروغ می‌گویند. ماشین طرف دم در بود، یا موتورسیکلت اش را در حیاط می‌دیدیم. ولی همسرش می‌گفت "خونه نیس!"

اکرم خانم اما انگار بیشتر از آقای جانیان منتظر آمدن و دیدار من بود. همه فکرم به این بود که دفعه بعد از او بخواهم که در جلسه همراه ما باشد. عجیب بود، نه او خودش کلمه‌ای از توده‌ای بودناش گفته بود و نه رفیق جانیان کلمه‌ای در این باره صحبت کرده بود، و نه در پارول حزبی در این مورد اشاره‌ای شده بود. امامعلی هم هیچوقت از اکرم خانم حرفی نزده بود. اما من مطمئن بودم که او حتما هوادار حزب است. به فکر رفقای دختر بودم که کدام یک از آنها را باید پیش او ببرم که با او کار کند. یکی از مشکلات ما هم همین بود. بسیاری از رفقای دختر ما از خانواده‌های متوسط آمده و بیشترشان در همان یکی دوساله دوران انقلاب سیاسی شده و به حزب و فعالیت حزبی علاقمند شده بودند و خیلی کم و گاه اصلا هیچ آشنایی با کار و زندگی زحمتکشان از نزدیک نداشتند و برایشان بسیار دشوار بود که حرف را از کجا شروع کنند و یا راجع به چه چیزی صحبت

کنند. رفقای زحمتکش ما هم در خانواده‌های کارگری و دهقانی هیچ علاقه‌ای به بحث‌های روز سیاسی و یا به تاریخ حزب و آنچه در محافل روشنفکری و دانشجویی رایج بود، نداشتند. هیچ کدام از آنها کمترین علاقه‌ای به بحث درباره اینکه مثلا خط امام یا خط لیبرال چیست و یا بحث در مورد راه رشد غیرسرمایه داری و یا تضاد اصلی دوران و امثال آن نداشتند. برای اکثر آنها همین که حزب حامی زحمتکشان بود و اعضای حزبی برای بهبود زندگی آنها تلاش می‌کردند، کافی بود. تجربه زندگی برای آنها و شناخت شخصی اشان از حزب و رفقای حزبی برای شان از همه مهمتر بود.

راه طولانی بود. کارخانه نخریسی و خانه رفیق جانیان در آن سوی شهر و خانه ما در خیابان آبکوه در طرف دیگر شهر واقع شده بود. شب گذشته بود. خیابان ها خلوت بودند و در مقابل هر مسجدی تفنگ به دوش‌های داوطلب محله کشیک می‌دادند. گاه در کنار آنها یکی دو تا از ماشین‌های کمیته چی‌ها هم گشت می‌زدند. آنها شب‌ها در ایست‌های بازرسی که تعدادشان هم فراوان بود جلوی بعضی از اتومبیل‌ها و گاه پیاده‌ها را می‌گرفتند و پرس و جو می‌کردند که از کجا می‌آیی و یا این وقت شب به کجا می‌روی. از جلوی مسجد محله خودمان که رد شدم، حاجی مستغنی تفنگ به دوش کنار در مسجد راه می‌رفت. دستی تکان دادم، سلامی‌کردم و گازی دادم و رفتم. حاجی را سال ها بود که می‌شناختم. حاجی مستغنی شاگرد راننده اتوبوس خط هشت شرکت واحد مشهد بود. در محله ما همه بچه‌ها او را دوست داشتند و بیشتر محبوبیت‌اش به خاطر فوتبال بود. حاجی عاشق فوتبال بود. خانه آنها یک میلان بالاتر از خانه ما بود، مقابل خانه دختر عمه‌ام در میلان شهریار. حسین پسر حاجی تقریبا هم سن و سال من و بازیکن خوبی بود. او تمام سال های تحصیلی‌اش عضو تیم فوتبال دبیرستان خسروی مشهد بود. حاجی خودش هم وقتی شیفت صبح کار می‌کرد، بعد از ظهرش را با ما در محله فوتبال بازی می‌کرد. در حقیقت او مربی و همه کاره تیم محلی ما بود. در میدانی خاکی که در خیابان شهریار در سمت شمالی بین خیابان آبکوه و سناباد قرار می‌گرفت تقریبا هر روز و یا روز در میان بازی می‌کردیم. حاجی گرچه فوتبالیست بود و عاشق توپ، اما اهل دعا و قرآن و مسلمانی هم بود. هر هفته در محله جلسه قرآن بر قرار بود و همه ما پای ثابت آن جلسات بودیم. حسین در عین حال که فوتبالیست خوبی بود قرآن را هم خیلی قشنگ با قرائت می‌خواند. در خانه آنها دعای ندبه و کمیل هم برگزار می‌شد. حاجی روحیه شادی داشت، از پشت سر مثل بقیه بچه‌ها بود. قد و هیکل کوچولویی داشت و حسابی سرزنده بود. آن زمان ها شاید به نظر ما کمی پیر می‌آمد، شاید چون به او حاجی می‌گفتیم، شاید هم چون همسر و چند فرزند داشت. حسین که پسر بزرگ او بود هم سن و سال ما بود. فکرنمی‌کنم که حاجی آن سالها ۴۰ یا ۴۵ سال بیشتر داشت. حالا هم که پنج شش سالی از آن زمان گذشته بود، احتمالا ۵۰ سال بیشتر نباید می داشت. حاجی در همان سال های قبل از انقلاب کم کم متوجه شده بود که دیگر مذهبی نیستم و قید دین و مذهب را زده‌ام، چرا که دیگر در جلسه‌های دعا و قرآن پیدایم نمی‌شد. احتمالا از بچه‌های آقای حجازی هم چیزهایی شنیده بود و به او گفته بودند که چپی شده‌ام چون آنها خیلی به این مساله حساس شده بودند . آقای حجازی سیدی بود که سر چهارراه خانه ما عطاری داشت، نبش میلان گیتی و خیابان آبکوه. دو دختر و چند پسر داشت. خانواده‌ای به شدت مذهبی بودند. پسرها هر کدام که ریش شان در آمده بود مثل پدر ته ریشی گذاشته بودند . از درون خانه آنها بیشتر وقت ها

صدای قرآن و دعا شنیده می‌شد. من با آنها دوست بودم. از آنجا که من هم بچه سید بودم و در سال های اولی که به آن محل رفته بودیم اهل جلسه‌های قرآن و دعا و مسجد بودم، با هم رابطه‌ای دوستانه داشتیم. چند سال بعد کم کم جلسه‌های قرآن مشترک مان تمام شد. من و چند نفر دیگر از بچه‌های محل قران خوانی را کنار گذاشتیم و یکی دو نفرمان به اصطلاح چپی شدیم. همه قرآن‌ها و پایه‌های قرآن، رحل ها، را که تا آن زمان در زیرزمین خانه مان نگه می‌داشتم به آنها تحویل دادم. گرچه هنوز سلام و علیکی با هم داشتیم اما دیگر روابط ما بسیار سرد شده بود تا آنجا که در طول یکی دو ساله آخر حکومت شاه و در دوران تظاهرات‌های انقلاب درسال های ۵۶ و ۵۷ دیگر رابطه ی دوستانه ما کاملا قطع شده بود. دیگر نه تنها سلام و علیکی باقی نمانده بود که جایش را نگاه‌های خشم آلود آنها گرفته بود. انگار به دشمنان اسلام یا قاتل امام حسین نگاه می‌کردند. تنها عضو خانواده آنها که هنوز نگاه مهربان مانده بود یکی از دختر‌های او بود که یکی دو سالی از من جوانتر بود. انگار خشم نگاه پدر و برادران‌اش را داشت جبران می‌کرد، با خنده‌ای لطیف و چشمانی که احساس دوستی و محبت و تا حدودی عشق نوجوانی در آنها پیدا بود. بیشتر وقت‌ها از پشت پنجره اتاقی که به کوچه باز می‌شد، نگاه ام می‌کرد. گاه حتی پشت در نیمه باز خانه شان منتظرم می‌ایستاد تا از مدرسه برگردم و با خنده و نگاهی متقابل از انتظارش تشکر کنم. من هم عادت کرده بودم و انگار هر روز منتظر دیدن او بودم. اگر پشت در نبود و یا از درز در نگاه نمی‌کرد به پشت پنجره نگاه می‌کردم و مطمئن بودم که آنجا منتظرم است. همان نگاه و خنده لطیف نوجوانی برای هردوی ما کافی بود.

حاجی مستغنی اما برخلاف خانواده آقای حجازی هیچوقت رابطه‌اش را با من قطع نکرد. حتی بعضی وقت‌ها جویای آن بود که چرا فوتبال را ول کرده‌ام. در نوجوانی و جوانی عاشق فوتبال بودم. هر روز بازی می‌کردم. از سن ۱۲ سالگی با پارتی بازی پسرعمویم که دوست صمیمی کاپیتان تیم پاس مشهد بود، به تمرین‌های تیم راه پیدا کردم. ایمان نژاد، بهترین دروازه بان مشهد بود و کاپیتان تیم پاس مشهد که همیشه پس از تیم آریا که مقام اول را داشت، رتبه دوم را در باشگاه‌های خراسان از آن خود می‌کرد. در دبیرستان هم عضو تیم مدرسه بودم و دو سال پشت سر هم وقتی در سیکل اول در دبیرستان نصیرزاده درس می‌خواندم، تیم ما مقام دوم را در آموزشگاه‌های خراسان بدست آورد.

حاجی مستغنی بیشتر از اینکه دنبال مسلمانی بچه‌ها باشد، به فوتبال علاقه داشت. برایش مهم بود که بازیکن‌های خوب محله را دوروبر خودش جمع کند. اسم تیم ما در آن محله تیم ابومسلم بود. هنوز باشگاه ابومسلم در مشهد درست نشده بود. چند سال پیش از انقلاب تازه این باشگاه در مشهد درست شد و از قضا تیم ابومسلم که حالا چند بازیکن حرفه‌ای از تهران و دیگر شهرستان ها در آن بازی می کردند ساکن همان محله ما در خیابان آبکوه شد. آنجا یک ساختمان چند طبقه جدید درست شده بود که در طبقه پایین آن چلوکبابی طوس بود و طبقات بالا هم شده بودند خوابگاه بازیکنان تیم ابومسلم. مسیح مسیح نیا، قلیچ خانی برادر پرویز قلیچ خانی کاپیتان تیم ملی فوتبال ایران و میثاقیان که بهترین پرتاب کننده توپ، اوت، با دست بود و بیشتر پرتاب‌های او از حاشیه منطقه ۱۸ متری و یا حتی از میانه میدان به گل ختم می‌شد. پرتاب دست او از ضربات کرنر از دو گوشه

میدان همیشه خطرناک تر بود. همه آنها در همان ساختمان مهمان محله ما بودند. بین من و چند نفر دیگر از بچه‌های محل با بچه‌های تیم ابومسلم که ساکن محله ما شده بودند، روابط دوستانه خوبی شکل گرفت. مسیح مسیح نیا که کاپیتان تیم ملی جوانان ایران هم بود، حالا به دعوت مدیران باشگاه ابومسلم به عنوان کاپیتان این تیم در میانه خط دفاع بازی می‌کرد. او در عین حال برای بازی در ابومسلم به دانشکده مهندسی دانشگاه کار هم پذیرفته شده بود و یک ماشین نوی پیکان جوانان زرد رنگ هم به او داده بودند. قلیچ خانی هم به دانشکده مهندسی دانشگاه کار پذیرفته شده بود. هردوی آنها تا انقلاب و یکی دوسال پس از آن در مشهد بودند و همچنان در ابومسلم بازی می‌کردند. از بچه‌های مدرسه ما هم چند نفری عضو تیم باشگاهی ابومسلم شده بودند. ابوالفضل صفوی که در دوران سیکل اول در مدرسه ما بازی می‌کرد حالا عضو تیم ابومسلم بود.ابوالفضل را چند سال بعد وقتی از بازداشتگاه سپاه به زندان وکیل آباد منتقل شدم برای بار دیگر پس از سال ها در آنجا دیدم. حسین امیدوار نیز که بعدا به مدرسه دیگری رفت حالا بهترین مدافع سمت راست تیم ابومسلم بود. او هم از رفقای خیلی خوب قدیمی من بود. ما قبلا در یک محله با هم زندگی می‌کردیم و او در آنجا هم از بهترین بازیکن‌های محله ما در کوچه حسین باشی بود.

خلاصه اینکه حاجی اسلحه به دوش مواظب محله بود و من هم مست سوار موتور از دیدار رفیق جانیان و اکرم خانم به خانه برمی‌گشتم. اما از قضای روزگار حالا باز هردوی ما هوادار انقلاب بودیم. پسر کوچک تر آقای حجازی هم تفنگ به دوش در کنار حاجی راه می‌رفت. نه من به او سلامی کردم و نه او به من نگاهی کرد. اما حاجی با همان نگاه مهربان همیشگی اش دستی تکان داد و با هم خوش و بشی کردیم.

آهسته در خانه را باز کردم. موتورم را در همان راهروی ورودی خانه به جک زدم و یواش وارد حیاط شدم. نمی‌خواستم کسی را با سروصدای آمدن ام از خواب بیدار کنم، مخصوصا پدرم را که ماه‌ها بود بیمار بود و در گوشه اتاق خوابیده بود. مادرم آنقدر مهربان بود که همیشه پیش از خواب حتی وقتی ما به خانه نیامده بودیم، رختخواب ما را در گوشه‌ای از اتاق پهن کرده و آن را آماده خوابیدن ما می‌گذاشت. بیشتر وقت ها وقتی دیر به خانه می‌آمدم از ترس اینکه کسی را از خواب بیدار کنم بدون مسواک زدن و گاه با همان لباس هایی که از بیرون آمده بودم به درون رختخواب می‌خزیدم. تنها وقتی که باید گزارشی برای جلسه فردا تهیه کنم، به اتاق دیگر می‌رفتم و آهسته درب را پشت سرم بسته و چراغ را روشن می‌کردم. بیشتر مواقع مادرم از همان صدای آهسته کلید که به در می‌انداختم و یا از صدای کلید برق از خواب بیدار می‌شد و به سراغام می‌آمد. با مهربانی در آن نیمه شب می‌پرسید که شام خورده‌ام و یا حتی گاه بدون اینکه سوالی کند شام را گرم کرده و برایم می‌آورد و خودش دوباره به رختخواب برمی‌گشت. متاسفانه من از آن زمان ها حتی از یک تشکر ساده هم غفلت می‌کردم.

به رختخواب رفتم. خوشحال بودم که فردا بعد از ظهر با رفیق جانیان قرار گذاشته بودم که مرا به سید معرفی کند. سید عضو شورای کارخانه بود. چشمان ام را بستم. عجیب بود، بچه که بودم پدرم همیشه قبل از خواب چیزی را با خودش تکرار می‌کرد و بعد که کمی بزرگتر شده بودم، هفت هشت سال ام شده بود، از من می‌خواست که آن را تکرار

کنم. با صدای آهسته و شمرده می‌خواند و من هم کلمه به کلمه تکرار می‌کردم: "می‌خوابم به دست راست، برخیزم به راه راست. اگر برنخیزم، اشهد ان لااله الا الله، اشهد ان محمد رسول الله، اشهدان علی ولی الله." هر شب با گفتن این قطعه، تصویر مرگ و اینکه اگر برنخیزم، جلوی چشمان ام می‌افتاد و خودم را در قبرستان می‌دیدم و گاه احساس می‌کردم که تابوت‌ام را بر سردست می‌برند و عده‌ای زیر آن فریاد می‌کردند "اشهد ان لا اله الا الله... اشهد ان محمد رسول الله" و وحشت همه وجودم را می‌گرفت. گاهی که تابستان‌ها در حیاط می‌خوابیدم، پس از گفتن تشهد، به آسمان نگاه می‌کردم و منتظر سقوط ستاره‌ام بودم. بچه که بودیم، به ما می‌گفتند که این نوری که به طرف زمین در حرکت است، ستاره‌ای است که سقوط می‌کند و هر کدام از آنها نشانه ی مرگ انسانی است. آنقدر این نگرانی و تکرار تشهد در دوران کودکی در گوش ام مانده بود که هنوز خیلی شب‌ها به محض اینکه به رختخواب می‌رفتم و لحاف را رویم می‌کشیدم، این داستان به یادم می‌آمد و تشهد تکرارمی شد و گاه وحشت بیدار نشدن فردا صبح دقایقی خواب ام را در هم می‌ریخت. بدترین زمان وقتی بود که فردایش کار مهمی داشتم، مثل آن شب که فردایش باید به سراغ سید می‌رفتم و نماینده شورای کارگران کارخانه نخریسی مشهد را ملاقات می‌کردم.

آشنایی با سید

خوشبختانه صبح از خواب بیدار شدم. عصر ساعت ۲ بعد از ظهر دم چهارراه نخریسی، مقابل درب بزرگ کارخانه آن طرف خیابان در انتظار رفیق جانیان و سید بودم. کارخانه در دو شیفت کار می‌کرد. شیفت اول از ساعت ۶ صبح تا ۲ بعد از ظهر بود. و شیفت عصر از ۲ بعد از ظهر تا ۱۰ شب. از سید تصویری در ذهنم ساخته بودم قد بلند و جوان، با سینه‌ای ستبر و دست‌های بزرگ و سبیل کلفت و احتمالا پالتویی سیاه از جنس برک و کلاهی کپی برسر. چند دقیقه‌ای از ساعت ۲ گذشته بود که در بزرگ کارخانه باز شد و کارگران گروه گروه خارج شدند. هرچه نگاه می‌کردم، رفیق جانیان را در میان آنها نمی‌دیدم. هر ثانیه مثل چندین دقیقه می‌گذشت ولی از رفیق جانیان خبری نبود. نگران شدم. به خودم گفتم نکند چون دیشب مشروب خوردیم، حالش به هم خورده و سرکار نیامده باشد، اگر تا چند دقیقه دیگر نیامد باید به خانه آنها سر بزنم. به فکر این بودم که به اکرم خانم چی بگم. نگران آن بودم که او مرا مقصر به هم خوردن حال رفیق جانیان بداند و احتمالا پس از بازکردن درخانه، برخلاف دیروز که با روی خوش به داخل دعوت ام کرده بود، با روی ترش دست به سرم کرده و ردم کند. در همین اثنا بود که رفیق جانیان همراه پیرمردی هم قدوقواره خودش، اما با یک ته ریش و کلاه سبزسیدی برسر، از در کارخانه بیرون آمدند. کلاه سبز او نشان آن بود که او همان سید است که دیشب رفیق جانیان از او برایم تعریف کرده بود. برخلاف تصویر ذهنی من تا آن لحظه، او نه قد بلند بود، نه جوان یا میانه سال، نه سینه ستبری داشت و نه سبیل کلفت و نه پالتویی بر تن. کلاه برسرش بود، ولی کلاهی سبز رنگ از جنس عرقچین هایی که در آن دوران در میان مردم عامی مرسوم بود که اصلا هیچ نشانه‌ای از کمونیست بودن در آن دیده نمی‌شد. شک داشتم که سید ما، رفیق توده‌ای ما، عضو شورای کارخانه، همین پیرمردی باشد که

همراه رفیق جانیان از آن طرف خیابان به طرف من می‌آمد. رفیق جانیان که تازه متوجه من در آن طرف خیابان شده بود، در حالی که با سید صحبت می‌کرد انگار به او گفت که من آنجا منتظر آنها ایستاده‌ام. سید نگاه اش را به من انداخت. از همان فاصله دورسنگینی نگاه‌اش را حس کردم. انداز و براندازم می‌کرد. از آن فاصله که به طرف من می‌آمد هیچ احساسی را نمی‌توانستم از نگاه‌اش تشخیص دهم.

سلام و علیک کردیم. اظهار خوشحالی کردم که با او آشنا شده‌ام. رفیق جانیان پس از معرفی ما به همدیگر به طرف کارخانه برگشت تا موتورسیکلت‌اش را برداشته و به خانه برود. پیش از رفتن‌اش قرار هفته را با او گذاشتم. من و سید به قهوه خانه‌ای که در آن سوی چهارراه نخریسی بود رفتیم. پیرمردی بود. به نظرم بیشتر از ۶۰ سال عمر داشت. ریش و موهایش بیشتر سفید بودند تا سیاه. از جو گندمی گذشته بود و بیشتر به سفیدی می‌زد. چشمان اش انگار کمی‌سبزرنگ بودند. برخلاف اولین نگاه اش که از آن سوی خیابان سنگین به نظرم رسید، حالا از نزدیک نگاه اش شاد و پر از شوق و امید بود و برق خاصی داشت. برق چشمان اش، برق جوانی بود. با بقیه ترکیب چهره و صورت اش که نشانه‌های پیری داشت جور در نمی‌آمد. از حزب و اینکه چه کار می‌کنیم پرسید. از سیاست حزب که برایش توضیح دادم، برخلاف بقیه قدیمی‌ها اصلا دلخور نشد. به نظرش حمایت از انقلاب و روحانیت، سیاست درستی بود و حزب جز این نباید می‌کرد. انقلاب را دستاورد مبارزات همه نسل‌های پیش و از جمله مبارزات توده‌ای در دهه‌های ۲۰ و ۳۰ و پس از آن می‌دانست. به نظرش گرچه حرف و صحبت از اسلام بود و حکومت اسلامی، ولی آرمان‌های مردمی حزب بودند که داشتند تحقق پیدا می‌کردند. صحبت از شورای کارخانه که می‌شد چنان با غرور حرف می‌زد که انگار همه امور کارخانه در دست آنها بود. از کارهای شورا برایم گفت، از آنچه برای زنان کارگر کرده بودند و تغییر ساعات کار برای آنها. بیشتر زن‌ها را از شیفت بعد ازظهر به صبح منتقل کرده بودند مگر آنهایی که خودشان تمایلی به تغییر شیفت کاری نداشتند. از چندین مورد اخراج سرکارگران مردی گفت که زن‌ها را آزارجنسی می‌دادند واینکه تلاش کرده‌اند که جلوی اذیت و آزار جنسی زنان را بگیرند و اینگونه اعمال را متوقف کرده اند. از دیگر اعضای شورای کارگری کارخانه برایم گفت. از بیشتر آنها به خوبی یاد می‌کرد. بیشتر آنها به نظر او گرچه توده‌ای نبودند، ولی کارهایی را می‌کردند که اگر توده‌ای هم بودند جز آن را انجام نمی‌دادند. وقتی از او در مورد تک تک آنها سوال کردم و اینکه کدام یک از آنها به او نزدیک ترند و امکان تماس با آنها ممکن است و یا می‌توان روی آنها کار کرد و به حزب متمایل شان کرد، با اطمینان خاطر گفت "همه اونها در نهایت توده‌ای میشن، ولی هیچ عجله‌ای نیست. الان اش هم مثل توده ای‌ها کار می‌کنن."

او اصلا شتابی در تشویق آنها به عضویت در حزب نداشت. او معتقد بود که حمایت حزب از انقلاب، دفاع از طبقه کارگر و مخالفت با اقدامات ضدکارگری بعضی از مسئولین حکومتی کافی است که در دراز مدت بسیاری از کارگران به حزب تمایل پیدا کنند. از خودش و گذشته زندگی‌اش کمی برایم گفت. از پسر و دخترش، و نیز همسرش که کمی مریض حال بود.

وقتی از او برای شرکت در حوزه حزبی دعوت کردم، بدون اینکه از کار در حوزه حزبی بدگویی کند، گفت که هیچ تمایلی به شرکت در حوزه‌های حزبی و یا دیدار با دیگر اعضای حزب ندارد و مایل است که این تماس ما فقط به صورت فردی باقی بماند. حتی از حضور در جلسه‌ی با من و رفیق جانیان که سال‌ها با هم درد دل حزبی کرده بودند هم استقبال نکرد. گفت هوادار حزب بوده است و حزب را تنها مدافع طبقه کارگر می‌داند و به پیروزی سوسیالیسم هم امیدوار است، اما در حال حاضر آمادگی شرکت در حوزه‌های حزبی را ندارد. اما تماس ما می‌تواند ادامه پیدا کند به شرط اینکه در مورد این تماس با کس دیگری صحبت نکنم و حتی ادامه تماس را از چشم رفیق جانیان نیز مخفی نگاه دارم. من هم به او قول دادم که چنین خواهم کرد. تماس من با سید تا به آخر همین گونه باقی ماند. در ابتدا هفته‌ای یک بار همدیگر را می‌دیدیم و سپس کم کم دو هفته یا گاه ماهی یک بار. گاه در خیابان نخریسی پس از آزادی او از کار با هم قدم می‌زدیم و گاه به خانه آنها می‌رفتم که در همان حوالی خانه رفیق جانیان بود و ساعت‌ها با او در مورد کارخانه، کار شورا، نظرات حزب در مورد قانون کار و مسائل کارگری و یا دیگر مسائل سیاسی کشور با هم صحبت می‌کردیم.

سید برایم همیشه سید باقی ماند. همان روز اول چند لحظه پس از رفتن رفیق جانیان که اسمش را پرسیدم، در جوابم گفت "همه بهم میگن سید، تو هم بگو سید." من هم برایم سید یا حسین یا حسن فرقی نمی‌کرد. سید را به حساب اسم او قبول کردم. سید هنوز هم برای من اسم آن رفیق باقی مانده است.

درک واقع بینانه از حزب سیاسی

سید نگاه جالبی به دنیا داشت. قضایا و مسائل سیاسی را به شیوه خودش و با استعاره و موضوعات قابل فهم برای مردم کم سواد و یا مذهبی توضیح می‌داد. مثلا می‌گفت وقتی با همکاران اش در مورد امام زمان و ظهور او صحبت می‌کند و از جامعه پر از عدل و دادی که قرار است پس از ظهور امام زمان برقرار گردد صحبت می‌کند، کمونیسم را مثال می‌زند و می گوید این همان جامعه پر از عدل و داد و موعود امام زمان است. او می‌گفت که به آنها می‌گوید عدل و داد زمانی ممکن است که کسی بردیگری امتیازی نداشته باشد. در جامعه‌ای که مالکیت وجود نداشته باشد و همه از امکانات زندگی به طور برابر و عادلانه برخوردار باشند، دیگر احتیاجی به اعمال ظلم و ستم نیست. پس عدل و داد محصول جامعه کمونیستی است. او می‌گفت به همین سادگی کمونیسم را می‌توان برای کسانی که منتظر ظهور امام زمان هستند، توضیح داد. البته می‌گفت نمی‌گویم کمونیسم همان است، می‌گویم آنچه را کمونیست‌ها می‌گویند اگر واقعا تحقق پیدا کند، همان جامعه پر از عدل و دادی است که قرار است با ظهور حضرت برپا گردد. یک تشبیه جالب دیگر او شباهت میان رادیو و خر دجال بود. می‌گفت گاهی وقت ها برای فهم بهتر آنچه در دنیا می‌گذرد، باید از باورهای هزارساله مردم کمک بگیری. از آنجا که همه خردجال را می‌شناختند که قرار است پیش از ظهور امام زمان ظاهر شود و گویا از هر مویش آهنگی در می‌آید و پشگل هایش گرچه ظاهرا شبیه هم هستند ولی بعضی از آنها شیرین و معطر و بعضی واقعا پشگل و بدمزه‌اند و تا به دهان نگذاری، مزه آن را نمی‌فهمی و تشخیص

نمی دهی کدام است، رادیو را به خر دجال تشبیه می‌کرد. برای دوستانش می گفت امواج رادیو، همان موهای خردجال‌اند که هرکدامشان آهنگی می‌زنند. می‌گفت به آنها می‌گوید که تا وقتی آنها را خوب گوش نکنی و معنی آنها را نفهمی، همه مانند همان پشگل خردجال هستند که شبیه هم اند، اما با دقت بیشتر در آنها متوجه می‌شوی که بعضی خوش مزه و شیرین و بعضی بدمزه و بدبو هستند. او معتقد بود که امواج رادیوهایی مثل رادیوهای غربی یا آنهایی که ظاهرا شعر و آهنگ می‌گذارند و در لابه لای برنامه هایشان از نظام سرمایه داری و حکومت‌های ظلم و ستم دفاع می‌کنند، همان پشگل‌های واقعی هستند و رادیوهای کشورهای سوسیالیستی و رادیو پیک ایران همان شیرینی ها. گاه موقع تعریف تمثیل هایش هردوی ما به خنده می‌افتادیم. او اعتقاد داشت که کارگران و زحمتکشان برخلاف آنچه که بسیاری فکر می‌کنند، لازم نیست دین و ایمان خود را از دست بدهند، کاری که بسیار سخت و تاحدودی ناشدنی است. آنها با ایمان به دین و مذهب هم می‌توانند هوادار حزب توده و برنامه‌های عدالت خواهانه آن باشند. او اعتقاد داشت که نباید حزب توده را به حزب بی دین‌ها تبدیل کرد. حزب توده باید حزب کارگران باشد و فرقی نباید بین کارگر بادین و بی دین گذاشت. سید اولین کسی بود که انگار با پتک تجربه زندگی برسرم کوبید که به دنبال بی دین کردن کارگران نباید رفت. او می‌گفت چه در قدیم و چه امروز پس از انقلاب اسلامی در ایران، اگر بدنبال بی دین کردن کارگران در همین کارخانه کوچک نخریسی باشیم، تا ابد هم قادرنخواهیم بود که حتی نصف آنها را بی دین کنیم. اما اگر دین و مذهب آنها را فراموش کنیم، همه آنها همانطور که به دنبال انقلاب راه افتادند فردا به دنبال انقلاب کارگری هم راه خواهند افتاد. او می‌گفت بیشتر از ۳۰ سال پیش زمانی که خودش جذب جمعیت کارگران هوادار حزب در کارخانه نخریسی شده بود، هم خودش مذهبی بوده و نماز و روزه‌اش ترک نمی‌شده و هم بسیاری دیگر از کارگران حزبی را می‌شناخته که مثل او اهل نماز و روزه بوده‌اند ولی به قول خودش لنین و استالین را مثل پیغمبر و حضرت علی و امام حسین می‌پرستیده اند. جالب بود که می‌گفت به نظر من از امام علی، اولین امام شیعیان، اولین کمونیست واقعی است.

کم کم متوجه می‌شدم که تفاوت یک حزب سیاسی با یک فرقه ایدئولوژیک در چیست. سید به حزب توده مثل یک حزب سیاسی نگاه می‌کرد. حزبی که با تاکید بر دفاع از منافع طبقه کارگر در برنامه اش، او و امثال او را جذب فعالیت حزبی کرده بود و قرار بود در آینده نیز هزاران کارگر و زحمتکش مسلمان و غیرمسلمان، مذهبی و غیرمذهبی را جذب فعالیت سیاسی کند. برای نسل ما روند حرکت به سوی جریانات چپ از مسیر جدایی از دین و مذهب می‌گذشت. اگر به بعضی گروه‌های رادیکال تر چپ و یا تازه چپ شده نگاه می‌کردی می دیدی که این روند با مذهب گریزی و ضدیت با دین و مذهب همراه بود. در بسیاری از گروه‌های چپ آن دوران آغاز زندگی سیاسی و چپ گرایی از اینجا شروع می‌شد که مذهب افیون توده هاست، پس باید مذهب زدایی انجام شود. مذهب زدایی هم به معنایی جدایی دین از حکومت و یا سکولاریسم (که این روزها همه از آن صحبت می‌کنند) و یا به معنای جدایی حوزه خصوصی از حوزه عمومی نبود. عنصر اولیه مذهب زدایی برای چپ‌های رادیکال و یا بسیاری از چپ‌ها با درک کودکانه شان از مارکسیسم، خط و نشان کشیدن برای مذهب، آنهم برای مذهب کاملا خصوصی در اذهان مردم و در خلوت زندگی ایشان بود. مذهب زدایی آن روزها برعکس فهم امروز بسیاری از

روشنفکران سکولار، یک شیوه اعمال قدرت احزاب سیاسی چپ و رهبران آنها در حوزه خصوصی زندگی اعضای شان بود، یعنی تلاش در جهت حذف و سرکوب بخشی از اعتقادات کاملا خصوصی آنها. به همین دلیل هم یکی از شرایط عضویت در بعضی از احزاب چپ، پذیرش ایدئولوژی و جهان بینی مارکسیسم-لنینیسم و سه بخش اصلی آن بود که یکی اعتقاد به فلسفه ماتریالیسم دیالکتیک و ماتریالیسم تاریخی بود که با اعتقادات دینی در تضاد بود. دو بخش دیگر آن اقتصاد و سوسیالیسم بود که به دین ربطی نداشت.

حزب توده، حداقل پس از انقلاب، تمایلی به مذهب زدایی در حوزه زندگی خصوصی اعضایش نداشت و در عمل چنین سیاستی را پیش نگرفته بود. ما در همه جا در رابطه با سیاست رسمی حزب همیشه صحبت از این میکردیم که ما یک حزب سیاسی هستیم و نه یک فرقه ایدئولوژیک، به ویژه که سیاست حزب در آن دوران سیاست حمایت از انقلاب اسلامی و رهبری آن بود. در این زمینه بارها و بارها در نشریات حزب از جمله ارگان رسمی آن، نامه مردم، در این رابطه مقاله هایی نوشته شد. اما با این همه نسل جوان حزبی بطور عمده و شاید همه بخش دانشجویی نه تنها مذهبی نبودند، که گاه تمایلات ضددینی در آنها کاملا مشهود بود. در بخش قابل ملاحظه‌ای از رفقای قدیمی نیز تنفر از مذهب و یا حداقل تنفر از روحانیون و آخوندها به شدت رایج بود. انگار به همان معنایی که بعضی از مسلمانان مدعی بودند که سیاست ما عین دیانت ماست و تفاوتی میان دیانت و سیاست خود قائل نبودند، این دسته از رفقای ما هم با همین نگاه به آنها، سیاست آنها را عین دیانت آنها می‌دانستند و چون از دیانت آنها دل خوشی نداشتند از سیاست آنها هم دلخوش نبودند و این دو را از هم جدایی ناپذیر می‌دانستند. یکی از مشکلات حزب در یکی دو سال نخستین با بسیاری از همین رفقای قدیمی ضد مذهبی این مساله بود که روشن کند که حزب سیاست رهبران انقلاب را از دیانت آنها جدا کرده است و دفاع از آنها به معنای دفاع از سیاست آنهاست و نه حمایت از دیانت آنها. تا آنجا که من با رفقای قدیمی و زحمتکش حزبی در تماس بودم، سید یک نمونه منحصر به فرد بود که به شیوه خودش توانسته بود بین علاقه به فعالیت حزبی در یک حزب کمونیست با دین ستیزی و یا بی دینی رابطه‌ای مستقیم برقرار نکند و این دو را از هم جدا سازد، چیزی که در آن دوران خلاف عادت بود.

جای پایمان روزبه روز محکم تر می شد

در این یکی دو ساله پس از انقلاب تشکیلات حزب کم کم شکل کامل پیدا کرده بود. در هر ناحیه کمیته‌ای و در سطح شهر مشهد کمیته حزبی شهر مشهد تشکیل شده بود. سازمان ایالتی حزب هم حالا دیگر وجود داشت و ما در بیشترشهرستان‌های خراسان کمیته حزبی داشتیم. در برخی شهرستان ها، تشکیلات حزب جا افتاده بود. مثلا در شمال خراسان در شهرهای قوچان، بجنورد، شیروان و درگز تشکیلات خوب، منسجم و منظم با تعداد قابل توجهی عضو و هوادار درست شده بود. در همه این شهرها کمیته حزبی شهر سازماندهی شده بود و اعضا و هواداران حزب در این مناطق فعال بودند. در نیشابور و سبزوار نیز سازمان‌های حزبی نسبتا قوی داشتیم. در بخش جنوبی خراسان، از جمله طبس و فردوس و گناباد حضور قابل توجهی نداشتیم به جز تعداد اندکی هوادار حزبی، در تربت حیدریه

برخلاف دوران پیش از کودتای ۲۸ مرداد که حزب از یک تشکیلات بزرگ محلی برخوردار بود، حالا فقط چند عضو قدیمی و یکی دو نفر عضو و هوادار جدید داشتیم. در بخش جنوب شرقی نیز در شهرهای فریمان، تربت جام و تایباد نیز تشکیلات حزبی وجود نداشت و فقط چند عضو و هوادار بیشتر نداشتیم.

کم کم از طریق بعضی از رفقای قدیمی با تعدادی از قدیمی‌های عضو حزب در این مناطق ارتباط برقرار می کردیم. تعدادی هم رفقای جوانی بودند که یا به عنوان معلم در مراکز بخش‌ها و یا در روستاها مشغول کار بودند . بعضی از این ارتباط‌ها داستان‌های جالبی داشت. مثلا یک روز با رفیقی آشنا شدم که از رفقای قدیمی بود و در دکه بلیت فروشی شرکت واحد اتوبوسرانی در میدان راهنمایی کار می‌کرد. پس از آشنایی و تماس با او، احساس کردم که علاقه به فعالیت حزبی دارد. شاید در همان اولین دیدار ما بود که از حضور دیگر اعضای حزب در شرکت واحد اتوبوسرانی مشهد سوال کرد. ما واقعا در آن زمان به غیر از خود او و یکی دو نفر دیگر که راننده اتوبوس بودند هیچ امکان دیگری در این شرکت نداشتیم. تصور رفیق ما اما این بود که حزب از آنجا که در گذشته در اکثر شرکت ها، کارخانه‌ها و ادارات تعداد زیادی عضو و هوادار داشت، حالا هم در شرکت واحد حتما تعدادی عضو دارد. حتی تصور می‌کرد که چه بسا بعضی از آنها در بخش مدیریت شرکت واحد باشند. با همین تصور بود که از من خواست که اگر امکانی هست حزب به او کمک کند تا موقعیت بهتری از نظر کاری برایش دست و پا کنیم. وقتی به او گفتم ما هیچ امکانی در مدیریت شرکت واحد نداریم، باور نمی‌کرد. به من می‌گفت که احتمالا من اطلاع ندارم، "مگه میشه که حزب توی مدیریت شرکت واحد کسی رو نداشته باشه؟!"

او مطمئن بود که حزب آن امکانات را از چشم ما جوان‌ها مخفی نگاه داشته است. به هرحال اصرار داشت که پیام او را به رهبری حزب منتقل کنم تا ترتیب ارتقاء شغلی او فراهم آید. جالب بود که او نمی‌دانست که در آن زمان من جوان ۲۱ ساله مسئول کل شعبه کارگری حزب و یکی از همان رهبران محلی حزب بودم که او پیغامش را برای آنها می‌فرستاد. من هم چون نخواستم او را ناامید کنم و در عین حال قرار نبود مسئولیت تشکیلاتی خودم را به او بگویم، پذیرفتم که پیغام او را به رهبری حزب منتقل کنم. این رفیق ما اهل باخرز بود. باخرز منطقه‌ای است در جنوب شرقی مشهد در نزدیکی تایباد و در واقع حومه تایباد محسوب می‌شود. وقتی از او در مورد فعالیت‌های حزبی‌اش در قدیم پرسیدم، توضیح داد که در دهه ۲۰ و دوران نهضت ملی و حتی پس از کودتای ۲۸ مرداد، حزب در منطقه باخرز تشکیلات بزرگی داشته و او که در آن دوران جوانی بوده، عضو تشکیلات حزب و در آن منطقه فعال بوده است. برایم از آن دوران داستان‌های زیادی تعریف می‌کرد و از باخرز چنان با شور و شوق داد سخن می‌داد که سخت شیفته دیدن آن دیار شده بودم. او می‌گفت هنوز تعداد زیادی از رفقای قدیمی را در آن دیار می‌شناسد که هوادار حزب هستند. با هم قرار و مداری گذاشتیم که به اتفاق به باخرز برویم.

یکی از همان روزها با هم سوار مینی بوس شده و به آن منطقه رفتیم. مرکز آن را شهرنو باخرز می‌گفتند که مرکز بخش بود. شهر نو باخرز در واقع شبیه شهری کوچک، یا بهتر

بگویم، روستایی بزرگ بود. تعدادی مغازه داشت. مدرسه ابتدایی و متوسطه داشت و یک بهداری کوچک و مسجد و پاسگاه ژاندارمری در آنجا مستقر بود. پسر همین رفیق مان در آنجا معلم دبستان بود، و هوادار جریان‌های چپ. بین هواداری از حزب توده و چریک‌های فدایی گیر کرده بود و به هردو تمایل داشت. شاید از خجالت پدر و، چنانکه بعدا فهمیدم، عمو و بقیه فامیل که هوادار حزب بودند به حزب تمایل داشت. اما جاذبه فعالیت‌های چریکی و شورجوانی او را به سمت چریک‌های فدایی می‌کشید. حالا با انشعاب در سازمان چریک‌های فدایی خلق و پیدا شدن جریان اکثریت که متمایل به حزب بود و در حقیقت دنباله رو سیاست حزب در بیشتر زمینه ها، او نیز بیشتر به حزب روی خوش نشان می‌داد. من و او با هم یکی دو ساعتی صحبت کردیم و از آنجا که من هم مثل خود او جوان بودم و هم تا حدودی با منابع مارکسیستی و سیاست‌های روز جریان‌های چپ آشنا بودم، تا آخر روز که به مشهد بر می‌گشتم توانستم قرار دیدارهای بعدی را با او به عنوان هوادار و سمپات حزب بگذارم. آن روز در شهرنوی باخرز با تعدادی از اقوام و آشنایان همین رفیق مان که از توده ای های قدیمی بودند از نزدیک دیدار کردم و قرارهای بعدی را با بعضی از آنها گذاشتم. از آنجا که فعالیت‌های خارج از شهر مشهد، بخصوص اگر در حوزه فعالیت کارگری نبود، بیشتر به شعبه شهرستان ها و یا شعبه دهقانی مربوط می‌شد، تصمیم گرفتم که پس از بازگشت تماس‌های آنها را به منصور بدهم که هم در شعبه شهرستان‌ها کار می‌کرد و هم مسئول شعبه دهقانی بود.

سفر به باخرز با فروغیان

داستان دیدارهایم در باخرز را برای عبدل که آن زمان مسئول شعبه شهرستان های حزب در خراسان بود و در عین حال رفاقت خوبی هم با هم داشتیم، بازگو کردم. عبدل خودش علاقه نشان داد که در دیدار بعدی او را با خودم برای آشنایی با آن رفقای قدیمی به منطقه باخرز ببرم. چند روزی نگذشته بود که عبدل از من خواست که باهم و به اتفاق فروغیان به آن منطقه برویم. فروغیان عضو کمیته مرکزی حزب بود و مسئول منطقه خراسان و ترکمن صحرا و سیستان و بلوچستان، یعنی نواحی مرزی شرق کشور. علاقه زیادی به نواحی مرزی داشت. اگر در جلسه‌ای یا جایی که او حضور داشت صحبتی در رابطه با نواحی مرزی می‌شد و یا از رفیقی صحبت می‌کردیم که نزدیک مرز زندگی می‌کرد و یا کس و کاری در آن مناطق داشت سریعا شاخک هایش حساس می شد و سعی می‌کرد که سروته قضیه را در آورده و با آن رفیق ارتباط برقرار کند. حالا گویا از عبدل در مورد باخرز شنیده بود.

همان هفته من و عبدل و فروغیان به همراه همان رفیق بلیت فروش به شهرنو باخرز رفتیم. در راه فروغیان از افراد منطقه جویای اطلاعات بود و رفیق مان از همه کس و همه جا برایش می‌گفت. جالب بود. به باخرز که رسیدیم، انگار حساب فروغیان از من و عبدل جدا شد. او به دنبال کسانی می‌گشت که در دوسوی مرز مشغول رفت و آمد بودند، و ما به دنبال کسانی بودیم که در باخرز مشغول کار و زندگی. آن روز با چند تن از رفقای قدیمی دیدار کردیم. یکی از آنها آدم جالبی به نظر می‌رسید. هم قدوقواره خود فروغیان بود. قدکوتاه، و چنانکه می‌گفت، چندین سال در زندان بسربرده بود: یکی دو سال پس از کودتا به اتهام توده‌ای بودن، و یکی دوبار در اواخر دهه ۴۰ و اوائل دهه ۵۰

به اتهام قاچاق مواد مخدر. خیلی راحت از گذشته‌اش صحبت می‌کرد. هیچ ابایی نداشت که سال ها به جرم قاچاق مواد مخدر در زندان افتاده بود. فروغیان هم انگار که گوهری پیدا کرده بود. من هنوز خیلی جوان و ایده آلیست تر از آن بودم که تصور همکاری با یک قاچاقچی را در مناسبات و روابط سیاسی به هر دلیل بتوانم هضم کنم. عبدل به ظاهر عادی تر رفتار می‌کرد، شاید به دلیل روابط نزدیک تر و شناخت بهتری که از فروغیان در آن مدت پیدا کرده بود. اما نگاه هایش اضطراب درونی اش را آشکار می کرد به خصوص وقتی که نگاهش روی صورت پر از سوال من می افتاد که حیرت زده شاهد گپ زدن فروغیان و آن قاچاقچی بودم. همسر همان رفیق قاچاقچی مرتب و چپ و راست برای ما چای می‌آورد. شاید در عرض کمتر از نیم ساعت ۵ یا ۶ لیوان چای به خورد ما داد. فروغیان با سوال هایی که از او می‌کرد انگار منطقه را تا حدودی می‌شناخت. ادامه صحبت آنها اصلا برایم جالب و جذاب نبود. احساس می‌کردم فروغیان به دنبال ادامه رابطه با او بود. برایم قابل درک نبود که عضو کمیته مرکزی حزب توده ایران، عضوی از گروه افسران قیام خراسان و مترجم کتاب «راه رشد غیرسرمایه داری» اثر معروف اولیانوفسکی، حالا دارد با یک قاچاقچی که سالها به جرم خرید وفروش و حمل موادمخدر در زندان بوده خوش و بش می‌کند و برای آینده قرار و مدار می‌گذارد!

می‌دانستم که فروغیان به این گونه مسائل علاقه خاص نشان می‌داد. قبلا هم او را یکبار اتفاقی دیده بودم که از خانه یکی از اعضای قدیمی حزبی به نام صادقی که او هم متهم به قاچاقچی بودن بود بیرون می‌آید و این دیدار آنها اتفاقا پس از آن بود که ما جوان ها به حضور آن قاچاقچی در حزب اعتراض کرده بودیم و به ما ابلاغ شده بود که او از حزب کنار گذاشته شده است. آن قاچاقچی از یک خانواده قدیمی توده‌ای در روستای چکنه در اطراف نیشابور بود که چندین برادرداشت که همه در گذشته توده‌ای بودند. او از راه قاچاق مواد مخدر صاحب ثروت و مال و منالی شده بود و در خیابان سناباد مشهد یک خانه بسیار بزرگ و شیک ساخته بود. پس از انقلاب به حزب مراجعه کرد و مدتی در حوزه‌های حزبی شرکت می‌کرد. اما پس از مدتی با شکایت برخی از ما جوان‌ها بدلیل سوابق اش رسما از حزب کنار گذاشته شد. فروغیان اما تماس خود را با او حفظ کرده بود و چنانکه بعدها در دوران بازجویی شنیدم، توسط همان فرد و پسراو از مرز خارج شده و به شوروی گریخته بود.

داستان فروش چوب‌های فروغیان

در یک مورد دیگر نیز فروغیان من و یکی از رفقای عضو شعبه کارگری را حسابی به تعجب انداخت. یادم هست یکی از همان روزهای آخر سال ۱۳۵۹ یا اوایل ۱۳۶۰ بود که در دفتر حزب پس از سلام و علیک از من پرسید که آیا کسی را می‌شناسم که خریدار چوب باشد. به فکرم نرسید که از او بپرسم چوب را از کجا آورده و چقدر چوب برای فروش دارد. گفتم حتما می‌پرسم و به شما اطلاع می‌دهم. رفیقی داشتیم که یک کارخانه کوچک مبل سازی داشت. تقریبا شاید ۱۰ نفری کارگر در کارگاه‌اش در جاده قدیم قوچان کار می‌کردند. جالب بود که هم خودش و هم تعدادی از کارگران اش توده‌ای بودند.

همین رفیق مبل ساز ما یکی از رفقای عضو شعبه را که دانشجو بود و پس از انقلاب فرهنگی و تعطیلی دانشگاه‌ها دنبال کار می‌گشت و در کارخراطی هم استاد بود، به کار گرفت. رضا پدرش خراط بود و نام فامیل آنها هم خراطچی بود. رضا نه فقط عضو شعبه کارگری که یکی از نزدیک ترین و صمیمی‌ترین رفقای دوران فعالیت حزبی من بود. ما تقریبا از همان آغاز فعالیت حزبی با هم دوست شدیم. او دانشجوی دانشکده ادبیات مشهد بود و از آنجا که در یک خانواده زحمتکش بزرگ شده بود، روحیه ای بسیار مردمی داشت و خیلی هم صمیمی بود. با همه به راحتی دوستی می‌کرد. رضا تقریبا عضوی از خانواده ما شده بود. ما هر روز با هم بودیم. خیلی اوقات یا او شب را در خانه ما بسر می‌برد و یا من در خانه دانشجویی او که چند نفر دیگر از رفقای ما هم در آن زندگی می‌کردند، می‌خوابیدم. خانه آنها در کوچه دکتر شیخ بود. چندین پله پایین می‌رفت تا به حیاط می‌رسید و در همان سمت پله ها، دو اتاق در دو طرف راهرو داشت. منصور یکی از آن اتاق‌ها را کرایه کرده بود. یکی دیگر را رضا گرفته بود. یکی از آنها در اختیار احمد رادنیا بود و دیگری در کرایه داریوش. داریوش از یک خانواده بهایی بود که توده‌ای شده بود. قد کوتاه، بسیار مودب و خیلی هم شسته و رفته بود. موهای چتری داشت. به نظر همه ما خیلی سوسول می‌رسید اما با کار پیگیر حزبی به همه ثابت کرده بود که باوجود ظاهر خیلی مودب و قیافه تروتمیز و اتوکشیده‌اش دست کمی از هیچ کدام از ما در فعالیت حزبی ندارد. در بخش تبلیغات حزب بسیار فعال بود. در پخش و فروش روزنامه مردم از همه بچه‌ها فعال تر بود. در پخش و فروش هفته نامه اتحاد که نشریه کارگری حزب بود نیز فعالانه به ما کمک می‌کرد و در سازمان جوانان حزب هم جزو فعالین محسوب می‌شد.

کرایه آن خانه را در این اواخر حزب می‌پرداخت چرا که اکثر آن رفقا تمام وقت و به صورت حرفه‌ای برای حزب کار می‌کردند و خود آن خانه نیز تقریبا همیشه در اختیار حزب بود. بخشی از نشریات را آنجا انبار می‌کردیم. جلسه‌های حزبی ما خیلی وقت‌ها در آن خانه برگزار می‌شد و گاه در هر اتاقی یک جلسه در جریان بود. خیلی از رفقای شهرستان‌ها گاه شب در آن خانه مهمان شده و می‌خوابیدند چرا که منصور که از اعضای شعبه شهرستان ها بود، تا پیش از ازدواج اش با خدیجه ساکن همان خانه بود. عبدل هم چندین ماه در همان خانه در اتاق منصور با او زندگی می‌کرد. خلاصه که رضا فقط عضو شعبه کارگری نبود، رفیق و همراه روزانه زندگی‌ام شده بود و چون او در آن کارگاه مبل سازی کار می‌کرد من هم تقریبا روزی یک بار به آنجا سر می‌زدم و تقریبا همه کارگران و صاحب کارخانه با من هم به همان اندازه که با رضا دوست شده بودند، رفاقت می‌کردند. وقتی فروغیان داستان فروش چوب را گفت، از همان رفیق پرسیدم که آیا او خریدار چوب‌های فروغیان هست. او البته که خریدار بود، "ما که خریداریم، چرا از رفقا نخریم؟ حتما شما تخفیف حزبی هم میدین!"

به فروغیان خوش خبری دادم که خریدار پیدا کرده‌ام. گفتم رفیقی داریم که کارگاه مبل سازی دارد و خریدار چوب‌های شماست. فروغیان با شنیدن کارگاه مبل سازی انگار تازه متوجه شد که من منظور او را نگرفته بودم. پرسید این رفیق شما می‌تواند ده هزار متر مکعب چوب را خریداری کند. من اصلا به ابعاد ده هزار متر مکعب توجه نکرده و هیچ

سوالی هم راجع به آن نکردم. فقط گفتم فردا از او می‌پرسم. فردا دوباره به دیدن رضا رفتم و همانجا به آن رفیق صاحب کارگاه گفتم که میزان چوب مورد نظر ده هزار متر مکعب است. او با چشمان گشاد از تعجب پرسید: "چی گفتی... ده هزار متر مکعب چوب! تمام مبل سازهای مشهد هم اینقدر چوب در سال استفاده نمی‌کنن. مطمئنی که ده! هزار! متر مکعبه؟!"

با شنیدن تاکید او روی ده هزار، سعی کردم ابعاد ده هزار متر مکعب را در نظرم ترسیم کنم. ده هزار متر مکعب، یک مکعب مستطیل بود به درازی ۱۰۰ متر، عرض ۱۰ متر، و ارتفاع ۱۰ متر. خودم تعجب کردم. در حقیقت یک کشتی ۱۰۰ متری بود که به ارتفاع ۱۰ متر بار چوب داشت و فروغیان تصمیم داشت آن میزان چوب را از طریق شبکه حزبی به فروش برساند. رفیق مبل ساز ما گفت "من حداکثر ده یا بیست متر مکعب چوب در سال مصرف می‌کنم. مبل دقت هم فکر نکنم بیشتر از صد یا دویست متر مکعب مصرف سالانه‌اش باشه."

مبل دقت بزرگترین کارخانه مبل سازی خراسان و شاید یکی از بزرگترین کارخانه‌های مبل سازی در ایران بود. فردا که فروغیان را دیدم، از او پرسیدم "واقعا رفیق، شما یک کشتی چوب برای فروش دارین؟"

او با خونسردی نگاهی به من کرد و با تکان دادن سر به تایید گفت "بله. البته هنوز لنگر ننداخته، ولی به زودی میرسه."

با اینکه رفتاری این چنین از بعضی رفقای حزبی گاه به نظر من غیرعادی می‌رسید، اما آنقدر غرق فعالیت حزبی بودم که کمترین توجهی به آنها نمی‌کردم. در بهترین حالت اظهار نارضایتی می‌کردم و به ندرت به چنین موضوعاتی پیله می‌کردم. خوب، به نظرم حزب تنها فروغیان که نبود. حزب میراث همه گذشته مبارزاتی و فرهنگی و سنت توده‌ای‌های مبارزی بود که برای من در آن دوران مایه افتخار و مباهات بودند. حزب حالا بیشتر برایم یک موجودیت مجرد بود تا یک موجود مشخص.

من و رفقای جوان هم سن و سال من فکر می‌کردیم آینده از آن ماست. فروغیان و امثال او یکی دوتایی بیشتر نیستند. جریان خروشان مبارزه درون حزبی آنها را به کناری خواهد زد و ضمنا نباید با بزرگ کردن بیش از حد و حساسیت نشان دادن اضافی به قول معروف لباس‌های چرک خود را روی ایوان آویزان کرده و به نمایش بگذاریم. در عین حال آنقدر رفقای صمیمی و عاشق و پرشور و درستکار در حزب بودند که فروغیان و یکی دوتای دیگر مثل او در میان آنها گم می‌شدند. یک ساعت صحبت با اوستا خلیل، یا یک دیدار با فاطمه خانم کافی بود که مثل تا هزار فروغیان را فراموش کنم، یا شرکت در حوزه‌ای با حضور رفقایی چون علی پستچی یا رفیق حساس و دوست داشتنی‌ام احمدی آزاد که کارمند اداره مخابرات بود و یا نوروز که کارگر کارخانه نساجی تیم بود به راحتی داستان فروغیان و چوب هایش را از خاطرم می‌برد.

شادی‌های ما

جشن ازدواج برادرم عباس و مهین دومین جشن عروسی در خانواده ما بود که در اوایل سال ۵۹ با شادی باور نکردنی و به یاد ماندنی بر پا شد و برای همیشه به عنوان یکی از قشنگ ترین خاطرات آن دوران و سال های زندگی‌ام برایم باقی ماند.

آن جشن برخلاف جشن‌های عروسی در سال های پیشتر، جشنی تنها خانوادگی نبود. گرچه خانواده و فامیل ما و مهین میزبان و مهمان اصلی این جشن بودند، ولی فضای جشن همان فضای صمیمیت دوران آغاز انقلاب بود. بسیاری از رفقای حزبی ما آنجا بودند. تقریبا یک طرف سالن همه بچه‌های حزب نشسته بودند. بسیاری از رفقای فدایی ما نیز آمده بودند. از انجا که عباس از دوران دبیرستان با جماعت زیادی از بچه‌های سیاسی مشهد آشنایی داشت و پس از انقلاب هم همه خانواده ما سیاسی بودند و همه نوع دوست و رفیق هم داشتیم، انگار آنجا و شاید هم آنجا آخرین باری بود که در جشنی، توده‌ای و فدایی و مجاهد و حزب اللهی و طرفدار انقلاب و ملی-مذهبی همه جمع شده بودند.

یادش به خیر، محمد رضای عزیزم هم بود. محمدرضا دیگر فقط رفیق و دوست دوران دبیرستان من نبود. او دوست خانوادگی ما بود. مادرم او را مثل من دوست داشت و او برای خواهران و برادران من مثل برادر بود.

من و محمد رضا سعیدی عزیزم در جشن ازدواج برادرم عباس و مهین، ۱۳۵۹

امین و خانواده‌اش همه بودند. فریدون و فرزاد و کریم آقا، پدر امین، و بقیه خانواده. آن مجلس رقص و شادی شاید از آخرین مجالسی بود که در سالن قصر شیرین به شکل مختلط (زنانه و مردانه) برگزار می‌شد. آن روز حتی پسرعموهایم هم که حالا حسابی حزب الهی و پاسدار انقلاب شده بودند و ته ریشی هم گذاشته بودند در کنار همه ما در آن شادی خانوادگی شرکت کردند و جشن گرفتند. محمود هم بود، محمود امیرخانی یکی از دوستان بسیار خوب ما بود. مدتی با عباس در نیروگاه برق مشهد همکار بودند. چند سالی

به فیلیپین رفت و در آخرین ماه‌های انقلاب به ایران بر گشت. پس از پیروزی انقلاب در دانشگاه کار در رشته مهندسی برق با هم رشته بودیم. با بچه‌های امتی کار می کرد. (امت اسم نشریه "جنبش مسلمانان مبارز " بود.) او هم مثل محمد رضا دوست خانوادگی ما شده بود. محمود پس از آغاز جنگ به جبهه رفت و به سپاه پیوست، اما پاسدار شدن او کمترین تاثیری در رابطه‌اش با ما نگذاشته بود. در جبهه به مقام فرماندهی تیپ جواد الائمه سپاه خراسان رسیده بود. هر بار به مشهد بر می‌گشت سری به ما می‌زد. اصرار زیادی داشت که با او به جبهه بروم. محمود در اواخر تابستان سال ۱۳۶۱ در عملیاتی در جبهه سومار در جنوب کشور شهید شد.

اکبرآقا که وارد سالن شد، بچه‌های حزبی همه از دیدن‌اش تعجب کردند و همه بلند شده و شروع به کف زدن کردند. نصف دیگر سالن نمی‌دانستند که او کیست. شاید با نگاهی به موهای خاکستری رنگ او و حالت موقر نگاهش تصور کرده بودند مثلا یکی از استادان دانشگاه یا یک شخصیت علمی‌است. بعضی از مهمانان ما پچ پچ می‌کردند که او از رهبران حزب توده است که تازه از روسیه آمده است. به هرحال هرچه فکر کرده بودند، آنها هم به احترام او بلند شدند. همه سالن بلند شده و دست می‌زدند، حتی پسر عموی پاسدارم هم بلند شده و دست می‌زد. اکبرآقا به همراه سغایت آمده بود. عباس و مهین با دیدن او به استقبال اش رفتند و با او روبوسی کردند.

پدرم مرد

در بعد از ظهر یکی از همان روزهایی که سخت گرفتار فعالیت‌های تشکیلاتی بودم و کمترین توجهی به خانواده و عزیزانم نداشتم وقتی کنار تخت پدرم رفتم و سلام اش کردم، جواب ام را نداد.

چند بار گفتم "بابا، منم! رضا. سلام!" جواب نمی‌داد. وحشت برم داشت. ولی هنوز نفس می‌کشید. روی تخت مثل همیشه خوابیده بود. شانه هایش را تکان تکان دادم، ولی باز چیزی نگفت. چشمانش نیمه باز بود ولی کاملا بیهوش شده بود. از شدت درد به بیهوشی کامل رفته بود. مامان و بقیه بچه‌ها کم کم آمدند. دایی علی آن روز آنجا بود. دایی علی دکتر خانواده ما بود. او جراح زبردستی بود که در سال های نخست جنگ داوطلبانه به جبهه‌های جنگ رفت و همانجا به بیماری هپاتیت مبتلا شد که پس از یک دهه بالاخره او را از پا در آورد. دایی علی مرا که از وحشت ازدست دادن پدرم به شدت می‌گریستم، در آغوش گرفت و گفت "دایی، بابات دیگه رفت. آخرین لحظه‌های زندگیشو می‌گذرونه."

نمی‌دانستم بابام گوش هایش می‌شنید یا نه، حرف که نمی‌زد. شاید صدای گریه‌های ما را می‌شنید ولی اصلا قادر نبود نه کلمه‌ای بگوید و نه حتی با تکان سر یا دست و پا به ما حالی کند که صدای ما را می‌فهمد. اگر گوش هایش می‌شنید از صدای فریاد و ضجه‌های ما اطمینان پیدا می‌کرد که دیگر کارش تمام است و رفتنی است. چند ساعت بعد پدرم مرد.

بعد از اینکه پدرم را دفن کردیم، برایش مراسمی در مسجد احمدیه گرفتیم. برای ساختمان مسجد احمدیه خیلی کمک کرده بود. قند و چای مسجد را همیشه او تامین می‌کرد. ما هم

از بچگی در همان مسجد هم به جلسات قرآن می‌رفتیم و هم وقتی روضه و مراسم مذهبی بود، در دادن چای و شربت کمک می‌کردیم.

در مراسم ترحیم پدرم در مسجد، حادثه جالبی اتفاق افتاد. پسر عمویم جلیل که پاسدار بود، آیت الله معصومی را برای سخنرانی به مسجد آورد که نماینده مجلس خبرگان از استان خراسان بود. من و برادران ام همه دم در مسجد ایستاده بودیم که متوجه ورود آنها شدیم. چند پاسدار آیت الله معصومی را همراهی می‌کردند. ایشان پس از چند دقیقه نشستن در مجلس و خواندن فاتحه بالای منبر رفت. پس از یکی دو جمله در ستایش شخصیت پدرم و اینکه او چه مرد مومن و مسلمانی بوده و در زندگی جز خدمت به خدا و خلق مسلمان کاری نکرده و زندگی‌اش را چون جد بزرگوارش وقف راه دین و اسلام کرده و در انتظار فرج امام زمان شبانه روز به دعا می‌نشسته، وارد بحث اصلی شد. نگاهش را به ما انداخت. من و دو برادر بزرگترم به احترام مردمی که برای ادای همدردی به مجلس می‌آمدند دم در ایستاده بودیم. سپس در حالیکه با دست به طرف ما اشاره می‌کرد، از واقعیت روح صحبت کرد. او با اشاره به ما فریاد می‌زد که "علیرغم نظر کمونیست‌ها که اعتقادی به روح و زندگی پس از مرگ و معاد و بازگشت دوباره ندارند، الان روح این مرحوم در این مجلس در میان ماست و نگران است. نگران است که چرا عده‌ای از نزدیکان او تصور می‌کنند که زندگی پس از مرگ وجود ندارد. روح آن مرحوم اکنون فریاد برآورده است که من در اینجایم! درست است که جسم مرا در گور گذاشتید، ولی روح من اینجاست. روحم را عذاب ندهید! با جسم من خداحافظی کردید ولی غافل از آن نباشید که روح من با شماست. مواظب شما هستم و به شما هشدار می‌دهم که مراقب باشید. نکند خدای ناکرده منکر معاد و زندگی پس از مرگ شوید که سخت عقوبت خواهید شد!"

خلاصه که ایشان به همت پسرعموی عزیزم از فرصت منبر بهره برده و ما را نصیحت می‌کرد و هشدار می‌داد که از عذاب آخرت بترسیم و به روح و زندگی و جهان پس از مرگ باور داشته باشیم. از تقدم روح بر جسم داد سخن می‌داد و گاه با اشاره دست به ما فریاد برمی‌آورد که حاضر است در مناظره و بحث و صحبت با ما نشسته و بی اساس بودن تفکرات مادی گری را به اثبات برساند.

جالب اینکه اکثر مردم عادی که به احترام پدرم آمده بودند به آن مجلس اصلا متوجه نبودند که طرف صحبت او در این خطابه کیست و چرا ایشان مجلس ترحیم پدرم را به جلسه بحث میان مادی گری و فلسفه الهی تبدیل کرده و از اهمیت معاد و حقانیت تقدم روح بر ماده می گوید. خلاصه پس از سخنرانی، با سلام و صلوات مردم از منبر پایین آمد. همه مردم جلوی پای ایشان بلند شده بودند و با ادای احترام برای نماینده مجلس خبرگان و نماینده امام در جنوب خراسان اظهار ادب می‌کردند. او چشم از ما بر نمی‌داشت. دم در که رسید، ما از او برای اینکه قدم رنجه کرده بود و به مجلس ترحیم آمده بود تشکر کردیم و او همچنان با صلابت مدعی بود که حاضر است بی اساس بودن پایه‌های فکری ماده گرایی را در یک بحث و گفتگو بر ما اثبات کند. وقتی دستم را دراز کردم که با ایشان دست داده و تشکر کنم، دستش را پس کشید و گفت "انشاءالله پس از تشرف شما به اسلام!"

تاسف سراپای وجودم را فرا گرفت. من به جای او خجالت کشیدم. او نماینده نخستین مجلس خبرگان، خبرگان قانون اساسی و نماینده مجلس شورای اسلامی از خراسان بود. در مجلس ترحیم پدرم بدون دعوت ما وارد شده و سخنرانی کرده بود. و حالا پس از نیم ساعت دری وری گفتن، با آن حالت احمقانه در صدایش از دست دادن با من جوان ۲۱ ساله‌ای که در غم از دست دادن پدرم نشسته بودم ابا داشت و فشردن دست یک جوان را به تشرف او و به اسلام وعده می‌کرد. این در حالی بود که نیم ساعت پیش از آن در مدح و سنای پدرم مدعی شده بود که با ائمه و معصومین محشور خواهد شد و جز خدمت به خدا و دین و مومنین در تمام عمر کاری دیگر نکرده بود. در همان هنگام چشم ام به اکبرآقا افتاد که در گوشه‌ای ایستاده بود و مرا با مهربانی نگاه می‌کرد.

نمی‌دانم چه کسی به اکبرآقا گفته بود که برای پدرم در آنجا مراسم ختم گرفته بودیم. اکبرآقا با چند نفر دیگر از رفقای حزبی عضو کمیته ایالتی به مسجد آمده بودند. وقت رفتن دم در مسجد با فشردن دست با من روبوسی کرد و دلداری‌ام داد. توقع نداشتم که توی مسجد سروکله‌اش پیدا شود، ولی او آمده بود. در تمام مراسم سوم، هفتم، و چهلم باز هم او آمد. رابطه ما گرچه یک رابطه حزبی بود اما او همیشه محبت پدرانه داشت. مثل هیچ کدام دیگر از اعضای قدیمی رهبری حزب که تا آن موقع می‌شناختم نبود . مخصوصا آنها که از خارج آمده بودند. همین هم باعث شده بود که احساسات ام نسبت به او از جنس دیگری باشد.

اکبرآقا برخلاف فروغیان که اصلا صمیمیت در رفتارش نبود و همیشه عصبی می‌نمود، شخصیتی بسیار مهربان و رئوف داشت. او بر خلاف بسیاری از رهبران حزبی، بخصوص فروغیان، کمترین ادعایی هم نداشت. فروغیان مترجم کتاب «راه رشد غیرسرمایه داری» نوشته ی اولیانوفسکی بود، ترجمه این کار پر هیاهو از اولیانوفسکی برای او اعتبار و حیثیت ویژه‌ای کسب کرده بود و او سخت به خود می‌بالید. بحث راه رشد غیرسرمایه داری آن روزها حسابی در بورس بود و تئوری راه رشد غیرسرمایه داری شالوده اصلی تحلیل حزب از شرایط جدید پس از انقلاب بود و همین تئوری نیز اساس حمایت حزب از انقلابیون مسلمان و پذیرش رهبری آیت الله خمینی نیزبود.

فروغیان خیلی پرمدعا بود و چنان وانمود می‌کرد که گویا با کیانوری سر و سری دارد. کیانوری آن روزها تقریبا مثل بت توسط ما توده ای‌ها بویژه جوان‌ها پرستیده می‌شد. داشتن روابط بسیار نزدیک با او برای طرف احترام و اعتماد ویژه‌ای کسب می‌کرد. فروغیان از این موقعیت به خوبی به نفع خودش سود می‌جست.

حملات فالانژها به گروهای دگراندیش

در همین دوران بود که کم کم حمله به دفاتر سازمان‌ها و احزاب سیاسی شروع شد. کمتر میتینگ و سخنرانی‌ای بود که در آن درگیری ایجاد نشود. عناصر حزب الله و فالانژهای مذهبی در دسته‌های کوچک و بزرگ به تناسب وضع موجود به میتینگ‌ها و سخنرانی‌ها و حتی کنسرت‌های موسیقی و برنامه‌های هنری سازمان‌های سیاسی حمله می‌کردند.

سازمان مجاهدین خلق گرچه بزرگترین سازمان سیاسی کشور بود و به جرات شاید بتوان گفت که بیشتر از سپاه و کمیته‌ها عضو و هوادار داشت، اما مورد هجوم دائمی عناصر حزب الهی وابسته به کمیته‌ها و فالانژهای لباس شخصی بود. دفتر آنها هر روزه محل درگیری و کشمکش سیاسی بود. تظاهرات و راهپیمائی‌های آنها که به مناسبت‌های گوناگون برگزار می‌شد همیشه مورد هجوم قرار می گرفت. مجاهدین در گروه‌های چند ده هزار نفری تظاهرات می‌کردند. رسم آنها این بود که حلقه‌های بزرگی از جوانان آنها که بیشتر هم پسرها بودند، دور تظاهرات را به گونه‌ای زنجیروار محاصره می‌کردند و از حمله ی فالانژها و حزب اللهی ها به دیگر اعضای خود که در صف‌های مرتب و منظم در میانه به شعار دادن و حمل پلاکاردهای سازمان مجاهدین مشغول بودند، محافظت می‌کردند.

با این حال، کمتر تظاهرات مجاهدین بود که به درگیری منجر نگردد. گاه این درگیری‌ها چنان شدت می‌گرفت که تعداد زیادی مجروح می‌شدند. در آن سال ها با اینکه بعضی از اعضای مجاهدین گاه مسلح هم بودند ولی هیچ گاه آغازگر درگیری نبودند و در بیشتر موارد حتی حمله متقابل هم نمی‌کردند. این وضعیت تقریبا همچنان ادامه داشت تا بهار سال شصت که کم کم جان آنها به لب رسید و شاهد خشونت متقابل مجاهدین و ورود آنها به زد و خوردهای خیابانی بودیم که در واقع آستانه ورود سازمان به فاز نظامی بود. مجاهدین البته پیش از آن خود را آماده چنین روزهایی کرده بودند و به همین دلیل هم مقادیر زیادی سلاح و مهمات در خانه‌های امن سازمان که در سراسر کشور در اختیار داشتند انبار کرده بودند.

من در بسیاری از موارد چه در مشهد و چه در تهران در تظاهرات مجاهدین شرکت می‌کردم و گاه به عنوان تماشاگر در کنار خیابان می ایستادم. گرچه از نظر حزب، ما و بویژه مسئولین حزبی اصلا قرار نبود که در آن گونه درگیری های خیابانی شرکت کنیم، اما وجود دوستان بسیار صمیمی مجاهد ما در آن اعتراض‌های خیابانی و گاه شدت حملات وحشیانه فالانژهای مذهبی به آنها ما را وادار می‌کرد که با وجود اختلاف مشی سیاسی باز هم در کنار آنها قرار گیریم. یک بار یادم هست در تظاهرات مجاهدین که در اعتراض به دستگیری محمدرضا سعادتی از اعضای رهبری سازمان در تهران در همان سال ۵۸ برگزار شد و در آن حدود یکصدهزار نفر از هواداران سازمان در صفوف طولانی تظاهرات شرکت داشتند، چندین مشت و لگد هم نصیب من هم شد و با سر و صورت خونی از تظاهرات به خانه بر گشتم.

محمدرضا سعادتی از اعضای رهبری سازمان مجاهدین خلق بود که سال ها در زندان های شاه در کنار دیگر رهبران سازمان زندانی کشیده بود و پس از آزادی نیز یکی از رهبران برجسته سازمان بود. او در سال ۵۸ به اتهام جاسوسی و ارتباط با سفارت شوروی دستگیر شد. سعادتی چنانکه بعدا اعلام شد پاره‌ای از مدارک مربوط به چگونگی لو رفتن سرلشگر مقربی، از جاسوسان شوروی در دستگاه شاه را به سفارت شوروی داده بود و در همین ارتباط لو رفته و دستگیر شد. اکثر گروه‌های سیاسی، شخصیت‌های ملی و مذهبی در کشور به دستگیری او و اتهام‌های بی پایه جاسوسی او برای شوروی اعتراض کردند. تعدادی از خانواده‌های شهدای سازمان در اعتراض به دستگیری سعادتی، روزها

در کاخ دادگستری بست نشستند. رهبران سازمان، آقایان مسعود رجوی و موسی خیابانی، برای آزادی او با آیت الله خمینی دیدار کردند. آیت الله طالقانی، امام جمعه وقت تهران، رسما به دستگیری او اعتراض کرد. اما این همه این اعتراض‌ها نتیجه‌ای نداد و او به ده سال زندان محکوم گردید. دو سال بعد، پس از آغاز عملیات نظامی سازمان مجاهدین و جنگ همه جانبه آنها با جمهوری اسلامی، با اینکه سعادتی با ورود سازمان به فاز نظامی جدا مخالف بود، در توطئه‌ای توسط لاجوردی، جلاد اوین، اعدام شد به این بهانه که در قتل کچوئی، از اعضای هیات موتلفه و مسئول وقت زندان اوین که در آن روزها توسط افچه‌ای از هواداران سازمان در دادستانی انقلاب انجام گرفت، دست داشته است.

محمدرضا سعادتی در وصیت نامه خود از ورود سازمان مجاهدین به فاز نظامی به شدت انتقاد کرد. او نگرانی خود را چنین بیان کرد: "ما گام در صحنه‌ای گذاشته ایم که در آن صحنه تقابل، هیچ کدام از طرفین دعوا از آن پیروز بیرون نخواهند آمد. بلکه امپریالیست‌ها و مزدوران داخلی آنها هستند که کرکس وار بر بالای صحنه پرواز می‌کنند و انتظار روزی را می‌کشند تا فرود آیند و با به راه انداختن حمام خون (از نوع اندونزی) دیکتاتوری وحشتناکی را حاکم گردانند و هزاران نفر را از طرفین به جوخه اعدام بسپارند." او در ادامه وصیت نامه خود که وداع سیاسی اش با رهبری سازمان بود چنین ادامه داد "برادران! ما به سهم خود در گشودن این صحنه که زمینه‌های روانی تحقق چنین کودتایی را فراهم می‌کند مسئولیم، شاید مطرح کنید که این ما نبودیم که این صحنه را گشودیم بلکه بر ما تحمیل گشت. ولی برادران ما هم به عنوان یک طرف دعوا می‌توانیم و می‌توانستیم از زیر بار این تحمیل خارج شویم کما این که تا کنون چنین بود."

تاریخ نشان داد که سعادتی با تیزبینی و شناخت دقیقی که از طرفین دعوا داشت به دقت نتایج فاجعه بار این رودررویی و جنگ را پیش بینی کرده بود. تجربه نشان داد راهی را که مجاهدین خلق در پیش گرفتند نه تنها به اعدام هزاران نفر از اعضای این سازمان منجر گشت که به قول سعادتی به کودتایی انجامید که به استقرار یک دیکتاتوری وحشتناک منتهی شد که در کشور برای سال های متوالی حمام خون به راه انداخت.

گرچه در برخی موارد، درهمان یکی دو سال آغاز درگیری‌های منطقه‌ای میان حکومت و مخالفین از جمله در ترکمن صحرا، کردستان و خوزستان، شاهد جنگ تمام عیار در آن مناطق بودیم، اما تقریبا در بسیاری از شهرهای کشور هواداران و اعضای سازمان‌های سیاسی از درگیری فیزیکی و زدوخورد با حزب اللهی‌ها و فالانژها خودداری می‌کردند. گاه دیده می‌شد که بعضی از اعضا و یا هواداران در رده‌های پایین تر برافروخته شده و درصدد مقابله برمی‌آمدند، ولی معمولا مسئولین سازمان‌های سیاسی در سال های اولیه از درگیری خودداری می‌کردند. اما گروه های فشار حزب اللهی و فالانژهای مذهبی همچنان همه جا بی پروا به دنبال برهم زدن میتینگ‌ها و جلسات سیاسی گروه‌های دگر اندیش بودند. در بسیاری موارد دیده می‌شد که چند نفر حزب اللهی یک میتینگ چندصد نفره را بر هم می‌زدند. در مشهد معمولا یک گروه چند ده نفره از فالانژها به رهبری «علی فالانژ» که از دانشجویان دانشگاه مشهد بود در هر جلسه و میتینگ و کنسرت و سخنرانی حاضر شده و به هر بهانه‌ای با سوال کردن و هو کردن و شلوغ کردن و صلوات فرستادن و دست آخر با دعوا و بزن بزن تلاش می کردند آن جلسات را بر هم بزنند.

حتی کنسرت موسیقی هم از دست آنها در امان نبود.

ما در آن سال های آغاز انقلاب در مشهد چند باری با دعوت از گروه‌های موسیقی برنامه‌های هنری زیبایی را برای عموم برگزار کردیم. گروه شیدا و عارف پس از انقلاب با اجرای موسیقی انقلابی فضای فرهنگی کشور را عطرآگین کرده بودند. اجرای منظومه موسیقی چاووش یکی از شاهکارهای موسیقی معاصر ایران توسط استاد محمدرضا لطفی و با صدای جوان و طرب انگیز شهرام ناظری بود که بر اشعار فرخی یزدی و ابتهاج نشسته و با ملودی زیبای ساز شکارچی و علیزاده و کامکار، شور و حال دیگری را در مردم بوجود آورده بود. شور و حالی که با صد خمره شراب هم تجربه آن ممکن نبود. ما حزبی‌ها از این نظر کبوتر شانس و اقبال بر بام خانه‌امان نشسته بود. در آن دوران بعضی از اساتید موسیقی ایرانی و برخی از نوازندگان و خوانندگان این گروه‌ها به حزب ما سمپاتی داشتند و به همین دلیل به دعوت فعالین حزبی در شهرهای مختلف برنامه‌های هنری بسیار زیبایی اجرا می‌کردند که کمتر گروه سیاسی دیگری امکان ارایه آن را داشت
.

واقعیت این بود که ما توده ای‌ها بیشتر از بقیه گروه‌های سیاسی به هنر و موسیقی و فیلم توجه داشتیم. از نظر بسیاری از فعالین گروه‌های سیاسی دیگر، هنر و سینما و تئاتر و امثال آن از مظاهر تمدن غرب و بازمانده افکار بورژوایی بود. برای مسلمان‌ها که همه اینها تا پیش از انقلاب اصلا حرام بود. بسیاری از چپ‌ها نیز گرچه چپ و غیرمذهبی و گاه ضد مذهب هم بودند، ولی در رفتار و منش کمتر از مذهبی‌ها به مظاهر زندگی مدرن دهن کجی نمی‌کردند. بسیاری از آنها از شدت اشتیاق به مائوئیسم و تمایلات واپس گرای این نظام فکری در آن دوران، نه با بتهوون و باخ میانه‌ای داشتند و نه موسیقی پاپ و جاز برایشان جاذبه‌ای داشت.

در فضای انقلابی و به شدت متاثر از مدل‌های سنتی-مذهبی، حضور گروه‌های هنری مثل شیدا و عارف و نوازندگانی مانند لطفی و شکارچی و علیزاده مثل بمب هایی بودند که در میدان‌های پر ازدحام واپس ماندگی ذهنی منفجر گردیده و صدای تار و سنتور و ضرب و دف آنها رشته‌های افکار سنتی را پاره پاره می‌کرد و در فضای بهاری انقلاب، ترنمی طرب انگیز برجای می‌گذاشت. کلام انقلابی در سرودها به موسیقی زیبای آنها این اجازه را می‌داد که در سر هر کوی و برزنی و گاه حتی از بام مساجد و مناره‌ها نیز بر گوش و قلب متعصب ترین قشرها فرود آمده و آنها را به وجد و شادی در آورد.

ایران، ای سرای امید

آمفی تئاتر دانشکده پزشکی دانشگاه مشهد بارها به همت رفقای ما میزبان این هنرمندان برجسته موسیقی کشورمان بود. در همین آمفی تئاتر و دیگر تالارهای دانشگاه فردوسی مشهد، بارها و بارها جلسات سخنرانی و بحث و گفتگو برگزار کردیم. یادم هست در یکی از همان روزها، نویسنده طنزپرداز توده ای، فریدون تنکابنی، را به سخنرانی دعوت کرده بودیم. او در سخنرانی خود به تحلیل طبقاتی جامعه ایران پرداخت و در ضمن تحلیل خود از آقای مهندس بازرگان به عنوان نماینده بورژوازی و از آیت الله خمینی به عنوان

نماینده خرده بورژوازی ایران نام برد. در همین میانه بود که فریاد «علی فالانژ» به آسمان بلند شد و به طرف تنکابنی یورش گرفت. او مدعی بود که تنکابنی به رهبر انقلاب آیت الله خمینی توهین کرده چرا که او را در مقابل بازرگان "خرده" معرفی کرده بود. او فریاد می‌زد که "او امام رو پیش بازرگان خرده کرد!" چیزی که در دنیای فکر و اعتقادات آن روز او قابل تحمل نبود، خرده کردن و کوچک کردن پیشوا و امام اش بود. در فرهنگ مارکسیستی ما و تحلیل طبقاتی ما، خرده بورژوازی در آن مرحله از انقلاب متحد طبقه کارگر محسوب می‌شد و نماینده دمکراتیسم انقلابی بود و پتانسیل آن را داشت که در مسیر راه رشد غیرسرمایه داری، هژمونی نیروهای انقلابی را در اختیار داشته باشد. پس خرده بوژوازی بودن آیت الله خمینی از نظر ما امتیاز مثبتی به نفع ایشان و هوادارانشان بود، در حالیکه برای «علی فالانژ» که از مارکسیسم و تحلیل طبقاتی مارکسیستی آن روز چیزی نمی فهمید، خرده بوژوازی توهین محسوب می‌شد. او تصور کرده بود که شان "خرده بوژوازی" از "بوژوازی" پایین تر است.

فهم عمومی‌بسیاری از حمله کنندگان به نیروهای دگراندیش بیشتر از همین حد و اندازه نبود. آنها گاه در بحث‌های خیابانی بر علیه نیروهای چپ و مارکسیست و کمونیست از ادعاهای پیش پا افتاده و خنده آوری استفاده می‌کردند. شاید این روزها به نظر مضحک و خنده دار آید، اما بعضی از آنها بطور جدی در اثبات بی خدایی کمونیست‌ها می‌گفتند "کمو" یعنی خدا و "نیست" هم که یعنی نیست. پس نتیجه می‌گرفتند که "کمونیست" یعنی خدا نیست. بسیاری از آنها که مطلع ترین شان بودند، در بحث‌های خیابانی از کتابهای ضد مارکسیستی از جمله کتاب "علمی بودن مارکسیسم" نوشته مهندس بازرگان و یا "درس هایی از مارکسیسم" نوشته جلال الدین فارسی نقل قول می‌آوردند، کتاب هایی که از نظر مراجع و مستنداتی که در نگارش آنها به کار گرفته شده بود به شدت فقیر بود و حداکثر از نقل قول‌های دست دوم از دیگر کتاب‌های ضدمارکسیستی به عنوان منبع استفاده کرده بودند و سطح بحث شان بسیار سطحی و ابتدایی بود.

اساسا سطح آگاهی سیاسی مردم، از جمله بخشی از روشنفکران و یا فعالین سیاسی و اجتماعی در ایران، در اثر فضای وحشتناک سانسور در تمام دوران حکومت پهلوی بسیار پایین بود. چندین دهه سانسور وحشتناک دوران حکومت پهلوی که حتی رمان‌ها و شعرهای شاعران ایرانی و خارجی را ممنوع می‌کرد و دارندگان کتاب های آنها را به زندان محکوم می‌کرد، نتیجه‌اش جز این نبود که مارکسیسم را نه از زبان مارکس، که از درون نقدهای ضدمارکسیستی دست چندم در کتاب های جلال الدین فارسی و یا مهندس بازرگان باید یاد می‌گرفتی و تاریخ را از درون مجموعه‌های ضد تاریخی مانند "سیرکمونیسم درایران" معروف به "کتاب سیاه" نوشته سرهنگ زیبایی شکنجه گر معروف ساواک به خورد مردم می‌دادند. حتی بیژن جزنی از چهره‌های اصلی جنبش معاصر چپ در ایران و از بنیانگذاران اصلی سازمان چریکهای فدایی خلق در کتاب خود تحت عنوان "تاریخ سی ساله ایران" به شدت از همین منابع متاثر بود و تا حدودی کتاب‌اش بر خاطره‌ها و شنیده‌های او در داخل و خارج از زندان بنا شده بود.

انقلاب شاید بزرگترین دستاوردش در سال های آغازین همین لغو سانسور بود. کتاب‌های جدید و قدیم در تیراژهای وسیع امکان چاپ پیدا کردند. مترجمان فعال ایرانی در این سال

ها بسیاری از منابع ممنوعه سابق را ترجمه کرده و در اختیار خوانندگان تشنه ایرانی می‌گذاشتند. گروه‌های سیاسی و احزاب و سازمان ها به نشر و پخش نشریات خود پرداختند. کم کم فضای بحث و گفتگو از غنای بیشتری برخوردار می‌شد که باز متاسفانه با تثبیت حاکمیت، موج جدید سرکوب و سانسور فضای کشور را فرا گرفت.

بازسازی فضای سانسور و سرکوب

کتاب سوزان‌ها دوباره شروع شد. حمله به دفاتر احزاب و سازمان های سیاسی شدت گرفت. کتابفروشی‌ها و دکه‌های روزنامه فروشی از دست عناصر فالانژ حزب اللهی در امان نبودند و انتشاراتی‌ها از وحشت حمله، تعطیلی موسسه و از دست دادن سرمایه کسب و کار خود، کم کم از چاپ و انتشار کتاب های وابسته به دگراندیشان خودداری می کردند. بار دیگر پس از تجربه‌ی کوتاه بهار آزادی پس از انقلاب، سانسور و سرکوب و زندان و شکنجه، این بار به نام دین و ارزش‌های اسلامی، جای خود را بازکرد و فضای تغذیه فکری را به شدت مسموم نمود.

انگاردوران خوش آزادی رو به پایان گذاشته بود.

نظام جدید گرچه از همان نخستین روزهای استقرار خود دست به کشتار دگراندیشان و مخالفین سیاسی زد، ولی بسیاری از ما فعالین سیاسی و روشنفکران در فضای پس از انقلاب کمترین توجهی به نقض حقوق بشر و یا جنایت هایی که نظام مرتکب می‌شد نداشتیم. مثلا در دوران سرکوب وحشیانه عناصر رژیم گذشته و اعدام سران ارتش و کارگزاران رژیم پهلوی، کمترین حساسیت و یا مخالفتی با این کشتارهای وحشیانه در جامعه دیده نمی‌شد. متاسفانه بسیاری از گروه‌های سیاسی تحت تاثیر فرهنگ و فضای انقلابی از خشونت موجود برعلیه بقایای نظام پادشاهی خشنود هم بودند، غافل از اینکه همین روش‌های جنایتکارانه در انتظار خود آنها بود. تایید و یا سکوت در مقابل خشونت‌های غیر قابل وصف رژیم، در حقیقت امکان ادامه آن جنایت‌ها را در روزهای آینده و در ابعاد گسترده تر فراهم می‌کرد.

بهائیان ایران شاید از اولین گروه هایی بودند که همه حقوق ابتدایی از آنها سلب گردید. بسیاری از رهبران آنها یا ربوده شده و به شیوه‌های وحشیانه ای به قتل رسیدند و یا در دادگاه‌های انقلاب به اعدام محکوم شدند. متاسفانه هیچ کدام از گروه‌های سیاسی کمترین واکنشی به این جنایت‌ها که آشکارا از طرف رژیم تازه تاسیس اسلامی انجام می‌شد، نشان نمی‌دادند. اسلامگرایان، از لیبرال تا رادیکال، آشکارا از این جنایت‌ها حمایت می‌کردند. حتی مهندس بازرگان و برخی از نزدیکان ایشان که به اعدام برخی از سران رژیم سابق از جمله هویدا آشکارا اعتراض می‌کردند در مقابل جنایت‌های دادگاه‌های انقلاب بر علیه رهبران و اعضای جامعه بهایی کشور کاملا سکوت اختیار کرده و هیچ اعتراضی از جانب آنها و دیگر گروه‌های سیاسی به این جنایت‌ها نمی‌شد. گروه‌های سیاسی نیز با توجه به فضای ضدبهایی که طی تمام سال های گذشته توسط گروه‌های اسلامی بوجود آمده بود، کمترین توجه و حساسیتی به خشونت دولتی برعلیه بهائیان نشان نمی‌دادند. به نظر می‌رسید که همه ما اتهام بی اساس جاسوسی بهائیان برای اسرائیل را که سال های سال

توسط گروه‌های اسلامی تکرار شده بود پذیرفته بودیم و طبیعی بود که در آن سال ها کسی معترض اعدام جاسوس‌های اسرائیلی نباشد.

جامعه بهائی ایران یک گروه بزرگ از جامعه بود که تمام حقوق بشر آنها مورد تعرض سازمان یافته حکومت نوپای جمهوری اسلامی ایران قرار گرفت. مسئولین حکومتی جدید کمر به محو این بزرگترین اقلیت دینی در کشور بسته بودند و از هیچ کوششی در این زمینه دریغ نداشتند. هنوز چند ماهی از انقلاب نگذشته بود که شورای عالی کار طی بخشنامه‌ای به همه سازمان‌های دولتی و نیمه دولتی و حتی خصوصی ابلاغ کرد که همه کارکنان بهائی خود را باید اخراج کنند.

یادم هست در یکی از همان روزهای بهار آزادی که برای کار حزبی به تهران رفته بودم، شبی در منزل برادرم که حالا در بنیاد مستضعفان کار می‌کرد، بودم. او بخشنامه جدید شورای عالی کار را به من نشان داد. برادرم محمد که به تازگی از خارج از کشور بازگشته بود، به توصیه رفیق هجری که گویا آشنایی در بنیاد داشت به آنها معرفی شده بود و در آنجا به مسئولیت شرکت سهامی فیروز گمارده شده بود. شرکت سهامی فیروز بزرگترین شرکت پخش دارو در ایران بود که مالک آن حبیب‌الله ثابت معروف به ثابت پاسال بود که یکی از سرمایه داران بزرگ ایرانی بود که نه تنها بزرگترین شرکت پخش و توزیع دارو را در اختیار داشت که صاحب کارخانجات بلموند و آر – تی –ای و چندین شرکت دیگر هم بود. تمام اموال او پس از انقلاب توسط شورای انقلاب مصادره و به بنیاد مستضعفان واگذار شد. محمد مدیر عامل شرکت سهامی فیروز بود و نماینده بنیاد مستضعفان در این شرکت، و عضو هیت مدیره تمام شرکت‌های ثابت پاسال. او علیرغم میل باطنی‌اش مجبور بود بهاییان را که تعداد زیادی از کارکنان این شرکت‌ها را تشکیل می‌دادند، اخراج کند. تنها کاری که او می‌توانست بکند این بود که در هنگام اخراج بهائیان، مقداری پول متناسب با سال‌های خدمت آنها در این شرکت‌ها به آنها پرداخت کند. این کار در هیچ کدام از موسسات دیگر در مورد بهائی‌ها صورت نگرفت و آنها بدون هیچ پولی کار خود را از دست می دادند. شورای عالی کار پس از انقلاب مصوبه ای را به تصویب رسانده بود که بر اساس آن، در صورت اخراج کارگران و کارمندان، کارفرما باید به ازای هر سال سابقه خدمت مبلغی معادل یک ماه تا چهل و پنج روز حقوق پرداخت نماید. یعنی اگر کارمندی مثلا چهار سال در کارخانه‌ای کار کرده بود در صورت اخراج باید به او معادل چهار تا شش ماه حقوق پرداخت می‌شد. این مصوبه در مورد کارکنان بهائی موضوعیت اجرایی نداشت و در صورت شکایت آنها به اداره کار برای دریافت این حق قانونی خود، شورای حل اختلاف که متشکل از نماینده کارفرما، نماینده دادگستری، استانداری و نماینده کارگری و نماینده اداره کار بود از صدور رای به نفع کارکنان بهائی خودداری می‌کرد. واقعیت این بود که بهائی‌ها همه حقوق بشری خود را از دست داده بودند. حق کار و تحصیل از آنها سلب شده بود، خانه‌های شان از هجوم محافل ضد بهائی حجتیه‌ای در امان نبود و رهبران آنها در سراسر کشور یکی پس از دیگری ناپدید شده و یا در دادگاه‌های انقلاب به اعدام محکوم می‌شدند. تاسف آور اما این بود که هیچ کس کمترین توجهی به این فاجعه نداشت. چند صد هزار شهروند کشور از همه حقوق انسانی

خود محروم شده بودند و کمترین اعتراضی در مطبوعات کشور و یا از طرف احزاب و سازمانهای سیاسی دیده نمی شد.

کار در سیلو

با انقلاب فرهنگی دانشگاه‌ها تعطیل شدند. من هم مانند بسیاری دیگر از دانشجویان دنبال کار می‌گشتم. اکبرآقا که سال‌های متمادی در شوروی زندگی کرده بود و به زبان روسی تسلط کامل داشت به عنوان مترجم در سیلو کار می‌کرد. ساختمان سیلوی مشهد یکی از پروژه‌های بزرگی بود که در زمان شاه ساختمان آن شروع شده بود. این پروژه به کمک مهندسین و کارشناسان روسی در حال ساختمان بود که انقلاب شد. سیلوی مشهد مثل همه چیزهای دیگر که در ایران ساخته می‌شد در خاورمیانه مقام اول را داشت و در جهان مقام سوم. یادم هست سال‌ها پیش از آن وقتی ایستگاه قطار جدید مشهد را نیز می‌ساختند که به حق بنای بسیار قشنگی هم بود و در مقایسه با دیگر ایستگاه‌های قطار در ایران نمونه بود همین ادعا را شنیده بودم. ایستگاه قطار در مشهد در خاورمیانه اول بود و در جهان مقام سوم را داشت. معمولا پاریس در همه چیز مقام اول را داشت. در آن زمان می‌گفتند ایستگاه قطار پاریس مقام اول را در جهان دارد. هیچ کس نمی‌دانست که مقام دوم از آن کدام کشور بود.

سیلوی مشهد اما گویا واقعا مقام اول را در خاورمیانه داشت. سیلویی بود به ارتفاع ۵۰ متر و به ظرفیت صدهزار تن که از مجموع ۳۶ استوانه عظیم سیمانی درست شده بود که از زیر از طریق راهروهای بزرگ و نوارهای نقاله همه آنها به هم متصل می‌شدند.

یکی از روزهای اواخر بهار سال ۵۹ بود که به سیلو رفتم. اکبرآقا من را به یک مهندس روسی که مهندس اصلی و رئیس پروژه بود معرفی کرد. از آنجا که دانشجوی رشته مهندسی برق بودم در گروه برق به من کار دادند. اکبرآقا مدتی بود که درآنجا کار می‌کرد و کمک کرد که چند نفری از رفقای ما در سیلو مشغول کار شوند. حتی تعدادی از رفقای سازمان اکثریت به کمک اکبرآقا در آنجا به استخدام در آمدند. او در قسمت ساختمان‌های موقتی که برای مهندسین و کارشناسان روسی و ایرانی ساخته بودند دفتری داشت و کارش مترجمی‌بود. در سیلو ۷۰۰ نفر کارگر و تکنیسین و مهندس مشغول کار بودند که در حدود ۵۰ نفر آنها روس بودند. وقتی ما کارمندان و کارگران ایرانی و روس‌ها زبان همدیگر را نمی‌فهمیدیم و یا مشکلی پیش می‌آمد، اکبرآقا طرف مقابل را شیرفهم می‌کرد. سرمهندس روس‌ها که ظاهرا مسئول حزبی آنها هم بود چهل سالی بیشتر نداشت. قدبلند و چهارشانه بود. صورت‌اش همیشه گل انداخته بود. مسئول همه گروه‌ها در بخش ساختمان، برق و یا تاسیسات خود روس‌ها بودند. یک شرکت ایرانی در واقع نقش واسطه میان آنها و ایرانیان را بازی می‌کرد که مسئولیت آن به عهده یک جوان ایرانی بود که چند سال پیشتر از انستیتو تکنولوژی مشهد فارغ التحصیل شده بود و حالا سرپرست کارگاه اصلی بود. برادرزن این جوان که هم سن و سال من بود و چند سال در همان کارگاه با روس‌ها کار کرده بود به زبان روسی تسلط کامل پیدا کرده بود و گاه او نیز نقش مترجم را بازی می کرد. بعدا فهمیدم که هردوی آنها، هم جوان ایرانی سرپرست کارگاه و هم برادر زنش، هر دو با بخش اطلاعات سپاه کار می‌کردند و گزارش کامل آنچه را که در سیلو می گذشت به سپاه می دادند.

بیشتر از ۵۰ نفر از ما در گروه برق کار می‌کردیم. در این گروه چند مهندس روس هم مشغول کار بودند که یکی از آنها که عضو حزب کمونیست شوروی بود مسئول گروه ما

بود. کار ما بیشتر کابل کشی و سیم کشی بود. از خواباندن کابل‌های بسیار سنگین در داخل کانال‌های سیمانی تا سیم کشی و کشیدن کابل‌های سبک تر در راهروهای زیر سیلوها و نصب کابل‌ها در اتاق‌های کنترل و فرمان مرکزی سیلو.

برای من کار کردن در سیلو از چند جهت اهمیت داشت. اول از همه از آنجا که من مسئول شعبه کارگری حزب در مشهد بودم، بودن در یک محیط واقعا کارگری نه فقط تجربه حسی لازم را از جهت محیط کار و شدت کار و مناسبات و اخلاقیات و فرهنگ کارگری به من می‌داد، بلکه این فرصت را به من می‌داد که مشکلات واقعی سازماندهی صنفی را نیز لمس و حس کنم. به عنوان یک دانشجو و روشنفکر اگر با محیط کارگری آشنایی نداشته باشی، بسیار ذهنی است که از سازماندهی کارگران در شوراها و سندیکاها داد سخن بدهی و یا یک شبه بخواهی انقلاب کارگری برپا کنی. ولی وقتی وارد محیط کار می‌شوی و با کارگران از نزدیک آشنا می‌شوی دیگر بحث اعتصاب راه اندختن، ایجاد شورا و یا سندیکای کارگری و به خیابان کشاندن کارگران برای تظاهرات روز اول ماه مه و یا اعتراض بر علیه حکومت را باید از ذهنیت روشنفکرانه خودت به واقعیت محیط کار پیوند بزنی. این رویارویی با واقعیت زندگی در محیط‌های کارگری کمک می‌کرد که از دنیای روشنفکری کمی فاصله گرفته و بیشتر واقع بین شوم و شاید هم به همین دلیل بود که مثل بسیاری از رفقای دیگر نبودم که از کارگران عضو حزب توقع داشته باشم که یک شبه شورای کارگری درست کنند و یا با طرح چند خواسته مجرد صنفی یک تشکل سندیکایی بوجود آورند.

در عین حال، احساس پیوند نزدیک با کارگران و طبقه کارگر برایم در آن دوران احساس خوشایندی بود که با کارکردن در سیلو تحقق پیدا می‌کرد. در سیلو همه رقم کارگر کار می‌کرد. از کارگران ساده ساختمانی در بخش‌های مختلف ساختمان سازی سیلو تا کارگران با تجربه فنی که در بخش تاسیسات، نصب دستگاه‌ها و در بخش برق مشغول به کار بودند.

ساعت کار ما از ساعت ۶ صبح تا ۲ بعداز ظهر بود. پس از انقلاب، شورای عالی کار ساعت کار را ۴۰ ساعت در هفته اعلام کرده بود. در سیلو هیچ کس جز روس‌ها ۴۰ ساعت کار نمی‌کرد. ما رسما دو تا استراحت نیم ساعتی داشتیم، یکی برای صبحانه و دیگری برای نهار. استراحت صبحانه قرار بود از ساعت هفت و نیم تا هشت صبح باشد و استراحت ناهار از دوازده و نیم تا یک بعد از ظهر. اما هیچ کس این ساعت‌ها را رعایت نمی‌کرد. کارگران در همه بخش‌ها از ساعت هفت کم کم کار را تعطیل می‌کردند. معمولا کسانی که مسئول حاضر کردن صبحانه بودند از ساعت هفت صبح بساط جوش آوردن آب و حاضر کردن چای و صبحانه را آماده می‌کردند. همه ما در گروه‌های کوچک و چند نفری هر کدام در گوشه‌ای دور هم جمع می‌شدیم. بعضی‌ها به یکی دو قهوه خانه‌ای که در همان اطراف بود می‌رفتند. ساعت هفت و ربع تقریبا دیگر هیچ کسی را نمی‌دیدی که مشغول کار باشد، همه ما دور بساط صبحانه جمع بودیم. گرچه قرار بود ساعت هشت سرکار خود باشیم ولی معمولا همه یک ربع تا نیم ساعت تاخیر داشتند. همین داستان در زمان نهار نیز تکرار می شد، علاوه بر اینکه حالا پس از انقلاب اسلامی بساط نماز هم به راه افتاده بود.

تقریبا بیشتر بچه‌ها و بخصوص سن و سال دارها از ساعت یازده به بهانه نماز کار را تعطیل می‌کردند. در قسمت سیلوی قدیمی‌سالن نسبتا بزرگی بود که به مسجد تبدیل شده بود و پیشنماز از ساعت یازده آنجا حاضر می‌شد. داستان عجیبی بود، پیش از شروع نماز بعضی‌ها از او سوال و مساله شرعی می‌پرسیدند و سپس نماز شروع می‌شد. بین نماز ظهر و نماز عصر باز عده‌ای سوال و مساله می‌پرسیدند، و بعد از نماز عصر باز نوبت نهار بود که تا ساعت یک بعد از ظهر طول می‌کشید. بعد از نهار هم معمولا کسی درست و حسابی کار نمی‌کرد.

روس‌ها اصلا دوست نداشتند وقتی مشغول کار هستی سیگار بکشی. همین بهانه‌ای شده بود برای بسیاری از کارگرانی که سیگاری بودند که مرتب در گوشه‌ای ایستاده و دود کنند. افتضاحی بود و کمتر کسی بیشتر از سه یا چهارساعت در روز کار می‌کرد. جالب این بود که بیرون از محیط کار صبح تا شب صحبت از خودکفایی و کارکردن و وجدان اسلامی و کارداوطلبانه بود، اما اینجا در اجرای یکی از بزرگترین پروژه‌های ساختمانی در کشور تنبلی و اززیر کار دررفتن به بهانه نماز و صبحانه و نهار و سیگار دود کردن پیشرفت کاررا تقریبا فلج کرده بود. مهندسین روسی از این وضعیت کلافه شده بودند. هنوز کار شروع نشده بود، بچه‌ها دست از کار می‌کشیدند. چندین بار با همکارانم در گروه خودمان سر این قضیه جر و بحث مان شد، ولی انگار هیچ کس گوش‌اش بدهکار نبود، کم کم طوری شده بود که بعضی‌ها زمزمه می‌کردند که من و یکی دو نفر دیگر از رفقای ما کاسه داغ تر از آش شده ایم. گرفتاری عجیبی بود. نه وجدانم رضایت می‌داد که به تنبلی و از زیر کار دررفتن تن دهم و نه دلم می‌خواست که ادامه اصرارم در بیشتر کار کردن موجب آن گردد که از چشم همکارانم بیفتم و محبوبیت و موقعیت خودم را از دست بدهم.

به هر حال هر طور بود می‌گذراندم. آشنایی با روس‌ها و کارکردن با آنها تجربه خوبی بود. گرچه آدمهای پرکار و با انضباطی بودند اما برای دیگران سخت گیری نمی‌کردند. شاید هم از وضعیت پس از انقلاب و اینکه کسی کسی گوش‌اش به حرف کسی بدهکار نبود اطلاع داشتند. هیچ یک از کارگران از آنها گلایه‌ای نداشت، چرا که اصلا سخت گیری نمی‌کردند. مثلا هر چند بار که هوس ات می‌کرد که سیگار بکشی، اعتراض نمی‌کردند. یا اگر می‌گفتی مریض شده‌ای و یا سرت درد می‌کند، براحتی از کار در آن روز مرخص ات می‌کردند البته با حقوق کامل همان روز، چیزی که در آن دوران در هیچ کارگاه دیگری اصلا مرسوم نبود.

بچه‌ها آنقدر کم کار می‌کردند که گاه بعضی از گروه‌های کوچک با مهندس مسئول گروه وارد قرارداد می‌شدند و به اصطلاح آن زمان کنترات می‌بستیم. مثلا در گروه ما قرار می‌شد که برای تمام کردن فلان بخش از کار چهار روز وقت بگذاریم. آنوقت هر چه زودتر کار را تمام می‌کردیم به نفع ما بود چرا که ما روزانه حقوق می‌گرفتیم. بعضی از آنها ابایی نداشتند که کاری را مثلا به قیمت چهار روز به ما واگذار کنند و اگر ما در دو روز آن کار را تمام می‌کردیم می‌توانستیم که دو روز بعد را سرکار نرفته و حقوق کامل چهار روز را بگیریم. گرچه این شیوه کار خیلی مرسوم نبود ولی گاه آنها مجبور می‌شدند برای پیشرفت کار از این شیوه‌های استفاده کنند. اینجوری دست کم بخشی

از کار تمام می‌شد. خیلی روزها مثلا مهندس گروه ما می‌گفت کار امروز شما فلان و فلان است و هر وقت تمام کردید مرخص هستید. در اکثر موارد ما قبل از نهار کار را تمام کرده و مرخص می‌شدیم. هم آنها خوشحال بودند که کاری انجام شده بود و هم ما خوشحال بودیم که مجبور نبودیم تا ساعت دو بعد از ظهر در آنجا معطل بمانیم. من هم احساس بهتری داشتم چرا که کار نکردن در تمام روز بیشتر وجدانم را آزار می داد تا اینکه مثلا کار معینی را که به ما واگذار شده بود در عرض چند ساعت تمام کنیم و مرخص شویم.

اکثر جلسات حزبی ما آن وقتها از ساعت یک یا دو بعد از ظهر شروع می‌شد، مگر جلساتی که اعضای آن کار و شغل درست و حسابی داشتند که بیشتر آن جلسات بعد از ظهرها از ساعت چهار به بعد تشکیل می‌شد. جلسه کمیته حزبی شهر مشهد معمولا روزهای چهارشنبه ساعت ۲ بعد از ظهر بود که من معمولا یک ربع دیر می‌رسیدم. این جلسه اکثرا در منزل یکی از رفقای ما دکتر مختاری که در خیابان کوهسنگی بود، برگزار می‌شد. این محل در فاصله چند ده متری از مقر سپاه پاسداران و واحد اطلاعات سپاه بود. اگر منزل دکتر در دسترس نبود، در منزل رفیق دیگرمان ساکت در شهر جدید دور هم جمع می شدیم (رفیق ما ساکت به دکتر ساکت معروف بود، او در مشهد داروخانه کیوان را داشت و به همین دلیل هم به دکتر ساکت معروف شده بود) و اگر آنجا هم به هر دلیلی در دسترس نبود در دفتر حزب دور هم جمع می‌شدیم. معمولا یک ربع تا نیم ساعت اول جلسات رسمیت نداشت و صحبت‌های عمومی‌بود، من معمولا تا شروع رسمی جلسه خودم را می‌رساندم.

جلسه دیگری که در آن دوران عضو ثابت آن بودم جلسه کمیته ناحیه ۳ مشهد بود که آن هم تقریبا همیشه در منزل دکتر مختاری در همان خیابان کوهسنگی برگزار می‌گردید و خود دکتر نیز از آنجا که عضو کمیته ناحیه بود، در این جلسه شرکت می‌کرد. حتی وقتی دکتر از آنجا به منزل جدیدش در شهر جدید نقل مکان کرد، آن محل هنوز در خیابان کوهسنگی در اختیار ما بود و حتی کلید آن را برای استفاده در اختیار داشتیم. این جلسه خوشبختانه ساعت ۵ بعد از ظهر شروع می‌شد و برای من مشکلی از نظر زمانی نداشت. اعضای این جلسه اکثرا شاغل بودند و به همین دلیل جلسه بعد از پایان ساعات رسمی‌کار روزانه تشکیل می‌شد.

کار کردن در سیلو هیچ مشکلی برای فعالیت حزبی‌ام بوجود نمی‌آورد و از این نظر بسیار خوشحال بودم. ضمن اینکه با حضور اکبرآقا در آنجا و اینکه مهندسین روسی به نوعی از رابطه دوستانه یا رفیقانه من و اکبر آقا اطلاع داشتند، اصلا سختگیری نمی‌کردند و اگر لازم می‌شد می‌توانستم همیشه به نفع فعالیت حزبی از کار مرخصی بگیرم. ولی خودم با این هدف که وجدان کاری کمونیستی‌ام را به نمایش بگذارم، به ندرت از وجود این امکان استفاده می‌کردم. در حقیقت همیشه سعی می‌کردم از همه کارگرها بیشتر کار کنم. اول اینکه دوره انقلاب بود و احساس تعلق به انقلاب و انگیزه برای پیشرفت کارها را داشتم، دوم اینکه کارفرمای ما روس‌ها بودند و مایل بودم که پروژه آنها با موفقیت به عنوان یک پروژه نمونه به اتمام برسد. از همه مهمتر اینکه نمی‌خواستم در ذهن آنها به تصویر یک کمونیست ایرانی کمترین خدشه‌ای وارد شود. من وظیفه خودم می‌دانستم که آن تصویر

انقلابی را که در رمان‌های روسی مربوط به دوران ساختمان سوسیالیسم، در دوران جنگ میهنی و پس از آن در دروان گذار به جامعه کمونیستی از کارگران و انقلابیون کمونیست روسی و دیگر خلق‌های عضو اتحاد جماهیر شوروی سوسیالیستی دریافت کرده بودم را حالا پس از انقلاب ضدامپریالیستی، ضد استبدادی و مردمی‌در میهن‌ام بسازم و آنها آن تصویر را از ما کمونیست‌های ایرانی با خود به کشور شوراها به یادگار ببرند.

آشنایی با رفقای روس

کم کم با روسها بیشتر آشنا شدم. بیشتر آنها از مراودت و دوستی با بچه‌های ایرانی دوری می‌گزیدند. البته علت اصلی آن شاید ندانستن زبان فارسی بود. هیچ کدام شان زبان فارسی را بلد نبودند و حتی سعی هم نمی‌کردند که کلمه‌ای از این زبان را یاد بگیرند. تنها چیزی که از زبان فارسی یاد داشتند "بخور بخور" و "بکن بکن" بود. بخوربخور به نوشیدن نوشابه‌های الکلی اشاره داشت. آنها در محل سابق کنسولگری روسیه در مشهد که به باغ خونی معروف بود و حالا جزو املاک شوروی محسوب می‌شد مقدار زیادی ودکای روسی نگه داشته بودند. در مرکز همان باغ ساختمان بزرگی وجود داشت که در آن تعدادی از روس‌ها زندگی می‌کردند. جمعه‌ها هم در همانجا پارتی و مهمانی داشتند و بشدت مشروب می‌خوردند.

بکن بکن اشاره به سکس بود. نمی‌دانم چه کسی به آنها این چند کلمه را با این شکل یاد داده بود ولی هر وقت از آنها به زبان بی زبانی جویای خاطره‌ای خوش از کشور شوراها می‌شدی، از بخور بخور و بکن بکن صحبت می‌کردند. برایم در آن زمان مشمئز کننده بود که انسان‌های تراز نوین کشور شوراها زندگی شان در چهارچوب محدود بخور بخور و بکن بکن محصور شده باشد. باور کردن‌اش برای من که از سوسیالیسم در ذهن خود بهشت رویایی عجیبی ساخته بودم اصلا قابل قبول نبود. تصورم این بود که باید از هنر باله، اپرا، موسیقی چایکوفسکی، و شعرهای مایاکوفسکی صحبت می‌کردند، و یا از خاطرات جنگ میهنی و یا داستان‌های مربوط به دوران ساختمان سوسیالسم می‌گفتند، و نه بخور بخور و بکن بکن.

با دیدن کمونیست‌های روسی در سیلو و رفتارهای آنها کم کم آن ابهتی که از انسان تراز نوین سوسیالیستی در فکر و وجودم ساخته بودم فرومی‌ریخت. اکثر روس‌های شاغل در سیلو و حتی کمونیست‌های عضو حزب نیز جز به فکر شکم و زیر شکم شان نبودند. معمولا شنبه‌ها صبح که به سرکار می‌آمدند، از بس که جمعه شب عرق خورده بودند، صورت‌های شان پف کرده بود و بوی الکل دهان آنها از صدمتری به مشام می‌رسید. بشدت بد دهن و فحاش بودند. به زمین و زمان فحش می‌دادند. یک روز مهندس ما مشغول کوبیدن میخ‌های فولادی توسط دستگاهی شبیه تفنگ بود که به جای خشاب گلوله در آن شانه‌های میخ فولادی می‌گذاشتند ومن تا آن زمان چنین وسیله‌ای را ندیده بودم. ناگهان در هنگام استفاده از تفنگ میخکوب از بالای نردبان به پایین پرت شد و تفنگ‌اش به یک طرف و خودش به طرف دیگر افتاد. در همان هنگام با یک حالت ناراحتی شدید شروع کرد به فحاشی کردن و فحش‌های خواهر و مادر دادن. او مدعی بود من غفلت کرده بودم

و نردبان تکان خورده و به همین دلیل او از بالا به پایین پرتاب شده بود. گویا وظیفه من بوده نردبان را محکم نگه دارم که پس از لگد زدن تفنگ میخ کوب تکان نخورد و حالا او افتاده بود و مثل مسلسل فحش خواهر و مادر نصیب من می‌کرد. اول کمی‌ساکت بودم ولی با اندک آشنایی که به زبان روسی پیدا کرده بودم متوجه شدم که مشغول ناسزاگویی است. با عصبانیت به او وانمود کردم که نباید فحش دهد ولی او همچنان فحش می‌داد. پس به سراغ اکبرآقا رفتم و او را آوردم و به او فهماندم که افتادن او تقصیر من نبوده و او حق ندارد که فحاشی کند و انتظار من از یک شهروند کمونیست عضو حزب برادر بیشتر از اینهاست. او با مشاهده عصبانیت من و پس از اینکه اکبر آقا با او صحبت کرد و ظاهرا حرف‌های مرا برایش ترجمه کرد در کمال تعجب مدعی بود که فحش هایش را نثار در و دیوار و نردبان و تفنگ می‌کرده و من در مورد خطاب فحاشی‌های او نبوده‌ام. نمی‌دانم چقدر اکبر آقا در ترجمه حرف هایی من و او دخل و تصرف کرده بود ولی پس از اینکه به قول معروف سوء تفاهم بین ما رفع شد اکبر آقا نگاهی به من کرد و با خنده‌ای گفت که اینها عادت دارند به هر بهانه‌ای فحش دهند. فحاشی بخشی از فرهنگ روس هاست.

در رمان‌های روسی فرهنگ فحاشی و بددهنی کاملا آشکار بود اما حس تنزه طلبی من اصلا دوست نداشت که این جنبه‌های فرهنگ واخلاقیات را از کشور شوراها که برای من مهد تمدن انسانی و جایگاه آفرینش فرهنگ و اخلاقیات سوسیالیستی تراز نوین بود را ببیند و آنها را به عنوان بخشی از واقعیت آن مرز و بوم به رسمیت بشناسد. برای من سوسیالیسم جنبه‌ای مقدس داشت که پذیرش هر کدام از اینها می‌توانست ترکی بر دیواره مقدس این بنای پرستیدنی انداخته وکم کم موجبات فروپاشی نهایی آن را در ذهنیتم فراهم کند. تقریبا یک سالی در سیلو کار کردم. با دریافت اولین حقوق‌ام یک بلوز خوشگل یقه سه سانتی به رنگ سبز تیره برای مادرم به قیمت ۶۰ تومان خریدم. این تنها باری بود که برای مادرم از درآمدی که دسترنج خودم بود چیزی می‌خریدم.

خانه حزب را کنیم آباد

حقوق من روزی هفتاد تومان بود. دویست سیصد تومان از پول ماهانه را برای خودم برمی‌داشتم و باقیمانده آن را که معمولا بیشتر از هزار تومان می‌شد به عنوان کمک مالی به حزب می‌دادم. حزب در آن دوران با شعار "خانه حزب را کنیم آباد" به انتشار تمبرهایی اقدام کرده بود. تمبرها به قیمت‌های مختلف از ۵ تومان تا ۵۰ هزارتومان چاپ شده بود، ما با دل و جان یا خودمان آنها را می‌خریدیم و یا دیگران را وادار می‌کردیم که به عنوان کمک مالی تعدادی از آنها را خریداری کنند. این تمبرها در حقیقت حکم رسید کمک مالی‌ها را به حزب بازی می‌کرد و اجازه سو استفاده مالی به کسی نمی‌داد. مثلا اگر حزب به من بیست عدد تمبر یک صد تومانی میداد و من آنها را به دیگران می‌دادم و کمک مالی آنها را دریافت می‌کردم باید مبلغ دو هزار تومان به حزب پس می‌دادم. خوبی انتشار تمبر این بود که هم کمک کننده مطمئن بود که پول‌اش مستقیم و به تمامی‌به حزب رسیده است و هم حساب و کتاب کمک‌های مالی به حزب به این ترتیب قابل بررسی و کنترل بود. در عین حال این تمبر های زیبا که به ابتکار هنرمندان حزبی شعار‌های حزب و تصویرهای قشنگی روی آنها نقاشی شده بود به یادگار پیش کمک کننده باقی می‌ماند و

احساس وابستگی و عضویت در خانواده بزرگ حزبی را هر چه محکم تر و قشنگ تر در میان اعضا و هواداران حزب نگه می‌داشت. حزب درآن زمان در اکثرشهرها و شهرستان‌های بزرگ در صورت امکان مالی به دنبال خرید خانه حزب بود. پروژه اصلی "خانه حزب را کنیم آباد" معطوف به ساختن دفتر جدید حزب در تهران بود.

ما در همان دوران مقدار قابل توجهی کمک مالی جمع کرده بودیم. چند تا از رفقای ثروتمند ما در مشهد کمک‌های بزرگی به حزب کردند. یکی از آنها رفیقی بود به نام توتونچی که کارخانه بزرگ سنگ شکنی در مشهد داشت و بسیار ثروتمند بود و از رفقای قدیم حزب بود که گویا یکی دوسالی هم پس از کودتای ۲۸ مرداد در زندان مشهد بسربرده بود. با کمک او و تعدادی دیگر از رفقا و کمک‌های مالی دیگر اعضای حزب، محل جدیدی را برای دفتر حزب به قیمت ۶۰۰ هزار تومان خریداری کردیم. این محل ساختمان بسیار قشنگ دو طبقه‌ای بود و در یک موقعیت استثنایی در حاشیه خیابان جهانبانی که یکی از بهترین محله‌های مشهد بود واقع شده بود، کمتر از چند ده متر با سه راه جم و فلکه بیمارستان امام رضا – شاهرضای سابق – فاصله داشت. این ساختمان نبش کوچه‌ای بود که انتهای دیگر آن در خیابان دانشگاه به دانشکده پزشکی دانشگاه مشهد می‌رسید. در چند صدمتری دانشکده پزشکی هم دانشکده علوم و دانشکده ادبیات قرار داشت. در فاصله کمی فلکه سراب و پاساژ سعدی بود که مرکز کتابفروشی‌های شهر ما بود و ما در همان پاساژ نیز یک کتابفروشی برای حزب اجاره کرده بودیم. این ساختمان توسط حزب خریداری شد. در زیر آن چند مغازه بود، از جمله یکی از بهترین چلوکبابی‌های مشهد در آنجا قرار داشت که گاه گذاری که پول در جیب مان پیدا می‌شد با یک چلوکباب کوبیده از خودمان پذیرایی می‌کردیم.

پس از خرید دفتر در فاصله چند روز آن را آماده استفاده کردیم. من و تعداد دیگری از رفقای حزبی که کار ساختمانی و برق کشی بلد بودیم سریعا دست به کار شدیم. رضوان پیمانکار ساختمانی بود و با کمک چند رفیق دیگر از جمله حسن با هیکل نسبتا تپل و سبیل پرپشت که از صدفرسنگی داد می‌زد که چپی است و استادکار برق و جوشکاری بود و او و همسرش در مهربانی بی نظیر بودند، کار را شروع کردیم. راهروی جدیدی برای عبور و مرور به دفتر درست کردیم. درب آهنی محکمی در آنجا نصب کردیم. یک دربند مغازه کوچک و نقلی در قسمت چپ درب جدید در همان کوچه که به دانشکده پزشکی می‌رفت درست کردیم، با یک ویترین بزرگ که پس از افتتاح دفتر حزب پر شد از کتاب‌ها ونشریات حزب. پس از خرید دفتر حزب، یکی از رفقای ما که در کار‌های الکترونیک کار کشته بود به آنجا آمد و با دستگاهی که شبیه رادیو بود و امواج را دریافت و کشف می‌کرد، همه سوراخ سنبه‌های دفتر را زیرورو کرد. این کار برای این بود که مطمئن شویم که در دفتر دستگاه‌های شنود کارگذاری نشده است.

طبقه اول در واقع کاملا در اختیار بخش تبلیغات و انتشارات حزب بود. همانجا همه روزنامه‌های حزبی، از «نامه مردم» گرفته تا «آذرخش»، همه را برای پخش و ارسال به شهرستان‌ها و توزیع در دکه‌های روزنامه فروشی و دفاتر دانشجویی و بساط‌های خیابانی بسته بندی می‌کردیم. حبیب، از رفقای آذربایجانی ما، مسئول پخش و ارسال

نشریات بود که با قیافه جدی و همیشه عصبانی و با قد نسبتا کوتاه، کار خود را به نحو احسن انجام می‌داد.

با گشایش دفتر حزب، کار همه ما رونق تازه‌ای گرفت. در دفتر جدید خوشبختانه از آنجا که به اندازه کافی اتاق وجود داشت، به هر شعبه‌ای اتاقی تعلق گرفت. بزرگترین اتاق در این ساختمان، دفتر کار و اتاق اکبرآقا بود که مسئول کمیته ایالتی حزب در خراسان بود. ازآنجا که آنکت‌های حزبی و اسناد مهم همه در این اتاق نگه داری می‌شد در آنجا یک گاوصندوق کوچک نیز جای داده بودیم و معمولا به محض اینکه اکبر آقا پایش را بیرون می‌گذاشت در اتاق را قفل میکرد و کلیدش همیشه با زنجیری به بندک شلوار وی آویزان بود. بغل اتاق اکبرآقا یک اتاق نسبتا بزرگ به شعبه کارگری داده شد. حالا من به عنوان مسئول شعبه کارگری اتاق خودم را داشتم. گرچه از میز و صندلی در آن خبری نبود ولی لااقل اتاقی داشتم. شعبه تشکیلات و امور توده‌ای هم اتاق‌های خودشان را داشتند. اتاق شعبه دهقانی و شعبه شهرستان‌ها مشترک بود و اتاق سازمان جوانان در سمت دیگر همین طبقه در دفتر بود که خود شامل چندین اتاق جداگانه می‌شد که یکی از آنها اتاق بزرگی بود که در اختیار شعبه تبلیغات قرار داشت و به اصطلاح برای بخش تعلیمات در این شعبه در نظر گرفته شده بود. یک اتاق دیگر هم در دفتر بود که موقتا اتاق خواب قربان بلوچ، قهرمان کتاب «کلیدر» دولت آبادی، بود. قربان بلوچ مدتی بود که از تاجیکستان شوروی به ایران برگشته بود. او پیرمردی بود سیه چرده، لاغر اندام و قدبلند. شب‌ها به تنهایی در دفتر حزب می‌خوابید. در دفتر حزب یک آشپزخانه کوچک نیز وجود داشت که گهگاه در آنجا رفقای ما آشپزی هم می‌کردند و بساط چای همیشه برپا بود. شب‌ها وقتی تا دیر هنگام در دفتر باقی می‌ماندم ساعت‌ها با قربان بلوچ از خاطرات دوران یاغی گری‌هایش با هم صحبت می‌کردیم. قربان بلوچ برای بسیاری از رفقای حزبی که او را نمی‌شناختند فردی مرموز جلوه می‌کرد. خود او هم از این بابت خوشنود بود. او پس از مدتی به شیروان که شهر محل تولد و دوران یاغی گری او بود نقل مکان کرد و پس از چندی به تاجیکستان بازگشت.

هر کدام از ما مسئولین شعبه‌های مختلف به دنبال میز و صندلی برای اتاق خودمان بودیم. حزب هیچ بودجه‌ای به ما برای خرید میز و صندلی نداده بود. بعضی از ما از خانه‌های خود میزوصندلی‌های اضافی را برای استفاده در دفتر می‌آوردیم. رضوان که در آمد نسبتا خوبی داشت و بسیار هم دست و دل باز بود به همه ما در بر آوردن این نیازها کمک می‌کرد. اتومبیل‌های او همیشه در اختیار ما بود. یکی از اتومبیل‌های او یک بنز لیمویی رنگ شیک بود که در مشهد مانندش پیدا نمی‌شد و او خودش آن را در سفری که به آلمان رفته بود دست اول از کمپانی بنز خریده بود. ماشین‌های او همیشه در اختیار ما بود و ما مهمان‌های حزب را که همه از اعضای کمیته مرکزی و یا رهبران از خارج بازگشته و تازه رها شده از زندان‌های شاه بودند با آن ماشین شیک این ور و آن ور می‌بردیم.

این ماشین گرچه شیک ترین ماشینی بود که تا آن زمان دیده بودم و بسیار از آن بهره می‌بردیم اما از طرفی مایه دردسر ما هم شده بود. بنز نو و شیک و لیمویی رنگ رضوان دستاویزی شده بود برای بچه‌های مائوئیست، خط سه ای، و برخی از رفقای چریک فدایی که ما را به اپورتونیست، سازشکار، بورژوا، و غیر انقلابی بودن متهم نمایند. آن زمان‌ها

ماشین شیک سوار شدن، لباس قشنگ و مرتب و اتو زده پوشیدن و یا زدن کراوات که عادت بسیاری از رفقای حزبی و قدیمی ما بود از نظر چپ‌های رادیکال خیلی بورژوایی و از نظر مسلمانان حزب اللهی طاغوتی بود. رضوان علاوه بر آن بنز شیک لیمویی رنگ یک وانت بار تویوتا سفید و یک ماشین ولوو شیک سبز رنگ هم داشت. ماشین ولوو او شبیه همان ماشین‌های ولوویی بود که گروه‌های ضربت ساواک در سالهای آخر عمر حکومت شاه تازه خریداری کرده بودند. بعضی‌ها فکر می‌کردند که ولووی آقا رضوان از غنائم دوران انقلاب است که ما توده ای‌ها از ساواک گرفته بودیم. آقا رضوان پیمانکار موفقی بود که در بسیاری از کارهای بزرگ ساختمانی در مشهد کارهای جوشکاری و آهنگری را کنترات می‌گرفت. تخصص او در بر پایی اسکلت‌های فلزی ساختمان‌های بزرگ صنعتی یا مجتمع های مسکونی بود. مجموعه بزرگ آپارتمان‌های ده طبقه مشهد در فلکه فردوسی که در آن زمان بلندترین مجموعه ساختمان مسکونی موجود در شهر بود یکی از کنترات های او بود.

داشتن دفتر و اتاق کار احساس جدیدی را به تک تک ما مسئولین حزبی داده بود. حالا هرکدام از ما از صبح که از خواب بیدار می‌شدیم مثل کارمندها که به اداره‌های خود می‌رفتند، لباس می‌پوشیدیم و سر کار خود حاضر می‌شدیم.

اتاق کارحزبی من

روزهای اول از صبح زود تا آخر شب در اتاق‌های خودمان در دفتر حزب بودیم. دیگر هیچ مشکلی برای برگزاری جلسه‌های حزبی نداشتیم. نباید به دنبال خانه خالی می‌گشتیم و یا برای رفتن از جلسه‌ای به جلسه دیگر از یک طرف شهر به طرف دیگر آن وقت تلف می‌کردیم . بیشتر جلسه‌های حزبی، دست کم در سطح کمیته ها، شعبه ها، حوزه‌های مسئولین و حتی حوزه‌های حزبی که جایی برای تشکیل شدن نداشتند، در محل جدید دفتر حزب برگزار می‌شد.

شعبه کارگری رونق تازه‌ای پیدا کرده بود. من تعدادی صندلی ارج قدیمی را که از قدیم در خانه داشتیم و معمولا در مهمانی‌های عید در اتاق مهمان از آن استفاده می‌کردیم، از خانه مان به دفتر آوردم. با اندک پولی یک قفسه کتاب خریدم و در کنار اتاق گذاشتم و همه نشریات کارگری حزب، بسیاری از کتابهای حزبی و غیرحزبی را که در رابطه با جنبش کارگری و درباره چگونگی تشکیل سندیکاها و شوراها چاپ شده بود را در قفسه‌های آن جا دادم. اتاق ما سروسامانی گرفته بود اما فقط یک چیز کم داشت، یک میز درست و حسابی که یک کشو داشته باشد و بتوان هم پشت آن نشست و در کشوی آن گزارش‌ها را گذاشت و هم درش را قفل کرد.

یک روز تقریبا نزدیکی‌های غروب بود که من و رضا خراطچی و حسن بیگی که اعضای دیگر شعبه بودند در اتاق نشسته بودیم. برادر کوچک‌ام مسعود که از اعضای سازمان جوانان حزب و بسیار پرشروشور بود و همه را می‌شناخت، به اتاق ما آمد. صحبت از خریدن میز بود که مسعود گفت ترتیب‌اش را خواهد داد. از دفتر بیرون رفت و پس از چند لحظه به همراه دختر جوانی وارد دفتر شد. این دومین باری بود که سهیلا را

می‌دیدم. او خجالتی و معصوم به نظر می‌رسید. ساکت در گوشه اتاق ایستاده بود و به اطراف نگاه می‌کرد. یادم آمد که دفعه پیش او را در دفتر دانشکده دیده بودم. سهیلا که در خانواده نسبتا مرفهی زندگی می‌کرد در کمک مالی به حزب گویا دست و دلی باز داشت. مسعود از او خواست که برای کمک به شعبه کارگری در خرید میز کمک کند. ما به دویست تومان پول برای خرید یک میز احتیاج داشتیم. سهیلا بدون مکث و تردید برای خرید میز به ما دویست تومان کمک کرد.

من و رضا با دویست تومان سوار وانت بار تویوتای سفید آقا رضوان شده و به فلکه سراب رفتیم. دور فلکه سراب یک مغازه نسبتا بزرگی بود که میز و صندلی می‌فروخت. چند ساعت بعد یک میز فلزی کشودار در اتاق شعبه کارگری بود. حالا من پشت میز نشسته بودم و با بقیه اعضای شعبه که در طرف دیگر میز در اطراف اتاق روی صندلی‌های ارج نشسته بودند بحث و صحبت می‌کردیم. پشت این میز در هر طرف خود به یک کشوی بزرگ دسترسی داشتم. یک کشوی کوچک و باریک هم در وسط، درست بالای پاهایم قرار داشت. کشوها قفل داشتند و کلید آنها حالا در اختیار من بود که آن را به دسته کلیدم اضافه کردم. حالا یک کلید دیگر به دسته کلیدم که در آن کلید در ورودی دفتر، خانه و موتور هوندای ۱۲۵ام در آن بود اضافه شد. اتاق ما بعد از اتاق اکبرآقا دومین اتاقی بود که میز تحریر با کشوی قفل دار داشت.

در آن سن و سال و آن حال و هوا، داشتن دفتر، اتاق مخصوص، میز و قفل و کلید، و افزون بر آن تعداد زیاد اعضای شعبه کارگری، یعنی کارگرانی که در حوزه‌های مختلف حزبی تحت مسئولیت من بودند، و عضویت در کمیته حزبی شهر مشهد که در آن زمان بیش از ۲۵۰ نفر از اعضای حزب را در مشهد زیر پوشش داشت، احساس خوشایندی به من می‌داد که نه قابل توصیف بود و نه حاضر می‌شدم آن را با هیچ چیز دیگری در زندگی عوض کنم.

دفتر حزب و اتاق شعبه کارگری نه فقط اداره کار حزبی و محل برگزاری جلسات، که خانه امید و آرزوهای من شده بود. می‌توانستم تمام روز و شب را در همانجا به بحث و گفتگو و یا شرکت در جلسه‌های شعبه و یا نوشتن گزارش برای حزب یا مقاله برای روزنامه اتحاد و یا هر کار دیگری بگذرانم. ساعت‌ها در همان اتاق، وقتی که هیچ کس دیگری حضور نداشت، به تنهایی به مطالعه کتاب‌ها و نشریات حزبی وقت می‌گذراندم.

در سال‌های اول انقلاب که هنوز احزاب و سازمانهای سیاسی تماما سرکوب نشده بودند و آزادی نسبی وجود داشت، یا بهتر بگویم، کنترل کامل نظام وجود نداشت، دفاتر احزاب و سازمان‌های سیاسی بسیار پر رفت و آمد بودند. دفتر هر حزب و سازمانی، بدون کمترین توجهی به مسائل امنیتی پاتوق اصلی گردهمایی‌ها و جلسه‌های مسئولین شان بود. کم کم متوجه می‌شدیم که بعضی اوقات افراد و یا اتومبیل‌های مشکوکی اطراف دفتر زاغ سیاه ما را چوب می‌زنند. گاه بعضی ازآنها با پررویی تمام در مقابل دفتر حزب در آن سوی کوچه می‌ایستادند و همه رفت و آمدهای ما را زیر نظر می‌گرفتند.

با اینکه رسما اسم و مشخصات اعضای کمیته‌های حزبی ناحیه ها، شهر، و ایالتی بصورت علنی اعلام نشده بود ولی کافی بود که یک هفته در دفتر حزب افراد را زیر

نظر بگیری تا براحتی چارت تشکیلات حزبی را ترسیم کنی. از آنجا که تعداد اعضای حزب زیاد بود و همه هم همدیگر را نمی‌شناختند و ورودی به دفتر هم حساب و کتابی نداشت، هرکسی به راحتی می‌توانست وارد دفتر شده و ساعت‌ها بدون اینکه توجه کسی را جلب کند در راهرو طبقه دوم به این بهانه که منتظر کسی است و یا قراری دارد منتظر مانده و از سر و ته کار ما سر در آورد. جلسه‌ها همه هفته‌ای یک بار مرتبا در روز و ساعت معینی تشکیل می‌شد و کافی بود پشت در اتاق شعبه کارگری فقط ۲ هفته بایستی تا همه اعضای شعبه کارگری را شناسایی کنی و یا پشت در اتاق اکبرآقا در انتظار همه اعضای کمیته ایالتی و یا کمیته شهر مشهد بنشینی و یا در شکار اعضای کمیته‌ها و شعبه‌های دیگر کمین کنی. گرچه تشکیلات حزب رسما تشکیلات علنی بود، ولی هیچ جا هم رسما اعلام نمی‌شد که مسئولین کمیته‌ها و یا شعبه‌های حزبی چه کسانی هستند. ما گاه در حوزه‌های پایین تر برای رتق و فتق امور در زمینه کارهای مربوط به حوزه تخصصی خودمان شرکت می‌کردیم و با عنوان‌های تشکیلاتی رسمی خودمان معرفی می‌شدیم و گاه بدون معرفی برای سرکشی به بعضی حوزه‌های پایین تر و یا کمیته‌های حزبی در ناحیه های شهر مشهد و یا به شهرستان‌ها می‌رفتیم.

گاهی بعضی از رفقایی را که امکانات ویژه‌ای در ارگان‌های انقلابی داشتند به طور مستقیم به مسئولین رده بالا وصل می‌کردیم، یعنی از رفیق مربوطه می‌خواستیم که در رابطه با نهاد و یا امکان مورد نظر در حوزه گزارشی ندهد و گزارش آن را مستقیم در تماس‌های فردی به ما می‌داد. در مواردی که اعضای حزب در جهاد سازندگی، هیات‌های هفت نفره، کمیته، سپاه، دادستانی و یا شوراهای اسلامی کارگران در واحدهای بزرگ تولیدی و یا تعاونی‌ها و یا کمیته‌های محلی در مسجدها فعال بودند از آنها خواسته می‌شد که گزارش کار خود را در حوزه‌های خود مطرح نکنند.

این امر گر چه ظاهرا برای حفظ موقعیت رفیق مورد نظر ما بود اما تا حدودی باعث می‌شد که دیگر رفقای عضو آن حوزه کنجکاو شوند و به توهمی دامن می‌زد که ضرورتی نداشت زیرا اصلا نیازی به مخفی کاری نبود. در بیشتر این موارد اعضای حوزه از حضور رفیق ما در آن ارگان اطلاع داشتند که اگر اصول مخفی کاری را به درستی رعایت می کردیم باید آنها را کاملا از حوزه خارج کرده و یا به تشکیلات مخفی منتقل می‌نمودیم و یا در سازماندهی کاملا جداگانه‌ای بطور موازی نگاه می‌داشتیم، که هیچ کدام از اینها صورت نمی‌گرفت .

حزب در زمینه کار مخفی ابتدایی ترین اصول کار را رعایت نمی‌کرد. مثلا رفیقی که عضو جهاد سازندگی بود و در هیات‌های هفت نفره مدتی فعالیت کرده بود و از طریق جهاد به جبهه جنگ رفته بود، باز هر چند ماه یکبار که به مشهد باز می‌گشت مستقیم به سراغ ما می‌آمد و از آن بدتر اینکه به دفتر حزب رفت و آمد می‌کرد. این رفیق گاه ساعت‌ها در کتابفروشی حزب با مسئولین کتابفروشی خوش و بش می‌کرد و گاه ساعت‌ها در کنار بساط‌های کتابفروشی و روزنامه در حاشیه خیابان دانشگاه در کنار ما و دیگر اعضای حزب در بحث‌های خیابانی به دفاع از حزب و سیاست‌های آن می‌پرداخت.

به جز تعداد اندکی از اعضای حزب که آنها هم به شکل کاملا ناشیانه از حزب جدا شده و به شبکه مخفی منتقل شده بودند، بقیه اعضای حزب همه علنی بودند و به جز خواجه حافظ

شیرازی همه آنها را می‌شناختند. بعضی از رفقای حزب که در آن دوران درهیات‌های هفت نفره و جهاد سازندگی مشغول کار بودند و یا در مسجدهای محل در تعاونی‌ها موقعیت خوبی برای خودشان دست و پا کرده بودند، صبح که به سر کار می‌رفتند آنچنان چادر و چاقچور و از سرتا پا سیاه می‌پوشیدند که حزب اللهی‌ها هم به پای آنها نمی‌رسیدند. اما همان رفقا بعد از ظهر با یک مانتو و روسری ساده یا سربرهنه در دفتر حزب پیداشان می‌شد و یا در مهمانی‌های حزبی و یا جشن‌های عروسی و تولد بچه‌ها و یا کنسرت‌های موسیقی با لباس معمولی و در کنار بقیه رفقای دختر و پسر ظاهر می‌شدند.

جالب تر اما این بود که بعضی از آنها همسر فعال ترین رفقای علنی حزبی بودند که در پرسش نامه‌های مربوط به دوران انقلاب فرهنگی از حزب و عضویت خود در حزب دفاع کرده و به همین دلیل هم از دانشگاه اخراج شده بودند.

فعالیت‌های حرفه‌ای من در شعبه کارگری

اواخر سال ۵۹ شعبه کارگری با اعضای جدید تکمیل شد. چند رفیق کارگر عضو شعبه بودند. نوروز یکی از آنها بود. او کارگر کارخانه نساجی تیم در مشهد بود. او و همسرش هردو در کارخانه تیم کار می‌کردند و هردوی آنها هم عضو حزب بودند. نوروز عضو شورای کارگری کارخانه بود. با او در جلسه‌های شورای هماهنگی شوراها و سندیکاهای کارگری خراسان آشنا شده بودم. او خیلی آرام، متین و در عین حال محکم بود. جوان بود، چهره‌ای شبیه مغول‌ها داشت. قد کوتاه و چهارشانه و نسبتا ریزنقش با موهای صاف و کوتاه. معمولا دکمه‌های پیراهنش را تا زیرگلویش می‌بست و در تابستان و زمستان کت برتن داشت. انگار گرما و سرما را زیاد احساس نمی‌کرد. در یکی از محله‌های زحمتکش نشین نزدیک چهارراه عامل زندگی می‌کرد. درب خانه‌اش همیشه به روی ما باز بود، حتی وقتی خودش خانه نبود. رفقای ما از خانه آنها برای برگزاری جلسه‌های حزبی استفاده می‌کردند. خواهرزن‌اش هم حزبی بود و درهمان کارخانه تیم کار می‌کرد، ولی پس از ازدواج با یکی از کارگران عضو انجمن اسلامی کارخانه روزبه روز زندگی‌اش سخت تر شد. شوهرش اصلا راضی به فعالیت او با رفقای دختر ما نبود. مدتی طول کشید که ما خودمان به خاطر اینکه رابطه آنها به تیرگی بیشتر کشیده نشود و از هم جدا نشوند، از او خواستیم که فعالیت حزبی‌اش را موقتا قطع کند. رفیق دختر حزبی ما که مسئول او بود سخت با این تصمیم من که از طرف شعبه کارگری به او ابلاغ شده بود مخالفت می‌کرد. او معتقد بود که اگر همسرش اجازه فعالیت نمی‌دهد، همان بهتر که آن دو از هم جدا شوند. جالب بود که همین رفیق ما پس از مدتی خودش به خاطر مخالفت همسرش، که از قضا توده‌ای هم بود اما خیلی بدبین و غیرتی، خود تصمیم گرفت که از فعالیت حزبی کناره گیری نماید.

نوروز تا آخرین روزهای فعالیت حزبی ما عضو شعبه کارگری باقی ماند. حسن یکی دیگر از اعضای شعبه بود. او نیز کارگر اخراجی کارخانه سیم سازی مشهد و عضو سابق شورای کارگری در آن کارخانه بود. او بعدا به مسئولیت شعبه کارگری در ناحیه ۲مشهد منصوب شد.

رضا از همان ابتدای شروع فعالیت حزبی از اعضای شعبه بود. او در شعبه ایالتی نیز که زمانی اکبرآقا مسئول آن بود، مسئول کارگری شهرستان‌ها بود و تا به آخر هم در همین مسئولیت کار کرد. او همزمان مسئول کارگری ناحیه ۱ مشهد نیز بود. مهدی حریری یکی دیگر از اعضای شعبه بود. او عضوشعبه و مسئول کارگری ناحیه ۳ مشهد بود. ما مدت ها در ناحیه ۳ مسئول کارگری نداشتیم. من در آن دوران به عنوان مسئول کارگری در ناحیه ۳ مشهد نیز شرکت می‌کردم. اما پس از مدتی مهدی را به عنوان مسئول کارگری در ناحیه ۳ انتخاب کردیم و او نیز به اعضای شعبه کارگری اضافه شد. مهدی تکنسین تاسیسات بود و با مسائل کارگری هم کمی‌آشنا بود. او پیشتر از اعضای سازمان چریک‌های فدایی بود که در درگیری‌های گنبد در ماه‌های آغاز انقلاب شرکت داشت و پس از پایان جنگ‌های گنبد به حزب تمایل پیدا کرده و به عضویت حزب در آمد و تا به آخر عضو شعبه کارگری و مسئول کارگری ناحیه ۳ باقی ماند.

از رفقای دختر، ابتدا نسرین به عضویت شعبه کارگری درآمد. او از بنیانگزاران سندیکای کارگران و تکنیسین‌های کارخانه‌های موادغذایی در مشهد بود. آن سندیکا توسط چند نفر از رفقای ما در مشهد تاسیس شده بود و بعدا تعدادی از رفقای اکثریتی نیز به هیات مدیره آن اضافه شدند. بیشتر اعضای هیات مدیره از رفقای دختر بودند. آنها اکثرا دانش آموخته رشته صنایع غذایی بوده و در کارخانجات کمپوت سازی و صنایع غذایی کار می‌کردند. نسرین از همان ابتدای فعالیت کارگری با من در شعبه فعال بود. از رفقای بسیار نزدیک من بود و روابط دوستانه‌ای بین ما برقرار شده بود. او به راحتی به خانه ما رفت و آمد می‌کرد. آنقدر روابط ما صمیمی‌بود که خیلی از رفقایم در آن دوران تصور می‌کردند که ما با هم رابطه عاطفی و عاشقانه داریم و احتمالا با هم ازدواج خواهیم کرد. به خاطر همین امر کسی به سراغ او نمی‌آمد. من باید به طور جدی نشان می‌دادم که کمترین رابطه‌ای بین ما نیست وگاه به صراحت به بعضی از رفقای حزبی که با گوشه و کنایه از رابطه عاطفی میان ما صحبت می‌کردند، حالی می‌کردم که ما جز فعالیت مستمر کارگری در کنار یکدیگر هیچ رابطه عاطفی با هم نداریم. به همین دلیل سعی کردم یکی دیگر از رفقای دختر را که در هیات مسئولین تشکیلات زنان بود به عنوان مسئول کارگری تشکیلات زنان به جمع شعبه اضافه کنم.

علت نزدیکی من با نسرین این بود که او بیشتر از هررفیق دختر دیگری داوطلب کار و تماس با کارگران بود. بسیاری از رفقای زن زحمتکش را ابتدا به او معرفی می‌کردم و معمولا به همراه او به خانه آنها می‌رفتم. یکی از مشکلات ما آن روزها این بود که بیشتر رفقای زن کارگر نمی‌توانستند به دفتر حزب بیایند و برای تماس گرفتن با آنها، مجبور بودم به خانه آنها بروم چون که نمی‌شد در خیابان با آنها قرار گذاشت. پس از انقلاب رفت و آمد در خیابان با دختران و زنان کم کم سخت شده و گاه به دستگیری ما منجر می‌شد. مشکل دیگر این بود که من نمی‌توانستم خودم به تنهایی سراغ آنها بروم. شوهران آنها، همسایه‌ها و فرزندان آنها زیاد تمایلی نداشتند که مرد غریبه‌ای به خانه آنها رفت و آمد کند. پس برای عادی سازی در مقابل در و همسایه و دیگر اعضای خانواده آنها باید همیشه یک رفیق دختر را با خودم می‌بردم. نسرین خوشبختانه دو حسن داشت. اول اینکه نه نمی‌گفت. هر وقت از او کاری را می‌خواستم انجام می‌داد. دوم اینکه ماشین داشت و می‌توانستیم با

هم به هر نقطه‌ای از شهر سر بزنیم. بسیاری از رفقای زن یا کارگران زن را که در آن روزها با آنها در تماس بودم برای اولین تماس با تشکیلات به نسرین معرفی می‌کردم. گاه پیش می‌آمد که در معرفی نسرین او را همسرم خطاب می‌کردم. ولی احساسی بین ما نبود. او هم پذیرفته بود که گاه به شکل مصلحتی همسر من باشد. حالا کم کم با شایعه و کنایه دوستان و رفقایم، تصمیم گرفته بودم که تماس‌ام را با نسرین محدودتر کنم. رفیق جدیدی را به لیست اعضای شعبه اضافه کردم. این رفیق فریبا بود. فریبا دانشجوی پزشکی دانشگاه مشهد بود. ریزنقش، کوچولو، با نمک و بسیار تیز و زرنگ. کم کم جای نسرین را در بسیاری از قرارهای حزبی با رفقای زن کارگر، فریبا گرفت. با فریبا نیز بسیار دوست شده بودم. او تا زمانی که به شهرک ابوذر نرفته بودیم و در شهر زندگی می‌کردیم به خانه ما رفت و آمد داشت. جلسه‌های شعبه کارگری اگر در خانه رضا نبود، در خانه ما برگزار می‌شد. این جلسه‌ها بعدا تقریبا همیشه در آپارتمان محل سکونت مهدی در خیابان جم برگزار می‌شد.

پس از چندماه با آمدن فریبا به شعبه و بازشدن پای او به خانه ما، احساس کردم رفتار او با من کم کم تغییر کرده است. برخلاف آنچه در جلسه‌های دیگر از او دیده بودم، حالت حرف شنوی خاصی از خود نشان می‌داد. فریبا شخصیت قوی و محکمی داشت و به همین دلیل به عضویت هیات مسئولین تشکیلات زنان رسیده بود و حتی مدتی مسئول این تشکیلات در شهر مشهد و عضو کمیته حزبی ناحیه ۱ مشهد بود. بسیار پرکار و فعال بود و در ایمان‌اش به حزب جای شک و شبهه‌ای نبود. او از جمله رفقایی بود که پس از انقلاب فرهنگی و بسته شدن دانشگاه‌ها تصمیم گرفته بود در مشهد باقی مانده و به فعالیت حزبی خود ادامه دهد. معمولا اگر جلسه شعبه کارگری در خانه ما برگزار می‌شد فریبا پس از پایان جلسه تمایلی به رفتن نداشت و می‌ماند و به سراغ مادرم می‌رفت، جویای حال او می‌شد. مادرم از همان جوانی میگرن داشت و هر از چندگاهی به سردردهای شدید گرفتار می‌شد. فریبا که دانشجوی سال پنجم رشته پزشکی بود، گاه ساعت‌ها پیش او می‌ماند و از او نگهداری می‌کرد. مادرم به او علاقمند شده بود و چون او را همیشه با من می‌دید، تصور می‌کرد که بین ما رابطه‌ای عاطفی وجود دارد. خوب یادم هست یک روز مادرم سردرد شدیدی داشت. عصر بود که من و فریبا به خانه آمدیم. خاطرم نیست که چرا او با من آمده بود. با دیدن مادرم که در گوشه اتاقی نسبتا تاریک خوابیده بود و ناله می‌کرد، به درون اتاق رفت. ساعت‌ها در کنار او نشست. دست‌های او را می‌مالید. هر چه به او می‌گفتم که دیرت می‌شود و باید بروی، از جایش تکان نمی‌خورد. دیگر شب شده بود. آن شب فریبا در خانه ما ماند و همانجا در کنار مادرم خوابید. صبح مادرم پیش از ما بیدار شده بود و او را در کنار خودش دیده بود. من در اتاق دیگر هنوز در خواب بودم. مادرم صبحانه را حاضر کرده بود. وقتی از خواب بیدار شدم، مادرم و فریبا سر سفره صبحانه کنار هم نشسته بودند. از نگاه‌های مادرم احساس می‌کردم که به او دل بسته است. نگاه اش با مهربانی روی صورت هر دوی ما می‌لغزید. فریبا خوشحال بود. در چشمان‌اش که حالت خاصی داشت برق شادی و خرسندی به وضوح دیده می‌شد. بعد از صبحانه باید می‌رفتم. از او نیز خواستم که اگر کاری دارد و یا قراری دارد، برود. او انگار خیال رفتن نداشت. بالاخره پس از نیم ساعتی هر دوی ما بلند شده و آماده رفتن شدیم. مادرم دم در خانه چنان او را در آغوش گرفت و بوسید که انگار عروس‌اش را

می‌بوسد و همزمان نگاهی سرشار از رضایت به صورت من انداخت. انگار داشت به من می‌گفت که از اینکه عروس مهربانی را برایش به خانه آورده‌ام، خوشحال است. در تمام راه فکرم مشغول شده بود که چه باید بکنم. اصلا قصد ازدواج نداشتم. فریبا را مثل یک رفیق خوب حزبی دوست داشتم ولی هیچ گاه به ازدواج با او فکر نکرده بودم. شاید به این خاطر که یکی دوسالی از من بزرگ تر بود. شاید هم به این دلیل که اصلا فکر ازدواج در آن سال ها در سرم نبود. فعالیت‌های سیاسی و مشغولیت‌های حزبی آنقدر برایم خوشایند و ارضا کننده بود که در دنیای احساسات و عواطفم هیچ چیز دیگری جز حزب و فعالیت حزبی و انقلابی جایی نداشت.

از آن روز به بعد آگاهانه تصمیم گرفتم که روابط ام را با فریبا محدودتر کنم. همان روز عصر که به خانه برگشتم، مادرم شروع به تعریف کردن از فریبا کرد. همه آنچه را که در گذشته از نظر او و برای او اختیار همسر منفی بود، اگر فریبا داشت حالا مثبت و قابل تمجید شده بود. مثلا می‌گفت "مادر، ببین چقدر کوچولو و نازه! چه دست‌های ظریف و کوچکی داره، خیلی بامزه و مهربونه." در حالی که چند ماه پیش از آن "کوچولو و ظریف بودن" برای او خیلی معیار زیبایی نبود. معمولا از قد و بالای بلند بیشتر خوش‌اش می‌آمد. خودش در مقایسه با زنان ایرانی شاید بلندقد بود. فهمیدم که مهر و محبت فریبا در آن مدت کار خودش را کرده است. به شوخی به مادرم گفتم "مامان، از قدیم گفتن آدم عاشق کور میشه. حالا تو هم عاشق فریبا شدی، ها!"

با حالتی مهربانانه که انگار قصد قانع کردن مرا داشت گفت "مادر، مگه چه عیبی داره؟ دختر به این خوبی، تازه دکتر هم هست! چی از این بهتر می‌خوای؟ نجیب هم هست."

شاهپور عضو دیگر شعبه کارگری بود. شاهپور مسئول کارگری سازمان جوانان و عضو کمیته شهر سازمان جوانان حزب در مشهد بود و به همین دلیل هم به عضویت شعبه کارگری حزب در مشهد گمارده شد. شاهپور را پس از انقلاب در فعالیت‌های علنی حزب در مشهد اینجا و آنجا می‌دیدم. در ماه‌های نخست پس از انقلاب و با شکل گیری سازمان جوانان حزب، او را در دفتر حزب تقریبا هرروزه می‌دیدم. او از رفقای بسیار نزدیک برادر کوچکترم، مسعود، بود. آنها سه نفر بودند که مثل یک باند سه نفره همیشه با هم بودند: مسعود، شاهپور و محمود فارسی. محمود یک موتور کاوازاکی ۳۵۰ دو سیلندر آبی رنگ داشت که آن زمان خیلی شیک بود. محمود متاسفانه پس از یک عمل جراحی در ماه مه ۲۰۱۲ از بیهوشی بیرون نیامد و درگذشت. این باند سه نفره از فعالین اصلی سازمان جوانان حزب در مشهد بودند. از پخش روزنامه «آذرخش» ارگان سازمان دانش آموزی حزب و «آرمان» و «نامه مردم» گرفته تا پهن کردن بساط‌های کتابفروشی در کنار خیابان دانشگاه و تمیز کردن دفتر حزب و نصب پلاکارد و چسباندن اعلامیه‌های حزبی، همه کاری را می‌کردند.

شاهپور از یک خانواده بهایی بود. پدرش در همان ماه‌های آخر انقلاب با درج یک آگهی در روزنامه خراسان دوری خود را از دیانت بهایی و تشرف‌اش به دین اسلام را اعلام کرده بود تا از اذیت و آزار مسلمان‌ها که آن روزها خانه و زندگی بهایی‌ها را به آتش می‌کشیدند در امان باشد. مادر شاهپور زنی مهربان و تحصیل کرده و معلم دبستان بود. شاهپور چند خواهر و دو برادر بزرگتر از خودش داشت. تقریبا همه اعضای خانواده آنها

توده‌ای بودند. دو برادر و یک خواهرش که از همه آنها بزرگتر بودند ساکن تهران بودند و شاپور و چهار خواهر کوچکترش با پدر و مادرشان در مشهد زندگی می‌کردند. خواهران شاپور نیز همگی از اعضای سازمان جوانان حزب بودند. نسرین که از همه بزرگتر بود، از فعالین سازمان جوانان بود. آنها خانه نسبتا بزرگی داشتند که درش به روی ما باز بود. در خانه آنها نه تنها روزانه چندین جلسه برگزار می‌شد، گاه عروسی بچه‌های حزبی را هم در آنجا جشن می گرفتیم .

با آمدن شاپور به شعبه کارگری، روابط من و او بسیار صمیمانه شد. شاپور با اینکه یکی دو سالی از من بزرگتر بود ولی خیلی با هم اخت شده بودیم. هر دوی ما به طور حرفه‌ای در اختیار حزب بودیم. گاه مسافت‌های زیادی را در کنار هم با موتور می‌رفتیم. هر دوی ما در آن دوران عاشق موتورسواری بودیم، البته شاپور بیشتر از من. مثلا گاه برای تماس با رفقای حزبی از مشهد تا تایباد، یا قوچان و شیروان را با موتور می‌رفتیم. من یک موتور هوندای ۱۲۵ داشتم و او یک موتور ژاوا (جاوا) ساخت چکسلواکی که تازه خریده بود. شاپور هفته‌ای یک بار موتور را باز و بست می‌کرد. موتور او مثل آینه شفاف و همیشه تمیز بود. سنگین وزن، رنگ بادمجانی خوش رنگ، با لوله‌های اگزوز استیل شفاف. خیلی به موتورش ور می‌رفت. پدر شاپور یک تانکر داشت که با آن سوخت به کارخانجات اطراف مشهد می‌بردند. شاپور با اینکه جوان بود ولی رانندگی کامیون را یاد گرفته بود و ساعت‌ها در روز روی تانکر پدرش رانندگی می‌کرد. گاه همینطوری با هم به این طرف و آن طرف می‌رفتیم. سوخت رسانی به کارخانه‌ها و کوره‌های اطراف بهانه خوبی شده بود برای ما که به کوره‌های آجرپزی راه پیدا کنیم. شاپور خیلی خوش مشرب و خوش اخلاق بود و در عین حال اخلاق لوطی مسلکی داشت و با مردم عادی خیلی راحت گره می‌خورد. همین امر هم باعث شده بود که تعداد قابل توجهی سمپات دور و بر خودش جمع کند. بعضی از آنها آدم‌های جالبی بودند. یکی از آنها پهلوان بود. پهلوان از توده‌ای‌های قدیمی بود. او برادر همان طاهری بود که سال‌ها پیش به شوروی رفته بود و هیچ خبری از او نبود و اوستا خلیل از او برایم گفته بود و حسابی دلتنگش بود. پهلوان در گذشته قهرمان کشتی ایران بوده و واقعا پهلوان بود. تعدادی از رفقای توده‌ای قدیمی ما که او را از جوانی به خاطر داشتند می‌گفتند او تفنگ برنو را از وسط می‌شکست. گویا در یک درگیری خیابانی که سربازان به صفوف تظاهرکنندگان حزب توده حمله کرده بودند، پهلوان تفنگ یکی از سربازان را گرفته و از وسط شکسته بود. بهرحال طاهری و قهرمانی هایش ورد زبان رفقای قدیمی ما بود. طاهری حالا رانندگی می‌کرد. او هم راننده یک تانکر نفت کش بود. صبح‌ها برای بار زدن و سوخت گیری همه راننده ها سر چهارراه طبرسی در پارکینگی به انتظار می‌ایستادند. آن طرف چهارراه، چند مخزن بزرگ سوخت بود که از آنجا سوخت را بارگیری می‌کردند و به سمت کارخانه‌ها و کوره پزخانه‌های اطراف مشهد می‌رفتند. گاهی وقت ها که کاری نداشتم، سری به آنجا می‌زدم و اگر شاپور آنجا منتظر سوخت بود با هم در همان اتاقک کوچک تانکر گپ می‌زدیم و گاه اگر آن پهلوان هم آن اطراف بود با او از قدیم و جدید می‌گفتیم. پهلوان با اینکه از فعالین حزب در گذشته‌های دور بود اما دیگر حاضر به فعالیت با تشکیلات نبود. خودش را سخت هوادار سوسیالیسم می‌دانست. تکه کلام جالبی داشت. می‌گفت "شما وقت تلف نکنین، من خودم در جوانی در کتابی از لنین

خوانده‌ام که ایران آخرین کشوریه که سوسیالیستی میشه. هر وقت همه کشورهای دیگه سوسیالیستی شدن، اونوقت ارتش سرخ ایران رو محاصره می‌کنه و ما بدون خونریزی به راه سوسیالیسم میریم." جالب بود وقتی می‌پرسیدیم در کدام کتاب لنین این را خوانده ای، می‌گفت "توی یک کتاب روسی که هنوز ترجمه نشده!"

پهلوان روسی را بلد بود، یا حداقل خودش مدعی بود که خواندن و نوشتن روسی را خوب بلد است. شاهپور همیشه آنجا عده‌ای را دور خودش جمع می‌کرد و از حزب و مسائل آن روز ایران و دنیا داد سخن می‌داد. ولی ما بیشتر از امکان کاری شاهپور برای تماس با کارگران کوره پزخانه‌های اطراف مشهد استفاده می‌کردیم. گاه در راه رفت و برگشت بعضی از کارگران را که پای پیاده در مسیر خانه و کار در حرکت بودند سوار می‌کرد و طرح دوستی می‌ریخت.

ما در آن زمان امکانات خدماتی خوبی در اختیار داشتیم. تعداد قابل توجهی از رفقای ما پزشک و در بیمارستان‌های مشهد مشغول کار بودند. این امکان به ما کمک می‌کرد که به بسیاری از کارگران و یا روستائیانی که به‌امکانات پزشکی احتیاج داشتند کمک کرده و از این طریق راهی به دل آنها باز کنیم. آنها نیز از ارائه کمک‌های رایگان پزشکی ما بسیار خوشحال می‌شدند، و چرا که نه. در بیشتر مواقع خودمان با ماشین و یا موتور به دنبال آنها در روستاها و یا اطراف شهر می‌رفتیم. آنها را به دکتر و بیمارستان می‌رساندیم، برای آنها دارو تهیه می‌کردیم. گاه در زمان درمان روزها در خانه‌های ما در شهر اقامت می‌گزیدند. چه از این بهتر می‌خواستند، مثل فرشته نجاتی برآنها نازل می‌شدیم و در عوض چند سوال از اوضاع کار و کارخانه آنها یا روستای محل اقامت آنها می‌پرسیدیم. البته به همین جا ختم نمی‌شد. رابطه ما ادامه پیدا می‌کرد و گاه اتفاق می‌افتاد که آنها به عضویت حزب در می‌آمدند. علی و خانواده او یکی از همین نمونه‌ها بودند.

شاهپور یکی از همان روزها جوانی را که پای پیاده در کنار جاده منتظر مینی بوس ایستاده بود تا به شهر برود، سوار کرده بود. از او درباره خانواده، کار و زندگی‌اش پرسیده بود. علی کارگرقالیباف بود و خواهر و مادرش نیز کارگر قالیباف بودند. پدرزن اش، شاه غلام، کارگر کوره پزخانه بود. آنها در یکی از دهات اطراف کارخانه سیمان مشهد زندگی می‌کردند. علی در راه با شاهپور ازاوضاع سخت کار در کارگاه‌های قالیبافی و وضعیت زندگی پدرزنش برای شاهپور تعریف کرده بود. معلوم شده بود که شاه غلام معتاد به تریاک است و از آنجا که در آن زمان خلخالی، حاکم شرع دادگاه‌های انقلاب، با اعدام‌های بی حد و حساب قاچاقچی‌ها وحشت در دل همه معتادها و قاچاقچی‌های مواد مخدر انداخته بود، گویا شاه غلام و خانواده‌اش در پی مداوای او بودند. آن زمان‌ها شایعه شده بود که معتادین را دستگیر کرده و به جزیره‌ای در منطقه خلیج فارس یا دریای عمان می‌برند و در آنجا رها می‌کنند که یا اعتیاد را ترک کنند یا بمیرند. شایعه شده بود که عده‌ای را هم به جزیره‌ای برده بودند. خلاصه اینکه ترس به جان افراد معتاد افتاده بود. آشنایی شاهپور با علی، راه پای ما را به ده آنها باز کرد. دو نفر از رفقای دانشکده پزشکی را که یکی از آنها مسئول بخش دهقانی سازمان جوانان بود به خانه شاه غلام بردیم. رفیق ما عیسی که دوره انترنی‌اش را می‌گذراند و تقریبا دکتر شده بود با مقداری دارو به دیدار شاه غلام آمد. قرار شد شاه غلام اعتیاد را ترک کند. جالب بود که شاه غلام

به خانواده‌اش و ما گفت که یا ترک اعتیاد می‌کند و یا خواهد مرد. او تصمیم گرفته بود که به جزیره نرود. یکی دو روزی ما به خانه آنها می‌رفتیم و برای شاه غلام دارو می‌بردیم. عیسی و یکی دیگر از رفقای ما حسین نیز به آنجا سر می‌زدند. خلاصه اینکه بعد از چند روز شاه غلام خودش تصمیم به زندانی کردن خودش گرفت. از ما خواست که در اتاق را از پشت قفل کنیم و هرچه او فریاد زد که دارد می‌میرد، در را به رویش باز نکنیم. گفت "اونقدر اونجا می‌مونم تا یا بمیرم و مرده‌ام رو از همین اتاق به قبرستون ببرین، یا ترک می‌کنم و به کوره پزخونه برمی‌گردم."

روز موعود فرا رسید. من و شاهپور و عیسی به خانه آنها رفتیم. عیسی کمی قرص مسکن برای او آورده بود. دخترش که زن علی بود مقداری غذا برایش آماده کرد. مقداری هم آب و یک ظرف برای ادرار و مدفوع او در اتاق گذاشتند. شاه غلام با همه خداحافظی کرد و از ما خواست در را از پشت قفل کنیم. از همه جالب تر این بود که به علی گفت: "کلید رو به آقا شاهپور بده که اینجا نباشه که کسی درو باز کنه."

شاه غلام داخل اتاق شد و ما در را قفل کردیم. علی می‌ترسید که نکند ما کلید را ببریم و شاه غلام حال‌اش در اتاق بهم خورده واحیانا بمیرد. قرار شد علی کلید را نگه دارد ولی از او قول گرفتیم که در را باز نکند. شاه غلام گویا قرص‌ها را خورده بود. چند ساعتی ساکت بود که ما رفتیم. ولی صبح که دوباره به خانه آنها بر گشتیم، صحنه جالبی بود. شاه غلام از درد داد و فریادش از درون اتاق بلند بود و معلوم بود که به خودش می‌پیچد ولی باز فریاد می‌زد که "علی، اگه درو باز کنی و بیرون بیام، اول از همه تو رو می‌کشم!"

ما از پشت در به او دلداری می‌دادیم. گاهی گوش می‌گرفت و آرام بود و گاه فریادش بلند می‌شد که "استخون هام ترکید!"

خلاصه اینکه چند روزی را به همین منوال گذراند. در همان اتاق خورد و خوابید و فریاد زد و تحمل کرد. سه چهار روز گذشته بود که آرام شد. عیسی هم رضایت داد که در را باز کنیم. شاه غلام پس از چندروزی خودش، خودش را درمان کرد. عیسی مدتی برایش قرص مسکن و گاه آمپول مورفین و نوالژین می‌آورد ولی شاه غلام دیگر اصلا سراغ افیون نرفت.

مدتی که آنجا بودیم با خیلی از مردم آن ده آشنا شدیم. با خانواده شاه غلام و علی حسابی قاطی شده بودیم. بعدها همه آنها هر وقت مشکل اداری و یا درمانی داشتند، در شهر مهمان ما می شدند.

آشنایی با آنها موجب این شد که با وضعیت کارگاه‌های قالیبافی در آن منطقه آشنا شویم. وضعیت اسفناکی در این کارگاه‌ها حاکم بود. تقریبا اکثر کارگران قالیباف دختربچه‌ها و پسربچه‌های خردسال بودند که کمتر از ۹ سال سن داشتند. بعضی از آنها ۶ یا ۷ ساله بودند. بچه هایی را می‌دیدی که با ۸ سال سن، مثل پیرمردها یا پیرزن‌ها شده بودند، خشک و لاغر. اکثر آنها دچار بیماری سل بودند و با همان سن کم بعضی از آنها دچار بیماری پیشرفته رماتیسم شده بودند. همه رنگ پریده بودند. از اول صبح تا غروب شب پشت دار قالی می‌نشستند و با دست‌های کوچک شان گره می‌زدند. تا آن زمان کمترین تصوری از آن صحنه‌ها و از زندگی بچه‌های خردسال قالیباف نداشتم. انگار به سرزمین

دیگری در صحرای افریقا رفته بودی. گاهی از دیدن آن بچه‌ها که در سن خردسالی پیرشده بودند، گریه‌ام می‌گرفت. کاری هم از دست ما ساخته نبود. یک حاجی در آن منطقه بود که ۲۷ کارگاه کوچک داشت. در بعضی از این کارگاه‌ها سه یا چهار دار قالی برپا بود. بعضی‌ها در خانه هایشان دار قالی داشتند و برای او کار می‌کردند. بعضی از آنها در کنار دار قالی حاجی، دار قالی دیگری را برای خودشان برپا کرده بودند. معمولا بچه‌ها کارگر بودند و آن دار قالی اضافی را مادر یا مادربزرگ شان در وقت اضافی برای کمک خرج خانواده استفاده می‌کرد. از صحبت با آنها فهمیدم که بعضی از آن خانواده‌ها از چندین فرزند خود یک یا دو تا بچه بیشتر برایشان باقی نمانده است. بیشتر آن بچه‌ها زیر سن ۱۵ سالگی می‌مردند. قیافه‌های بعضی از آنها وحشتناک شده بود. چشم‌های از حدقه بیرون زده، صورت خشک و لاغر، پشت خمیده و قوزی، و گردن‌های کج و پاهای باریک و کج ومعوج. بیشتر آنها در روز بیشتر از یک یا دو تومان گیرشان نمی‌آمد. صاحب کار با آنها پیمانی کار می‌کرد و بابت هر قالی به آنها پولی می‌داد که وقتی حساب کردم، دیدم زرنگ ترین آنها روزی ۲۰ ریال بیشتر در آمد نداشت. و این در حالی بود که شورای عالی کار حداقل دستمزد را ۵۶۷ ریال در روز اعلام کرده بود.

وقتی به اداره کار و استانداری شکایت کردم، گفتند که این کودکان شامل قانون کار نمی‌شوند چون که به طور پیمانی قرارداد می‌بندند و بنابرین کاری از دست آنها بر نمی‌آید و هیچ اقدامی‌نکردند. آنها کارگر محسوب نمی‌شدند. خانواده‌های آنها اصلا حاضر نبودند با حاجی که خون بچه‌های آنها را می‌مکید وارد هیچ دعوایی بشوند. زندگی آنها به همان درآمد روزانه بچه‌ها و دیگر اعضای خانواده بستگی داشت. از دست من و شاهپور هم جز فراهم کردن خدمات درمانی و محبت ساده روزانه، کار دیگری برنمی‌آمد. در آن روستا، که فقط ۱۰ کیلومتر با مشهد که دومین شهر بزرگ کشور بود بیشتر فاصله نداشت، شاهد زندگی و غم و درد و رنجی بودی که انگار قرن‌ها بین آنها با دیگر نقاط کشور فاصله انداخته بود.

ما حالا گرچه در آنجا جای پایی پیدا کرده بودیم و خانواده‌ها هم ما را مثل یک ناجی می‌دیدند و با صدای شنیدن تانکر شاهپور بسیاری از آنها به استقبال ما می‌آمدند، اما هیچ کاری از دست مان بر نمی‌آمد و هیچ تاثیر جدی در زندگی آنها نداشتیم. مدتی به سرمان زده بود که پول جمع کنیم و خودمان برای آنها دار قالی به پا کنیم و پشم و نخ را تهیه کرده و کمک کنیم که آنها روی پای خودشان بایستند. اما هیچ کدام ما از کار قالی سردر نمی‌آوردیم. یکی از رفقای ما که تازه دانش آموخته رشته کشاورزی شده بود و مبلغی را از دولت وام گرفته و یک تعاونی درست کرده بود، به ما پیشنهاد کرد که تقاضای وام کنیم و یک تعاونی کارگران قالیباف درست کنیم. در همین اوضاع و زمان بود که کم کم بسیج محل روی رفت و آمدهای ما حساس شد و با تهدید خانواده‌ها و ایجاد مزاحمت برای رفت و آمد ما، رابطه ما را با مردم آن منطقه کاملا قطع کرد. از همه آن محله چند نفر بیشتر برای ما در حزب باقی نماند. شاه غلام حالش خوب شده بود و به کوره پزخانه برگشته بود و در حوزه حزبی در ناحیه یک مشهد شرکت می‌کرد. علی با بچه‌های شعبه دهقانی در تماس قرار گرفت و زن علی و مادرش که همسر شاه غلام بود با رفقای تشکیلات زنان کار می‌کردند. تا آنجا که به خاطر دارم ما در آن ده یک کلاس نهضت سوادآموزی

راه انداختیم و یکی از رفقای دختر ما مدت های طولانی به آن ده رفت و آمد داشت و به سوادآموزی آنها مشغول بود.

فضای پر از صفا و صمیمیت کاری که در این دوران بین من و شاهپور به وجود آمده بود و خصوصیات نسبتا نزدیک اخلاقی ما به یکدیگر، روابط ما را روز به روز صمیمانه تر می‌کرد. شاهپور در زمستان سرد مشهد به کمک خیلی از دوستان و رفقا می‌آمد. در آن سالهای نخست انقلاب و خصوصا پس از آغاز جنگ، بنزین و گازوئیل و نفت سهمیه بندی شده بود. میزان سهمیه نفت و گازوئیل آنقدر کم بود که کفاف سوخت لازم برای گرم نگاه داشتن خانه و کاشانه را نمی‌داد. مردم در صفه‌های طولانی نفت باید ساعت ها منتظر می‌ماندند. شاهپور خوشبختانه از آنجا که تانکر سوخت رسانی داشت، بسیاری وقت ها پس از اتمام کار روزانه با تانکر به شهرک می‌آمد و مقداری از گازوئیل مورد استفاده تانکر خودش را در اختیار ما می‌گذاشت. او خودش با فرو بردن شلنگ در درون تانک گازوئیل و مک زدن به آن – که گاه گازوئیل را به دهان اش می‌ریخت و سروصورت اش را آلوده می‌کرد – پیت‌های حلبی ما را پر از سوخت می‌کرد و بخاری خانه را روشن نگاه می‌داشت و زمستان سرد مشهد را برای من و خانواده ما تحمل پذیر می‌کرد. این کمک او شامل حال بسیاری از رفقای ما از جمله بعضی از دوستان دیگر چون علی و شاه غلام هم می‌شد. صمیمیت رابطه من و او و احساسات صمیمانه شاهپور به اندازه‌ای بود که به او حتی اجازه داده بود که برای آینده زندگی من و خواهرش نسرین نیز خود سرانه تصمیم بگیرد.

ازدواجی که نکردم

غروب هنگام بود. با شاهپور توی خیابان دانشگاه قدم می‌زدیم. خیابان دانشگاه پاتوق همه ما بود. بساط کتاب داشتیم. ما توده ای ها معمولا دو یا سه بساط کتاب در خیابان دانشگاه پهن می‌کردیم. یکی مقابل دانشکده پزشکی بود که همیشه برقرار بود و تا تاریکی شب جمع نمی‌شد. همه گروه‌های دیگر هم همانجا بساط کتاب داشتند. چفت همدیگر بساط هایمان را پهن می‌کردیم. اوضاعی بود، بحث و جدل سر بساطها همیشه برقرار بود. بساط مجاهدین خلق از همه گروه‌های دیگر بزرگ تر بود. چندین آرم سازمان و عکس بنیانگزاران سازمان در ابعاد بزرگ و ده‌ها پوستر را در کنار کتاب‌های سازمان و نشریه مجاهد و دیگر نشریات آنها در این بساطها در گوشه خیابان می‌دیدی. تعداد زیادی از هواداران آنها همیشه دور بساط بودند. بیشتر درگیری‌ها ابتدا از حاشیه بساط آنها شروع می‌شد. بیشتر از خود هواداران مجاهدین، حزب اللهی‌ها و افراد مشکوک دور و بر بساط آنها جمع می‌شدند و پس از کمی بحث و جدل، کار به درگیری می‌کشید. عکس‌ها را پاره می‌کردند و یا نشریات مجاهدین را لگدمال کرده و به هم می‌ریختند. بچه‌های مجاهد تا بحث و جدل بود آرامش داشتند ولی در هنگام درگیری آنها هم گاه درست و حسابی از پس حزب اللهی‌ها بر می‌آمدند. زدوخورد گرچه از بساط آنها شروع می‌شد ولی ظرف چند دقیقه به بقیه بساطها سرایت می‌کرد. معمولا کمیته چی‌ها و پاسدارها هم با لباس شخصی و گاه با لباس نظامی و اسلحه به دست به کمک حزب اللهی‌ها می‌آمدند و حسابی کتک

کاری راه می‌افتاد. اکثر درگیری‌ها به مجروح شدن و دستگیری تعدادی از بچه‌ها ختم می‌شد.

رسم این بود که یکی دو نفر مسئول پهن کردن و فروش کتاب‌ها و نشریات و جمع کردن بساط بودند. ولی تعدادی دیگر از بچه‌ها گاه داوطلبانه و گاه به نوبت مسئول بودند که پای بساط‌ها ایستاده و در بحث‌ها و گفتگوهای کنار خیابانی شرکت کنند و مواضع حزب را توضیح دهند و احتمالا اگر درگیری شد، مواظب مسئولین بساط باشند و از پاره شدن و غارت کتاب‌ها و نشریات حزبی جلوگیری کنند. چند نفری هم بودند که گردن کلفت و بزن بهادر بودند و معمولا در حاشیه هوای بساط و بچه‌ها را داشتند.

یکی دیگر از بساط‌های ما درست سر میدان تقی آباد بود. بساط کوچک تر و جمع و جورتری بود و جمع کردن آن در هنگام درگیری راحت تر از بساط اولی بود. گاه حتی یکی دو نفر از رفقای دختر ما آنجا می‌ایستادند و در واقع آنها مسئول بساط بودند. من نیز بیشتر مواقع که وقت و حوصله داشتم و درگیر جلسه‌ای نبودم، به کنار بساط‌ها می‌رفتم. بیشتر در بحث‌ها شرکت می‌کردم. ما چند نفر بودیم که نسبتا از تاریخ حزب و مباحث مربوط به زندگی حزبی آگاهی زیادی داشتیم و از پس بسیاری از سوال هایی که مخالفین حزبی چاپ و راست مطرح می کردند به خوبی برمی‌آمدیم. در عین حال بساط‌های خیابانی محلی برای دیدار و احوالپرسی‌های دوستانه ما هم بود و از همه مهمتر اینکه محلی برای سمپات گیری بود. بسیاری از جوان‌های مشتاق به دانستن تاریخ و یا دیدگاه‌های سیاسی احزاب و سازمان‌های انقلابی در آن دوران به محل این بساط‌ها می‌آمدند. گاه خودشان سوالی طرح می‌کردند و گاه با گوش دادن به بحث‌های ما با دیگران به حمایت و سمپاتی از حزب وارد بحث و گفتگو می‌شدند. ما هم فرصت را از دست نمی‌دادیم و بلافاصله با آنها وارد صحبت دوستانه شده و در بیشتر موارد با آنها برای گفتگوهای بعدی قرار و مدار می‌گذاشتیم و خیلی اتفاق می‌افتاد که همان افراد بعدا به عضویت حزب و یا سازمان جوانان در می‌آمدند.

آن روز من و شاهپور مثل خیلی از روزهای دیگر پس از کمی بحث و گفتگو با مخالفین و موافقین حزبی از سر بساط اولی که مقابل دانشکده پزشکی بود، پیاده به طرف بساط بالایی راه افتادیم. از چهارراه کوی دکترا رد شده بودیم که احساس کردم شاهپور سکوت کامل کرده و در فکر فرو رفته است. حالش کاملا خوب بود و ظاهرا مشکلی پیش نیامده بود. سکوت ناگهانی او برایم سوال برانگیز شد. از او جویای حال و احوال‌اش شدم و اینکه چرا ساکت شده بود.

گفتم "چی شده آقا شاهپور، چرا تو خودت رفتی؟"

با کمی‌مکث گفت "مدتیه که یه موضوعی رو می‌خوام باهات در میون بذارم."

مطمئن نبودم راجع به چه چیزی می‌خواست صحبت کند. ولی با اطمینان به او گفتم که "راحت باش. هر چی از دستم بربیاد کوتاهی نمی‌کنم."

برای یک آن فکر کردم شاید از من می‌خواهد برایش از یکی از رفقای دختر خواستگاری کنم. گاهی پیش می‌آمد. تا آن وقت یکی دو بار دیگر هم برای رفقا خواستگاری کرده

بودم. حالا حسابی کنجکاو شده بودم و منتظر بودم تا ببینم که آقا شاهپور ما خاطرخواه کدام یکی از رفقای دختر حزبی شده بود. شاهپور خوش قیافه و قدبلند و خیلی گرم و گیرا بود. در ضمن اصلا خجالتی نبود. در تعجب بودم که چرا خودش پا پیش نگذاشته است. در همین افکار بودم و داشتم خودم را آماده سوال کردن از او می‌کردم و در ذهن ام دنبال دختری می‌گشتم که دل شاهپور را ربوده بود که او شروع به صحبت کرد و با آرامش و اطمینان خاطر گفت "مدتی است متوجه شده‌ام که نسرین به تو علاقمند شده. با او صحبت کردم. نسرین واقعا تو رو دوست داره و از من خواسته که با تو در این مورد صحبت کنم. شما دو نفر می‌تونین یار و همدم خوبی در زندگی برای همدیگه باشین."

متوجه نبودم کدام نسرین را می‌گفت. مطمئن بودم راجع به نسرین خودمان در شعبه کارگری صحبت می‌کند. خیلی‌ها قبلا فکر می‌کردند بین من و او رابطه عاطفی وجود دارد. ولی چرا نسرین با شاهپور صحبت کرده بود. نسرین با خودم راحت تر از هرکس دیگری می‌توانست حرف بزند. به او گفتم "شاهپور جان، بین من و نسرین هیچ علاقه عاطفی جز همکاری حزبی وجود نداره. ما مدت هاست که با هم همکاریم. ضمنا او خودش می‌تونست مستقیم با من صحبت کنه. تعجب می‌کنم که تو رو واسطه کرده."

حالت تعجب در چهره شاهپور کاملا مشهود بود. با حالتی که انگار برای من باید خوشحال کننده می‌بود گفت "اون رو خودم هم می‌دونم! تو این روزها اونقدر توی جلسه‌ها بی محلی می‌کنی که همه ما خوب فهمیده ایم که بین شما هیچ خبری نیست. نسرین خودمون رو می‌گم، خواهرم."

جا خوردم. من و نسرین هیچ رابطه‌ای با هم نداشتیم. هیچگاه حتی با هم در یک جلسه حزبی، هم حوزه هم نبودیم. البته او را هفته‌ای چندین بار در دفتر حزب و یا در خانه شان می‌دیدم. سلام و علیکی با هم می‌کردیم. ولی تا آن روز ده دقیقه هم با هم حرف نزده بودیم. حتی چند باری که سر میز غذا با آنها غذا خورده بودم و نسرین هم آنجا بود، باز هم بین ما صحبت ساده هم در نگرفته بود چه رسد به رابطه عاطفی و عاشقانه. چطور می‌شد که نسرین به من علاقمند شده باشد. گاه شده بود که ناهید توجه ام را جلب کند ولی نسرین اصلا. او حتی هیچ وقت به طور جدی هم با من صحبت نکرده بود چه برسد به اینکه به من دلبستگی داشته باشد. حداقل چند بار تا آن موقع به ناهید از چشم یک پسر خیره شده بودم. به نظرم خوشگل و خوش اندام بود ولی همین و بس. فکر ازدواج، عشق و عاشقی و یا رابطه‌ای پایدار اصلا تا آن روز به ذهنم هم خطور نکرده بود. به نسرین که اصلا، حتی به ناهید هم. در چند جشن عروسی که در خانه آنها برگزار شده بود، از جمله عروسی محمود فارسی که همه بچه‌ها جمع بودند و حسابی می‌زدیم و می‌رقصیدیم و همه جزییات آن هم هنوز خوب به یادم مانده بود حتی لحظه‌ای را به یاد نمی‌آوردم که من و نسرین با هم خوش و بشی کرده باشیم و یا به همدیگر نگاهی عاشقانه انداخته باشیم و نمی‌فهمیدم که حالا چطور شده بود که او به من دلبسته بود. نسرین خیلی جدی بود. در تشکیلات سازمان جوانان هم تا آنجا که درباره‌اش شنیده بودم از فعال ترین دختران جوان دبیرستانی بود. احتمالا یکی دوسالی از من کوچکتر بود. با ناهید خیلی تفاوت سنی نداشتند، شاید یک سال. ولی ناهید معمولا بیشتر از نسرین به خودش می‌رسید. شاید هم من بیشتر به او توجه کرده بودم و او را دیده بودم . چرایش را نمی‌دانم. شاید هم نگاه اش

وقتی با من تلاقی کرده بود مهربان تر بود. باز هم نمی‌دانم. ولی از نسرین هیچ چیزی در خاطرم نمانده بود. ولی حالا شاهپور که مطمئن بودم دروغ هم نمی‌گفت مدعی بود که نسرین از او خواسته که با من صحبت کند. در حقیقت داستان، داستان خواستگاری شاهپور بود از من برای خواهرش. حسابی غافلگیر شده بودم. خلاف عادت آن دوران بود که پسری از پسر دیگری برای خواهرش خواستگاری کند و پیام آور عشق و علاقه خواهرش به پسر دیگری باشد. آن هم با آن حال و هوای سیاسی که ما داشتیم. با شاهپور راجع به همه چیز و همه کس صحبت کرده بودم، از خیلی از دخترها و پسرهای حزبی یا عشق‌های پنهان بین بچه‌ها و یا احساسات ناگفته این و آن با همدیگرگپ زده بودیم، ولی هیچ گاه در مورد خودم و یا نسرین و ناهید حرفی نشده بود. خیلی برایم دشوار بود که در دم واکنش منفی نشان دهم.

اول از همه نمی‌توانستم به شاهپور، یعنی صمیمی‌ترین رفیق و دوست حزبی ام، نه بگویم. به نظر من این نهایت عشق و علاقه او به من بود که پا پیش گذاشته بود و عشق خواهرش را به من ابراز می‌کرد و از آن مهمتر به عشق و علاقه نسرین نمی‌توانستم نه بگویم. احساسات او و شاهپور هر دو برایم در آن لحظه از احساسات خودم اهمیت بیشتری پیدا کرده بودند. این اولین بار در زندگی‌ام نبود که دختری به من ابراز احساسات می‌کرد، ولی این اولین باری بود که رفیق عزیزی مثل شاهپور پیام آور عشقی بود که روح ام هم از آن خبر نداشت. احساس تعجب‌ام را از علاقه نسرین به خودم برای شاهپور به زبانی که او ناراحت نشود بیان کردم. به او گفتم تا حالا حتی لحظه‌ای هم به این مساله فکر نکرده بودم و حتی یک بار هم در چهره نسرین و در نگاه‌های او از پشت عینک ظریف پنسی که همیشه به چشم داشت احساسات او را ندیده بودم. به او گفتم تعجب می‌کنم که نسرین چرا تا به حال حتی یک بار هم سعی نکرده است با من حتی ۵ دقیقه صحبت کند. به او گفتم که مطمئن نیستم که نسرین، از شخصیت من و طرز فکر و علائق من اطلاع چندانی داشته باشد و مطمئن نیستم که او واقعا من را می‌شناسد. همه استدلال‌های من انگار در آن لحظه متوجه یک چیز بود، که چگونه و چرا نسرین بدون شناخت از من به من ابراز علاقه کرده بود. انگار اصلا نگران این نبودم که پس خودم چی، آیا من نسرین را می‌شناختم، آیا از او خوشم می‌آمد، آیا امکان زندگی مشترک من و او موجب خوشبختی و رضایت خاطر من هم بود. ظاهرا در آن لحظه از خودم یادم رفته بود. به هر حال قرار شد من و نسرین همدیگر را ملاقات کنیم. شاهپور برای ما قرار ملاقاتی گذاشت. چندبار همدیگر را دیدیم. نسرین با روحیه مثبتی آمده بود، ولی در همان اولین برخورد از نگاه و رفتارش احساس کردم که او عاشق و شیفته من نیست ولی با این همه انگار پس از یکی دو دیدار اولیه‌ای که داشتیم کم کم داشت علاقمند می‌شد و یا شاید داشت سعی خودش را می‌کرد. من با اینکه در آن دوران دنبال دختر و دختر بازی نبودم اما به راحتی احساسات دیگران را به خصوص احساسات زنان و دختران را نسبت به خودم می‌فهمیدم. از عمق نگاه‌های نسرین و ترکیب کلماتی که او به کار می برد و حرکات‌اش به راحتی می‌فهمیدم که آن عواطف عاشقانه‌ای را که شاپور برایم گفته بود در آن نگاه‌ها و کلمات وجود نداشتند. اما با این همه شاهپور گفته بود که او مدت هاست که به من دل بسته است. پس همه آن‌ها را به حساب خشک بودن شخصیت او و یا پیچیدگی احساسات‌اش و یا جدی بودن بیش از اندازه‌اش گذاشتم و به استقبال اش رفتم، و از خودم برایش گفتم. از زندگی

سیاسی ام، از اینکه حزب برایم از هر چیز دیگری در زندگی مهم تر است و حاضرم همه چیز و همه کس را فدای زندگی حزبی و سیاسی‌ام کنم. از اینکه اگر بین همسر، مادر و پدر و حتی فرزندان مان و حزب و فعالیت حزبی قرار باشد یکی را انتخاب کنم، مسلما حزب را انتخاب خواهم کرد.

قصدم این نبود که با این حرف‌ها مهرم را از دل اش بیرون کنم و تصمیم او را و یا عشق و علاقه‌اش را عوض کنم. واقعا حقیقت را می‌گفتم. آن زمان‌ها به سادگی از هر چیز و هرکس می‌گذشتم. حزب و فعالیت حزبی برایم همه‌ی معنا و مفهوم زندگی‌ام بود. انگار نسرین هم مثل خودم فکر می‌کرد. هر چه از علاقه‌ام به حزب بیشتر می‌گفتم، او هم انگار علاقه‌اش به من بیشتر می‌شد. او هم گویا به دنبال حزب بود و نه به دنبال من. حالا او حزب را در من یافته بود، در یک جوان فعال که از قضا عاشق و شیفته او هم شده است. چند بار و هر بار برای چند ساعت با هم صحبت کردیم. با هم در پارک آزادی مشهد قدم زدیم. در خیابان‌های کوهسنگی و احمدآباد که قشنگ ترین خیابان‌های دنیا هستند، شانه به شانه هم راه رفتیم. هنوز کنجکاو بودم که چه چیزی او را شیفته من کرده بود. ما که با هم حرفی نزده بودیم. مگر می‌شد عشق و مهر و محبت بدون کمترین رابطه‌ای بین انسان‌ها شکل بگیرد، آن هم ما که خود را روشنفکر می‌دانستیم و به سادگی و بدون شناخت از یکدیگر قرار نبود با هم عهد عشق و آشنایی ببندیم. کم کم از حرف‌های او فهمیدم درون او هم همه این پرسش‌ها وجود دارد. او هم مانده بود که یک رفیق حزبی فعال چگونه بدون کمترین رابطه‌ای عاشق و شیفته دختری شده بود، دختری که هیچ شناختی ازش نداشت و نمی‌دانست از زندگی چه می‌خواهد. نمی‌دانم چطور بود که تقریبا در همه این دیدارها من همه‌اش حرف می‌زدم، از خودم، از حزب، از توقعام از زندگی مشترک و از آینده. نسرین ساکت بود، گوش می‌کرد. ولی کم کم نگاه هایش عوض شده بود و در کلمات‌اش کم کم احساسات زنانه‌اش بیدار می‌شد. انگار تازه او داشت به من علاقمند می‌شد. شاید سومین و یا چهارمین باری بود که با هم حرف می‌زدیم که او با تعجب از من پرسید که چرا تا آن موقع از عشق و علاقه‌ام به او هیچ نگفته بودم. گفت "هیچ وقت فکر نکردی که شاید در این مدت من به رفیق دیگری علاقمند می‌شدم، و آنوقت همه چیز تموم می‌شد؟" با تعجب می‌پرسید که چرا با این همه احساس و عشق، در برخوردهایم با او کمترین نشانه‌ای از آنها را بروز نداده بودم و از همه مهمتر چرا از طریق شاهپور و با واسطه با او وارد صحبت شده بودم.

بازی یک دفعه وارونه شده بود. تا آن لحظه تصورم این بود که او عاشق و شیدای من بود و من خبر نداشتم. حالا او مدعی بود که من عاشق و شیدای او بوده‌ام و او خبر نداشته است. تازه متوجه شدم که همه داستان ساخته و پرداخته شاهپور بود. او تصمیم گرفته بود که رفیق حزبی‌اش را که دوست صمیمی‌اش هم بود، با خواهرش که عاشقانه دوست‌اش داشت به ازدواج پیوند دهد. فکر کرده بود که با این ابتکار ما را شیفته و شیدای همدیگر کرده و آینده زندگی ما را بر روی ابرهای عشقی که در ذهن او وجود داشت خواهد ساخت. برای شاهپور گویا انسان بودن ما دو نفر، حزبی بودن ما و اینکه او هردوی ما را دوست داشت کافی بود. عواطف و احساسات و عشق را او به وکالت از جانب هردوی ما

به همان شکلی که خودش خواسته بود، ساخته و پرداخته بود و به هر طرف از جانب طرف دیگر هدیه کرده بود.

تازه فهمیدم که اگر نگاه نسرین سرد بود، اگر در کلمات او احساس وجود نداشت و یا عشق را درچهره و حرکات او نمی‌دیدم، تقصیر او نبود. او نه عاشق و شیفته بود و نه روح‌اش از نقشه شاهپور خبر داشت.

جالب بود که چند دقیقه پیش از اینکه نسرین با تعجب از من پرسید که اگر او با کس دیگری قرار و مدار گذاشته بود چه می‌کردم، من هم درست به همان موضوع فکر می‌کردم که نسرین که پس از چند ساعت صحبت آنقدر چهره‌اش مهربان و باز شده بود و انگار همه احساسات او را در تک تک کلمات‌اش می‌شد حس کرد، چطور تا حالا خودداری کرده و اصلا فکر نکرده بود که شاید من بدون اطلاع از عشق و علاقه او به سراغ کس دیگری می‌رفتم. حالا اما همه داستان برایم روشن شده بود که ما هر دو در دام شاهپور افتاده بودیم. انگار سن و سال جوانی و اعتماد بیش از حد هر دوی ما به او به کمک شاهپور آمده و به او این امکان را داده بود که نقشه خوشبختی ما را بدون مشورت با ما بکشد.

با اینکه شوکه شده بودم ولی کلمه‌ای بر زبان نیاوردم. انگار نه انگار. به خودم فرصت فکر کردن ندادم. نمی‌خواستم به احساسات او لطمه‌ای وارد کنم. تازه همان روز با او قرار گذاشته بودم که به زودی برای دیدن مادر و خواهرم او را به شهرک ببرم. حالا مدتی بود در شهرک ابوذر ساکن شده بودیم. از قضا خواهر بزرگترم زهره هم آن روزها پیش ما بود. از تبریز آمده بود. فکر می‌کنم یکی دو روز بعد بود که با هم از خانه آنها راه افتادیم. تا فلکه تقی آباد را پیاده رفتیم. از آنجا با خط اتوبوس شماره یک به فلکه آب رفتیم و از آنجا به شهرک ابوذر. عصر بود. مادرم، پری و زهره منتظر بودند. به آنها گفته بودم که نسرین را برای آشنایی با آنها به خانه خواهم برد. ما هر دو وارد شدیم. مادرم شب قبل سردرد شدیدی داشت و تازه حال‌اش بهتر شده بود. کم حوصله به نظر می‌رسید. هنوز دل از فریبا نکنده بود و همیشه ذکر خیر او را می‌کرد و هر وقت به هر دلیل او را می‌دید، با مهربانی با هم گپ می‌زدند. از همان لحظه ورودمان متوجه شدم که مادرم خیلی خوشحال به نظر نمی‌رسید. برخلاف بسیاری دیگر از رفقای دختر حزبی که به خانه ما رفت و آمد داشتند و با خواهر و مادرم گرم می‌گرفتند و خیلی صمیمی‌می‌شدند، نسرین خیلی جدی بود و نسبتا خشک و رسمی. شاید به خاطر اینکه خیلی جوان بود. شاید هم این اولین باری بود که او در مقابل خانواده‌ای قرار گرفته بود که قرار بود عروس آنها باشد. ستاره ی آنها از همان لحظه ورودش به خانه ما انگار همدیگر را نگرفت، یکی دو ساعتی بیشتر آنجا نماندیم. احساس می‌کردم که هیچ کدام از طرفین خیلی خوشحال و راضی به نظر نمی‌رسند و هیچ کدام سعی نمی‌کردند که موضوعی را برای گفتگو پیش بکشند. رنگ و روی مادرم حسابی پریده بود. مادرم شاهپور را واقعا دوست داشت و من احساس می‌کردم همین که نسرین خواهر شاهپور است حتما مادرم او را می‌پسندد. او از فریبا جوان تر بود. حتی شیک تر پوشیده بود. ولی مثل او اهل گپ و صحبت نبود. نه فقط با مادرم و یا خواهران ام، حتی با من هم خیلی جدی و رسمی بود. ولی من همه آنها را به حساب تربیت خانوادگی آنها، ویژگی‌های شخصیتی و خجالتی بودن او می‌گذاشتم. هنوز همه

احساس ام متوجه شاهپور بود و نسرین. در این میانه هنوز خودم، احساسات درونی‌ام و تمایلات خانواده‌ام کمترین حضوری نداشتند. با اینکه همیشه تصورم از ازدواج یک تصور رویایی بود، همانطور که در رمان‌ها و یا فیلم‌های سینمایی دیده بودم. یعنی تصور می‌کردم دو طرف عاشق و شیفته هم خواهند شد و روابط و عواطف لطیف و عاشقانه ضرورت اولیه ازدواج است. اما انگار همه آنها را در رودرواسی با شاهپور و حالا پس از چند دیدار با نسرین فراموش کرده بودم. اصلا به ازدواج و اینکه بعدش چه خواهد شد فکر نمی‌کردم. مثل یک عمل انجام شده بود که انگار چاره‌ای برایم نگذاشته بود. دختر جوانی به من اظهار عشق کرده بود و پیام آور آن عشق یکی از بهترین رفقا و دوستان حزبی‌ام بود، برادرش.

اما حالا با فهمیدن اینکه همه آن عشق و علاقه‌ای که مرا تا آن روز به احساسات او پایبند نگه داشته بود غیرواقعی بود و ساخته و پرداخته شاهپور، اوضاع کمی‌عوض شده بود. در راه برگشت برخلاف گذشته ساکت بودم. منتظر بودم که نسرین حرفی بزند. او هم ابتدا ساکت بود. پس از چند دقیقه‌ای از دیدن مادر و خواهران ام اظهار خوشحالی کرد. ولی احساس می‌کردم که تا حدودی متوجه شده بود که خیلی از او استقبال نکرده بودند. از کار و شغل خواهران‌ام پرسید که چه می‌کنند و چه کاره‌اند و یا ازدواج کرده‌اند و شوهران شان کجایند. تعجب کرد که شوهر پری از هواداران سازمان مجاهدین خلق است.

راه شهرک خود به خود تا خانه آنها طولانی بود، حالا این بار انگار هزار سال طولانی تر شده بود تا به خانه آنها رسیدیم و با هم خداحافظی کردیم. تا دم در خانه شان با او بودم. ولی برخلاف همیشه نه از شاهپور پرسیدم و نه تمایلی به داخل شدن داشتم و از همانجا یکسره به شهرک برگشتم. هنوز سلام نکرده بودم که نگاه‌های سنگین خواهران‌ام چون پتکی بر سروصورت‌ام فرود آمد. هردوی آنها عصبانی به نظر می‌رسیدند. مادرم نبود. پرسیدم که کجاست و خواهرم با عصبانیت گفت که در آن اتاق خوابیده و سردرد شدیدی دارد. با حالتی این را گفت که انگار سردرد او تقصیر من بود. گفت از همان لحظه که پایم را از خانه بیرون گذاشته و با نسرین رفته بودم، میگرن به سراغ اش آمده و درد می‌کشد. یواشکی در اتاق را باز کردم و وارد شدم. مادرم در گوشه اتاق در تاریکی دراز کشیده بود و ناله می‌کرد. روسری‌اش را دور سرش محکم بسته بود که چشمان اش کاملا پوشیده بمانند. سلام کردم. با ناله‌ای دردناک و حزن انگیز سلام‌ام را پاسخ داد و از من خواست کنارش بنشینم. بغل او نشستم و با هر دو دست شقیقه هایش را کمی مالیدم. معمولا وقتی سردردش شروع می‌شد از ما می‌خواست که شقیقه هایش را محکم فشار داده و یا بمالیم. انگار کمی به او آرامش می‌داد. چند دقیقه‌ای گذشت. ناله هایش ادامه داشت، ولی حرفی نمی‌زد. اما درودیوار اتاق و حالت نگاه‌های خواهران‌ام و همه اشیای دوروبرم انگار داد و فریاد می‌کردند که تقصیر من است که او دوباره ناله هایش از درد بلند شده است. ساکت و آرام و مظلوم و مثل یک گناهکار در کنارش نشسته بودم. فقط من و او بودیم. خواهرم گوشه در را باز کرد و وقتی صدای ناله‌ها را شنید و متوجه شد که مادرم بیدار است، به آرامی گفت "مامان، چیزی لازم داری؟ می‌خوای برات یک چای نبات درست کنم؟"

و در همان حال از گوشه چشم نگاهی پر خشم به من انداخت.

مادرم کم کم شروع به صحبت کرد، اما از همان اول با زبان تهدید. "مگه تو نمی‌گفتی که نمی‌خوای ازدواج کنی؟! اگه می‌خواستی ازدواج کنی، چرا دست رد به سینه فریبا زدی؟ چرا دختر به اون خوبی و مهربونی رو رد کردی؟ توی نسرین چی دیدی که از فریبا بهتره؟"

چند دقیقه مکث کرد. بعد یک دفعه گفت "مادر، ازت راضی نیستم! شیرم رو حرومت می‌کنم اگه با این دختر ازدواج کنی."

و شروع کرد به گریه کردن.

هر چه می‌گفتم "مامان جان، کی گفته می‌خوام ازدواج کنم؟ چرا دست از سر فریبا ور نمی‌داری! نمی‌دونم او با تو چکار کرده که اینقدر همه‌اش از او حرف می‌زنی. مگه فقط یک دختر خوب توی دنیا هست؟ هزار تا دختر دیگه هستن که از او بهترن، خوشگل تر، مهربون تر..."

حرف ام را قطع کرد و گفت "خوب برو یکی از همون‌ها رو بگیر، یکی از همون هایی که از او مهربون تر و بامعرفت ترن."

گفتم "مامان، نسرین یکی از همون هاست."

با حالتی زار گفت "نه مادر، شما به درد هم نمی‌خورین. ساکت و آروم و خشکه! با اخلاق تو جور در نمیاد."

شدت درد توی صورت و صدایش محسوس بود. گفتم "مامان، حالا ولش کن. بعدا صحبت می‌کنیم."

ولی ول کن نبود. گفت "مادر، ازدواج چیزی نیس که آدم بی گدار به آب بزنه. آدما باید به همدیگه بیان. اخلاق شون جور باشه. تو و او دو ساعت اینجا بودین، ده دقیقه هم با هم حرف نزدین. انگار مثل دو تا آدم غریبه بودین که به زور بغل همدیگه نشوندن تون. دختر خوبیه، کی میگه بده. خواهر آقا شاهپوره، می‌دونم شاهپور رو دوست داری. من هم دوستش دارم. ولی مادر، تو باید با او زندگی کنی، نه با شاهپور!"

هر چی سعی می‌کردم آرامش کنم، فایده نداشت. می‌خواست مطمئن شود که رابطه ما ادامه پیدا نمی‌کند. گفت "مادر، رابطه ات رو قطع کن. اسم ات رو روی دختر مردم نذار. اون رو هم بدبخت می کنی. ولش کن، عجله نکن. دختر خوب زیاد پیدا میشه. از آقا شاهپور هم خجالت نکش."

حالا هر دو خواهرم هم کنار اتاق نشسته بودند و گاه می‌پریدند وسط حرف مادرم. نمی‌دانم چه شده بود که آنها اینقدر جدی مخالفت می‌کردند. گویا آنها بهتر از من و نسرین احساسات ما دوتا را نسبت به هم فهمیده بودند. گویا به قول مادرم سکوت ما دو تا و رفتار ما در آن یکی دو ساعت یک جوری به آنها نشان داده بود که ما همدیگر را انتخاب نکرده بودیم و شاید آن احساس و گرمای عاطفی را که لازمه یک رابطه عاشقانه بود، آنها در آن مدت اصلا در رفتار ما ندیده بودند.

مادرم مرتب می‌گفت "مادر، نه تو خوشبخت میشی، نه اون! دست از سر هم وردارین. می‌دونم خیلی هم همدیگه رو دوست ندارین ، حالت نگاهاتون به هم نشون می‌داد. آدم وقتی یکی رو دوست داشته باشه، عاشق‌اش باشه، با نگاهاش اونو می‌خوره. تو و او مثل مجسمه روبروی هم نشسته بودین. وقتی رفتی، از پشت پنجره نگاه تون می‌کردم. مثل غریبه‌ها راه می‌رفتین. آدم کسی رو که دوست داشته باشه، یک جوری بغلاش راه نمیره که نکنه خدانکرده شونه شون به همدیگه بخوره. آدم عاشق می‌خواد خودش رو بندازه تو بغل یارش، نه که یک جوری راه بره که انگار نگران باشه که لباس هاش نفتی بشن، انگار بغل نفت فروشه راه میرفتین. مادر، شما مثل آدم‌های عاشق نبودین."

و باز یک دفعه دادش بلند شد که "تصمیم خودت رو بگیر. اگه بخوای با او ازدواج کنی، شیرم رو حرومت می‌کنم. حالا هرکاری می‌خوای بکنی، بکن!"

خسته و کوفته بود. چند تا قرص خورد و کم کم خوابید. شب دیروقت بود و تازه نوبت خواهران‌ام شده بود که نصیحت کنند. همان حرف‌های مادرم را تکرار می‌کردند و اینکه چطور شد که تا بحال آنها حتی یک بار هم نسرین را ندیده بودند و چرا من کلمه‌ای درباره او با آنها صحبت نکرده بودم. خواهرم می‌پرسید "چند وقته همدیگه رو می‌شناسین؟"

معلوم بود. گفتم "چند ساله."

گفت "نه، چند وقته با هم حرف زدین که تصمیم گرفتی ازدواج کنی؟"

گفتم "خیلی وقتی نمیشه، تازه با هم حرف زدیم."

گفت "پس چه عجله ای؟ یعنی اینقدر دیردیرهات شده که بعد از چند روز حرف زدن تصمیم به ازدواج گرفتی؟ نکنه توی رودرواسی با شاهپور اینقدر عجله داری؟"

جالب بود که آنها هیچ کدام تا آن لحظه از جریان خبر نداشتند، ولی چپ و راست درست می‌زدند توی خال. رودرواسی و خجالت از شاهپور اصل ماجرا بود، مخصوصا از دیروز که نسرین حرف هایی زد که متوجه شدم همه چیز ساخته و پرداخته شاهپور بود. حالا ولی برای من شاهپور تنها مشکل قضیه نبود. از او خجالت نمی‌کشیدم، مطمئن بودم که با او به راحتی می‌توانستم صحبت کنم. مشکل احساسات نسرین بود. او خیال کرده بود که من عاشق و دلباخته او بودم و مهربانی کرده بود و بدون کمترین علاقه‌ای به من پا پیش گذاشته بود و نخواسته بود که دل ام را بشکند و گرنه همان روز اول می‌توانست به شاهپور نه گفته و همه این ماجرا را تمام کند.

ولی نه نگفته بود. نمی‌دانم چرا. اما حالا برایم مهم این بود که او احساسات مرا در نظر گرفته بود و حالا نوبت من بود. احساس می‌کردم او حالا شاید یک مقداری به من دل بسته است. حالت هایش عوض شده بود. علیرغم اینکه مادرم می‌گفت مثل غریبه‌ها کنار هم راه می‌رفتیم و مواظب بودیم که احیانا دست و شانه‌های مان به همدیگر نخورد و بقول او نفتی نشویم، من احساس می‌کردم وقتی کنار هم راه می‌رفتیم گاه نزدیک بود با هم تماس پیدا کنیم. همان روز وقتی از شهرک بر می‌گشتیم، توی اتوبوس واحد کنار هم که نشسته بودیم، برای اولین بار احساس کردم که خودش را خیلی جمع و جور نمی‌کرد و به دیوار اتوبوس نمی‌چسباند. بر عکس، کمی‌از طول راه را به شانه‌ام تکیه داد و انگار گرمای

بدن‌اش را حس می‌کردم. و درست همان موقع بود که به شاهپور فکر کردم که چطور ما دو تا را در عرض کمتر از دو هفته کنار هم نشانده بود و من او را به عنوان همسر آینده‌ام به مادر و خواهران‌ام معرفی کرده بودم.

شب خواب‌ام نمی‌برد. با هر کسی به راحتی می‌توانستم جروبحث کنم. از خواهران‌ام خیال‌ام آسوده بود. آنها حق نداشتند در زندگی و آینده من دخالت کنند. تازه، خود آنها هردوشان برخلاف میل خانواده ازدواج کرده بودند. پس آنها کمترین حقی نداشتند که نظر خودشان را به من تحمیل کنند. اما مادرم و نظر او و رضایت‌اش برایم خیلی مهم بود. مادرم را صمیمانه دوست داشتم و عاشق‌اش بودم. او بهترین مادر دنیا بود. هر چه از او خواسته بودم همیشه برایم انجام داده بود. شب و روز زحمت ما را کشیده بود. اغلب تا نیمه‌های شب چشم به انتظار من بیدار و نگران مانده بود. فداکاری او کم نظیر بود. چندین سال پیش که مغازه پدرم از رونق افتاده بود و دیگر امکان پرداخت حقوق کارگران را نداشتیم، گاه مادرم پس از کارهای خانه تا پاسی از شب در کنار من و پدرم در مغازه کار کرده بود تا زندگی ما آبرومندانه بگذرد. وقتی مغازه پدرم را به کتابفروشی تبدیل کردم، با وجود مخالفت پدرم او حمایت‌ام کرد و پدرم را راضی کرد که مغازه قنادی را تبدیل به کتابفروشی کنم. در دوران انقلاب در تظاهرات‌ها در کنار من شرکت می‌کرد و اعلامیه‌های چپی را زیر چادرش قایم می‌کرد و در میان مردم می‌ریخت. درب خانه ما همیشه به روی همه باز بود و این فقط به خاطر گشاده رویی و مهربانی و حمایت مادرم بود. مثل مادر از همه رفقایم پذیرایی می‌کرد و همه آنها را مثل بچه هایش دوست داشت. در عین حال محرم اسرارم بود و حامی‌همیشگی ام. وقتی دبستان را تمام کرده بودم، پدرم اصرار داشت که مرا در مغازه کنار خودش نگهدارد و مخالف ادامه تحصیل من بود. حداکثر به تحصیل من درمدرسه شبانه رضایت می‌داد. مادرم پا توی یک کفش کرد که الّا و للّا اجازه نخواهد داد که او مانع تحصیل من شود و مرا کاسبکار بار بیاورد. او حتی پدرم را تهدید به جدایی کرد. مرا به خانه پدرش برد و از پدربزرگ‌ام خواست که به هیچ عنوان به پدرم اجازه ندهد که مرا از ادامه تحصیل محروم کند. پدرم به ناچار به احترام پدربزرگ ام و مخالفت جدی مادرم تن به ادامه تحصیل من داد. حالا هم او، تنها حامی زندگی ام، موجودی که تا به آن روز هیچ کس را به اندازه او دوست نداشتم و عشق او برایم از هر چیز دیگری در زندگی با ارزش تر بود، پا توی یک کفش کرده بود و تهدیدم می‌کرد که شیرش را حرام‌ام خواهد کرد. صدای آرام ناله هایش از شدت درد که گاه و بیگاه به گوش‌ام می‌رسید، آن شب تا صبح خواب را از چشمان ام ربود.

صبح خسته و کوفته و در هم ریخته باید سراغ قراری می‌رفتم. با آقای طاهری قرار داشتم.

آقای طاهری و مریم خانم

آقای طاهری از جمله انسان‌های نادری بود که تا آن زمان در زندگی‌ام دیده بودم. او مظهر یک انسان قوی و با اراده بود. آقای طاهری به اتفاق همسرش مریم خانم و سه دخترشان در کوی طلاب زندگی می‌کردند. با آنها از طریق حسن آشنا شده بودم. آقای

طاهری از اعضای قدیمی حزب توده ایران بود. او که در جوانی توده‌ای شده بود، پس از کودتای ۲۸ مرداد و تعقیب و دستگیری اعضای حزب در یکی از روستاهای شمال ایران مخفی می‌شود. در آن روستا تعدادی جذامی زندگی می‌کردند. آقای طاهری پس از سال‌ها زندگی در کنار آنها به بیماری جذام مبتلا شده بود. غفلت از مداوای به موقع به خاطر وحشت از دستگیری، موجب شده بود که این بیماری پیشرفت کرده و بخشی از صورت و انگشتان دست و پای او را بگیرد. بیماری جذام را خوره هم می‌گویند چون که خوره ی اندام‌های بدن است. اکثر بیماران جذامی سر انگشت‌ها و بعضی دیگر از اندام‌های خود را از دست می‌دهند و یا این اندام‌هایشان تغییر شکل می‌دهد. آقای طاهری پس از ابتلا به جذام به جذامخانه رفته بود. در آن دوران در چندین شهر ایران جذامخانه هایی دایر شده بود. در مشهد نیز جذامخانه‌ای به نام آسایشگاه محراب خان وجود داشت. رفیق ما طاهری در دوران اقامت‌اش در یکی از همین آسایشگاه‌ها با مریم خانم آشنا شده بود. مریم خانم نیز مبتلا به بیماری جذام بود و کمی از سرانگشتان دست و پایش را از دست داده بود. زن بسیار مهربانی بود. بیماری آنها تحت کنترل بود و به همین دلیل هم آنها خارج از آسایشگاه زندگی می‌کردند. ولی اکثر مردم از نزدیک شدن به افراد جذامی وحشت داشتند. رفیق ما طاهری و مریم خانم و سه دختر آنها در دو اتاق اجاره‌ای در محله موسوم به طلّاب در مشهد زندگی می‌کردند. آقای طاهری تنها مستاجر آن خانه نبود. یکی دو خانواده افغانی هم در اتاق‌های مقابل آنها در آن طرف راهرو زندگی می‌کردند و چند اتاق دیگر هم در طرف دیگر حیاط بود. دو اتاق در سمت چپ ورودی به آن خانه در اجاره آقای طاهری و مریم خانم بود.

بساط چای همیشه در خانه آنها برپا و درب خانه آنها به روی ما همیشه باز بود و با رویی خوش از ما استقبال می‌کردند. من و رضا و حسن مرتب به آنها سر می‌زدیم. طاهری چنان محکم و قوی صحبت می‌کرد و چنان با اطمینان تک تک کلمات را بیان می‌کرد که شک و تردیدی در حقانیت کلامش باقی نمی‌گذاشت. اصلا اهل تعارف و کنایه نبود و برخلاف رسم ما ایرانی‌ها همیشه بدون حاشیه رفتن به اصل مطلب می‌پرداخت و اصلا حوصله شنیدن حاشیه‌های اضافی صحبت‌ها که گاه از اصل مطلب بیشتر می‌شد را نداشت.

آن روز صبح به خانه طاهری رفتم. مثل همیشه مریم خانم و آقای طاهری با روی باز پذیرایم بودند. بچه‌ها به مدرسه رفته بودند. مریم خانم بساط چای‌اش مثل همیشه برقرار بود. یکی دو استکان چای خوردیم. خستگی در چهره و رفتارم نمایان بود. طاهری علت‌اش را پرسید. گفتم "دیشب خوابم نمی‌برد."

به شوخی گفت "نکنه عاشق شدی. عشق و عاشقی به سرت زده که خواب از چشم ات رفته؟"

طاهری با اینکه خیلی جدی بود و محکم و با وقار و خیلی هم کتابی و ادیبانه حرف می‌زد، ولی گاه خیلی بامزه شوخی می‌کرد و با صدای بلند می‌خندید. با گفتن اینکه شاید عاشق شدی شروع کرد به شوخی کردن و قاه قاه خندیدن. من معمولا همیشه به محض ورود به خانه آنها و با دیدن آقای طاهری و مریم خانم خوشحال می شدم، شخصیت و رفتار دوست داشتنی آنها و نگاه پر از مهر مریم خانم به من انرژی زندگی می داد و

خوم بهتر از هر کس دیگری احساس می کردم که خنده و شادی بر تمام چهره ام نقش بسته و گل می انداخت، اما آنروز برخلاف همیشه که اهل خنده و شوخی بودم چنان عبوس نشسته بودم که ظاهرا حال آقای طاهری را به هم زدم. با همان صدای محکم و پرصلابت‌اش گفت "رفیق من، با آن حالت قیافه ات حالم رو بهم زدی! چرا با این حال و قیافه روز ما رو رو خراب می‌کنی؟"

اظهار تاسف کردم و از جایم بلند شدم و آماده خداحافظی شدم. طاهری با همان تحکم خاص گفت "اجازه مرخصی ندادم! فقط گفتم چرا با این حال و قیافه تصمیم گرفتی روز ما رو خراب کنی. قایق هات غرق شده ان؟ کشتی ات به گل نشسته؟ خدای نکرده خبر بدی برای ما داری؟"

با حالت آه و ناله گفتم "ای آقای طاهری عزیز، من قایق‌ام نشسته به خشکی."

بلند بلند خندید و گفت "قایق ات کجا بوده که به خشکی بشینه، پسرم. تو جوانی، این حرفها از تو خجالت آوره. تو توده‌ای هستی، باید صبح که از خواب بیدار شدی فکر کنی که دنیا را تکان خواهی داد. این چه قیافه‌ای یه که برای خودت درست کردی، چرا اصلا ریش ات رو نتراشیدی؟"

نمی‌دانستم در مقابل او چکار کنم. مریم خانم که همینطور در رفت و آمد بود با خنده گفت "آقای طاهری، اذیت ش نکن. جوونه، عاشق شده. تازه آدم جوون هرکار هم بکنه باز خوشگل و خوشرویه."

نگاهی به من انداخت و گفت "ریش هم بهت میاد. ریش بذاری تازه کم تر بهت مشکوک میشن."

لبخندی انگار بر لبام نشسته بود، چرا که طاهری گفت "خب، حالا خوب شد. نیش ات رو باز کردی. بشین تعریف کن ببینم چی شده. چرا گرفته ای، غم ات چیه؟"

گفتم "راستش آقای طاهری، گیر عجیبی کرده‌ام. نمی‌دونم چیکار کنم."

گفت "جریان چیه، چی شده؟ حرف بزن، تو که ما رو نیمه جان کردی."

داستان را برایش تعریف کردم. از اول تا به آخر. مریم خانم هم گوش می‌کرد. گاه با حالتی عجیب نگاه‌ام می‌کرد و گاه نگاه‌اش را روی چهره طاهری متوقف می‌کرد. انگار یاد روزهای جوانی و دوران آشنایی و عشق خودشان می‌افتاد. گاهی سرش را تکان می‌داد. چند قطره‌ای هم اشک از چشمان‌اش دانه دانه بیرون می‌ریخت. طاهری تا به آخر یک کلمه حرف نزد. گوش گرفته بود تا حرف‌ام تمام شود. با آرامش عجیبی به من نگاه می کرد. انگار به فرزندش خیره شده بود. با مهربانی گفت "پسرم، تو خودت چه فکر می‌کنی، آیا عاشق نسرین هستی؟ فکر مادرت نباش. فکر شاهپور هم نباش. فکر رفقای حزبی هم نباش که بعدا چه خواهند گفت. آیا خودت عاشق او هستی؟"

مانده بودم که چی بگویم. بعد از چند لحظه نگاهم کرد. گفت "نیستی! آدم عاشق فکر نمی‌کنه. تو داری فکر می‌کنی. داری به شاهپور فکر می‌کنی، داری به نسرین فکر می‌کنی که اگه به او بگی تمام، او چه خواهد کرد. داری به مادرت فکر می‌کنی. تو عاشق

نیستی. با خودت تعارف نکن. قبلا هم به تو گفته‌ام. آدم هایی که تعارف می‌کنن و خجالت می‌کشن، آدم‌های کاملی نیستن. خجالت نکش. این نصیحت رو برای همه زندگی ات از من به گوش ات حلقه کن. در چند چیز خجالت نکش. اولی در عشق. اگه کسی رو دوست نداری و عاشق او نیستی، خجالت نکش که بهش بگی دوستش نداری، ولو اینکه او عاشق تو باشه. مگه همه اونهایی رو که تو عاشق شون هستی باید عاشق تو باشن؟ شاید تو هر روز هوس کنی عاشق یکی باشی. شاید فردا عاشق مریم بشی."

رویش را به مریم خانم کرده بود. "آیا انتظار داری مریم هم عاشق تو بشه و شوهر و بچه هاش رو ول کنه؟ این نهایت خودخواهی است که اگه تو عاشق کسی باشی از او انتظار داشته باشی که او هم عاشق تو باشه. پس در عشق خجالت نکش. تازه نه او عاشق توست و نه تو عاشق او. شاهپور هم غلط کرده، با دختره صحبت کن و حقیقت رو بهش بگو. به او بگو که با هم خوشبخت نمی‌شین. دوستی ات با شاهپور رو هم نگران‌اش نباش. اگر فردای پس از ازدواج از خواهرش جدا بشی دوستی شما بیشتر از جدایی امروز لطمه می‌خوره. دوم اینکه در درمان بیماری خجالت نکش. اگه دیدی چیزی تو رو ناراحت می‌کنه، دردی داری، خجالت نکش. به مادرت بگو، به همسرت بگو. از قدیم گفته ان که درد مال مَرده. اگر مردی درد داره و دردش را نمیگه، آن مرد ابله است. دکتر و پزشک و بیمارستان همه برای درمان دردند. آدم عاقل درد را تحمل نمی‌کنه مگر اینکه پزشک و دارو در دسترس نباشه. سوم اینکه اگر غذایی رو دوست نداری، خجالت نکش. بگو نمی‌خورم. همه مردم دنیا قرار نیس از باقلا قاتق و میرزا قاسمی ما خوششان بیاد. بگو بدت میاد و اگر بخوری حالت به هم می‌خوره، نه اینکه از روی تعارف بخوری و حالت به هم بخوره و حال بقیه رو هم به هم بزنی. چهارم اینکه کاری رو که دوست نداری، به خاطر خجالت از این و آن و رودربایستی نکن چون فاتحه آن کار را می‌خوانی. کارهای خوب به دست کسانی انجام میشن که اون کارها رو دوست دارن و با عشق و احساس آن کار را به نحو احسن انجام میدن."

مریم خانم با تکان دادن سرش حرف‌های آقای طاهری را تایید می‌کرد. من هم ساکت به او گوش می‌دادم. گفت "بلند شو گاز موتورت رو بگیر و برو سراغ خواهر آقا شاهپور و به او بگو که کار عشق و عاشقی حیله شاهپور بوده و بهتره همین امروز تموم بشه. بلندشو!"

مریم خانم با خنده بانمکی که داشت گفت "طاهری، چه عجله‌ای داری؟ شاید آقا رضا هم ته دلش دختر خانم رو دوست داشته باشه. بشین ناهار رو با هم بخوریم. آبگوشت بار گذاشته‌ام حاضر میشه. عجله نکن."

نزدیکی‌های ظهر بود. صحبت‌های طاهری آرامم کرده بود. تصمیم خودم را گرفته بودم ولی چطور می‌توانستم آن را با نسرین در میان بگذارم. آدم هایی مثل طاهری در زندگی خیلی کم هستند. بی پرده و بدون خجالت حرف زدن کار آسانی نبود. شاید به قول آقای طاهری هنوز انسان کاملی نشده بودم.

چند روزی گذشت. دیگر مثل روزهای قبل نبود که تقریبا هر روز و یا روز درمیان من و شاهپور همدیگر را می‌دیدیم. معمولا روزی نبود که به خانه آنها نروم. حالا قرارهایم را با شاهپور در خیابان و یا در دفتر حزب می‌گذاشتم و از رفتن به خانه آنها خودداری

می‌کردم. حتی با شاپور هم نمی‌دانستم که از کجا و چگونه آغاز کنم. ولی تصمیم‌ام این بود که اول با نسرین صحبت کنم. به قول آقای طاهری این قضیه به شاپور مربوط نبود. ما دو تا آدم عاقل و بالغ بودیم و وکیل و وصی لازم نداشتیم. بالاخره پس از چند روزی به او تلفن زدم و قرار گذاشتم. گفتم مایلم با او صحبت کنم. پرسید، چرا چند روزی به او زنگ نزده‌ام و دلتنگ‌ام شده بود. انگار یکی از سخت ترین لحظات زندگی‌ام را تجربه می‌کردم.

با هم قدم می‌زدیم. به او گفتم که شاپور با همه علاقه‌اش به ما دو نفر، اشتباه بزرگی کرده بود که ما را، هردوی ما را، فریب داده بود. از او خواستم که واقعیت را بفهمد. بفهمد که همانطور که او کمترین علاقه‌ای به من نداشته، من نیز حتی لحظه‌ای به او فکر نکرده بودم و همه این ماجرا از همان اول ساخته و پرداخته شاپور بوده و ما هر دو در حقیقت با نگاهی توام با ترحم به هم نزدیک شده بودیم و طبیعی است که عشقی که از ابتدا بر پایه ترحم و فریب شکل گرفته، آینده مطمئنی نخواهد داشت. حتی اگر ما امروز متوجه نمی‌شدیم، شاید چند ماه و یا چند سال بعد بالاخره متوجه می‌شدیم که داستان عشق اولیه ما دروغی بیش نبوده است. نسرین انگار خشک‌اش زده بود. رنگ‌اش پریده بود. تشنج در چهره‌اش پیدا بود. نمی‌دانستم در چشمان‌اش تنفر بود یا پرسش‌های سختی که پاسخی برای آنها پیدا نمی‌کرد. نمی‌فهمیدم از من تا چه اندازه متنفر شده بود. کلمه‌ای حرف نمی‌زد. من هم هیچ حرفی نداشتم که به او بزنم و می‌خواستم هرچه زودتر از آن شرایط دشوار فرار کنم.

آشنایی دو هفته‌ای ما در همان لحظه برای همیشه تمام شد و دیگر هیچ وقت نسرین را ندیدم. مادرم دیگر هرگز صحبتی از نسرین و فریبا نکرد. برای او قضیه تمام شده بود. وجدان‌ام تا مدت‌ها آزرده بود. با اینکه خودم را بیگناه می‌دانستم ولی بخاطر آزردن احساسات نسرین به شدت خودم را سرزنش می‌کردم و آرزو می‌کردم که کاش این ماجرا هیچ گاه اتفاق نیافتاده بود. من و شاپور اما هیچ وقت با هم در اینباره صحبت نکردیم. انگار نه انگار که اتفاقی افتاده بود. نه او به روی خودش آورد و نه من. ما مثل گذشته‌ها با هم در شعبه کارگری کار می‌کردیم و هر هفته حداقل یکبار در جلسه‌های شعبه همدیگر را می‌دیدیم. ولی پس از آن حادثه دیگر به ندرت به خانه آنها می رفتم. از دیدن نسرین پرهیز داشتم. نمی‌دانستم که او در مورد من چه قضاوتی دارد. غیر از من و شاپور و آقای طاهری و مریم خانم و مادر و دو خواهرم تنها کس دیگری که از این ماجرا خبردار شد، رضا بود. در آن چند روز بین دیدارم با آقای طاهری و صحبت با نسرین، رضا که شاهد تفاوت حالت‌های روحی‌ام شده بود بالاخره دهان ام را باز کرد و ماجرا را برایش گفتم. او هم توصیه کرد که با نسرین صحبت کنم و داستان را تمام کنم. با گذشت زمان و محدود شدن رفت و آمدم به خانه آنها تا حدودی روابط ام با شاپور هم محدود تر شد، ولی دوستی ما برای همیشه باقی ماند.

جنگ

با آغاز جنگ و ادامه آن همه چیز عوض شده بود. احساسات ملی و مذهبی مردم برانگیخته شده بود و تقریبا به جز عده‌ای اندک، همه جامعه در امر دفاع از کشور خود را سهیم می‌دانستند. حکومت اما جنگ را انحصاری کرده بود. ارتش همه واجدین شرایط خدمت نظام را بدون استثنا در صفوف خود جای می‌داد، اما در نیروهای داوطلب انقلابی مثل بسیج و سپاه و جهاد که در جبهه‌ها نقش موثری داشتند و کم کم نقش اصلی را در جنگ بر عهده می‌گرفتند، انحصار طلبی حکومتی به شدت حاکم بود. به محض اینکه متوجه می‌شدند که تعلق گروهی و سازمانی دیگری جز گروه‌های وابسته به حکومت داری، از رفتن ات به جبهه و دفاع از سرزمین مادری محروم ات می‌کردند. با این حال بسیاری از اعضای گروه‌های سیاسی به اشکال مختلف از همان ابتدا در صفوف ارتش یا ارگان‌های انقلابی مثل بسیج و سپاه و جهاد و یا گروه‌های اعزامی از طرف واحدهای کارگری و کارمندی به جبهه‌ها رفته و در کنار طرفداران حکومت اسلامی از میهن خود دفاع می‌کردند. هفته‌ای یکی دوبار در شهرهای بزرگ مراسم تشییع جنازه شهدای جنگ برگزار می‌شد. صدها هزار نفر در سراسر کشور در این مراسم شرکت می‌کردند. گاه در این روزها در یک شهر شاهد تشییع جنازه ده‌ها نفر بودیم که در مواردی به بیش از یک صد نفر در روز می‌رسید. نامه مردم، ارگان رسمی‌حزب ما، نیز تقریبا هر هفته گزارش هایی از عملیات جنگی و پیشرفت و عقب نشینی در جبهه‌های جنگ داشت و همواره تحت عنوان "این قافله را ره باز ایستادن نیست" از شهادت رفقای ما در جبهه‌های جنگ خبر می‌داد. حزب از همان ابتدا مشوق شرکت اعضا و هواداران خود در جنگ بود و دفاع از میهن را یک وظیفه انقلابی اعلام کرده بود. رفقای ما با جان و دل برای دفاع از سرزمین مادری به جبهه‌های جنگ می‌رفتند. تعداد زیادی از رفقای ما در همان هفته‌ها و ماه‌های آغاز جنگ شهید و یا به شدت مجروح شدند. چندین نفر از اعضای حزب در خراسان در عملیات جنگی عضوی از بدن خود را از دست دادند. دو تن از رفقای صمیمی من، شهران و حسن، در همان اولین ماه‌های حضور در جبهه‌ها بر اثر انفجار مین و اصابت ترکش خمپاره یک پای خود را از دست دادند.

شهران از رفقای بسیار خوب و صمیمی من بود. از بچه‌های شمال بود که از دانشگاه تازه فارغ التحصیل شده و به جبهه رفته بود. او پس از بازگشت از جبهه با نامزدش امجد ازدواج کرد. همسر او نیز که از رفقای حزبی ما بود در جهاد سازندگی و نهضت سوادآموزی در مشهد مشغول خدمت به مردم و انقلاب بود.

از گروه‌های دگر اندیش فقط توده ای‌ها نبودند که در کنار دیگر نیروهای انقلابی و وفادار به نظام اسلامی در جبهه‌ها می‌جنگیدند. مجاهدین خلق و بسیاری از گروه‌های سیاسی چپ دیگر نیز اعضا و هواداران خود را به رفتن به جبهه‌ها تشویق می‌کردند.

این روند حتی تا پس از سرکوب‌های خونین سال ۶۰ نیز ادامه داشت. این تراژدی سیاسی در بعضی از نشریات سازمان‌های سیاسی در آن دوران بخوبی قابل ملاحظه بود. در صفحه‌ای از نشریه، گزارش از شرکت اعضای آنها در جنگ و جبهه بود و شهادت اعضا و هواداران آنها، و در صفحه‌ای دیگر گزارش از دستگیری و اعدام و یا شکنجه برخی دیگر از اعضای آنها در نقاط دیگر کشور به دست ارگانهای حکومت.

معرفی شهدای مجاهدین خلق در رابطه با تجاوز عراق

به مجرد تجاوز عراق به میهن و مردم ما ، مجاهدین خلق ایران طی بیانیه‌هایی شرکت خود را در مقابله با تجاوز و در کنار مردم اعلام نمودند . گو این که به طور رسمی و غیر رسمی ، انحصارطلبان حاکم مانع شرکت مجاهدین در جنگ شدند و حتی کار به آنجا رسید که از جبهه‌های مقدم مجاهدین را دستگیر نموده و به زندان‌های طویل‌المدت ۱۰ سال و ۱۵ سال محکوم نمودند ، ولی مجاهدین هرگز دست از مقاومت برنداشته و در هر کجا که امکان داشت ، در مقابل تجاوزگران ایستادند .

البته ممانعت‌ها و سنگ‌اندازی‌های مرتجعین بر سر راه شرکت فعال مجاهدین ، چیزی سوای سیاست‌های آتش‌افروزانه‌ای که با بی‌ارزش گرفتن جان این مردم ستمدیده ، هر روز شعله‌ی جنگی را در این شهر و با آن منطقه افروخته‌تر می‌سازد نبوده‌ونیست .

مقاومت مجاهدین در مقابل همه‌ی ممانعت‌ها و ابذاء و آزارهای مرتجعین در جبهه‌های جنگ (و به هر طریقی که ممکن است) نیز چیزی جز اراده و تصمیم مجاهدین برای رهایی این خلق نمی‌باشد . عزم و اراده‌ای که علی‌رغم همه‌ی فشارها ، ستی نخواهد گرفت در جبهه‌های مبارزه با تجاوز عراق و در سالروز پیروزی بر عهد و پیمان مجددی است برای مقابله با تجاوز عراق علیه میهن و مردم ما .

مجاهد شهید دکتر احمد طباطبائی عضو سازمان مجاهدین خلق ایران

بعد از آزادی از زندان مدتی را در زادگاهش به طباطب پرداخت تا سال ۵۳ که با مجاهد شهید فرهاد صفا تماس برقرار کرد . دکتر احمد در کنار فرهاد در متن مبارزه‌ی بی‌امان علیه امپریالیزم ، و رژیم وابسته‌ی شاه حاکش به مبارزه با جریان اپورتونیستی چپ‌نما پرداخت .

در زمستان سال ۵۴ نیز مجددا او را به اتهام فعالیت در زندان و ایجاد رابطه در بیرون دستگیر کرده و ۹ ماه در شرایط سخت کمیته‌ی مشترک سر برد .

مجاهد شهید دکتر احمد طباطبائی در جریان انقلاب ، نقش مهمی در بسیج و سازماندهی مردم زادگاه خویش به عهده داشت .

دکتر احمد اولین استاندار مازندران بعد از انقلاب بود و در این‌رابطه نقش فعال در خلع ید از فئودال‌ها و زمین‌داران بزرگ و تامین حقوق دهقانان زحمتکشو محروم ایفا نمود و از تضا یکی ازدلالیکه مرتجعین را به مخالفت با او برانگیخت همین مواضع ضد فئودالی او بود . دکتر احمد بعد از کنار رفتن از استانداری سرپرستی فعالیت‌های امداد پزشکی مجاهدین خلق را به عهده‌دارشد برادر مجاهد و پزشک

مجاهد شهید دکتر احمد طباطبائی در سال ۱۳۲۲ در آران کاشان به دنیا آمد . دوران ابتدائی و سیکل اول متوسطه را درزادگاهش گذراند و بعد از آن به تهران آمد و از همان زمان وارد فعالیت‌های مذهبی ـ اجتماعی شد .

سال ۴۱ وارد دانشکده پزشکی دانشگاه تهران شد . از این‌سال‌ها به بعد و به خصوص بعد از کنار وحشیانه‌ی ۱۵ خرداد فعالیت سیاسی‌اش را گسترش داد و مستمرا در جلسات درس و تفسیر پدر طالقانی در مسجد هدایت شرکت می‌کرد .

شرکت در این جلسات باعث آشنائی با برخی از بنیانگذاران و اعضای سازمان مجاهدین شهید محمد حنیف نژاد ، سعید محسن ،

مجاهد شهید توران بختیاری

در سال ۱۳۲۲ در یک خانواده‌ی زحمتکش بدنیا آمد . پدرش کارگر شرکت نفت بود . در جریان انقلاب فعالانه شرکت می‌کرد وبعد از آن نیز برای استمرار انقلاب ، در جهت آرمان‌های توحیدی مجاهدین فعالیت می‌کرد .

به دنبال شروع جنگ ، در کمک‌های پشت جبهه به رزمندگان کمک می‌کرد .

تاریخ و نحوه‌ی شهادت : در تاریخ ۵/مهرماه/۵۹ دراثر بمباران هواپیماهای متجاوز عراقی همراه ۴ تن دیگر به شهادت رسید .

محل شهادت : بوشهر

مجاهد شهید جاسم عتیقی

برادر جاسم ، دانش‌آموز سال سوم دبیرستان خدمات بازرگانی و یکی از فعالین انجمن هواداران در خرمشهر بود . در هنگام سیل خرمشهر به طور فعال در گروه امداد مجاهدین به کمک رسانی پرداخت .

با شروع جنگ نیز به فعالیت‌های خود افزود و بالاخره در جبهه‌ی خرمشهر در اثر انفجار خمپاره دشمن به شهادت رسید .

مجاهد شهید

مجاهد شهید حسن برمایون

برادر حسن دبیر مدرسه راهنمائی و عضو شورای معلمین مسلمان بود . در جریان جنگ در پشت جبهه فعالیت می‌کرد در محله‌ی سده بر اثر امانت نرکش خمپاره به شهادت رسید محل شهادت : آبادان

مجاهد شهید مسعود ایرانمهر

آموزگار و ساکن روستاهای اراک بود . داوطلبانه به آبادان رفته ودر رابطه با شورای دفاعی محله‌های بازرگان فعالیت می‌کرد .

در تاریخ ۲/آبان/۵۹ هنگام کمک رسانی و نجات

مجاهد شهید حمید افتخاری

شهادت ۲۵/ مهر/۹۵ در جبهه‌ی خرمشهر .

حمید در یک خانواده‌ی کارگری به دنیا آمده بود و خودش نیز با کارگری بزرگ شده‌بود . در جریان مبارزات سیاسی با آرمان مجاهدین خلق آشنا شده و بعد از آن فعالانه در جهت آگاه کردن دیگران فعالیت می‌کردو به افشای عملکردهای انحصارطلبانه مرتجعین می‌پرداخت . کمی قبل از شهادت به دلیل دفاع از مجاهدین دستگیر و به ۵۵ ضربه شلاق محکوم می‌شود . آثار شلاق تا هنگام شهادت بر تن حمید باقی مانده بود .

در تاریخ ۲۵/مهر/ در جریان حمله‌ی‌تانک‌های متجاوز

مجاهدین که تبلور مکتب توحیدی است و در عرض ۱۵ سال نهال آن با خون پاکترین فرزندان خلق ، چون حنیف ـ نژاد ، سعید محسن واصغر بدیع‌زادگان آبیاری شده و اینک با تلاش و مجاهدت حستگی‌ناپذیرترین یادگارهای آن چون مسعود رجوی‌ها و خیابانی‌ها به بار می‌نشیند ، به عنوان وظیفه‌ی انقلابی به جبهه می‌روم باشد بتوانم گامی کوچک در راه خدا و خلق قهرمان ایران برداشته و کمترین دین خود را در پیشگاه خدا و خلق ادا کرده باشم "

۲۱/ مهر ماه در اثر اصابت گلوله‌ی آر . پی . جی ـ به ناحیه کمرش به شهادت می‌رسد .

روزنامه مجاهد، شماره ۱۱۰ ، پنجشنبه ۱۰ بهمن ماه ۱۳۵۹

حکومت همانطور که در پشت جبهه بشدت مشغول تصفیه و سرکوب نیروهای دگراندیش و مخالف بود، در جبهه‌های جنگ نیز همان سیاست را به طور جدی پیش می‌برد. گاه افرادی را از جبهه‌های جنگ و از درون میدان‌های نبرد و سنگرها دستگیر کرده و مستقیما به بازداشتگاه‌ها می‌بردند و برخی از آنها بعدا در دادگاه‌های انقلاب به حبس و در مواردی حتی به اعدام محکوم شدند.

حکومت کودتای حزبی پوشالی است و باید سرنگون شود!

کودتاچیان حاکم در فکر خیانت ننگین در جنگ هستند

پیروزی در جنگ با از سر راه برداشتن خائنین کودتاچی میسر است

رفیق تیمور گگو یانی تاش در جبهه آبادان شهید شد

نشریه حقیقت ارگان اتحادیه کمونیست های ایران، شماره ۱۳۴، ۱ مرداد ۱۳۶۰

غم انگیز ترین آنها داستان دستگیری ناخدا بهرام افضلی فرمانده نیروی دریایی جمهوری اسلامی ایران، سرهنگ هوشنگ عطاریان فرمانده جبهه غرب و دستیار ویژه وزارت

دفاع وسرهنگ بیژن کبیری فرمانده یگان‌های کماندویی ویژه (کلاه سبزها) و فرمانده عملیات جنوب و شکستن محاصره آبادان در جنگ ایران و عراق بود.این افسران عالیرتبه به اتهام عضویت در حزب توده ایران دستگیر شده و پس از دستگیری یکسره از جبهه های جنگ به بازدشتگاه های حکومتی که تا دیروز برای او می جنگدند منتقل شده و پس از تحمل شکنجه های غیر انسانی و طاقت فرسا در دادگاه هایی بدون حضور وکیل مدافع به اعدام محکوم شده و به چوبه دار آویخته شدند.

نشریه حقیقت ارگان اتحادیه کمونیست های ایران، شماره ۱۳۹، ۱۴ شهریور ۱۳۶۰

صف آرایی‌های سیاسی

جنگ گرچه در ابتدا به هماهنگی نیروهای حکومتی منجر شد، اما پس از مدتی کوتاه به اختلافات درونی آنها بیشتر دامن زده و جناح‌های گوناگون حکومتی را در مقابل یکدیگر به صف آرایی جدیدی کشاند. اختلافات میان سپاه و ارتش، و عدم فرمان برداری رهبران سپاه از سران ارتش و رئیس جمهور، کم کم در همه بخش‌های رهبری نظام اسلامی تنش ایجاد کرد و به جنگ قدرتی که از همان ابتدا میان جناح‌های حکومتی به وجود آمده بود، شدت و حدت بیشتری داد. در یک طرف دعوا، بنی صدر به عنوان رئیس جمهور و فرمانده کل قوا با تکیه بر ارتش و نیروی هوایی و آرای ۱۱ میلیونی خود قرار داشت و در طرف دیگر، رهبران حزب جمهوری اسلامی بودند که با اتکا به نیروهای سپاه

پاسداران و دیگر ارگان‌های انقلابی که در اختیار آنها بود و با حمایت ضمنی آیت الله خمینی ایستاده بودند. گروه‌ها و سازمان‌های سیاسی غیرحکومتی نیز در این درگیری‌ها کم کم هرکدام به شکل مستقیم و یا غیر مستقیم به سمت و سوی یکی از این جریانات کشیده می‌شدند.

مهم ترین جریان سیاسی کشور که چندصدهزار عضو و هوادار داشت و از وجود یک شبکه سیاسی-نظامی‌بزرگ در سراسر کشور برخوردار بود، سازمان مجاهدین خلق ایران بود. این سازمان در درگیری‌ها و کشاکش‌های سیاسی خود با رژیم و رهبران روحانی آن کم کم به سمت همکاری با بنی صدر کشیده شد. جریان اصلی انحصار طلب حکومتی که در درون حزب جمهوری اسلامی ایران سازماندهی شده بود و نهادهای تازه تاسیس انقلابی را چون سپاه، کمیته‌های انقلاب، دادستانی‌ها و دیگر نهادهای اطلاعاتی و امنیتی را در کنترل داشت، مخالف اصلی بنی صدر و هواداران او بود. بنی صدر از آنجا که خود از پشتیبانی یک تشکل جدی سیاسی برخوردار نبود و پایگاه اجتماعی معینی هم نداشت، برای لشکرکشی و قدرت نمایی در مقابل نیروی متشکل روحانیون در حزب جمهوری اسلامی، در پی جذب دیگر نیروهای سیاسی برآمد. به همین دلیل هم به جریانات سیاسی مانند مائوئیست‌های حزب رنجبران، مجاهدین خلق و بخش هایی از جبهه ملی ایران روی خوش نشان می‌داد و سعی در جذب آنها داشت.

بنی صدر از طرفی هم سعی داشت که باقیمانده ارتش شاهنشاهی را که در یک رقابت جدی با سپاه پاسدارن بودند، به دنبال خود به میدان‌های درگیری کشانده و قدرت نمایی کند. مجاهدین خلق نیز با اطمینان به نیروی خود و با توجه به فقدان پایگاه سیاسی جدی بنی صدر و جریان سیال هواداران او در جامعه، از ائتلاف سیاسی با بنی صدر نه تنها نگرانی نداشتند که از او به عنوان ابزاری برای از پای درآوردن رقیب اصلی خود که رهبری انقلاب بود سود می‌جستند. بنی صدر اما تصورش این بود که جایگاه قانونی او و آرای او و در هر ائتلافی جایگاه اول را در اختیار او خواهد گذاشت. به هرحال صف بندی جدیدی در تمام ارکان جامعه در حال شکل گیری بود. صف بندی‌ای که چشم انداز آینده آن از خشونت‌های فاجعه باری در سراسرکشور خبر می‌داد.

حزب توده در این دوران با همه نیروهای سیاسی جبهه انقلاب، سیاست اتحاد و انتقاد را در پیش گرفته بود. در این دوران حزب ضمن محکوم کردن حملات حزب اللهی‌ها به دفاتر مجاهدین، به مجاهدین نیز هشدارهای جدی می‌داد. رهبری سازمان مجاهدین خلق که از حضور چندصدهزارنفری نیروی سیاسی- نظامی خود در سراسر کشور سرمست و مغرور شده بود، به هیچ عنوان حاضر به مصالحه با رقیب خود نبود و در همان زمان مشغول آماده سازی چند ده هزار نفر از نیروهای مسلح خود در خانه‌های تیمی و دفاتر نیمه مخفی – نیمه علنی برای نبرد در روزهای آتی بود. مجاهدین گرچه ظاهرا با نامه و نامه نگاری با رهبری نظام اسلامی چهره‌ای مظلوم از خود نشان می‌دادند، اما در همان حال مشغول سازماندهی یک جریان بزرگ میلیشیایی در کشور بودند و خود را آماده یک نبرد کاملا جدی در سر اسر کشور می‌کردند. نشریه مجاهد گاه با تهدیدهای جدی از زبان

برخی از رهبران سازمان تمایل آنها را به مقابله با حکومت در ابعاد نظامی ابراز می‌کرد.

آیت الله خمینی در یکی از پیام‌های خود در جواب نامه رهبران سازمان که خواهان دیدار با او شده بودند، با صراحت اعلام کرد که اگر شما سلاح‌های خود را تحویل دهید، من خودبه‌دیدار شما خواهم آمد. این پیام در حقیقت بیانگر این واقعیت نیز بود که رهبری حکومت از تسلیح نیروهای نظامی مجاهدین وآمادگی آنها برای عملیات نظامی اطلاع داشته و آن را خطری برای آینده نظام می‌دانست.

روزنامه اطلاعات، ۲۱ اردیبهشت ۱۳۶۰

روزنامه اطلاعات، ۲۲ اردیبهشت ۱۳۶۰

ولی مجاهدین در مقابل خواست رهبری نظام اسلامی برای خلع سلاح خود به شدت مقاومت کرده و حاضر نشدند که سلاح‌ها و مهمات خود را که در دوران انقلاب و پس از آن جمع آوری کرده بودند به حکومت جدید تحویل دهند. آنها حتی در یک سلسله مقالات در نشریه روزانه مجاهد از تسلیح نیروهای خود دفاع کرده و رسما به خلع سلاح پاسخ منفی دادند. مجاهدین حتی درنامه خود به بنی صدر در نخستین روزهای خرداد سال ۶۰، درست یک ماه پیش از آغاز درگیری‌های خونین با حکومت، هنوز هم از نگهداری سلاح‌های خود تحت عناوین گوناگون دفاع کرده و حاضر به خلع سلاح و تحویل اسلحه نبودند.

نشریه مجاهد، ۲۱ اردیبهشت ۱۳۶۰

نامهٔ مجاهدین به ریاست جمهوری در نشریه مجاهد، ۲۱ اردیبهشت ۱۳۶۰

با اینکه بیش از دو سال از پیروزی انقلاب گذشته بود و حکومت جدید همه ارکان قانونی و حقوقی خود را تأسیس کرده و سعی در کنترل و مدیریت کشور داشت، اما برای گروه‌های سیاسی رادیکال انقلاب هنوز ادامه داشت و آنها حکومت جدید را به رسمیت نمی‌شناختند. این فقط سازمان مجاهدین خلق نبود که از خلع سلاح سر باز می‌زد و افراد

مسلح شان در خانه‌های امن سازمان رفت و آمد داشتند. بسیاری از سازمان‌های دیگر نیز هنوز به حضور مسلحانه خود در جامعه ادامه داده و عملا نشان می‌دادند که هیچ تصمیمی برای زمین گذاشتن اسلحه ندارند. در بعضی از نقاط کشور عملا گروه‌های مسلح حضور کامل داشته و مانع استقرار نیروهای حکومت جدید در منطقه عمل خود می شدند. این امر در بخش هایی از کردستان به وضوح قابل مشاهده بود. روستاها و شهرهایی وجود داشت که دربست در اختیار گروه‌های مسلح کرد و غیرکرد بود. حزب دمکرات کردستان، سازمان کومله، گروه‌های ریز و درشت مثل گروه اشرف دهقانی، اقلیت، سهند، پیکار، و حزب رنجبران در این منطقه به طور مسلح حضور داشتند. همه شواهد نشان از آن داشت که این وضعیت دوام نخواهد آورد و به زودی به یک زدوخورد جدی در سراسر کشور برای خلع سلاح سازمان‌های سیاسی منجر خواهد شد. در حقیقت ماه‌های آغازین سال ۱۳۶۰ مقدمات ورود به این برخورد خشن سیاسی در کشور بود. حکومت به هیچ وجه حاضر نبود در شرایط جنگی و ضمن شکست‌های پی در پی در جبهه‌های جنوب و غرب کشور از ارتش صدام، در جبهه داخلی نیز میدان را به مخالفین و گروه‌های رقیب خود واگذار نماید.

وضعیت جدید در کشور جبهه بندی‌های جدیدی را در میدان سیاست به وجود آورد. سازمان مجاهدین خلق که خود را سردمدار مبارزه برعلیه ارتجاع در کشور می‌شناخت، جبهه‌ای را در کشور به عنوان «جبهه متحد ارتجاع» نامگذاری کرد که طبق تعریف آنها حزب جمهوری اسلامی، حزب توده ایران، جنبش مسلمانان مبارز و سازمان چریک‌های فدایی خلق ایران (اکثریت) اعضای اصلی تشکیل دهنده آن بودند. در طرف مقابل، جبهه‌ای را تحت عنوان «جبهه ضد ارتجاع» معرفی کرد که در راس آن سازمان مجاهدین خلق قرار داشت و شامل همه نیروهای مخالف انقلاب بود، از رئیس جمهور بنی صدر گرفته تا بخشی از رهبری حزب دمکرات کردستان ایران (به رهبری دکتر عبدالرحمن قاسملو)، کومله، شیخ عزالدین حسینی در کردستان و برخی گروه‌های دیگر که بیشتر در منطقه کردستان سکنی گزیده و در مناطق زیر پوشش حزب دمکرات و کومله امکان زندگی سیاسی یافته بودند. این جبهه تا آغاز درگیری‌های خونین سال شصت، گرچه مجاهدین نیروی ضربتی آن بودند و بنی صدر شخصیت سیاسی اصلی آن، وجود منسجم تشکیلاتی نداشت. ولی با آغاز درگیری‌های خونین سال ۱۳۶۰ و پس از عزل بنی صدر از مقام ریاست جمهوری و فرار او به همراه بخشی از رهبری سازمان مجاهدین خلق به خارج از کشور، رسما تشکلی تحت عنوان «شورای ملی مقاومت» شکل گرفت و همانطور که مجاهدین پیش بینی کرده بودند، رهبری بلامنازع آن در اختیار رجوی و سازمان مجاهدین خلق قرار گرفت.

در ماه‌های آخر سال ۱۳۵۹ شدت درگیری‌ها اوج گرفته بود. روزی نبود که در نشریات سازمان‌ها و روزنامه‌های رسمی‌کشور خبر از درگیری و زدوخورد در گردهمایی‌ها و سخنرانی‌ها نباشد. هیات‌های حل اختلاف گوناگون برای رسیدگی به اختلاف‌های میان رئیس جمهور و رهبران حزب جمهوری اسلامی‌تشکیل شد و پس از هر دیداری، صحبت از حل و فصل قضایا بود. ولی باز چند روز بعد اختلافات در شکل جدید و با شدت

بیشتری بروز بیرونی می‌یافت. بنی صدر بارها و بارها رسما و علنا در دیدارهای خود با
آیت الله خمینی با اشاره به اختلاف نظرها، نارضایتی خود را از وضع موجود اعلام کرد.

روزنامه مجاهد، شماره ۱۲۳، ۱۴ خرداد ماه ۱۳۶۰

بحث شکنجه در زندان‌ها که ابتدا توسط مجاهدین و دیگر گروه‌های مخالف نظام
اسلامی‌مطرح شده بود، کم کم توسط دیگر گروه‌ها و شخصیت‌های سیاسی از جمله رئیس
جمهور بنی صدر نیز مطرح شد. این موضوع به اندازه‌ای جدی شد که آیت الله خمینی
اقدام به تشکیل هیاتی مرکب از نمایندگان خود، مجلس و قوه قضائیه برای رسیدگی به این
امر کرد. محمدمنتظری، فرزند آیت الله منتظری، به عنوان نماینده خمینی مسئول این
هیات بود.

روزنامه انقلاب اسلامی، شماره ۴۲۱، چهارشنبه ۱۹ آذر ۱۳۵۹

بسیاری ازافرادی که پس از درگیری‌ها و زدوخوردهای خیابانی دستگیر می‌شدند، در دوران بازداشت خود مورد شکنجه قرار می‌گرفتند. حتی بعضی از افراد «دفتر هماهنگی با رئیس جمهوری» که تنها نهاد سازمانی بنی صدر بود و به مثابه تشکیلات سیاسی او عمل می‌کرد، دستگیر شده و برخی به گفته خودشان در دوران بازداشت مورد شکنجه قرار گرفته بودند.

روزنامه انقلاب اسلامی، شماره ۴۲۷، ۲۶ آذر ۱۳۵۹

درگیری‌ها چنان حاد شده بود که تعداد زیادی از نمایندگان مجلس به پیشنهاد حسن آیت برعلیه رئیس جمهوربنی صدر اعلام جرم کردند. حسن آیت از رهبران اصلی حزب جمهوری اسلامی ایران بود و بارها از طرف سازمان مجاهدین و بنی صدر به توطئه بر علیه آنها متهم شده بود.

روزنامه انقلاب اسلامی، شماره ۲۵۵، ۱ بهمن ۱۳۵۹

در همین گیرودار بود که رهبری نظام به فکر پایان دادن به داستان گروگان گیری کارمندان سفارت امریکا در تهران افتاد. جالب اما اینجا بود که در همان زمانی که رهبران حکومت درجریان مذاکرات برای پایان بخشیدن به بحران گروگان گیری بودند، بسیاری از گروه‌های سیاسی و بعضی از جناح‌های حکومت، رهبری نظام را متهم به سازشکاری با امریکا می کردند. بعضی از گروه‌ها ازجمله سازمان مجاهدین خلق خواهان محاکمه گروگان‌ها شده و تلاش‌های رهبری نظام را برای پایان دادن به این بحران سیاسی تحت عنوان سازش با امپریالیسم آمریکا محکوم می‌کردند.

نشریه مجاهد، شماره ۱۰۷، سه شنبه ۲۷ بهمن ۱۳۵۹

در اسفندماه ۱۳۵۹ حمله به گردهمایی‌ها در ابعاد وسیع تری انجام می‌شد. سخنرانی‌های بنی صدر تقریبا همه جا مورد حمله چماقداران و مخالفین او قرار می‌گرفت.

روزنامه انقلاب اسلامی، شماره ۴۸۱، ۴ اسفند ۱۳۵۹

بنی صدر نیز آنها را بی پرده مورد حمله قرار می‌داد و می‌گفت که "دو سال است به عده‌ای چماقدار نمی‌توانیم حالی کنیم که کشور به وسیله چماق قابل اداره نیست." (روزنامه انقلاب اسلامی، شماره۴۸۱، ۴ اسفند ۱۳۵۹)

بحث چماقداری به طور جدی و تقریبا هر روزه در سطح مطبوعات کشور مطرح بود. آیت الله خمینی حتی در دیدار خود با مامورین شهربانی و سپاه در همان روزهای اول اسفند ماه با اشاره به اینکه "چماق کشی و چماق بازی از بدترین چیزهایی است که در آخر سلطنت محمدرضاشاه درست شد" مخالفت خود را با این پدیده اعلام کرد و از مامورین انتظامی خواست که از حمله چماقداران به اجتماعات جلوگیری شود. (روزنامه انقلاب اسلامی، شماره ۴۸۲، ۵ اسفند ۱۳۵۹)

روزنامه انقلاب اسلامی، شماره ۴۸۲، ۵ اسفند ۱۳۵۹

هنوز چندروزی از صحبت آیت الله خمینی نگذشته بود که در مراسم بزرگداشت مصدق در دانشگاه تهران در هنگام سخنرانی بنی صدر درگیری شدیدی بین هواداران و مخالفین او بوجود آمد. بنی صدر خود در این مراسم فریاد برآورد که "ترجیح می‌دهم امروز بدست چماقداران کشته بشوم بلکه رسم چماقداری در این کشور از میان برود." (روزنامه انقلاب اسلامی، شماره ۴۹۱، ۱۴ اسفند ۱۳۵۹) در این مراسم که تعداد زیادی مجروح شدند. بنی صدر از همه هواداران خود خواست که به عنوان شاهد به دادگستری رفته و آنچه را دیده‌اند شهادت دهند.

روزنامه مجاهد، ارگان سازمان مجاهدین، و روزنامه انقلاب اسلامی که وابسته به بنی صدر بود در شماره‌های بعدی خود با چاپ کارت‌های عضویت و مدارکی که از جیب حمله کنندگان به دست آورده بودند، مدعی شدند که این افراد به نهادهای انقلابی سپاه، کمیته‌ها و دادستانی و حتی دفتر نخست وزیری آقای رجائی وابسته بوده و توسط آنها هدایت شده اند.

این درگیری و پیامدهای آن در حقیقت شاید نقطه عطفی در تاریخ سیاسی ایران بود و نقطه آغاز همکاری‌های خیلی نزدیک تر میان جبهه مجاهدین و بنی صدر شد. آیت الله خمینی نیز کم کم آشکارا طرف مخالفین بنی صدر را گرفت به طوری که در لحن کلام او با بنی صدر پس از آن تغییر اساسی کاملا مشهود بود.

روزنامه انقلاب اسلامی، شماره ۴۹۱، ۱۴ اسفند ۱۳۵۹

در تمام گردهمایی ها، مجاهدین و هواداران بنی صدر و دیگر گروه‌های مخالف با شعارهای «مرگ بر استبداد» و «مرگ بر بهشتی» چنین وانمود می‌کردند که رهبری جناح مخالف آنها در دست آیت الله بهشتی، رئیس وقت قوه قضائیه است و اوست که به دنبال ایجاد نظام استبداد دینی در کشور است. بهشتی از روحانیون طرفدار آیت الله خمینی بود که سال ها در آلمان زندگی کرده و در دوران انقلاب نیز یکی از طرف‌های اصلی مذاکرات از جانب آیت الله خمینی با نمایندگان آمریکا از جمله ژنرال هویزر بود. بهشتی همان کسی بود که رهبری ایالات متحده آمریکا را از دست زدن به یک کودتای نظامی و کشتار مردم در دوران انقلاب برحذر داشته و با قول و قرار با آنها حرکت انقلاب را با مسالمت نسبی تا پیروزی به پیش برد. البته همه می‌دانستند که سکاندار اصلی انقلاب خود آیت الله خمینی است اما همه شواهد و اسناد تاریخی بر این امر نیز گواهی می دهد که آمریکایی‌ها پس از مذاکره ژنرال هویزر با آیت الله بهشتی، به این نتیجه رسیدند که نه حمایت بیشتر از شاپوربختیار راه حل مناسبی است و نه یک کودتای خونین نظامی که بخشی از رهبران ارتش ایران در صورت موافقت آمریکا حاضر به انجام آن بودند. نظام جدید اسلامی با وعده و وعیدهایی که آیت الله بهشتی در مذاکرات به‌امریکایی‌ها داده بود، برای هر دو طرف مذاکره بهترین گزینه موجود بود: برای آیت الله‌ها در ایران یک نظام حکومتی دینی را به ارمغان می‌آورد و برای آمریکایی‌ها که به دنبال مهار کردن روسیه بودند کمربند سبز امنیتی را که برژینسکی به دنبال آن بود می ساخت. بهشتی چه در ماه‌های آخر مبارزت انقلابی و چه پس از پیروزی انقلاب نشان داد که یکی از شخصیت‌های درجه اول نظام نوپای اسلامی و از معتمدین و مشاورین اصلی آیت الله خمینی است. او در شکل گیری بیشتر نهادهای انقلاب و در ایجاد و هدایت مجلس خبرگان

قانون اساسی و دستگاه قضایی نظام جدید نقش اساسی داشت. بهشتی همچنین از جمله روحانیونی بود که با تاکید بر سازماندهی نیروهای طرفدار انقلاب، اقدام به تشکیل بزرگترین حزب سیاسی هوادار انقلاب را کرد. حزب جمهوری اسلامی ایران که اکثریت نیروهای مسلمان هوادار انقلاب را در خود سازماندهی کرده بود، ساخته و پرداخته او بود. اعضای این حزب تقریبا در تمام ارگان‌های انقلابی و اداری کشور نقش اصلی را ایفا می‌کردند.

مجاهدین و بنی صدر و دیگر نیروهای مخالف نیز درست به دلیل نقش تعیین کننده و توانایی‌های مدیریتی بهشتی، نوک پیکان حمله خود را متوجه او کرده بودند. در تمام سخنرانی‌ها و گردهمایی‌های آن دوران، شعار «مرگ بر بهشتی» شاه بیت فریادهای مجاهدین و هواداران بنی صدر بود که با «درود بر بنی صدر» و یا «سپهسالار ایرانی بنی صدر» همراه می‌شد.

از همان نخستین روزهای خردادماه سال ۱۳۶۰ دیگر آشکار شده بود که این وضعیت به آن گونه امکان ادامه نداشت. مجاهدین در نامه‌ها و اطلاعیه‌های خود زبان تهدید را آشکارتر می‌ساختند. طرفداران آنها نیز حالا با صراحت بیشتری صحبت از "درگیری روی درروی مردم و سقوط در ورطه جنگ داخلی" می‌کردند. *(نامه ۱۷ تن به آیت الله خمینی ۲ خرداد ۱۳۶۰، نشریه مجاهد شماره۱۲۲)*

نشریه شورا، شماره ۱۲۲، ۷ خردادماه ۱۳۶۰

سومین بهار پس از پیروزی انقلاب روزهای پایانی خود را سپری می کرد. دیگر از طراوت سرود بهاران خجسته باد سال ۵۸ کمترین اثری باقی نمانده بود. درگیری و خشونت بیش از هر وقت دیگری جامعه را فرا گرفته بود و سومین بهار انقلاب با نشانه‌ها و خاطره هایی پر از غم و اندوه از در گیری‌ها و زد و خوردهای خیابانی رو به پایان می‌گذاشت. آخرین ماه بهار برای مجاهدین خلق همیشه از اهمیت خاصی برخوردار بوده و هست. خرداد ماه، ماه شهادت رهبران اولیه سازمان است. نسل جوان انقلابیون مسلمانی که با ایده‌های انقلابی به دنبال تحقق قشنگ ترین آرمان‌های بشری بودند، تحقق عدالت اجتماعی، آزادی و استقلال. و به زبان رهبری سازمان، تحقق جامعه بی طبقه توحیدی.

سازمان هرساله به گرامیداشت خاطره بنیانگذاران سازمان در این ماه اقدام به یک نمایش انقلابی می‌کرد. در اولین سال پس از پیروزی انقلاب، بزرگترین گردهمایی مجاهدین در تجلیل از خاطره بنیانگذاران سازمان برگزار شد که در آن چند صد هزار نفر از اعضا و هواداران و دوستداران سازمان شرکت کردند و بسیاری از شخصیت‌های مورد احترام و تراز اول کشور با حضور خود و یا ارسال پیام به تجلیل از بنیانگذاران سازمان پرداختند.

حالا پس از گذشت سه بهار و در فضای متشنج کشور، مجاهدین طی اطلاعیه‌ای این بار به هواداران خود اعلام می‌کردند که امسال "به جهت خنثی نمودن توطئه‌های جنایت بار و دسیسه‌های آتش افروزان و جنگ طلبان فتنه انگیز و ایادی مرتجعین انحصارطلب که بلاوقفه مشغول توطئه چینی برای افروختن جنگ داخلی هستند" هیچ گونه مراسمی بر گذار نخواهندکرد.(نشریه مجاهد، شماره ۱۲۲، ۷ اردیبهشت ۱۳۶۰)

تلاشهای جنگ افروزانه به اصطلاح دادستان انقلاب مرکز و اطلاعیه سازمان بمناسبت ۴ خرداد

نشریه مجاهد، شماره ۱۲۲، ۷ اردیبهشت ۱۳۶۰

سازمان مجاهدین در ۱۴ خرداد ماه سال ۱۳۶۰ در شماره ۱۲۳ نشریه مجاهد، فقط با چاپ مطلبی با عنوان «خردادهای خونین و شمه‌ای از عملیات مسلحانه مجاهدین خلق بر علیه امپریالیسم» که در آن از تعدادی از عملیات مجاهدین در سالهای گذشته یاد کرده بود، خاطره شهدای سازمان را گرامی داشته و از آنها تجلیل به عمل آورد. این عملیات عبارت بودند از عملیات اعدام انقلابی ژنرال پرایس مستشار نظامی‌امریکا در ایران و انفجار اداره‌ی اطلاعات امریکا در تهران در ۱۰ خرداد ۱۳۵۱، اعدام انقلابی سرهنگ هاوکینگز مستشار نظامی‌امریکایی در تهران در ۱۳ خرداد ماه سال۱۳۵۲ و عملیات بمب گذاری در دفتر چند شرکت امریکایی، انگلیسی و اسرائیلی در ۴ خردادماه ۱۳۵۲، و انفجارهایی در دفاتر فرمانداری، استانداری و حزب رستاخیز در شهرهای زنجان، تبریز، و قزوین درخردادماه سال ۱۳۵۴.

در واقع مجاهدین با خودداری از راهپیمایی از بروز یک درگیری خونین که در کمین آنها نشسته بود جلوگیری کردند. چند روز پیش از آن دادستانی انقلاب در اعلامیه‌ای برگزاری

هر گونه گردهمایی از طرف سازمان را ممنوع اعلام کرده بود و هشدار داده بود که در صورت تخلف به شدت برخورد خواهد کرد. خوشبختانه تصمیم رهبری مجاهدین مانع از وقوع این فاجعه خونین شد. اما تشنج همچنان در سراسر کشور در جریان بود. حملات به دفاتر مجاهدین و دیگر گروه‌های سیاسی روز به روز به شکلی فزاینده ادامه داشت.

"خرداد"های خونین

و شمه‌ای از عملیات مسلحانه مجاهدین خلق بر علیه امپریالیسم

در هجدهمین سالگرد قیام خونین ۱۵ خرداد و نهمین سالگرد شهادت بنیانگذاران کبیر و اعضای کادر مرکزی سازمان مجاهدین خلق ایران مناسب دیدیم گزارشی داشته باشیم هرچند کوتاه از "خرداد"های دور. از آن زمان که مانند امروز مرزهای انقلاب و ضدانقلاب، اسلام و ارتجاع اینگونه توسط مرتجعین حاکم مخدوش نشده بود. آن زمان که بسیاری از مدعیان کنونی در لانه‌ها خزیده بودند و در یک کلام آن زمان که پشتوانه‌ی گفتار عمل بود و توشه‌ی راه جانی که می‌بایستی برکف گرفته باشی. گفتیم در آن ایام معیار اصالت و درجه‌ی انقلابی بودن هر فرد یا گروهی با مبارزه رویاروی و قهرآمیز با امپریالیزم و سرسپردگان داخلیش یعنی رژیم دیکتاتوری محمدرضاشاهی شناخته می‌شد. بر این روال بی‌مناسبت نیست نگاهی داشته باشیم بر قهرمانی‌های فرزندان رسید و دلاور خلق در آن دوران با ضمنا از این طریق به وضع حال مدعیان امروزی مبارزه با امپریالیزم که خاموشان و سپاس گویان و جاکران دیروزی درگاه طلوکانه بودند نیز بپریم.

۹ و ۱۰ خرداد ۵۱: دیدار نیکسون جنایتکار رئیس جمهور وقت آمریکا به تهران

۱۰ خرداد ۵۱:
ـ اعدام انقلابی ژنرال پرایس سرمستشار نظامی امپریالیزم آمریکا در ایران
ـ انفجار اداره‌ی اطلاعات آمریکا در تهران

قسمتهائی از اطلاعیه‌ی نظامی شماره ۳ "مجاهدین خلق ایران"
ـ صبحگاه امروز در ساعت ۷/۵ اتومبیل مستشاری ...

در هجدهمین سالگرد قیام خونین ۱۵ خرداد و نهمین سالگرد شهادت بنیانگذاران کبیر و اعضای کادر مرکزی سازمان مجاهدین خلق ایران مناسب دیدیم گزارشی داشته باشیم هرچند کوتاه ...

جاسوسی و توطئه را در خیابان صبا درهم شکست.
...۲
... این اقدامات هدفهای متعددی را تعقیب می‌کرد:
اولا: پاسخ کوبنده‌ای بود به جنایتهای وحشیانه‌ی رژیم علیه گرامی‌ترین و دلاورترین فرزندان خلق ایران ...
ثانیا: نابودی عناصر متجاوز و نوکفئر آمریکائی ...
ثالثا: اعلام پشتیبانی از جنبشهای آزادیبخش جهانی در گستره‌ی ساختن جبهه‌نبرد ضدامپریالیسی، بخصوص انقلاب خلق قهرمان ویتنام
... ما از این یس حملات خود را منوجه‌ی مناطقی خواهیم ساخت که دشمن را به سخی بدرد آورد. و همان خنتنی را که به ازدنمن آموحهایم علیه او به کار خواهیم برد...
مجاهدین خلق ایران
۵۱/۳/۱۰

۱۳ خرداد ۵۲:
ـ اعدام انقلابی سرهنگ‌ها و کینز مستشار نظامی امپریالیزم آمریکا در ایران

قسمتهائی از اطلاعیه‌ی سیاسی ـ نظامی شماره ۱۶
"... این اعدام تنها پاسخ کوچکی بود به خونهائی که تنها طی دوسال به دست جلادان شاه از این جرثومه‌های کثاف و پلیدی و به فرمان اربابان آمریکائیشان در تهران و اهواز و سنندج از پیکر فرزندان خلق بر زمین ریخت ...
این اعدام پاسخی بود به خونهای سرخی که در ۱۵ خرداد خونبار بر گیسوش خیابانها باشید
و پاسخی است به حضور ۱۰۰۰۰ مستشار آمریکائی ...
۲۸ مرداد ۳۲ با آمریکا بسته ...

قسمتهائی از اطلاعیه‌ی سیاسی ـ نظامی شماره ۱۹:
درست چهارم خرداد (۵۳) مصادف با سالروز سیرباران ۵ س از گرامی‌ترین فرزندان رزمنده‌ی خلق محمد حنیف‌نژاد، سعید محسن، علی اصغر بدیع‌زادگان، محمود عسگری‌زاده و رسول سکین‌قام سه واحد چریکی از مجاهدین در سه عمل بمبگذاری هماهنگ علیه سه موسسه امپریالیسی ـ صهیونیسی بار دیگر ادامه و گسترش راه مبارزه مسلحانه و اراده‌ی خلل ناپذیر بی‌گمان صلح خلق را به ادامه‌ی این راه آشکار اعلام نمودند.
هدفهای مورد حمله عبارت بودند از:
۱ـ ساختمان سرکت امریکائی ـ اسرائیلی جنرال تلفن یا کـ آن سه‌از هفت‌سال سلاحها برخاست ....
۲ـ سرکت انگلیسی ـ اسرائیلی درباری بیمی بورکایر با انفجار یک بمب نیروبند
۳ـ سرکت اسرائیلی نکوائی با انفجار دوبمب
"طنی انفجارهای بی در بی بمبهای دست مجاهدین ما را باهرگونه نفوذ و حاکمیت این انقلاب عظیم را بینند و شکوفائی به ثمر برسانید."
از پیام پدر طالقانی به مناسبت ۴ خرداد/۵۸

۲ خرداد ۶۰:
اطلاعیه‌ای لاجوردی به اصطلاح دادستان انقلاب مرکز:
... آمریکائی از ایران.
۵ ـ ملی کردن انحصارات بانکها و سرمایه‌های آمریکائی در ایران.
اکنون در حالی که دو سال از آن تاریخ می‌گذرد مرتجعین حاکم نه تنها کوچکترین قدمی ...

خرداد ۵۸ اولین اعتراض سراسری ...
گردید که در بخشهائی از آن آمده است:
" ما خواهان اجرای هر چه سریعتر خواسته‌های زیر می‌باشیم:
۱ ـ افشای همگی قرارداد ـ هائی که پس از کودتای ننگین ۲۸ مرداد ۳۲ با آمریکا بسته ...

۴ خرداد ۵۱ برزمین ریخته شد...

خرداد ۵۴:
ـ انفجار فرمانداری و استانداری و حزب رستاخیز در زنجان، تبریز و قزوین

***

۴ خرداد ۵۸:
"جلادان مسخ شده و مغرور چنین سوری ندانستند که این پروندها برای شعور جهان زنده و طلب ما محو نمی‌تود. گرچه بکوشند تا آنها را با تبلیغات فریبنده‌ی خود محو کنند.
امروز برای تجلیل از شهدائی جمع شده‌اند که از خون پاک آنها س از هفت‌سال سیاحی در پاک آنها س از هفت‌سال سلاحها برخاست ....، آنها شاگردان مومن و دلداده‌ی مکتب قرآن بوده، گوهرهائی بودند که در باریکی درخشیدند.
از خداوند توفیق شما برادران و فرزندان عزیز را برای نکمیل اندیشه‌های قرآنی آنها و کمبود و دلداده مکتب تجربیات فکری و عملی، سا هر نقضی و کمبود را جبران کند و این انقلاب عظیم را بینند و شکوفانر به ثمر برسانید."
از پیام پدر طالقانی به مناسبت ۴ خرداد/۵۸

۲ خرداد ۶۰:

"سازمان مجاهدین خلق ایران در روز ۴ خرداد با برنامه ریزی حساب شده‌ای تصمیم بر آن دارد که ... با برگزاری مراسمی در صدد مقابله با قانون درآمده و هرج و مرج حدیدی(!!) در جامعه بیافرینند.
به کلیبی افراد حصوما هواداران سازمان اعلام می‌نماید که ... برگزاری سبک به معنای نغی صرح قاطعیت از این مراسم جلوگیری خواهد شد.

۴ خرداد ۶۰:
قسمی از اطلاعیه‌ی سازمان مجاهدین خلق ایران:
به جهت حنثی نمودن نوطئه‌های جنایتبار سردمه‌های آتش‌افروزان و جنگ‌طلبان فتنه‌انگیران و ایادی مرجعی انحصارطلب که بلاوقفه منغول نوطئه حینی برای افروخسن جنگ داخلی هستند.
مجاهدین خلق ایران امسال به مناسب ۴ خرداد در سراسر کسور حرذت‌ها در سراسر کسور هیچگونه مراسمی نخواهند داست....

امسال گرچه ۴ خرداد بدون مراسم یادبود گذست. اما حلق ما مطمئنا در آینده علیرغم خواست مرجعین حاکم بازهم خواهد نوانست با اراده‌ی کامل یاد شهیدان خود را گرامی داشته و سنجمله مراسم ۴ خرداد و بزرگذاست سهدای ۴ خرداد را با شکوه هر چه نمامر برگزار کند.
چرا که "۴ خرداد" با بیننوانه‌ای از " خردادهای خونین" همچون ساره‌ای درخسان در آسان خونین انقلاب این میهن همحنسان خواهد درخسید.

آشکارا قرارداد ۲۰ میلیارد تومانی با امپریالیزم انگلیس می‌بندند
مبارزی ضدامپریالیسی را در گروگان گیری حلامه کردند و در این ماجرا نیز احقاق حقوق خلق را حتی‌النماع منافع انحصارطلبانه و ارتجاعی خود قرار دادند، به نحوی که در پایان ماجرا به تسلیمی زبونانه ...

بقیه از صفحه ۱۲

نشریه مجاهد، شماره ۱۲۳، ۱۴ خرداد ۱۳۶۰

دفاتر هماهنگی همکاری‌های مردم با رئیس جمهوری یکی پس از دیگری مورد حمله نیروهای حزب اللهی و گروه‌های فشار قرار می‌گرفت و اشغال می‌شد. در بسیاری از این درگیری‌ها، نیروهای مجاهدین در کنار دیگر هواداران بنی صدر در دفاع از او مورد حمله قرار گرفته و گاه دستگیر و روانه بازداشتگاه‌ها می‌شدند. مناسبات بنی صدر نیز در این دوران با مجاهدین به گونه ای بود که آنها در یک جبهه در کنار یکدیگر قرار داشتند. این نزدیکی تا آنجا بود که بنی صدر در مصاحبه‌ای با اشاره به نامه مجاهدین خلق به وی در ۲ خرداد ماه سال ۱۳۶۰ در رابطه با خلع سلاح مجاهدین، به طور ضمنی از حق نگهداری سلاح از طرف مجاهدین دفاع کرد. او گفت "آنها آماده‌اند اسلحه شان را تحویل بدهند، منتهی گفته‌اند تضمین چیست که با ما با قانون اجرا بشود؟ خب من با چه جوابی بدهم؟"(روزنامه انقلاب اسلامی ۲ خرداد ۱۳۶۰ شماره ۵۲۵)

او در مقام ریاست جمهوری و رئیس قوه مجریه و فرمانده کل قوا در نظام جمهوری اسلامی، باید طرفدار خلع سلاح گروه‌های سیاسی می‌بود. اما مصاحبه او بیانگر چیز دیگری بود. آنجا که او می‌گفت "خب من با چه جوابی بدهم؟" به معنای آن بود که بطور ضمنی نگهداری سلاح توسط مجاهدین را تایید کرده و مسلح بودن آنها را نوعی تضمین برای ادامه فعالیت آنها می‌دانست.

روزنامه انقلاب اسلامی، ۲ خرداد ۱۳۶۰

مواضع بنی صدر در قبال رهبران حزب جمهوری اسلامی و همراهی او با سازمان مجاهدین خلق عملا کشور را به دو اردوی رودررو کشانده بود. یک اردو، ریاست جمهوری و نیروهای مجاهدین خلق و برخی دیگر از گروه‌های مخالف نظام جمهوری اسلامی را در بر می‌گرفت. اردوی دیگر، حزب جمهوری اسلامی، نخست وزیر و

اکثریت قاطع نمایندگان مجلس شورای اسلامی و آیت الله خمینی و نهادهای انقلابی مانند سپاه پاسداران، کمیته‌ها و جهادسازندگی بودند و در کنار آنها برخی از گروه‌های سیاسی دگراندیش از جمله حزب توده ایران، سازمان فدائیان خلق (اکثریت)، و جنبش مسلمانان مبارز قرار داشتند.

در همین حال، جنگ با عراق هم به سختی در جریان بود و نیروهای جبهه انقلاب به نبرد با دشمن خارجی مشغول بودند.

شعار «مرگ بر استبداد» دیگر فقط در گردهمایی‌های مجاهدین و یا طرفداران بنی صدر نبود که شنیده می‌شد. سرمقاله روزنامه انقلاب اسلامی به تاریخ ۱۲ خرداد ماه ۱۳۶۰ با تیتر «مرگ بر استبداد» به طور آشکارا جنگ قدرت را از رسانه اصلی رئیس جمهور که او خود صاحب امتیازش بود، فریاد کرد. این تیتر، عنوان سرمقاله این روزنامه به قلم احمد سلامتیان، نماینده مجلس و مسئول دفتر هماهنگی بنی صدر، بود که به صورت نامه‌ای سرگشاده خطاب به بهشتی، هاشمی رفسنجانی، رجایی و مهدوی کنی نوشته شده بود و با اشاره به حمله عوامل ارتجاع به سخنرانی نویسنده در همدان و شرح جریان ضرب و جرح خود و هوادارانش، مخاطبین نامه را به عنوان مسئولین درجه اول کشور مسئول آن فاجعه قلمداد می‌کرد. در همان شماره نیز صحبت‌های پیش از دستور همان نویسنده، سلامتیان، در مجلس شورای اسلامی درج شده بود که به همان جریان حمله به دفتر هماهنگی در همدان پرداخته شده بود که "... با کتک از او (سلامتیان) خواسته‌اند که شعار درود بر بهشتی و مرگ بر بنی صدر بدهد که ایشان در صحبت خود گفت که: «من هرگز نخواهم گفت و به خدا قسم ذره ذره وجود من خواهد گفت مرگ بر استبداد.»"(روزنامه انقلاب اسلامی، ۱۲ خرداد ماه ۱۳۶۰)

روزنامه انقلاب اسلامی، شماره ۵۵۳، ۱۲ خرداد ۱۳۶۰

نگرش سیاسی حزب توده ایران

در این گیرودار سیاسی ما همچنان به فعالیت حزبی مشغول بودیم. در حوزه‌های حزبی و در جلسه‌های مختلف، بحث اصلی درباره درگیری بین نیروها بود. در درگیری‌های خیابانی گرچه در بیشتر موارد ما هم در کنار مجاهدین و هواداران بنی صدر و دیگر گروه‌های سیاسی مورد حمله گروه‌های فشار قرار می‌گرفتیم، ولی ما هدف اصلی آنها نبودیم. معمولا درگیری که شروع می‌شد، ما هم بی نصیب از حمله نبودیم. مثلا وقتی در خیابان دانشگاه حمله به بساط‌های کتابفروشی در می‌گرفت، بساط ما هم جمع می‌شد و کتاب‌ها و روزنامه‌های حزبی ما هم مثل سایرگروه‌ها پاره پاره شده و در جوی‌های کنار خیابان ریخته می‌شد. هواداران حزب هم اگر مقاومتی می‌کردند باید با سروکله خونین به خانه‌های خود برمی‌گشتند. بسیار اتفاق می‌افتاد که رفقای ما را هم دستگیر می‌کردند اما تفاوت‌اش این بود که وقتی خود را عضو حزب توده و از هواداران انقلاب معرفی می‌کردند، معمولا پس از چند ساعت و یا چند روز آزاد می‌شدند.

برای ما توده ای‌ها از نظر عاطفی شرایط بسیار سختی بوجود آمده بود. بسیاری از نزدیک ترین دوستان و هم کلاسی‌ها و افراد فامیل مان به دلیل هواداری ما از نظام انقلابی با ما قطع رابطه کرده بودند. هر روزه شاهد بودیم که گروه‌های فشار که از طرف نهادهای انقلابی حمایت می‌شدند در خیابان ها به دوستان و آشنایان ما حمله کرده و گاه آنها را خونین و مالین می‌کردند. از نظر احساسی، روح و روان ما توده ای‌ها با آنها بود. آنها آشنایان قدیمی و در بسیاری موارد دوستان صمیمی سال های گذشته ما بودند. آنها از نظر نوع زندگی و رفتارهای اخلاقی و آرمان‌های سیاسی به ما بسیار نزدیک تر از اعضای نهادهای انقلابی چون بسیج و سپاه بودند. مدل زندگی ما با بچه‌های هوادار سپاه و کمیته‌ها هیچ شباهتی نداشت. ولی مشی سیاسی حزب و آنچه آن روزها ما به دنبال اش بودیم، یعنی تعمیق اهداف مردمی انقلاب و مبارزه ضد امپریالیستی و عدالت جویانه، عملا ما را در مقابل نیروهای به اصطلاح «ضد انقلاب» قرار می‌داد.

حکومت از همان اولین روزهای پس از انقلاب جامعه را به انقلابی و ضد انقلابی تقسیم بندی کرده بود و تقریبا همه گروه‌های سیاسی و شخصیت‌های روشنفکر و سیاسی و حتی هنرمندان کشور هم به این تقسیم بندی تن داده بودند. این تقسیم بندی گرچه در ابتدا برای دو گروه بزرگ اجتماعی یعنی هواداران رژیم سابق و هواداران انقلاب تعریف شده بود، اما کم کم تعریف «ضد انقلاب» همه دگر اندیشان را در جامعه دربرگرفت. ما توده ای‌ها گرچه به عنوان یکی از گروه‌های دگراندیش از همان ابتدا مورد لعن و نفرین تقریبا همه جناح‌های حکومت جدید بودیم و از نظر آنها در جبهه ضد انقلاب قرار داشتیم، اما تن به این تقسیم بندی نمی‌دادیم.

حزب در تلاش بود که جبهه انقلاب و ضدانقلاب را به گونه‌ای که خودش می‌خواست تعریف کند. از این رو، جریانی را به نام «جریان خط امام» با چند ویژگی اصلی در جامعه معرفی کرد که عبارت بودند از ضد امپریالیست بودن، مخالفت با بقایای سلطنت، و مردمی‌بودن به معنای ایجاد امکانات رفاهی ضروری مانند بهداشت و درمان، آموزش، اشتغال، و مسکن برای عموم مردم. بنابراین تمام گروه‌های اجتماعی و محافل سیاسی که با این تعریف همخوانی نداشتند در جبهه ضد انقلاب قرار می‌گرفتند و یا محکوم به

ضدانقلابی شدن در آینده بودند. به همین دلیل هم حزب هر نیروی سیاسی دیگری را علیرغم برنامه سیاسی آنها برای آینده به صرف مخالفت آنها با حکومت جدید در جبهه ضدانقلاب قرار می‌داد.

حزب با جدا کردن دو مفهوم لیبرالیسم به معنای «آزادی‌گرائی» (آزادیخواهی) و دمکراتیسم به معنای «مردم گرائی» (مردم سالاری) در تحلیل سیاسی خود به نتایج معینی می‌رسید که در آن دوران عملا جز دفاع از حکومت اسلامی و رهبری آن نتیجه دیگری به بار نمی‌آورد.

احسان طبری که تئوریسن اصلی حزب بود در مقاله‌ای تحت عنوان «لیبرالیسم، دمکراتیسم و پیوند آن با موضع‌گیری ضدامپریالیستی» در کتابی که در همان نخستین سال پس از انقلاب در تیر ماه سال ۱۳۵۸ تحت عنوان «برخی مسائل حاد انقلاب ایران» به چاپ رسید، به تشریح نظر حزب در این مورد پرداخت.

او معتقد بود که "در «جامعه شناسی انقلابی»، بین آزادی گرائی یا «لیبرالیسم»، که محتوای «دمکراسی» را تا سطح آزادی‌های سیاسی متداول در برخی کشورهای دارای سیستم پارلمانی سرمایه داری تنزل می‌دهد، و مردم گرائی یا «دمکراتیسم»، که اصل حاکمیت خلق را در مرکز توجه قرار می‌دهد، تفاوت کیفی است". به نظر او "لیبرالیسم کاری به اینکه خلق، در لحظهٔ تاریخی معین، کدام یک از طبقات و اقشار جامعه را در بر می‌گیرد و لذا حاکمیت خلق به چه معناست، ندارد. از نظر لیبرال ها، خلق و ملت به یک معنی است. ولی از نظر جامعه شناسی علمی و انقلابی، خلق آن بخشی از ملت است که از طبقات و قشرهای حاکمهٔ مرتجع و محافظه کار و ممتاز جوامع سرمایه‌داری جداست و منافعش با این طبقات و قشرها وارد تصادم می‌شود. به طور مشخص، در کشور ما کارگران، دهقانان، پیشه وران، روشنفکرانی که خدمتگزار خلق هستند و نیز بورژوازی کوچک و متوسط ضدامپریالیستی (یا ملی)، خلق است و الیگارشی ارتجاعی و ممتاز، یعنی سرمایه داران و زمینداران بزرگ وابسته و تکنوکرات‌های لشکری و کشوری در خدمت آنها (که در ایران خاندان پهلوی سلسله جنبان‌شان بود) «ضدخلق است» و حال آنکه آنها هم در مفهوم عام «ملت ایران»، یعنی «همه کسانی که تابعیت قانونی دولت ایران را دارا هستند» وارد می‌شوند."

این تقسیم بندی جدید و تفاوتی که طبری بنابرآن میان «خلق» و «ملت» می‌گذاشت، خمیرمایه اصلی تحلیل حزب در آن دوران بود. همین تحلیل موجب شد که تا حدود زیادی تقسیم بندی میان حکومت «انقلابی» و «ضد انقلابی» در جامعه، با تحلیل حزب بر هم منطبق شده و شباهت عجیبی به هم پیدا کنند. در نتیجه، حزب به اتخاذ سیاست هایی پرداخت که با سیاست رهبران حکومت اسلامی بسیار نزدیک بود و پیامدهای بسیار سنگین و گرانباری را برای حزب و تاریخ کشور ما بر جای گذاشت.

حزب در نبرد قدرتی که حتی در همان سال نخست انقلاب میان رهبری انقلاب و دولت موقت بازرگان در گرفت، به بهانه دفاع از دمکراتیسم انقلابی در مقابله با لیبرالیسم بورژوائی، طرف رهبری انقلاب ایستاده و به تقابل و رودررویی با لیبرالیسم کشیده شد. از نظر حزب "دمکراتیسم مساله اینکه حاکمیت در دست کیست و علیه کیست را در مرکز

توجه قرار می‌دهد و خواستار حاکمیت خلقی است و این را مهمترین وثیقه دمکراسی می‌داند." حزب این دمکراسی را «دمکراسی انقلابی» نام داده بود و در خصوص آن چنین می‌گفت "این دمکراسی، که ما آن را دمکراسی انقلابی نیز می‌توانیم بنامیم (در مقابل «دمکراسی بورژوائی»)، دارای محتوای طبقاتی معینی است و بویژه ایدئولوژی سیاسی قشرهای متوسط جامعه است، که بخش مهمی‌از خلق را تشکیل می‌دهد. بدون شک این دمکراسی انقلابی از جهت خلقی بودن و ملی و (یا ضدامپریالیست) بودن از لیبرالیسم بورژوازی مترقی تر است."

حزب گرچه عملا خود به دنبال همان آزادی‌های لیبرالی برای ادامه فعالیت در کشور بود، اما نگاهش به آزادی‌های دمکراتیک با عمل سیاسی روزانه‌اش کمترین هماهنگی لازم را نداشت.

طبری در خصوص این تناقض، یعنی انتخاب بین آزادی‌های سیاسی و دمکراتیسم انقلابی، چنین توضیح می‌داد "اما انقلابیون اصیل، وقتی در مسألهٔ «آزادی‌های سیاسی»، بین لیبرال‌ها و دمکرات‌های انقلابی تناقضی پیدا شود، چه باید بکنند؟ آنها باید بگویند: «ما بدون شک به وجود آزادی‌های سیاسی، فوق العاده اهمیت می‌دهیم و تأمین جامع آنها را می‌طلبیم و با اسالیب تحمیلی و انحصارطلبانه حکومت صریحاً و جداً مخالفیم، ولی بین حاکمیت لیبرال‌ها از سوئی و حاکمیت دمکرات‌های انقلابی، ولو قشرهای محافظه کارش، از سوی دیگر، ما علیرغم ناپیگیری‌ها یا تمایلات نادرستی که ممکن است نسبت به آزادی‌های سیاسی در میان گروه اخیر وجود داشته باشد یا در آینده پیدا شود، دمکرات‌های انقلابی را، به علت موضع آنها در برابر امپریالیسم بر لیبرال‌ها ترجیح می‌دهیم، ولو این دمکرات‌ها از جهت مشی عمومی خود، حتی نمایندهٔ برخی قشرهای عقب مانده تر و راست گراتر خلق باشند. روشن است که این ترجیح به شرط آنست که آنها در خورد عنوان دمکرات‌های انقلابی باقی بمانند، یعنی به مواضع ضدامپریالیستی و خلقی خود وفادار باشند.»"

شاید بتوان به جرات گفت که ریشه اصلی بی توجهی به آزادی‌های دمکراتیک یا همان آزادی‌های لیبرالی در دیدگاه حزب، اهمیتی بود که حزب برای مبارزه ضد امپریالیستی قائل بود. به خاطر مبارزه ضد امپریالیستی، حزب حاضر می‌شد به قول طبری میان دمکرات‌های انقلابی و لیبرال‌ها با "نماینده برخی قشرهای عقب مانده تر و راست گراتر" آنها کنار بیاید.

از این هم تاسف بارتر این بود که حزب به بهانه اینکه آنها را به سمت راست هل ندهد، در مقابل روش‌های مستبدانه و سرکوب سیاسی آنها سکوت اختیار می‌کرد. طبری خود در این مورد سکوت و چشم پوشی حزب را چنین توجیه می‌کند "ما نمی‌توانیم و حق نداریم لیبرالیسم را بر آن ترجیح دهیم. این درست است که دمکراتیسم انقلابی، در صورت پایمال کردن پیگیر آزادی‌های دمکراتیک، بتدریج خود را به مسخ و استحالهٔ کیفی محکوم می‌کند و در نتیجه به مبارزهٔ ضدامپریالیستی لطمه می‌زند و راه را برای ضدانقلاب باز می‌کند. ولی مسأله به زمان نیاز دارد و تا مدتی می‌تواند بطور عمده کیفیت اولیهٔ انقلابی خود را حفظ کند، و حزب انقلابی حق ندارد با روش بی محابا و ناسنجیدهٔ خود، آن را «هول دهد» و به سوی راست براند."

سکوت حزب در رابطه با آنچه در آن روزها و ماه‌های پس از آن در جامعه در جریان بود، از همین تحلیل نادرست سیاسی از دوران بود که طبری آن را چنین تشریح می‌کرد "در روند انقلابی جهان امروز، مسألهٔ مبارزه با امپریالیسم مسألهٔ مرکزی است، لذا در این زمینه هیچ‌گونه تزلزلی نمی‌توان داشت." از همین رو نتیجه می‌گرفت که "دمکراتیسم، طبق سرشت خود مجبور است ضدامپریالیستی باشد. ولی لیبرالیسم، که ایدئولوژی سیاسی بورژوازی لیبرال است، در شرایط کنونی جهان مسلماً ضدامپریالیست نیست و فوقش، اگر بخواهد، همکاری با امپریالیسم را جانشین چاکری از امپریالیسم و قبول تحمیلات آن، می‌سازد."(*همه نقل قول ها برگرفته از: "احسان طبری، لیبرالیسم، دمکراتیسم و پیوند آن با موضع‌گیری ضدامپریالیستی"، انتشارات حزب توده ایران، تیر ماه ۱۳۵۸*)

شیفتگی ما توده ای‌ها به رهبری انقلاب و جناح‌های رادیکال درون حاکمیت دینی از همین تحلیل نادرست سرچشمه می گرفت. ما در آن دوران محور مبارزه جهانی را در تضاد سوسیالیسم و امپریالیسم می‌دیدیم و مبارزه طبقه کارگر در کشورهای سرمایه داری پیشرفته و جنبش‌های رهائی بخش ملی در کشورهای پیرامونی و جهان سوم را هم در راستای همین مبارزه جهانی بر علیه امپریالیسم تعریف می‌کردیم که قرار بود نهایتا به گذار از سرمایه داری به نظام پیشرفته سوسیالیستی در سطح جهان بیانجامد. پس طبیعی بود که حمایت ما از رهبری نظام جدید حکومتی که پرچم مبارزه بر علیه امپریالیسم را بر دوش می‌کشید، یک اقدام انقلابی و وظیفه‌ای انترناسیونالیستی باشد که بر دوش ما کمونیست‌های ایرانی گذاشته شده و نمی‌باید به هیچ قیمتی از آن چشم می‌پوشیدیم، حتی به قیمت سرکوب خودمان.

کیانوری خود بارها در جلسات پرسش و پاسخ که هر هفته در دفتر حزب در تهران برگزار می‌شد تاکید داشت که حمایت ما از نظام انقلابی و رهبری ضد امپریالیست آن منوط به فعالیت حزبی ما نیست و نخواهد بود، چنانکه در برخی از کشورهای دیگر احزاب کمونیست حتی گاه داوطلبانه حزب خود را به نفع مبارزه ضدامپریالیستی منحل کرده بودند. او به صراحت می‌گفت که حتی فعالیت حزبی ما می‌تواند برای دوران معینی دچار وقفه شده و موانع جدی بر سر راه آن قرار گیرد، اما با وجود آن تا زمانی که رهبری انقلاب در مواضع ضد امپریالیستی خود ایستادگی کند، حمایت ما از نظام انقلابی و رهبری آن همچنان ادامه خواهد داشت.

برای ما در این نبرد سرنوشت ساز جهانی میان سوسیالیسم و امپریالیسم، انقلاب ایران یک شانس بزرگ تاریخی بود که ما هم شاهد و هم بازیگر آن بودیم. برای سوسیالیسم که نهایت خوشبختی و همان بهشت موعود ما بود، می‌شد که از همه چیز گذشت. به قول طبری، به راه زندگی از زندگی بایست بگذشتن، حالا ما برای سوسیالیسم از بسیاری چیزها می‌شد که بگذریم. همانطور که تجربه دیگر انقلاب‌ها در همه جای دنیا قبلا حکایت کرده بود ما هم به نفع انقلاب چشم خود را به روی سرکوب دوستان و رفقای خودمان بستیم. ما از تاریخ بقیه انقلاب‌ها و تصویرسازی‌های رمان‌های به سبک رئالیسم سوسیالیستی و داستان های زندگی در دیگر سرزمین‌ها که انقلاب را پیش از ما تجربه کرده بودند، یاد گرفته بودیم که سرنوشت انقلاب و خلق را نمی‌توان با بازی با احساسات به گروگان گرفت و در امر مبارزه انقلابی نمی‌شد که سرنوشت یک انقلاب مردمی و ضد

امپریالیستی را با دوستی‌ها و رفاقت‌های قدیمی تاخت زد. انقلاب و امر مبارزه به تجربه به ما یاد داده بود که در جریان مبارزه، پای احساس و عاطفه لنگ خواهد بود.

همه ما شنیده بودیم که می‌گفتند انقلاب فرزندان خود را خواهد خورد. حالا باز همان تجربه در کشور ما در جریان بود. فرزندان انقلاب در کمتر از سه سال پس از پیروزی انقلاب، اولین قربانیان خشونت دادگاه‌های انقلاب شده بودند. در آن سال‌ها و آن روزها، کمتر کسی به احساسات انسانی توجه جدی داشت. امر مبارزه تعیین کننده بود. حالا طرفداران انقلاب و حکومت دینی با ادعای دفاع از مبارزه ضد امپریالیستی و دفاع از خلق، خشونت خود را توجیه می‌کردند و مخالفین آنها نیز با ادعای مبارزه برعلیه ارتجاع به قتل و خشونت انقلابی روی آورده بودند. انگار همه به اتفاق در یک مورد به توافق رسیده بودند و آن همان پذیرش کاربرد خشونت برای پیشبرد امر انقلاب و اهداف انقلابی بود. البته هر کس از انقلاب تفسیر خودش را داشت.

فرمان جنگ مجاهدین

خرداد ماه کم کم به آخر می‌رسید. بنی صدر با فرمان آیت الله خمینی در ۲۰ خرداد ماه ۱۳۶۰ از مقام فرماندهی کل قوا برکنار شد. برکناری او مقدمه حذف سیاسی او و سرکوب مخالفین بود. پس از برکناری او در مجلس شورای اسلامی بحث عدم کفایت او از مقام ریاست جمهوری مطرح شد و مجلس در ۳۱ خرداد ماه سال ۱۳۶۰ رای برعدم کفایت او از مقام ریاست جمهوری داد و آیت الله خمینی فردای همان روز با حکمی او را از مقام ریاست جمهوری نیز عزل کرد.

در فاصله بین عزل بنی صدر از فرماندهی کل قوا و برکناری او از مقام ریاست جمهوری، سازمان مجاهدین با صدور اعلامیه هایی از یک سو از مردم می‌خواست که مراقب جان بنی صدر باشند و از سوی دیگر مقامات حکومتی را به مقابله به مثل تهدید می‌کرد. سازمان در اطلاعیه سیاسی-نظامی شماره ۲۵ خود که در رابطه با یورش به خانه پدری مهدی ابریشم چی که عضو مرکزیت سازمان بود با لحنی تهدید آمیز مدعی شد که "سازمان مجاهدین خلق ایران ضمن اعتراض به این قبیل اقدامات ضدانقلابی و خلاف شرع و قانون بدین وسیله از خلق قهرمان ایران کسب اجازه می‌کند تا از این پس به یاری خدا در قبال حفظ جان اعضای خود به ویژه اعضای مرکزی سازمان که در حقیقت بخشی از مرکزیت تمامی خلق و انقلاب محسوب می‌شوند قاطع ترین مقاومت انقلابی را از هر طریق معمول دارد."

به دنبال یورش وحشیانهٔ ارتجاع به خانهٔ پدری برادر مجاهد مهدی ابریشمچی

از این پس مجاهدین خلق ایران با کمال قوا در قبال اینگونه تهاجمات مقاومت خواهند نمود

بسم الله الواحد القهار

مردم قهرمان ایران

مردم مبارز تهران

مزدوران ارتجاع سه شنبه شب ۲۴ خرداد ماه جاری با حمایت دسته‌های متعدد اوباش مسلح و چماقدار به خانهٔ پدری برادر مجاهد مهدی ابریشمچی یورش بردند و پس از ضرب و شتم ساکنان آن بخشی از اموال و کتب موجود در خانه را به غارت بردند.

همچنین در همین ایام شاهد دستگیری‌های قهرقانونی اعضای دفتر ریاست جمهوری هستیم که حتی خبر و اسامی افراد دستگیر شده نیز اعلام نمی‌شود. کما اینکه نقشه‌های وسیعی برای دستگیری کلیمی شخصیت‌های ترقی‌خواه و ضد انحصارطلب کشور نیز در دست آمادگی است.

سازمان مجاهدین خلق ایران ضمن اعتراض به این قبیل اقدامات ضد انتقلابی و خلاف شرع و قانون بدین وسیله از خلق قهرمان ایران کسب اجازه می‌کند تا از این پس به یاری خدا در قبال حفظ جان اعضاء خود به ویژه اعضای مرکزی سازمان که در حقیقت بخشی از مرکزیت تمامی خلق و انقلاب محسوب می‌شوند قاطع‌ترین مقاومت انقلابی را از هر طریق معمول دارد.

بدیهی است بر ابر اعلامیهٔ حاضر از این پس مسئولیت هر آنچه که حین مقاومت انقلابی واقع شود، تنها و تنها بر ذمهٔ مرتجعین انحصارطلب و اوباش چماقدار آنهاست که قصد آن کرده‌اند تا نقشه‌ای به پایان نرسیدهٔ شاه خائن و ساواک منفور او را در قلع و قمع مجاهدین به پایان رسانند.

از این حیث ما براییم که ناسپردگان مرتکبا شده در هر لباسی دقیقاً شایستهٔ سخت‌ترین کیفر و مجازات انقلابی خواهند بود.

ضمناً سازمان مجاهدین خلق ایران این حق را برای خود محفوظ می‌دارد تا در هر موردی هم که کیفر فی‌المجلس جنایتکاران در حین انجام جرم ضد انقلابی میسر نشد، بزودی و به طور مطاعف آمران و عاملان مربوطه را به جزای خود برساند.

و ما النصر الا من عند الله

مجاهدین خلق ایران

۲۸ خرداد ۶۰

در ادامه همین اطلاعیه آمده بود که "از این حیث ما برآنیم که نامبردگان هرکه باشند و در هر لباسی دقیقا شایسته سخت ترین کیفر و مجازات انقلابی خواهند بود. ضمنا سازمان مجاهدین خلق ایران این حق را برای خود محفوظ می‌دارد تا در هر موردی هم که کیفر فی المجلس جنایتکاران در حین انجام جرم ضدانقلابی میسر نباشد، به زودی و به طور مضاعف آمران و عاملان مربوطه را به جزای خود برساند."

این اطلاعیه را مجاهدین در ۲۸ خردادماه ۱۳۶۰، یعنی درست دو روز پیش از راهپیمایی چندصدهزارنفری خود در تهران و عزل بنی صدر از مقام ریاست جمهوری صادر کردند. لحن اطلاعیه مزبور در حقیقت اعلان جنگ سازمان مجاهدین و آغاز عملیات نظامی بود که نخستین گام ورود به این فاز در تظاهرات ۳۰ خرداد برداشته شد.

سازمان مجاهدین خلق در توضیح جریان تظاهرات ۳۰ خرداد در نشریه مجاهد، شماره ۱۲۷، سه شنبه دوم تیرماه ۱۳۶۰، چنین گفت "شنبه ۳۰ خرداد تهران شاهد خروش خشم خلق قهرمانی بود که مصمم و استوار صدای اعتراض خود را برعلیه ارتجاع، اختناق و کشتار فریاد کرده بود. (...) تهران بعد از ظهر شنبه در فاصله‌ای کمتر از یک ساعت جمعیتی بیش از نیم میلیون نفر را در خیابان‌های خود به حرکت در آورد. (...) میلیشیای قهرمان نیز پیشاپیش با سرعت وقاطعیت راه را باز می‌کرد. (...) ناگهان رگبار مسلسل و ژ-۳ به روی جمعیت گشوده شد و بلافاصله اسفالت میدان فردوسی پذیرای اجساد بسیاری شد. (...) مردم خشمناک و شهید داده، جنازه یاران خویش را بردوش بلند کرده و با تمام وجود فریاد می‌زدند این سند ارتجاع است، بهشتی، بهشتی، وای به روزی که مسلح شویم، و بی محابا و در زیرگلوله و به سمت پاسداران و تیراندازان حمله می‌کردند. خشم زایدالوصفی مردم را فراگرفته بود و هیچ چیز نمی‌توانست جلودار آنان باشد و جنگ و گریز ادامه داشت. (...) این در حالی بود که در اکثر نقاط شهر مردم با حضور فعال در کوچه و خیابان تنفر و انزجار خویش را از این عملکردها ابراز می‌داشتند، خشم و تنفری که در زمان کوتاهی به بار خواهد نشست و بنیاد مرتجعین حاکم را برخواهد افکند."

سازمان مجاهدین و حاکمیت نظام اسلامی جنگ خونینی را آغاز کرده بودند. تعدادی از اعضای سازمان مجاهدین در این تظاهرات خونین به قتل رسیدند و تعداد زیادی دستگیر شدند. سازمان در نشریه مجاهد شماره ۱۲۷ که در دوم تیرماه ۱۳۶۰ یعنی درست دو روز پس از این درگیری خونین منتشر شد، اسامی ۸ نفر از کشته شدگان در تظاهرات را منتشرکرد و از اعدام بیش از ۲۰ تن دیگر از هواداران مجاهدین خبر داد.

راهپیمائی بیش از ۵۰۰ هزار نفر از مردم قهرمان تهران در اعتراض به کودتای ضدمردمی مرتجعین بوسیله‌ی مزدوران مسلح ارتجاع حاکم به خاک و خون کشیده شد و یکبار دیگر جنایات ۱۵ خرداد و ۱۷ شهریور تکرار گردید

★ پاسداران ارتجاع با مسلسل مستقیماً مردم راهپیمایان را هدف قرار می‌دادند و مغز و قلب آنان را متلاشی می‌کردند.

***

★ در میان ارتجاع، اجساد ده‌ها شهید را سریع می‌ربودند و بجای اینکه به پزشکی قانونی منتقل کنند سعیشان به بهشت زهرا برده و مخفیانه به دست حاکمی می‌سپردند.

کشتار و تیراندازی گسترده‌ی ۳۰ خرداد به سوی مردم تهران داغ ننگی بر چهره‌ی ارتجاع حاکم

تکرار جنایات ۱۵ خرداد و ۱۷ شهریور بمنظور ممانعت از ابراز عقیده‌ی آزاد و مسالمت‌آمیز توده‌های خلق در راهپیمائی تاریخی ۳۰ خرداد ۶۰

بنام خدا
و
بنام خلق قهرمان ایران

اعدام‌ها شروع شد

در آن روزها، روزهای آخر خردادماه و هفته اول تیرماه، در سراسر کشور تظاهرات و زدوخوردهای زیادی میان مجاهدین و نیروهای حکومت در جریان بود. دستگیری‌ها شروع شده بود. بسیاری از اعضا و هواداران مجاهدین و دیگر گروه‌های مخالف ناپدید می‌شدند.

بریده‌ای از روزنامه‌ها درآن روزهای وحشت و اندوه

بریده‌ای از روزنامه‌ها درآن روزهای وحشت و اندوه

بریده‌ای از روزنامه‌ها در آن روزهای وحشت و اندوه

بعضی از آنها در خانه‌های امن و تیمی مجاهدین مخفی و بسیاری فراری شده بودند. تعداد زیادی دستگیر شده بودند که هنوز خانواده هایشان از دستگیری آنها آگاهی نداشتند.

اعدام‌ها شروع شده بود.

بریده ای از روزنامه ها در آن روزهای وحشت و اندوه

روزنامه اطلاعات، تیر ۱۳۶۰

روزانه تعداد زیادی از اعضای سازمان مجاهدین یا دیگر گروه‌های در دادگاه‌های انقلاب به اعدام محکوم می‌شدند. خبر اعدام‌ها و احکام دادگاه‌ها و نام اعدام شدگان که گاه به بیش از صد نفر در روز می‌رسید، در روزنامه‌های رسمی کشور منتشر می‌شد.

فضای رعب و وحشت سراسر کشور را فرا گرفته بود.

عملیات مجاهدین: انفجار و ترور

پس از آغاز اولین موج اعدام ها، سازمان مجاهدین نیز عملیات نظامی برنامه ریزی شده خود را شروع کرد و ترورها آغاز شد.

مجاهدین مسلح در خانه‌های تیمی و امن سازمان در شهرهای سراسر کشور جای گرفته بودند. هر روز شاهد درگیری‌های خیابانی میان اعضای مجاهدین از یک سو و سپاه و کمیته‌ها از سوی دیگر بودیم. گاه صدای تیراندازی‌ها ساعت‌ها ادامه می‌یافت. میزان مقاومت و شدت درگیری‌ها، بسته به اینکه کدام یک از کادرهای اصلی مجاهدین و چندنفر در خانه امن بودند و چه تعدادی از نیروهای سپاه و کمیته‌ها برای جنگ با آنها گسیل شده بود، فرق می کرد. گاه نیروهای سپاه و کمیته پیش از حمله به یک خانه تیمی تمام محله را قرق می‌کردند. در بسیاری از این درگیری‌ها تعداد زیادی از اعضای سازمان کشته و مجروح می‌شدند. افراد دستگیر شده به محض دستگیری به بازداشتگاه اعزام شده و زیر شکنجه‌های غیرانسانی و وحشیانه قرار می‌گرفتند ودر بعضی موارد در همان یکی دو روز اول پس از دستگیری اعدام می‌شدند. مجاهدین نیز با استفاده از امکانات عملیاتی زیادی که در اختیارشان بود و نفوذ زیادی که به ویژه در میان جوانان و نوجوانان داشتند از قدرت جنگاوری بالایی برخوردار بودند و به آسانی تسلیم نمی‌شدند. در خانه‌های تیمی مجاهدین همه گونه سلاح‌های سبک و نارنجک و مواد منفجره پیدا می‌شد. آنها ظرف چند روز پس از آغاز عملیات نظامی و سرکوب‌های خونین، برنامه ترور رهبران حکومتی را آغاز کردند. یکی از اولین عملیات رسمی ترور، بمب گذاری در محل سخنرانی آقای خامنه‌ای بود. خامنه‌ای در آن زمان از رهبران اصلی حزب جمهوری اسلامی و نماینده امام در شورای عالی دفاع بود. خامنه ای، هاشمی رفسنجانی و بهشتی سه چهره اصلی حزب جمهوری اسلامی و نزدیک ترین افراد به آیت الله خمینی بودند. عملیات ترور علی خامنه‌ای در ۶ تیرماه ۱۳۶۰ انجام گرفت. گرچه این عملیات با موفقیت انجام شد ولی خامنه‌ای از آن جان بدر برد. وی به شدت مجروح شد و تا مدت‌ها در بیمارستان بستری بود و یک دست او برای همیشه فلج باقی ماند. بستری شدن او در بیمارستان موجب آن شد که فردای آن روز او در جلسه ی هفتگی حزب جمهوری اسلامی که با حضور بسیاری از مسئولین درجه اول کشور برگزار شد، حضور نداشته باشد.

در روز هفتم تیرماه ۱۳۶۰ جمهوری اسلامی ایران شاهد یکی از بزرگترین فجایع عمر کوتاه خود بود. در یک انفجار مهیب که در دفتر مرکزی حزب جمهوری اسلامی ایران به دست عوامل نفوذی مجاهدین انجام گرفت، بیش از ۷۲ تن از رهبران و مسئولین اصلی کشور به قتل رسیدند. انفجار توسط فردی به نام کلاهی که عامل نفوذی مجاهدین بود صورت گرفت. کلاهی پس از انفجار به خارج از کشور فرار کرد و برخی از افراد رده بالای مجاهدین که بعدا از این سازمان جدا شدند مدعی هستند که او را در آن سال ها در اردوگاه اشرف در عراق دیده‌اند که ساکن آنجا بوده است.

در این انفجار یکی از معماران اصلی نظام جمهوری اسلامی و کسی که مجاهدین در تمام گردهمایی‌های خود شعار مرگ بر او را سر می‌دادند جان خود را از دست داد. مجاهدین که یک هفته پیش تر از آن در تظاهرات ۳۰ خرداد با شعارهای «بهشتی، بهشتی، وای به روزی که مسلح شویم» در خیابان‌های تهران بهشتی را تهدید می‌کردند، حالا این تهدید را

عملی کرده و به همراه بهشتی که رئیس شورای عالی قضایی ایران بود، بسیاری از دیگر مقامات درجه اول حکومتی را ـ ۲۷ نماینده مجلس شورای اسلامی، ۴ وزیر، ۱۱معاون وزیر و ۳۶ نفر از مسئولین حزب جمهوری اسلامی ـ به قتل رساندند. این عملیات در عین حال گواه بر قساوتی بود که در تفکر رهبری سازمان مجاهدین وجود داشت.

کشتار رهبران نظام توسط مجاهدین به تقویت مواضع جریانات تندرو در نظام حکومت اسلامی منجر شد. پس از آغاز عملیات ترور، رهبری نظام اسلامی به شدت سرکوب مخالفین و گروه‌های دگر اندیش در خارج و داخل زندان‌ها افزود. بسیاری از اعضای سازمان مجاهدین و حتی تعدادی از افراد دیگر گروه‌های سیاسی که هیچ نقشی در جریان بمب گذاری‌ها و ترورهای رهبران نظام نداشتند، در آن روزها در دادگاه‌های چند دقیقه‌ای به جوخه‌های اعدام سپرده شدند.

رهبری نظام اسلامی در دو جبهه، یکی در داخل بر علیه مجاهدین و هواداران بنی صدر، و دیگری درمرزهای کشور در مقابل نیروهای اشغالگر عراقی مشغول جنگ بود. با این وجود تمام تلاش خود را به کار می‌برد که نهادهای حکومتی و قانونی را بازسازی کرده و از فروپاشی دستگاه حکومتی جلوگیری نماید. در دوم مرداد ماه ۱۳۶۰، یعنی یک ماه پس از عزل بنی صدر(که سی و یکم خرداد ماه ۱۳۶۰ رخ داد)، انتخابات ریاست جمهوری برپا شد و در آن محمدعلی رجایی که در دوران بنی صدر مقام نخست وزیری او را در اختیار داشت به عنوان رئیس جمهور انتخاب شد. چند روز پس از انتخاب رجایی به ریاست جمهوری، بنی صدر که مخفی شده بود و دیگر امکان بازگشت به قدرت را منتفی می‌دانست، به همراه مسعود رجوی و تعدادی دیگر از رهبران سازمان مجاهدین خلق از کشور با هواپیما فرار کرد. هواپیمای آنها روز هفتم مرداد ماه سال ۱۳۶۰ توسط سرهنگ معزی خلبانی که چندسال پیش ازآن شاه را از کشور خارج کرده بود، از فرودگاه مهرآباد به پرواز در آمد و آنها را با لباس مبدل و چهره گریم کرده ولی به سلامت از کشور خارج کرد.

هنوز یک هفته از خروج بنی صدر از کشور نگذشته بود که مجاهدین خلق، دکتر حسن آیت را که یکی از رهبران اصلی حزب جمهوری اسلامی و از مخالفین اصلی بنی صدر بود ترور کردند. حسن آیت نماینده تهران در مجلس شورای اسلامی بود و هم او بود که دو ماه پیش از آن با جمع آوری ۶۷ امضا از نمایندگان مجلس شورای اسلامی به طور رسمی بر علیه بنی صدر شکایت کرده بود. حسن آیت عضو هیات رئیسه اولین مجلس خبرگان بود و برخی معتقدند که اصل ولایت فقیه در قانون اساسی ابتکار او بوده است. حالا درست شش هفته پس از عزل بنی صدر از مقام ریاست جمهوری، در روز ۱۴ مرداد سال ۱۳۶۰ یعنی همزمان با هفتاد و پنجمین سالروز پیروزی انقلاب مشروطه، یک نماینده مجلس هنگامی که راهی مجلس شورای اسلامی بود، توسط مجاهدین خلق در مقابل درب منزل‌اش به قتل رسید.

ترورها و اعدام‌ها فضای سیاسی جامعه را به شدت ملتهب کرده بود. فقط اعضای گروه‌ها و سازمان‌های سیاسی نبودند که دربدر بدنبال پناهگاهی برای مخفی شدن می‌گشتند و یا در فکر فرار از کشور بودند، خانواده‌های آنها نیز وحشت زده حاضر بودند همه سرمایه و اندوخته خود را برای نجات جان فرزندان خود هزینه کنند و محلی برای مخفی کردن

فرزندان خود و یا راه فراری برای آنها بیابند. بسیاری از آنها از وحشت در خفا کتاب‌ها را سوزانده و یا در تاریکی شب آنها را در جوی‌های کنار خیابان‌ها می‌ریختند. گاه حتی برای اجتناب از شناسایی فرزندان فراری خود توسط نیروهای سپاه و کمیته‌های انقلاب عکس‌های خانوادگی خود را از بین می‌بردند.

پاسداران و کمیته چی‌ها برای دستگیری هواداران و فعالین احزاب و سازمان‌های سیاسی به خانه‌های آنها هجوم می‌بردند و در بازرسی خانه‌ها اگر کتاب و روزنامه‌ای پیدا می‌کردند به عنوان سند عضویت یا هواداری از جریانات مخالف نظام به شمار می‌آوردند و همین دلیلی بود که گاه به دستگیری افراد خانواده منتهی می‌شد. آنها گاه حتی پدران و مادران را نیز دستگیر کرده و به عنوان گروگان یا مجرم با خود به بازداشتگاه می‌بردند.

اعدام‌های دسته جمعی در آن روزها وحشت عجیبی در دل خانواده‌ها انداخته بود. حالا دیگر بر خلاف روزهای آغاز انقلاب که امرای ارتش و یا رهبران رژیم گذشته را در دادگاه‌های چند دقیقه‌ای به قتلگاه می‌فرستادند و بیشتر مردم و بویژه سیاسیون خوشحالی می‌کردند، نوبت به ما رسیده بود. ما همان‌هایی بودیم که تا چندی پیش در خیابان‌های شهر برعلیه نظام دیکتاتوری شاه و برای پیروزی انقلاب فریاد زده بودیم و زیر آتش گلوله‌های سربازان و گاردهای شاه به پیروزی انقلاب کمک کرده بودیم. حالا باز خوره انقلاب به جان فرزندان خودش افتاده بود و داشت آنها را یکی پس از دیگری به قربانگاه می‌برد.

در روزهای آغازین انقلاب خشونت دادگاه‌های انقلاب بیداد می‌کرد. در روزنامه‌های رسمی‌کشور هر روزه عکس تعدادی از سران ارتش و یا ساواکی‌ها را که اعدام شده بودند با بدن‌های سوراخ سوراخ شده چاپ می‌کردند. ولی کمترین اعتراضی در هیچ جا دیده نمی‌شد، گویا جامعه انتظار چنین خشونتی را داشت.

آن روزها تازه انقلاب پیروز شده بود و خاطره کشتارهای خیابانی به دست ارتش و نیروهای انتظامی در خاطره مردم هنوز تازه بود و شدت تنفر از آن کشتارهای خیابانی به دست سران حکومت پهلوی در اوج خود بود. شاید به همین دلیل مردم و یا اکثریت جامعه با آگاهی از آنچه بر سر متهمین در دادگاه‌های انقلاب می‌رفت، واکنش چندانی از خود نشان نمی‌دادند. در آن روزها، انگار همه مردم به دو گروه تقسیم شده بودند: در یک طرف حکومت و حامیان آن، و در طرف دیگر طرفداران سرنگونی حکومت که روزها بود که در خیابان‌ها با فریاد مرگ بر شاه انتظار نابودی کامل همه ارکان حکومت پهلوی را می‌کشیدند. گروه‌های سیاسی تقریبا همه یک صدا خواهان خشونت بیشتر بودند. دولت انقلابی مهندس بازرگان و برخی از اعضای کابینه او و از جمله شخص بازرگان بخاطر مخالفت شان با شدت عمل دادگاه‌های انقلاب، مورد انتقاد سازمان‌های رادیکال سیاسی-مذهبی و چپ‌های رادیکال در کشور قرار گرفته و به «سازشکاری» متهم می‌شدند. تازه دولت بازرگان هم اساسا مخالف محاکمه و یا اعدام سران رژیم و یا رهبران جامعه بهایی نبود. مشکل بازرگان با شیوه کار دادگاه‌ها و شدت عمل بی رویه او بود وگرنه او هم با محاکمه سران حکومت سابق و یا بهایی‌ها مخالفتی نداشت و حتی بعضی از اعضای کابینه دولت موقت نیز در این دادگاه‌های چند دقیقه‌ای حاضر شده و برعلیه متهمین شهادت داده و خواهان مجازات آنها بودند.

اما حالا پس از کمتر از سه سال، دادگاه‌های انقلاب با خشونتی بیشتر و به گونه‌ای وحشیانه به جان مخالفین سیاسی حکومت افتاده و هر روز چند ده نفر از اعضای سازمان‌های سیاسی را که بیشترآن‌ها از هواداران سازمان مجاهدین خلق ایران بودند به میدان‌های تیر فرستاده و دسته دسته تیرباران می‌کردند. این بار در میان قربانیان هر روزه تعدادی نوجوان کم سن و سال نیز وجود داشت. گاه افراد چند ساعت پس از دستگیری و بدون اینکه کمترین تحقیقی در مورد عضویت آن‌ها در سازمان‌های سیاسی و یا گذشته سیاسی‌شان انجام گیرد، اعدام می‌شدند. این بار برخلاف انتظار عمومی و عادت گذشته که اعدام شدگان از رهبران و مسئولین حکومت گذشته بودند، تعدادی دانشجو و دانش آموز دختر و پسر به اتهام هواداری و عضویت در سازمان‌های سیاسی دسته دسته اعدام می‌شدند. این اعدام شدگان همان کسانی بودند که خود در طول انقلاب در خیابان ها شعار «مرگ برشاه» سر داده و پس از انقلاب در جهاد و کمیته و سپاه در خدمت انقلاب در آمده و حتی بعضی از آنها ماه‌ها در جبهه‌های جنگ برعلیه ارتش مهاجم عراق جنگیده بودند.

فضای وحشت و بی اعتمادی

اعدام‌های وحشیانه حکومت از یک سو، و ترور و انفجارهای روزانه به دست مجاهدین از سوی دیگر، بوی آتش و خون را در سراسر کشور پراکنده بود.

فضای حاصل از این خشونت‌های بی رویه گرچه حس انتقام و کین جویی و خونریزی را در دو طرف به شدت تقویت می کرد، اما از طرف دیگر احساس جدیدی را در کل جامعه بوجود آورده بود، احساسی که ترکیبی بود از بی اعتمادی، ناامیدی، سرخوردگی، وحشت، سردرگمی و درهم پاشیدگی احساسات عاطفی.

خانواده‌ها از یک سو نگران جان فرزندان خود بودند و از سوی دیگر به دلیل پیامدهای وحشتباری که فعالیت سیاسی یک فرد برای دیگر اعضای خانواده داشت گاه واکنش‌های غیرمترقبه‌ای از خود نشان می‌دادند. برخی خانواده ها از وحشت اینکه اگر فرزندشان دستگیر شود اعدام خواهد شد، به امید تخفیف مجازات و برای زنده ماندن جگرگوشه شان خود داوطلبانه فرزند خود را به کمیته یا سپاه معرفی می‌کردند. تاسف آور اما این بود که در بعضی از همین موارد فرزندان آنها را به حبس‌های دراز مدت و یا حتی به اعدام محکوم می‌کردند.

اختلافات سیاسی نه فقط در سطح کلان کشور و در فضای عمومی جامعه موجب آشفتگی کشورشده بود که سایه شوم آن همه جا افتاده بود، در خانواده ها ، محله ، محیط های کار و زندگی، روابط عاطفی و دوستانه و رفیقانه میان افراد و در میان همه بخش‌های مختلف جامعه. گاه مناسبات عاشقانه میان پدر و مادر و فرزندان، میان خواهر و برادر، و میان زن و شوهر را به خصومت‌های غیرقابل باوری مبدل می‌کرد. گاه مادری فرزند خود را لو می‌داد و گاه برادری به تعقیب برادر در کمین می‌نشست، و گاه همسری موجبات دستگیری و شکنجه یا قتل و ترور همسر خود را فراهم می‌کرد.

تاسف آور بود که گاه افراد یک خانواده و یا زوجهای جوانی که عاشقانه همدیگر را دوست داشتند و با انگیزه‌های بسیار انسانی به هم دل بسته بودند، حالا پس از گذشت مدت زمانی کوتاه بدون اینکه اساس انگیزه‌های انسانی آنها کمترین تغییری کرده باشد ، گاه تا سرحد جنون به مخالفت با یکدیگر کشیده می‌شدند. تاسف بارتر از همه اینها شاید دیدن مادران و پدرانی بود که فرزندان خود را گاه تسلیم مقامات حکومتی می‌کردند و یا برادران و خواهرانی که گاه رودرروی یکدیگر قرار گرفته و حتی تا انهدام فیزیکی یکدیگر پیش می‌رفتند. رفقای سابق را می‌دیدی که حالا پس از گذشت مدت زمانی نسبتا کوتاه گاه برروی یکدیگر اسلحه کشیده و همدیگر را می‌کشتند و یا در خیابانها به دنبال شکار یکدیگر رفته و در کمین یکدیگر می‌نشستند.

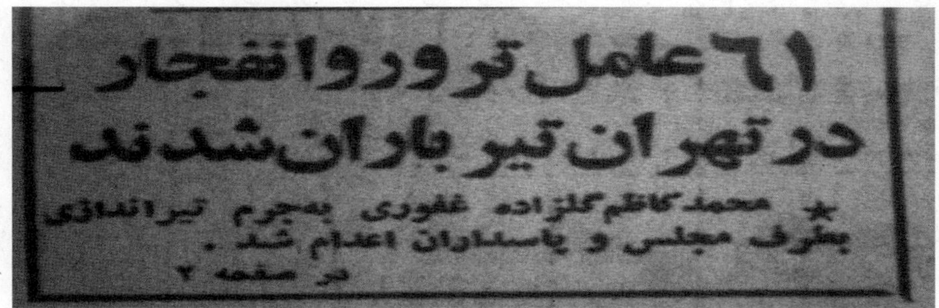

محمد کاظم گلزاده غفوری پسر حجت الاسلام گلزاده غفوری، نماینده مجلس، بود.

این شکل از خشونت فقط منحصر به حکومت و طرفداران آن نبود. این فقط آیت الله گیلانی نبود که فرزند خود را بدست خود اعدام می‌کرد و یا گلزاده غفوری نبود که با سکوت، قتل فرزندش را توسط دادگاه‌های انقلاب اسلامی می‌پذیرفت و فریادش به آسمان بلند نمی‌شد. آن روزها فقط پاسداران انقلاب نبودند که برادرو یا خواهر خود را به اتهام عضویت در فلان سازمان چپ و یا مجاهدین دستگیر می‌کردند و یا تحویل مقامات قضایی می‌دادند و چه بسا می‌دانستند که او اعدام خواهد شد. رقابت میان گروه‌های رقیب و سازمان‌های سیاسی مخالف نظام هم گاه به زد و خوردهای خونینی کشیده می‌شد که به قتل اعضای آنها منجر می‌گشت و گاه تا آنجا پیش می‌رفت که حتی بعضی از احزاب و سازمان‌های سیاسی یکدیگر را به اتهام‌های گوناگون یا ترور می‌کردند و یا به قتلگاه می‌فرستادند.

تعریف حکومت و رهبران نظام اسلامی از «انقلابی» و «ضد انقلابی» و تقسیم جامعه به دو اردوگاه خصم در مقابله با یکدیگر در تمامی جامعه جا افتاده بود. متاسفانه پذیرش این تقسیم بندی از طرف اپوزیسیون و گروه‌های غیر حکومتی و خارج از نظام با پیش فرض آشتی ناپذیری تضاد حاصل از آن، عواقب وحشت باری را در آن دوران و سال‌های پس از آن برای کشور ما به ارمغان آورد که هنوز هم گرفتار آن هستیم.

ترورها و انفجارها از یک سو و دستگیری‌ها و اعدام‌ها و شکنجه ها از سوی دیگر همه چیز را کم کم تغییر داد. در آن روزها فقط جسم جامعه ما نبود که مجروح شده و خونین بود، روح و روان و جان جامعه و تک تک افراد آن آسیب دیده و مجروح شده بود. حالا در کنار حجله‌های شهدای جنگ که هر روزه آذین بند کوچه و خیابان‌های شهر بود، اجساد پاسداران و روحانیون ترور شده را نیز در خیابان‌های شهر بر شانه می‌بردند و در همان حال در خانه هایی مادران و خواهران، پدران و پسران و همسران و فرزندان در غم عزیزان اعدام شده خود، در خاموشی و تنهایی از ترس پاسداران و نیروهای انقلاب خون می‌گریستند و در حاشیه قبرستان‌های بی نام و نشان، به دست خود فرزندان سوراخ سوراخ شده خود را شسته و در گور می‌گذاشتند. خانواده های اعدام شدگان حتی مجبور بودند پول گلوله هایی را که فرزندان شان را کشته بود بپردازند تا جسد عزیز خود را بگیرند. غم مرگ‌های غیرقابل انتظار کمر همه را شکسته بود. ولی انگار تمامی هم نداشت، هیچ کدام از دو طرف این دعوا دست بردار نبودند.

در روزنامه‌های رسمی‌کشور هرروزه صحبت از آن بود که «خانه‌های تیمی را چگونه کشف کنیم؟» (روزنامه اطلاعات، ۱۴ مرداد ۱۳۶۰) و یا «مردم مومن به انقلاب می‌توانند بهترین نیروی اطلاعاتی باشند» (روزنامه اطلاعات، ۱۵ مرداد ۱۳۶۰) و یا اینکه «تاکتیک پیامبر اسلام در مقابل خانه‌های تیمی» (روزنامه اطلاعات، ۱۵ مرداد ۱۳۶۰) چه بوده است و یا «در برابر تروریسم چگونه از خود حفاظت کنیم» (روزنامه اطلاعات، ۱۸ مرداد ۱۳۶۰)

روزنامه اطلاعات، ۱۴ مرداد ۱۳۶۰

دریک صفحه روزنامه، سخن ازآموزش اطلاعاتی و مقابله با تروریسم بود و در صفحه دیگر از دستگیری، کشف خانه‌های تیمی و اعدام اعضای مجاهدین و دیگر سازمان‌های سیاسی تحت عنوان «محارب» و «ضد خلق» و «سلطنت طلب» خبر می‌داد و در صفحه‌ای دیگر از ترور پاسداران و امام جمعه‌ها و اعضای بسیج و یا انفجارهای دیگری که توسط مجاهدین خلق انجام گرفته بود.

کشتار و دستگیری و اعدام چنان رواج پیدا کرده بود که تقریبا هر روزه اخبار آن در روزنامه‌های رسمی کشور با تیترهای درشت به چاپ می‌رسید. تقریبا روزی نبود که از دستگیری و اعدام چند ده نفر خبری به چاپ نرسد.

روزنامه اطلاعات، ۱۸ مرداد ۱۳۶۰

روزنامه اطلاعات، ۱۵ مرداد ۱۳۶۰

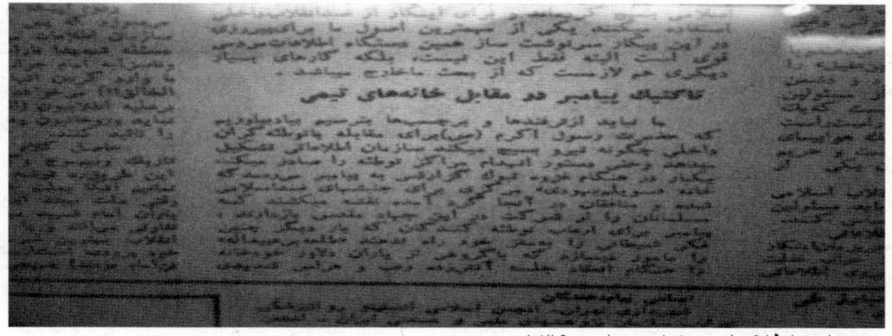

روزنامه اطلاعات، ۱۵ مرداد ۱۳۶۰

خانه‌های تیمی‌مجاهدین یکی پس از دیگری کشف شده و در درگیری‌های میان آنها با پاسداران و اعضای کمیته‌ها و دادستانی‌های انقلاب، تعداد زیادی از آنها کشته و یا

دستگیر و سپس به اعدام محکوم می‌شدند. در آن روزها فقط کسانی که در هیچ عملیات نظامی‌شرکت نداشته و هوادار ساده بودند، شاید شانس آورده از اعدام می جستند و حکم زندان دراز مدت می‌گرفتند.

حکومت در عین حال از همه وسائل ممکن برای عقب نشاندن و تسلیم کردن مجاهدین استفاده می‌کرد. وصیت نامه محمدرضا سعادتی، کادر برجسته سازمان مجاهدین که مدتی در زندان به سر برده و ناجوانمردانه محاکمه و سپس اعدام شد، در روزنامه‌ها چاپ شد و مسئولین قتل او، حالا خواندن وصیت نامه‌اش را به مجاهدین توصیه می‌کردند. او در وصیت نامه خود از جنگ و برادرکشی احتمالی و خط انحرافی سازمان اعلام برائت کرده بود و به اعضای سازمان توصیه می‌کرد که به عنوان یک طرف دعوا این گزینه را دارند که به جنگی که به آنها تحمیل شده، تن ندهند.

ولی متاسفانه نه هواداران سازمان در این فضای قتل و کشتار گوش‌شان بدهکار توصیه‌های سعادتی بود و نه حکومت و دارو دسته حاکم بر دادستانی‌ها برای سعادتی و توصیه‌های او ارزشی قائل بودند، که اگر بودند او را پس از تحمل چند سال زندان و در حالیکه به ۱۰ سال حبس محکوم شده بود، ناجوانمردانه اعدام نمی‌کردند.

تابستان خونین سال ۶۰

مردادماه سال ۱۳۶۰ اوج درگیری‌های خونین میان مجاهدین و حکومت جمهوری اسلامی و یکی از خونین ترین ماه‌های تاریخ معاصر در کشور ما به شمار می‌رود. چندصد نفر از اعضای سازمان مجاهدین خلق و دیگر گروه‌ها در این ماه اعدام شدند.

بسیاری از پاسداران، بسیجی‌ها و روحانیون در تابستان شصت ترور شدند و تعداد زیادی رهگذر و مغازه دار و مردم بی گناه نیز در درگیری‌های خونین این ماه ها جان خود را از دست دادند. دیگر روزی نبود که بدون درگیری، دستگیری، اعدام و ترور سپری شود.

نهم شهریورماه ۱۳۶۰ خبر انفجار دفتر نخست وزیری رسید. انگار امواج این انفجار به سراسر کشور منتقل شده و همه را لرزانده بود. رجایی که یک ماه پیشتر، درششم مردادماه، به ریاست جمهوری انتخاب شده بود، همراه نخست وزیر منتخب خویش، دکتر باهنر که از روحانیون و رهبران حزب جمهوری اسلامی‌بود، همزمان در این انفجار جان خود را از دست دادند. نخست وزیری دکتر باهنر حتی یک ماه هم دوام نیاورد. او سه هفته پیش از آن در ۱۴ مرداد ماه به نخست وزیری انتخاب شده و از مجلس رای اعتماد گرفته بود. رهبری نظام اسلامی به این مناسبت چهار روز عزای عمومی در سراسر کشور اعلام کرد. هنوز عزای عمومی برای آنها تمام نشده بود که در ۱۵ شهریور ماه، یعنی کمتر از یک هفته پس از انفجار دفتر نخست وزیری، آیت الله قدوسی دادستان انقلاب نیز ترور شد. یک هفته پس از آن، در ۲۱ شهریورماه، مجاهدین خلق آیت الله مدنی، امام جمعه تبریز را در محل نماز جمعه با انفجار نارنجک به قتل رساندند.

این ترورها امواجی از مردم خشمگین طرفدار انقلاب را به خیابان‌ها می‌آورد. آنها در مراسم تشییع جنازه قربانیان ترورها شعارهای «مرگ بر منافق» سر می‌دادند. حکومت

جمهوری اسلامی اعضا و هواداران سازمان مجاهدین را «منافقین» می خواند. خشم هواداران حکومت توام با تحریکات عناصر تندرو در دادستانی‌ها و سپاه و کمیته‌ها که استفاده از خشونت را موثرترین راه می‌دانستند، به موج نفرت عمومی و خشونت دولتی برعلیه مجاهدین بیشتر دامن می زد. در بازداشتگاه‌ها به تلافی هر ترور و انفجاری، چندده و گاه چندصد نفر در سراسر کشور اعدام می‌شدند.

جنگ با عراق نیز به شدت در جبهه‌ها در جریان بود. پاسداران و بسیجی‌ها در جبهه‌ها با کمترین امکانات نظامی و تجهیزات جنگی، با فداکاری از جان خود مایه گذاشته و پیشرفت هایی در برخی جبهه‌ها به دست می‌آوردند.

در آن روزهای خون و آتش، درششم مهرماه ۱۳۶۰، خبر درهم شکستن حصر آبادان خبری خوشحال کننده بود. مردم دنبال بهانه‌ای برای شادی بودند. حالا پس از دوماه ترور و انفجار و اعدام، انگار شکستن حصر آبادان می‌توانست بهانه‌ای برای استراحت روح و جان مردم زخم خورده باشد. در خیابان‌ها ماشین‌ها بوق زنان گذر می‌کردند. بعضی‌ها شیرینی پخش می‌کردند و رادیو با پخش مارش نظامی این خبر خوش را به همه می‌داد.

فردای آن روز باز در شهر ما، مشهد، ترور دیگری اوضاع شهر را متشنج کرد. حجت الاسلام هاشمی‌نژاد، مسئول حزب جمهوری اسلامی در مشهد و از نمایندگان مجلس در مقابل درب ورودی دفتر حزب در مشهد ترور شد. هاشمی‌نژاد سخنوری توانا و از روحانیون مخالف مجاهدین در مشهد بود و از جمله افرادی بود که در حاشیه حلقه سه نفره آقایان هاشمی– بهشتی – خامنه‌ای قرار داشت.

اعدام‌ها در سراسر کشور همچنان ادامه داشت. حتی نام فرزندان روحانیون سرشناس نیز در لیست اعدام شدگان دیده می‌شد. محمد کاظم گلزاده غفوری از جمله تیرباران شدگان در مهرماه همان سال بود. او فرزند حجت الاسلام گلزاده غفوری، از نمایندگان مجلس خبرگان و مجلس شورای اسلامی بود. خبر اعدام فرزند گلزاده غفوری در همان روزی که آقای خامنه‌ای رئیس جمهور شد، در روزنامه‌های رسمی کشور اعلام شد. خامنه‌ای در ۱۳ مهرماه ۱۳۶۰ سومین شخصیتی بود که به کرسی ریاست جمهوری اسلامی ایران تکیه زد. پیش از او محمد علی رجایی به مدت یک ماه و پیش از رجایی، دکتر ابوالحسن بنی صدر به مدت ۱۸ ماه، از بهمن ماه ۱۳۵۸ تا مرداد ۱۳۶۰، رئیس جمهوری اسلامی ایران بودند.

عملیات ترور و انفجار با وجود اعدام‌های بی شمار و دستگیری چندین هزار نفر از اعضای سازمان مجاهدین و حملات بی وقفه به خانه‌های تیمی آنها همچنان ادامه داشت. بسیاری از مسئولین کشور از این حملات جان سالم بدر برده و نجات یافته بودند. هاشمی رفسنجانی، کروبی، میرحسین موسوی که در آبان ماه همین سال به نخست وزیری انتخاب شد، بهزاد نبوی، محمد خامنه ای، موحدی کرمانی، و بسیاری دیگر از مسئولین درجه اول و کادرهای حکومت جدید به خاطر تدابیر امنیتی شدید از ترور و انفجار جان سالم به در بردند. برخی از آنها با روحیه‌ای انتقام جویانه در پی سرکوب مخالفین خود برآمدند.

در کردستان نیز درگیری‌ها به شدت ادامه داشت و هرروزه در روزنامه‌ها خبر از درگیری، دستگیری و اعدام کردها بود. مسئولین نظام، از همه ابزار موجود برعلیه مخالفین استفاده می‌کردند. رادیو و تلویزیون نیز در این جنگ به کار آنها آمده بود. بسیاری از دستگیرشدگان، به ویژه اگر اسم و رسمی داشتند، به زور شکنجه یا با وعده و وعید به پشت دوربین‌های تلویزیونی آورده می‌شدند تا در «مصاحبه» شرکت کنند. از آنها خواسته می‌شد که ابراز ندامت کرده و به هواداران سازمان‌های سیاسی خود توصیه کنند که با نظام همکاری نموده و دست از مقابله و جنگ بردارند و خود را تسلیم کنند. آنها در این «مصاحبه»‌ها مدعی می‌شدند که در زندان‌های نظام اسلامی با «رئوفت اسلامی» با آنها رفتار می‌شود و آنها خود «داوطلبانه» در این «مصاحبه»‌ها شرکت می‌کنند.

مسئولین دادستانی‌ها و سپاه حتی اعضای خانواده‌های رهبران سازمان‌های سیاسی را نیز گاه وادار می‌کردند که در چنین نمایش‌های تلویزیونی یا مطبوعاتی شرکت کرده و نسبت به فرزندان خود اظهار تنفر و انزجار نمایند. یادم هست در آذرماه همان سال بود که مادر مسعود رجوی را برای مصاحبه آماده کرده بودند. مادر مسعود در این مصاحبه گفت که "مسعود اگر پسر من است باید برگردد و به دست و پای امام بیفتد." (روزنامه اطلاعات، ۵ آذر ۱۳۶۰)

در ۲۱ آذرماه، مجاهدین در یک عملیات انتحاری، آیت الله دستغیب را که امام جمعه شیراز و نماینده‌امام در استان فارس بود به قتل رساندند. آیت الله دستغیب و دختر بمب گذار و تعدادی دیگر از نمازگزاران در این عملیات انتحاری به طرز فجیعی تکه تکه شدند.(روزنامه اطلاعات، ۲۲ آذر ۱۳۶۰)

چند روز پس از آن، محمد تقی بشارت، نماینده مجلس در تهران ترور شد. (روزنامه اطلاعات، ۸ دی ۱۳۶۰)

در فضای خونین آن روزها که تمام جامعه ایران را مجروح کرده بود، قضاوت اینکه چه کسی مقصر است کار بسیار دشواری بود. مخالفین حکومت فقط اعدام‌ها و شکنجه‌ها را می‌دیدند، و طرفداران حکومت نیز همه دغدغه شان ترورها و انفجارها بود. هر طرف در پی انتقام گیری از طرف دیگر بود. بعضی از رهبران حکومتی و کادرهای آنها در این فضای خون آلود و مسموم همه تلاش خود را متوجه حذف مخالفین و دگر اندیشان کرده و همه گروه‌ها و سازمان‌های سیاسی را یک جا مورد خطاب قرار داده و با یک چوب می‌زدند. آنها آسمان و ریسمان را به هم بافته و به هر شکلی سعی می‌کردند وانمود کنند که هر فرد مخالفی به نوعی در این ترورها و انفجارها نقش داشته و در آن آب گل آلود دنبال تسویه حساب‌های سیاسی بودند.

خشونت آن دوران فقط محصول لاجوردی و امثال او و در دادستانی‌ها نبود. آنها گرچه نقش عنصر اجرایی را در این کشتارها و شکنجه‌ها به عهده گرفته بودند، ولی بسیاری از ائمه جمعه، نمایندگان مجلس، اعضای دولت و روشنفکران حکومت جدید در این بازی نقش موثری ایفا کردند. نگاهی به آنچه عطاءالله مهاجرانی در مطلبی که در ۱۷ دی ماه ۱۳۶۰ در روزنامه اطلاعات تحت عنوان «مکتوب هفته» نوشت بهترین گواه از این نمونه است. جالب است که ایشان با وصل کردن مجاهدین به مهندس بازرگان و نهضت آزادی در

صدد انتقام گیری از نهضت آزادی بود، و با وصف خاطرات خود از اوضاع کردستان در سال‌های پیشتر با حزب توده و دیگر سازمان‌های سیاسی تسویه حساب می‌کرد. او مدعی بود که "نهضت آزادی و بازرگان توجیه گر ترور و تخریب و قتل عام مردمند و نیز اهرمی هستند که آمریکا بدانان دل بسته " و در قسمتی دیگر دست دادن مهندس بازرگان با خانمی را بهانه کرده و چنین به طعنه و کنایه به سوال می کشید که "در چنین هنگامه ای توجیه گناه صغیره آقای بازرگان که با زن اجنبی دست داده چه محلی از اعراب می تواند داشته باشد؟" او در بخش دیگری از همین مطلب می گوید "امروزه در مسجد و مدرسه در کوچه و بازار در عزا و عروسی شعار مرگ بر بازرگان شنیده می شود و بازرگان امروزه آخرین تقلای یک جنازه سیاسی است که روحش در پاریس دیوانه و آواره است." او درادامه چنین مطلب ادامه می دهد که "چند وقت پیش که به کردستان رفته بودم از کرمانشاه تا سنندج و تا سقز و بانه وقتی با برادران سپاه و جهاد صحبت می کردم وقتی سخن به بازرگان و تبعاتش می رسید بچه ها آتش می گرفتند ، «آخر تو ببین استاندار توده ای فرستادند ، بعدا هم سنندج را دادند دست گروه های محارب ، به پاسداران هم گفتند بروید بیرون ، بچه ها بعدا مجبور شدند دوباره وجب به وجب خاک را با خون بگیرند ، چه بچه های خوبی که شهید شدند ...»" . این دست نوشته ها فضای خشونت درون جامعه را صد چندان می کرد و زمینه و توجیه فکری لازم را برای صدور احکام اعدام و جنایت های دادستانی های انقلاب فراهم می کرد.

در میان اعضای گروه‌های مخالف رژیم نیز کمتر کسی شهامت آن را داشت که آنچه را که محمدرضا سعادتی چند ماه پیش در لحظات پیش از اعدام در وصیت نامه خود بیان کرده بود، با صدای بلند بگوید. سعادتی از این نظر مظهر شهامت و شجاعت بی نظیری بود که متاسفانه خود قربانی خشونت بیرحمانه فضایی گردید که از رفقایش می‌خواست که به سهم خود از برپا کردن آن تا آنجا که می‌توانند خودداری نمایند. او با اینکه از همان نخستین سال انقلاب به اتهام واهی جاسوسی برای روس‌ها در زندان به سر می‌برد، اما با احساس مسئولیت و با شهامت و شجاعت بی نظیری انگار حوادث این روزها را پیش بینی کرده بود و با اصرار از یاران اش خواسته بود که حداقل آنها از ادامه این بازی مرگبار دست برداشته و تا آنجا که در کنترل آنهاست به رقبای قدرت طلب در آن سوی میدان جنگ فرصت ادامه این بازی مرگبار را ندهند.

متاسفانه رهبری سازمان مجاهدین با تکیه بر قدرت هزاران مجاهد و میلیشیای مسلح و آماده به جنگ خود از یک سو، و محاسبه نادرست از قدرت بنی صدر در مقابله با خمینی و روحانیت از سوی دیگر، نه تنها جنگ را آغاز کرده بودند که حالا دیگر راه بازگشت را هم به روی خود بسته بودند.

نظام اسلامی و رهبری آن هم انگار فرصت را غنیمت شمرده و کمر به نابودی کامل آنها و همه مخالفین و دگر اندیشان بسته بود.

ما توده ای‌ها در این میانه بدجوری گیر کرده بودیم. ادامه انقلاب، حفظ دستاوردهای آن و تعمیق و استمرار آن برای ما بر اساس تحلیل و نگرش آن دوران ما از هرچیز دیگری مهم تر بود. حزب و رهبری آن در اطلاعیه‌های متعدد و تحلیل‌های سیاسی به هر بهانه‌ای نگرانی خود را از ادامه درگیری‌ها و جنگ‌های میان نیروهای انقلاب اعلام می‌کردند.

حزب همواره مجاهدین را از جمله نیروهای مردمی دانسته و آنها را در جبهه دمکرات‌های انقلابی که می‌توانند نقش تعیین کننده‌ای در فرارویی جنبش دمکراتیک انقلابی به سوسیالیسم ایفا نمایند، ارزیابی می‌کرد. مجاهدین در تمام سالهای گذشته از نظر حزب و ما توده ای‌ها جزو نیروهای انقلاب و در خدمت خلق بودند. حزب در بسیاری از شهرها و شهرستان‌ها از نامزدهای سازمان مجاهدین خلق در انتخابات مجلس شورای اسلامی، و از جمله در تهران از مسعود رجوی، حمایت کرده بود. حمایت حزب از مجاهدین در حالی بود که آنها از همان ابتدا موضع مخالف و سیاست دشمنانه‌ای را با حزب توده در پیش گرفته بودند. مسعود رجوی و دیگر اعضای رهبری مجاهدین در مصاحبه‌های خود با ظاهری رادیکال و چپ نمایانه حزب را و سیاست‌های آن را "اپورتونیستی" و به نفع سرمایه داری و طبقات ارتجاعی در ایران قلمداد می‌کردند. در این راستا، سیاست آنها بیشتر به سیاست و مشی جریان‌های مائوئیستی در مقابله با حزب توده نزدیکی داشت، همان گروه هایی که مجاهدین آنها را نیز به اتهام "اپورتونیست‌های چپ" و "کودتاچی درون سازمان" مورد حمله قرار می‌دادند.

سازمان مجاهدین خلق علیرغم آنکه در ظاهر خود را خیلی انقلابی و منزه طلب جلوه می‌داد، سیاستی قدرت طلبانه داشت و برای کسب قدرت هیچ پرنسیبی را رعایت نمی‌کرد. مجاهدین با معرفی آیت الله خمینی برای ریاست جمهوری التزام خود را به قدرت رهبری نظام نشان می‌دادند و مخالفت خود را با همه گروه‌های سیاسی دیگر که رهبری نظام نیز از آنها دل خوشی نداشت، نشان می‌دادند.

رجوی از همان ابتدا با نگاهی قدرت طلبانه، کشتی سازمان مجاهدین را به سوی کانون‌های قدرت هدایت می‌کرد. او در زمانی که احساس کرد بنی صدر محبوب ترین شخصیت سیاسی ایران است، علیرغم همه اختلاف نظرهایش با بنی صدر، نیروی سازمان را در دنباله روی از بنی صدر قرار داد و با نگاهی فرصت طلبانه و در عین حال قدرت طلبانه، بدنبال سوء استفاده از جایگاه قدرت سیاسی ریاست جمهوری، محبوبیت شخصیت بنی صدر و دست یافتن به آرای میلیونی او بود.

فشار از دو سو بر توده ای ها

برای ما توده ای‌ها دیگر در کنار مجاهدین قرار گرفتن غیرممکن بود. آنها با ترور رهبران انقلاب و کشتار مردم دیگر جایی در جبهه انقلاب نداشتند. در عین حال حزب توده و نیز ما اعضا و هوادارانش به هیچ وجه اعدام‌ها را تایید نمی‌کردیم و از شدت عمل مسئولین نظام در قتل عام مخالفین سیاسی و از جمله مجاهدین ابراز نگرانی می‌کردیم. حزب بارها و بارها در نامه ها، تحلیل‌ها و پیام هایش به مجاهدین اخطار کرده و از آنها خواسته بود که از ادامه سیاست‌های مخرب رودررویی با نظام دست برداشته و نیروی میلیونی خود را به گونه‌ای سازنده در جهت دمکراتیک سازی بیشتر ساختار نظام به کار گیرند.

رفیق ما، رحمان هاتفی، ملقب به حیدر مهرگان، در یک سلسله مقاله با عنوان «مجاهدین خلق بر لبه پرتگاه» در زمستان ۱۳۵۹ به تحلیل مواضع مجاهدین پرداخته و نشان داده

بود که چگونه مواضع مجاهدین روز به روز در جهت مقابله با انقلاب و نیروهای انقلابی پیش رفته و در راستای جریان‌های ضد انقلاب قرار می‌گرفت.

نامه مردم، دوره هفتم، سال دوم، شماره ٤٦٦، ٢١ اسفند ١٣٥٩

مجاهدین به جای بحث و گفتگو با دیگر جریان‌های سیاسی، از همه اعضا و هواداران خود خواسته بودند که همه روزنامه‌ها و نشریه‌های گروه‌های سیاسی دیگر را کاملا تحریم کنند و هیچ مطلبی از آنها نخوانند. سازمان مجاهدین در نشریه رسمی خود از شیوه‌های مخرب اتهام زنی و دروغ گویی نسبت به گروه‌های سیاسی دیگر استفاده می‌کرد. این شیوه برخورد آنها فقط منحصر به حاکمیت و نیروهای حکومتی نبود. مجاهدین با همان شیوه‌ها به مقابله با گروه‌های سیاسی دیگر نیز می‌پرداختند. به عنوان مثال، مجاهدین در نشریه مجاهد شماره ١٢٠ مدعی شدند که اعضای حزب توده ایران با گزارش دادن در مورد اعضا و تشکیلات مجاهدین خلق موجبات دستگیری آنها را فراهم می‌کنند.

نشریه مجاهد، شماره ١٢٠، ٢٤ اردیبهشت ١٣٦٠

دبیرخانه کمیته مرکزی حزب توده طی اطلاعیه‌ای که در ٢٩ اردیبهشت ١٣٦٠ در نامه مردم، ارگان رسمی‌حزب توده، به چاپ رسید، بصورت رسمی این اتهام مجاهدین را تکذیب کرد و نوشت که "حزب توده ایران هیچگاه در مورد مجاهدین خلق راپرت نداده

است. این اتهام بی‌پایه و دروغی زشت است و قاطعانه تکذیب می‌شود." و در ادامه همین اطلاعیه برای بار دیگر حزب تصریح کرد که "حزب توده ایران از آنجا که اکثریت اعضاء و هواداران مجاهدین خلق را جزء نیروهای خلق می‌داند، علیرغم دشنام‌ها و افتراهای وارده از جانب سازمان مجاهدین خلق به حزب توده ایران، به تلاش خود برای آنکه این نیروها عملا به جبهه خلق بپیوندند، ادامه می‌دهد." (نامه مردم شماره ۵۱۶، ۲۹ اردیبهشت ۱۳۶۰)

متاسفانه سازمان مجاهدین خلق هیچ گاه علاقه‌ای به گشودن یک بحث و برخورد منطقی که در شان یک سازمان سیاسی جدی است، از خود نشان نداد و به جز اتهام زنی و مغالطه سیاسی با دیگر احزاب و جریانات سیاسی روش دیگری نداشت.

تکذیب افتراهای...

تکذیب افتراهای «مجاهد»

«مجاهد»، نشریه «مجاهدین خلق» که بجای پاسخگوئی به سئوالات مشخص و تحلیل‌های مستدل حزب تودهٔ ایران درمورد مواضع نادرست و زیانبخش «مجاهدین خلق» به شیوه‌ای
بقیه در صفحه ۳

دبیرخانهٔ کمیتهٔ مرکزی
حزب تودهٔ ایران
۱۳۶۰٫۲٫۲۹

نامه مردم، ۲۹ اردیبهشت ۱۳۶۰

سازمان حتی در مناظره‌های تلویزیونی در اواخر بهار ۱۳۶۰، یعنی کمتر از یک ماه پیش از درگیری‌های خونین مجاهدین و هواداران حکومت، شرکت نکرد. این مناظره‌ها در دو زمینه فلسفه و سیاسی در چند جلسه برگزار شد که از شبکه اول سیمای جمهوری

اسلامی‌ایران در سراسر کشور پخش شد. در میزگرد سیاسی، آیت الله بهشتی از حزب جمهوری اسلامی‌ایران، نورالدین کیانوری از حزب توده ایران، دکتر حبیب الله پیمان از جنبش مسلمانان مبارز، و مهدی فتاپور از سازمان فدائیان خلق (اکثریت) شرکت داشتند. این سلسله بحث‌ها در صورتی که ادامه پیدا می‌کرد می‌توانست گام‌های موثری را در هموار کردن راه گفتگو میان احزاب سیاسی برداشته و به روشنگری مردم درباره مواضع گروه‌های سیاسی در جامعه کمک موثری نماید. متاسفانه عمر این مناظره‌ها به درازا نکشید و پس از آغاز درگیری‌های خونین مجاهدین با حکومت به پایان رسید.

میز گرد مباحث فلسفی در سه دوره پخش شد و آخرین آن در ۱۵ خرداد ۱۳۶۰ بود، یعنی دو هفته پیش از وقایع ۳۰ خرداد و آغاز درگیری‌های خونین مجاهدین و حکومت. در این میز گرد آقایان مصباح یزدی از حوزه علمیه قم، عبدالکریم سروش به عنوان منفرد، احسان طبری به نمایندگی از حزب توده ایران، و فرخ نگهدار به نمایندگی از سازمان چریک‌های فدائی خلق ایران (اکثریت) شرکت داشتند.

این گفتگوهای تلویزیونی مورد استقبال بسیاری از مردم قرار گرفت. احسان طبری در این مباحث یک سروگردن از همه بالاتر بود و با آگاهی زیادی که در این حوزه از گفتگوهای روشنفکرانه داشت، احترام خاصی را نسبت به خود جلب کرد. بسیاری از روشنفکران در آن سالها گرچه با حزب توده ایران مشکل داشتند ولی برای افرادی مانند احسان طبری احترام قائل بودند. ما توده ای‌ها با شنیدن این گفتگوها و دیدن اینکه طبری با کوله باری از دانش و اندیشه فلسفی در مقابل دیگر افراد حاضر در این میزگردها هماوردی ندارد، بر خود می‌بالیدیم. طبری برای ما در آن روزها بیشتر از یک عضو هیات سیاسی کمیته مرکزی حزب و رهبری آن بود. او برای ما مظهر دانش علمی مارکسیستی و یکی از قله‌های معرفت بشری محسوب می‌شد.

متاسفانه این گفتگوها ادامه پیدا نکرد. شاید تنها دلیل قطع این مناظرات تلویزیونی شروع جنگ خونین میان مجاهدین و حکومت نبود ولی به هرحال این جنگ خونین در عمل فضای گفتگو را دیگر به حاشیه رانده و درهای مذاکره و صحبت را برای همیشه میان احزاب دگراندیش و طرفداران حکومت بست.

ما توده ای‌ها با وجود اینکه در این جنگ کمترین نقشی نداشتیم، از هر دو طرف مورد فشار قرار گرفته بودیم. حکومت ما را با همان چوبی می راند که دیگر گروه‌های چپ و مخالفین سیاسی را می‌زد و سرکوب می‌کرد. دفاتر حزب ما نیز تقریبا در تمام شهرها به غارت رفتند.

روزنامه مردم و دیگر نشریات حزب بسته شدند و از انتشار دوباره آنها جلوگیری به عمل می‌آمد. بسیاری از رفقای ما را در خیابان‌ها دستگیر می‌کردند و گاه بعضی از آنها در بازداشتگاه‌ها زیر شکنجه قرار گرفته و حتی در مواردی اعدام شدند. برخی از آنها برای سال‌ها تا دستگیری‌های سراسری اعضای حزب در زندان‌ها مانده و سپس به زندان‌های درازمدت محکوم شدند.

در حوزه‌های حزبی و جلسه‌های کمیته شهر و ایالتی تقریبا همیشه بخش قابل توجهی از صحبت‌های ما پیرامون سرکوب و کشتار و جنگی بود که در آن روزها در تمام کشور

جریان داشت. روزی نبود که در حوزه‌ها گزارش از اعدام و زندانی شدن رفقای هم محله ای، هم کلاسی، هم دانشگاهی و همکار ما که به خاطر عضویت شان در گروه‌های سیاسی دیگر دستگیر و یا اعدام شده بودند، نیاید.

هم قربانی جنگ و هم قربانی اعدام

در آن روزها روایت غم انگیز دستگیری‌های بی شمار و اعدام‌های جنون آمیز تنها روایت غم و اندوه ما نبود. همزمان خبر شهادت بسیاری از دوستان ما که در جبهه‌ها کشته می‌شدند، به غم و اندوه روزانه ما می‌افزود. رفقای توده‌ای ما که تعدادشان هم کم نبود در کنار دوستان هوادار حکومت در جبهه‌های جنگ جان خود را از دست می‌دادند. حتی اعضای بعضی از گروه‌های سیاسی که مورد غضب حاکمیت قرار گرفته و تحت تعقیب بودند نیز هنوز جنگیدن در جبهه‌های جنگ با صدام را رها نکرده و در کنار دیگر نیروهای انقلاب به جنگ مشغول بودند. غم انگیز تر از همه این بود که در نشریات این سازمان‌ها، گاه در همان روزنامه ای که خبر از اعدام اعضای گروهشان را می‌داد، در صفحه دیگری خبر شهادت عضودیگری را در جبهه‌های جنگ می‌خواندی.

نشریه حقیقت، شماره ۱۳۴، ۱ مرداد ۱۳۶۰

دو برادر امین اعدام شدند

روزهای غم انگیزی بود. همه جا خبر از مرگ و کشتار بود.

کم کم به زمستان سال شصت می‌رسیدیم. اعدام‌ها همچنان ادامه داشت. خبرهایی که از درون بازداشتگاه‌ها و زندان‌ها به بیرون درز می‌کرد وحشت آور بود. آثار شکنجه بر بدن افرادی که اعدام شده و جسد آنها را به خانواده هایشان تحویل می‌دادند کاملا آشکار بود. جسد فریدون را پس از چند روز به خانواده‌اش دادند. امین او را شسته بود و به دست خودش در قبر گذاشته بود. امین به خواهرم پری گفته بود که یکی از چشمان فریدون از

حدقه درآمده و یک دست او گردشکن شده بوده و بر همه بدن‌اش آثار شکنجه دیده می‌شده است.

چند ماه پس از اعدام فریدون، برادر کوچک‌تر ش فرزاد نیز اعدام شد. پس از آن، امین از هم پاشیده بود و غم همه وجودش را دربرگرفته بود. چهره او همیشه غم دار بود و چشم‌هایش دیگر تقریبا روی هیچ چیزی توقف نمی‌کرد.

خبر این اعدام‌های وحشیانه نه فقط در داخل کشور که در آن سوی مرزها نیز بازتاب پیدا کرده بود و نگرانی زیادی را در محافل حقوق بشری در مورد آنچه که در ایران می‌گذشت به وجود آورده بود. مسئولین نظام اسلامی در بیشتر دیدارها و ملاقات هایشان با مقامات دیگر کشورها در این باره مورد سوال و بازخواست قرار می‌گرفتند، ولی گوش‌شان بدهکار نبود. آنها کشتار و سرکوب مخالفین در ایران را تحت عنوان دفاع از انقلاب و مردم توجیه می‌کردند.

بسیاری از شخصیت‌های معتبر جهانی نیز در آن روزها با محکوم کردن ترورها و انفجارها توسط مجاهدین، به نوعی از رهبری نظام و سرکوبگری‌اش حمایت می‌کردند. فیدل کاسترو که یکی از محبوب ترین شخصیت‌های انقلابی آن دوران بود بمب گذاری‌ها و ترورهای مجاهدین را در آن روزها محکوم کرده و آنها را بخشی از دسیسه‌های امریکا و امپریالیست‌ها برعلیه انقلاب ایران ارزیابی کرده و در پیام‌های خود با رهبران نظام اسلامی‌همدردی نمود.

قضاوت به نفع یک طرف و برعلیه طرف دیگر کار آسانی نبود. ولی آنچه مسلم بود، هر دو طرف به شیوه‌های جنایتکارانه‌ای کمر به نابودی همدیگربسته بودند و خشونت حاصل از آن برای کشور و مردم خسارت‌های جبران ناپذیری را به جای گذاشت. تقریبا روزی نبود که خانواده‌ای عزادار نشود. گاه در یک گورستان، همزمان در گوشه‌ای جمعیت با شعارهای «مرگ بر منافق» پاسداری و یا امام جمعه ای را که قربانی ترور مجاهدین شده بود به خاک می‌سپردند و درگوشه ای دیگر در قطعه‌ای در حاشیه همان گورستان، مادران و خواهران و برادران مجاهدین اعدام شده مشغول عزاداری و خاکسپاری جگرگوشه‌های خود بودند که در سپیده دم همان روز دسته جمعی اعدام شده و حالا آنها در خاموشی با ضجه و ناله و فریادهای شکسته در گلو و با آرزوی مرگ برای خمینی و دیگر رهبران انقلاب، عزیزان شان را به دل خاک می‌سپردند.

مقامات قضایی کشور در آن روزها گاه زیر فشار افکار عمومی جهان در رابطه با اعدام‌ها مجبور به اظهار نظر می‌شدند و بیشتر آنها مدعی بودند که "در ایران کسی بخاطر عقیده و مذهب محاکمه نمی‌شود." (*اظهارات موسوی اردبیلی در روزنامه اطلاعات، ۱۷ دی ماه ۱۳۶۰*) و اعدام‌های انجام شده را به حساب برخورد با جریان‌های تروریستی قلمداد می‌کردند. این در حالی بود که بسیاری از افرادی که اصلا در جریان‌های تروریستی هیچ نقشی نداشتند و فقط به گروه‌های مخالف و مارکسیست وابستگی گروهی و تشکیلاتی داشتند، نیز گروه گروه اعدام می‌شدند. روحانیون حاکم حالا علیر غم ادعاهای دینی خود هر روز در مقابل چشم میلیون‌ها نفر با بی شرمی تمام دروغ می‌گفتند.

آقای موسوی اردبیلی رئیس شورای عالی قضایی ایران در مصاحبه‌ای با روزنامه رسمی‌اطلاعات به تاریخ ۱۷ دی ماه مدعی شده بود که "در ایران کسی بخاطر عقیده و مذهب محاکمه نمی‌شود" درست درهمان صفحه که مصاحبه چاپ شده بود، خبر از اعدام ۸ نفر از اعضای جامعه بهایی ایران اعلام شده بود. آنها را به اتهام واهی جاسوسی اعدام کرده بودند.

بهمن ۱۳۶۰

سال ۶۰ رو به پایان بود. به بهمن ماه رسیده بودیم. بهمن ماه، به خاطر پیروزی انقلاب در ۲۲ بهمن ۱۳۵۷ همه ساله در سراسر کشور جشن گرفته می‌شد. ده روز ۱۲ تا ۲۲ بهمن ماه را «دهه فجر» نامگذاری کرده بودند. مخالفین حالا به شوخی این دهه را «دهه زجر» می‌گفتند. بی دلیل هم نبود چرا که حالا سه سال پس از پیروزی انقلاب، در بهمن ماه ۶۰، از شادی سال های گذشته دیگر کمترین خبری نبود. دانشگاه‌ها به بهانه انقلاب فرهنگی مدتی بود که تعطیل شده وهنوز بسته بودند. هزاران دانشجو در چندماه گذشته زندانی یا اعدام شده و یا در خفا زندگی می‌کردند و یا در انتظار دستگیری با اضطراب روز را به شب می‌رساندند و در بهترین حالت از کشور گریخته و در مهاجرت اجباری به سر می‌بردند. دانشجویان هوادار نظام در ارگان‌های انقلابی سپاه، جهاد سازندگی و کمیته‌های هفت نفره و نهضت سوادآموزی و دادستانی‌ها مشغول کار شده و بسیاری از آنها در جبهه‌های جنگ با مهاجمین عراقی دست و پنجه نرم می‌کردند. صدها نفر از آنها در جبهه‌ها شهید شده بودند.

اوضاع عمومی کشور روز به روز بر اثر خرابی‌های جنگ، مهاجرت بخش بزرگی از مدیران با تجربه کشور به خارج از کشور و ناکارآمدی مدیران جدید و جنگ قدرت میان جناح‌های حکومتی، بدتر و بدتر می‌شد. در حقیقت جنگ در سه جبهه همزمان در جریان بود. جنگ در جبهه‌های غرب و جنوب با عراق، جنگ داخلی با مجاهدین و گروه‌های مسلح کرد، و جنگ در داخل حکومت میان جناح‌های رقیب قدرت. تاثیر جنگ در تمام این جبهه‌ها بر روح و جان مردم ویرانگر و خونبار بود.

شادی روزها و ماه‌های نخست انقلاب مدت ها بود که از کشور رخت بربسته و حالا برچهره مردم کوچه و خیابان غم و اندوه عجیبی نشسته بود. غم از دست دادن فرزندان شان در جبهه‌های جنگ، ویرانی حاصل از بمباران‌های هوایی و آتش توپخانه عراقی که روزانه شهرهای جنوب و غرب را می‌کوبید و کشتار و ویرانی بر جای می‌گذاشت، و غم و اندوه انفجارها و ترورهای خیابانی مجاهدین خلق و دیگر جریان‌های تروریستی، و غم اعدام‌های بی شماری که به تلافی این انفجارها و ترورها به دست مسئولین نظام اسلامی هر روزه رخ می داد.

اسم بسیاری از کوچه‌ها و خیابان‌ها و میدان‌های شهر را به نام شهدای جنگ و یا قربانیان ترور و انفجارهای مجاهدین تغیر داده بودند. دیدن آن همه نام و نشان از قربانیان در آن روزها خود از غم انگیزترین خاطره‌های آن دوران بود، بخصوص که گاه در آن میان

نامی از هم کلاسی‌ها و یا همبازی‌های دوران کودکی و یا رفقای هم دبیرستان خودت دیده می‌شد و خاطره هایت را با آنها برایت زنده می‌کرد.

بهمن ماه سال ۶۰ اما انگار از همان اولین روزهایش باز حکایت از خون و کشتار و اعدام بیشتر داشت. هنوز چند روزی از آغاز بهمن نگذشته بود که خبر حمله مسلحانه به شهر آمل درشمال کشور در سراسر کشور پخش شد. «اتحادیه کمونیست های ایران» سازمانی مائوئیستی بود که بیش از صد نفر از نیروهای خود را به جنگل های اطراف آمل فرستاده و در تلاش زدن جرقه برای یک قیام سراسری در کشور بود. این گروه تحت لوای «سربداران» در بهمن ماه تصمیم به حمله به شهرآمل گرفتند. آنها در چهارم و پنجم بهمن ماه سال ۱۳۶۰ با حمله به مراکز سپاه و بسیج عملیات خود را آغاز کردند که پس از ۴۸ ساعت درگیری با همکاری نیروهای سپاه پاسداران، پلیس و بسیجیان سرکوب شدند و این ماجرا پایان گرفت.

سه روز پس از این حمله، دادگاه انقلاب ۱۰ نفر از افراد دستگیر شده در رابطه با حمله را تیرباران کرد و خبر آن در روز ۱۰ بهمن ۱۳۶۰ در روزنامه‌های کشور چاپ شد. شهر آمل یکپارچه در مقابل این عمل چپ روانه و سکتاریستی که کمترین چشم اندازی برای پیروزی آن وجود نداشت به دور رهبری نظام حلقه زد و واکنش آنها چنان بود که آیت الله خمینی در پیام خود به همین مناسبت گفت "مردم آمل چنان توی دهن مهاجمین زدند که نتوانستند چند ساعت مقاومت کنند." (*روزنامه اطلاعات، ۱۱ بهمن ۱۳۶۰*)

روز ۲۰ بهمن باز خبر از درگیری خیابانی و کشتار بود. آن روز رسانه های دولتی از ماجرای به دام افتادن باقیمانده رهبران سازمان مجاهدین در کشور خبر دادند. موسی خیابانی، مرد شماره ۲ سازمان مجاهدین، به همراه اشرف ربیعی، همسر مسعود رجوی، و تعداد قابل توجهی از دیگر کادرهای اصلی سازمان در یک درگیری چند ساعته در تهران کشته شدند. خبر برای مجاهدین کمرشکن بود. موسی خیابانی برجسته ترین چهره مجاهدین خلق پس از مسعود بود. از نظر سیاسی و تشکیلاتی هم قد و قواره مسعود و از کادرهای اولیه سازمان مجاهدین بود که پس از سال ها زندان در دوران شاه در آخرین روزهای پیش از پیروزی انقلاب به همراه آخرین گروه از زندانیان سیاسی آزاد شده بود.

هنوز چند روز نگذشته بود که در ۲۴ بهمن خبر از دستگیری اعضای مرکزی «سازمان پیکاردرراه آزادی طبقه کارگر» در اخبار سراسری کشور پخش شد. علیرضا سپاسی آشتیانی، حسین احمدی روحانی، مسعود جیگاره‌ای و تعدادی دیگر از اعضا و کادرهای اصلی رهبری سازمان پیکار دستگیر شدند. فردای همان روز در ۲۵ بهمن، کادر رهبری و بنیانگزاران گروه «آرمان مستضعفین» که از گروه‌های اسلام‌گرای رادیکال بود و بسیاری آنها را برادر خوانده گروه تروریستی «فرقان» می‌دانستند نیز دستگیر شدند.

بهمن ماه ۶۰ برای مجاهدین و برخی دیگر از گروه‌های سیاسی و سازمان‌های تروریستی، ماه سرکوب، دستگیری و فروپاشی سازمانی بود.

هیچ خاطره‌ای از عید سال ۱۳۶۱ برایم باقی نمانده است. اصلا یادم نیست که عید را چگونه گذراندم. جلسه‌های حزبی ما همچنان ادامه داشت و اعضای حزب هر هفته در حوزه‌های حزبی شرکت می‌کردند. معمولا برای نوروز یکی دو هفته‌ای جلسات حزبی تق و لق می‌شد. خیلی از بچه‌ها به شهرهای خودشان برای دیدار با خانواده و عیددیدنی برمی‌گشتند. رضا اهل بروجرد بود. او در این سال‌ها از صمیمی‌ترین دوستان و رفقایم بود. آن سال من و رضا به همراه نوروز و زهرا، همسر نوروز، به بهانه تعطیلات حزب به بروجرد رفتیم. چند روزی آنجا بودیم. بروجرد شهر قشنگی بود. بروجرد و خرم آباد برای بچه‌های چپ یادآور خاطره برادران خرم آبادی و همایون کتیرایی از گروه چریکی کوچک «آرمان خلق» بود. در بروجرد با عده‌ای از بچه‌های حزبی آنجا که از رفقای رضا بودند آشنا شدم و چند روزی را که آنجا بودیم با بحث و صحبت پیرامون مسائل سیاسی گذراندیم.

روزی که از بروجرد به مقصد تهران برمی‌گشتیم، هوا حسابی ابری و بارانی بود. گل و لای تپه‌ها شسته شده و جاده را کاملا لیز کرده بود. راننده مینی بوس ما هم انگار سر و گوش‌اش می‌جنبید و هی از این ور به آن ور جاده به زیگزاگ می‌زد. یک دفعه کنترل از دست‌اش خارج شد و مینی بوس از جاده بیرون رفت. ما چهارنفر در آخرین ردیف مینی بوس روی یک سری صندلی وصل به هم نشسته بودیم. زهرا که بین من و نوروز نشسته بود، فریادزنان به جلو پرتاب شد. راننده انگار جاده را عوضی گرفته و قصد کرده بود که از تپه کنار جاده بالا رود. ماشین کمی که روی تپه رفت، به یک طرف چپ شد و معلق زد. همه ما روی هم به سقف ماشین که حالا به کف جاده چسبیده بود، ریختیم. به زحمت از ماشین بیرون آمدیم. گل و لای جاده تمام سروروی ما را پوشانده بود. غیراز چند نفر که جراحت‌های کوچکی بر سر و صورت‌شان افتاد، خوشبختانه همگی سالم ماندیم. جالب بود که همگی به کمک هم دوباره مینی بوس را به روی چرخ‌هایش برگرداندیم و با همان سر و وضع گلی سوار شده و با همان مینی بوس به تهران رفتیم. تنها خاطره‌ام از آن نوروز همین سفر و تصادف جاده است.

باز جلسه بود و جلسه. بحث‌های درون جلسات و کمیته‌های حزبی ما از یک نظر جالب بود. تقریبا کمتر کسی با دیدگاه‌های رهبری حزب مخالفت می‌کرد. انگار تحلیل‌های کیانوری در پرسش و پاسخ ها، آیه‌های قرآن بود. اعضای حزب، خصوصا جوان ترها عجیب مقلد کیانوری شده بودند. کیانوری با تسلط کامل برروح و جان ما توده‌ای ها، موفق شده بود جمعیت حزبی را به مانند شبانی که گله‌اش را در پی خود به هر کوه و دره‌ای می‌کشاند، به دنبال خود ببرد. این فقط ما نبودیم که شیفته ی شبان حزبی خودمان شده بودیم. حالا یک جمعیت بزرگ دیگر از جوانان چپ گرای کشور، بسیار شیفته وارتر از ما، انگار که به کشف پیغمبر جدیدی نائل شده باشند به دنبال حزب و کیانوری راه افتاده بودند. این جمعیت که کمتر از ۲ سال پیش از آن در جرگه مخالفان حزبی بودند، حالا شیفته و شیدای حزب و خواهان وحدت با آن شده بودند. بخش بزرگی از چریک‌های فدایی خلق ایران که حالا با نام سازمان فدائیان خلق ایران (اکثریت) فعالیت می‌کرد، سخت

به حزب و رهبری آن و سیاست‌های حزبی دل بسته و جلب شده و گاه بیشتر از خود ما توده‌ای ها، توده‌ای بودند.

نزدیکی سازمان فدائیان خلق (اکثریت) به حزب توده ایران

تمایل سازمان اکثریت به پیوستن به حزب برای ما توده‌ای ها، بسیار غرورآفرین بود و نشان از درستی سیاست و درایت رهبری حزب، به ویژه کیانوری و خط او در دفاع از انقلاب داشت. سازمان فدائیان خلق ایران (اکثریت) شاید پس از حزب بزرگترین سازمان سیاسی چپ ایران بود. گرچه تعداد اعضای آنها در بعضی از شهرها و استان‌های کشور از تعداد اعضای حزب کمتر بود، ولی تعداد هواداران آنها در بسیاری از شهرها از هواداران حزب بیشتر بود. آنها در میان جوانان و طیف میان سال چپ ایران در موقعیت بهتری قرار داشتند. سابقه مبارزات چریکی آنها در گذشته و تندروی‌های دوران آغاز انقلاب برای آنها پز چپ تری ساخته بود. حزب برخلاف آنها در گذشته مواضع معتدل تر و معقول تری داشت. حزب در دوران پیش از انقلاب مخالف مبارزه مسلحانه چریکی بود و پس از پیروزی انقلاب به دلیل مخالفت خود با جریان‌های تندروی چپ و سیاست حمایت از خط امام و رهبری انقلاب بیشتر به یک جریان سازشکار و فرصت طلب سیاسی شهرت پیدا کرده بود. چنین شهرتی جاذبه اندکی در میان جوانان برای همکاری ایجاد می‌کرد و به همین دلیل هم میانگین سنی اعضای حزب در میان همه گرایش‌های چپ آن دوران از همه بالاتر بود. در هر حوزه و کمیته حزبی حداقل چندنفری از نسل پیشین توده‌ای ها، یا نسل توده‌ای‌های جوان دوران گذشته وجود داشت که حالا بسیاری از آنها دست کم ۴۰ یا ۵۰ سال زندگی را تجربه کرده بودند. این در حالی بود که تقریبا اکثریت اعضای سازمان‌های چپگرای دیگر را جمعیتی با ترکیب سنی زیر ۳۰ سال می‌ساخت.

سازمان فدائیان اکثریت در مجموع سازمانی با بدنه و رهبری جوان بود و سن وسال مسن ترین افراد در رهبری سازمان حتی به ۴۰ سال هم نمی‌رسید. این در حالی بود که در رهبری حزب توده ایران، به جز تعداد معدودی از نسل جوان ترها که در پلنوم هفدهم به عضویت مشاور کمیته مرکزی افزوده شده بودند، بقیه رهبران حزب همگی بیشتر از ۵ دهه از زندگی شان گذشته بود. حتی برخی از آنها بیش از ۴۰ سال سابقه فعالیت سیاسی داشتند و آغاز فعالیت‌های آنها به دوران حکومت رضا شاه برمی‌گشت.

ما در آن دوران روابط نزدیکی با سازمان فدائیان خلق (اکثریت) داشتیم. نوعی هماهنگی در فعالیت‌های ما وجود داشت. از کمیته‌ها و شعبه‌های حزبی معمولا یک نفر در کمیته و یا شعبه مشابه خود در سازمان اکثریت شرکت می‌کرد. رفقای اکثریتی نسبت به توده ای‌ها احترام خاصی ابراز می‌کردند و این برای ما بسیار غرورآفرین بود.

من به عنوان مسئول شعبه کارگری حزب در جلسات شعبه کارگری اکثریت مرتب شرکت می‌کردم و در جریان کم و کیف کارهای آنها بودم.

حزب در آغاز فعالیت خود پس از انقلاب جاذبه چندانی در میان نسل جوان و انقلابی چپ در داخل کشور نداشت و بیشتر بدنه هوادار و حامی آن از رفقای قدیمی و نسل گذشته مبارزین کمونیست بودند. اما با گذشت زمان، کم کم وضعیت تغییر کرده بود. قدرت تحلیل سیاسی حزب و برتری تئوریک رفقای حزبی در بیان مفاهیم مارکسیستی و مناسبات حزب با احزاب برادر کمونیستی در سراسر جهان از یک سو و رنگ باختن تئوری جنبش چریکی و مسلحانه که یکی از دلایل اصلی تقابل نسل جوان با حزب توده ایران و رهبری آن در گذشته بود از سوی دیگر، یخهای تنفر سیاسی نسبت به حزب و توده ای‌ها را در میان بسیاری از مبارزان جوان ذوب کرده بود. حالا کم کم تمایل به آشنایی با مواضع حزب روز به روز در میان چپ‌های نسل جوان بیشترو بیشتر می‌شد. با آشکار شدن رابطه حزب و سازمان فدائیان اکثریت که بیشترین تعداد مبارزین جوان کمونیست را در خود جمع کرده بود، دیگر نگاه گذشته به حزب و توده ای‌ها اساسا تغییر کرد. حالا یک دهه پس از شکل گیری سازمان چریک‌های فدایی خلق ایران که پرجاذبه ترین سازمان سیاسی چپ در تاریخ معاصر سرزمین ما بود، رفقا وهمرزمان سابق بیژن جزنی، مسعود احمدزاده، امیر پرویز پویان و بسیاری دیگر از مبارزان چریک از جان به در برده از جریان سیاهکل تا چریک‌های بعدی و هم خانه‌های حمید اشرف، رهبر پرآوازه چریک ها، چشم انداز آینده مبارزات خود را در پیوند و همراهی با حزب توده ایران پیدا کرده بودند. این اتفاق موجب آن شد که بسیاری دیگر از مبارزین جوان به کاروان رهروان حزب توده ایران بپیوندند.

تعداد زیادی از اعضای گروه‌های دیگر به صورت فردی و یا جمعی تمایل خود را به همکاری با حزب اعلام کرده و از سازمان‌های خود جدا می‌شدند. تعداد قابل توجهی از کادرهای سازمان «رزمندگان آزادی طبقه کارگر» که یکی از جریان‌های اصلی خط سه در ایران بود، نیز در همین سال های خونین به طرف حزب آمدند. حزب در بعضی موارد از پذیرش هواداران این جریان‌ها خودداری کرده و آنها را تشویق به همکاری با رفقای اکثریتی می‌کرد. جلب رفقای جدید و تایید سیاست حزب توسط افرادی که در گذشته تمایلات به شدت رادیکال و چپ روانه‌ای را دنبال می‌کردند، نه تنها برای ما مایه افتخار بود، که تایید مواضع و خط مشی حزب و رهبری ما به شمار می رفت.

در کردستان نیز که از همان اولین ماه‌های پس از انقلاب به محلی برای تجمع مخالفین نظام جدید تبدیل شده بود، بسیاری از مبارزان کرد که سال‌های طولانی را در زندان‌های شاه گذرانده و از محبوب ترین شخصیت‌های سیاسی آن خطه محسوب می‌شدند، به حزب گرایش یافتند. آنها با یک انشعاب بزرگ در مقابل خط تندروی قاسملو، زیر نام «طرفداران کنگره چهارم» از حزب دمکرات کردستان جدا شده و روابط بسیار نزدیکی را با حزب توده ایران در منطقه برقرار کردند. شادروان غنی بلوریان، چهره مبارز کرد و نماینده منتخب مردم مهاباد در اولین انتخابات مجلس، رهبر این گروه بود. او در گفتگویی با روزنامه اطلاعات دلایل جدایی خود را چنین توضیح داد "ما اسم جدایی خودمان را انشعاب نمیگذاریم، بلکه آنرا طرد باند قاسملو می نامیم."(*روزنامه اطلاعات ، شماره ۱۶۴۳۲ ، ۳۰ اردیبهشت ۱۳۶۰)* او در همین گفتگو از مناسبات قاسملو با مقامات

عراقی و افسران فراری و وابسته به بختیار، اویسی و اشرف سخن به میان آورده و قاسملو و جریان طرفدار او در حزب دمکرات کردستان ایران را بشدت محکوم کرد.

روزنامه اطلاعات ، شماره ۱۶۴۳۲ ، ۳۰ اردیبهشت ۱۳۶۰

این وضعیت، یعنی گرایش سیاسی احزاب و سازمان‌های دیگر و مبارزین جوان و انقلابی به فعالیت با حزب، به آن دسته از اعضای حزب که در رابطه با خشونت‌های رهبری نظام دینی دچار تزلزل در حمایت از حاکمیت شده بودند، اجازه نمی‌داد که نظر خود را بروز دهند. ما گرچه از شدت خشونت‌های وحشیانه‌ای که دستگاه‌های قضایی و انتظامی حکومت بر علیه مخالفین به کار می‌گرفتند ناراضی بودیم، اما این امر باعث آن نمی‌شد که حساب خودمان را از انقلاب و رهبری آن و اهمیت نقشی که جنبش انقلابی ایران در منطقه و جهان در تصویر بزرگ‌تر ایفا می‌کرد، جدا کرده و به انقلاب، مردم و رهبری آن پشت کنیم.

استقبال سازمان‌ها و شخصیت‌ها و اعضای آنها از حزب و سیاست ما، عزم ما را در این مبارزه جزم تر کرده و بر درست بودن سیاست‌های حزب مهر تایید می‌گذاشت.

حکومت انقلابی جدید نیز یک جریان یک دست نبود. گرایش‌های گاه به شدت متضاد و متناقض در میان آنها در رابطه با سیاست‌های داخلی و خارجی وجود داشت که تحلیل سیاسی از اوضاع را بسیار دشوارتر می‌ساخت.

بزرگداشت اول ماه مه

۱۱ اردیبهشت که برابر با اول ماه مه می‌شد، برای ما از اهمیت ویژه‌ای برخوردار بود. اول ماه مه روز جهانی کارگران بود که همه احزاب کمونیستی در جهان آن را جشن گرفته و به بهانه گرامیداشت این روز، به سازماندهی سراسری یک جنبش اعتراضی

جهانی بر علیه سرمایه داری و امپریالیسم می‌پرداختند. ما توده ای‌ها نیز از همان نخستین سال پس از پیروزی انقلاب به فکر بزرگداشت اول ماه مه و برگزاری هرچه شکوهمندتر آن بودیم. این روز حالا پس از انقلاب، به همت و پافشاری جریان‌های چپ، در سراسر کشور به عنوان روز جهانی کارگر پذیرفته شده و حتی همه سازمان‌های غیرکمونیستی نیز در مسابقه برای باشکوه تر برگزار کردن آن با چپ‌ها رقابت می‌کردند.

رهبری نظام اسلامی در ایران نیز از آنجا که در همه زمینه‌ها با جریان چپ ایران به رقابت افتاده بود، در بسیاری از موارد همان شعارهای چپ را به عاریت گرفته و با رنگ و لعاب اسلامی به نام اسلام ناب محمدی و یا اسلام انقلابی استفاده می کرد و حتی گاه با ادعاهای به مراتب انقلابی تر در این عرصه‌ها به رقابت با چپ در می‌آمد. اول ماه مه و بزرگداشت روز جهانی کارگران یکی از همین عرصه‌های رقابتی بود.

از همان سال اول در بزرگداشت و برگزاری مراسم اول ماه مه دودستگی بزرگی ایجاد شد. مذهبی‌ها و چپ‌های طرفدار انقلاب در یک سمت و جریانات چپ مخالف انقلاب در صف دیگری به گردهمایی هایی که به این مناسبت و برای بزرگداشت این روز برگزار می‌شد، می‌پیوستند. صفوف بزرگی از کارگران تحت پوشش شوراهای اسلامی و خانه کارگر که بیشتر تحت کنترل حزب جمهوری اسلامی ایران بود، با اینکه با شعارهای اسلامی و طرفداری از انقلاب به خیابان‌ها می‌آمدند، ولی عملا در این روز در کنار جنبش چپ و کمونیست‌ها در سراسر جهان در این جشن بزرگ کارگری شرکت می‌کردند.

ما توده ای‌ها ضمن شرکت در راهپیمایی عمومی، سعی می‌کردیم که مراسم مستقل خودمان را نیز برپا کنیم. البته نه به نام حزب توده ایران، بلکه تحت لوای شوراها و سندیکاهای کارگری که در آنها نفوذ داشتیم. برگزاری مراسم اول ماه مه یکی از اولین کارهای مشترک بیرونی و قدم‌های نزدیکی میان حزب و سازمان اکثریت بود که از سال ۶۰ شروع شده بود. هم ما و هم رفقای اکثریت امکانات و تماس هایی در کارخانه‌های متعدد، شوراهای کارگری و سندیکاها داشتیم. گاه در بعضی از شوراها و یا سندیکاها، بعضی از رفقای عضو حزب و اکثریت پیش از اینکه از سازمان‌های خود رهنمودی دریافت کنند، با هم همکاری‌های صنفی و یا صنفی-سیاسی را آغاز کرده بودند.

من به عنوان مسئول شعبه کارگری با رفقای مسئول اکثریت در تماس بودم و با شناخت کافی که از امکانات حزب در سازمان‌های کارگری در خراسان تلاش می‌کردم که تا آنجا که ممکن بود در تظاهرات خیابانی و یا برگزاری جشن‌های مشترک هماهنگی کنیم. در این تماس‌ها کم کم میان ما و رفقای اکثریتی روابط دوستانه و علاقه به همکاری نیز به وجود می‌آمد. علاقه‌ای که لازمه وحدت تشکیلاتی دو جریان و نیز کار و مبارزه مشترک در آینده بود.

خط امام و عدالت اجتماعی

هنوز فریادهای دفاع از مستضعفین و کوخ نشین‌ها هر روزه در نمازهای جمعه و یا سخنرانی‌های رهبران حکومت اسلامی شنیده می‌شد و به قول کیانوری نبرد «که بر که» به نتیجه نرسیده بود. هنوز اکثریت رهبران نظام اسلامی در مسائل اجتماعی-اقتصادی و سیاست خارجی مواضع بسیار نزدیکی با جریان‌های چپ داشتند. هنوز دعوای اصلاحات ارضی و تقسیم زمین و اجرای «بند ج» در هیات‌های هفت نفره در جریان بود و هنوز آیت الله خمینی در پیامش به مناسبت اول ماه مه مدعی بود که "یک روز کارگران به یک عمر سرمایه داران و فئودال‌ها می‌ارزد." و یا اینکه "در تمام جبهه‌ها یک نفر از بالانشین‌ها و سرمایه داران را نخواهید دید." (روزنامه اطلاعات، ۱۱ اردیبهشت ۱۳۶۲) این جمله‌ها گرچه به خودی خود هیچ دستورالعمل معینی را تجویز نمی‌کردند و شاید جز شعارهای بی معنا چیز دیگری نبود، اما در آن فضای انقلابی اولین سال های پس از انقلاب، گفتن اینکه "در تمام جبهه‌ها یک نفر از بالانشین‌ها و سرمایه داران را نخواهید دید" اینطور تعبیر می‌شد که انگار از این پس مملکت از آن زحمتکشان خواهد بود چرا که آنها در جبهه‌ها مشغول جنگ هستند. پس قرار است نظام اجتماعی-اقتصادی سمت گیری عدالت خواهانه داشته باشد. ما توده ای‌ها از این پیام ها، سمت گیری به سوی عدالت اجتماعی را می‌فهمیدیم و همین هم ما را در دفاع از رهبری نظام که ادعا می‌کرد که یک روز کارگران به یک عمر سرمایه داران و فئودال‌ها می‌ارزد، سرسخت تر می‌کرد. ما در گروگان شعارها و ادعاهای مبارزاتی رهبری نظام اسلامی بودیم و گاه بسیار بیشتر از خود آنها به آنچه که آنها می‌گفتند باور داشتیم.

درگیری‌های درونی نظام نیز در جهت باورها و بحث‌های ما بود. ما در آن دوران به شدت مخالف سرمایه داری، بقایای فئودالیسم و زمینداری بزرگ و خط سیاسی آنها یعنی لیرالیسم و اسلام ارتجاعی بودیم. اسلام ارتجاعی در آن دوران از نگاه ما در دو جریان مذهبی خانه کرده بود. مهمترین جریان آن، خط فقهای مرتجع بود. مراجعی که آشکارا از منافع کلان سرمایه داران و زمینداران بزرگ و حق مالکیت آنها دفاع می‌کردند. این بخش از مرجعیت شیعه از نگاه ما علیرغم ملاحظات ظاهری و گاه لیبرالی، مرتجع ترین بخش از مرجعیت ایران به شمار می‌آمد. آنها در داخل و خارج از حاکمیت با داشتن چهره‌های سرشناسی در مقابله با سیاست‌های مردمی نظام جدید انقلابی نقش تعیین کننده‌ای ایفا می‌کردند. همین گروه از فقها و مراجع به شدت در همه عرصه‌ها با رهبری انقلاب نیز مخالف بودند. در میان مراجع مخالف رهبری انقلاب، آقایان حسن قمی و شیرازی در مشهد و شریعتمداری در تبریز، از شاخص ترین مراجع بودند. در طیف درونی نظام نیز شخصیت هایی چون آیت الله آذری قمی، خزعلی، جنتی، یزدی و مکارم شیرازی صراحتا با همه اقدامات شورای انقلاب و دولت انقلابی دولت مهندس موسوی مخالفت کرده و گاه در فتواهای خود اقدامات آنها را خلاف اسلام ومغایر با مبانی شریعت اعلام می‌کردند.

درآن سال ها، رهبری انقلاب و نیروهای وفادار به آن خود را پیرو «اسلام ناب محمدی»، «اسلام انقلابی» و یا «اسلام مستضعفین» دانسته و در مبارزه با فقها و روحانیون و دیگر جریان‌های مسلمان مخالف انقلاب، آنها را با انگ «اسلام امریکایی»، «اسلام طرفدار مستکبرین» و «طاغوتی‌ها» محکوم می‌کردند.

ما توده ای‌ها با تعریف خودمان از «خط امام» که ویژگی‌های اصلی آن را طرفداری از محرومین، مبارزه با بازمانده‌های نظام گذشته سلطنتی و مبارزه با امپریالیسم و کارگزاران آنها در داخل می‌دانستیم، خود را در این مبارزه اجتماعی در کنار جریان منسوب به اسلام ناب محمدی و انقلابی قرار داده و مخالفین خط امام را ضد انقلابی دانسته و از حذف آنها از عرصه‌های اقتدار دولتی و سیاسی استقبال می‌کردیم. متاسفانه در آن دوران شدت مخالفت ما با این جریان ضد انقلابی آنقدر بود که حتی زمانی که رهبری انقلاب تصمیم به سرکوب فیزیکی آنها گرفت ما نه تنها اعتراضی نکردیم که تا حدودی خشنود نیز شدیم. چرا که در نبرد میان نیروهای انقلاب و ضد انقلاب، به نظر ما ضد انقلاب هیچ حقی نداشت و متاسفانه بسیاری از ما حتی حق زندگی را هم برای آنها قائل نبودیم.

جریان قطب زاده و آیت الله شریعتمداری

در همین روزها بود که خبر از دستگیری قطب زاده و توطئه کودتایی او بر علیه رهبری انقلاب اعلام شد. قطب زاده از جمله کسانی بود که به همراه آیت الله خمینی وارد کشور شده و مقام‌های ریاست صدا و سیمای جمهوری اسلامی ایران و عضویت در شورای انقلاب و وزارت خارجه را داشت. او از جمله مخالفین درجه اول حزب توده ایران بود و در هر فرصتی که به دست می‌آورد، از حمله به حزب توده ایران و رهبری آن کوتاهی نمی‌کرد. دستگیری او برای ما توده ای‌ها یک پیروزی سیاسی محسوب می‌شد. برای حزب، دستگیری افرادی که هویت آنها به فعالیت‌های ضد توده‌ای شان عجین شده بود بهترین بهانه بود که هر مدعی دیگر ضد توده‌ای را زیر توفان حمله سیاسی گرفته و همه آنها را با عنوان «تفاله‌های امریکایی»، یک کاسه کرده و محکوم نماید.

صادق قطب زاده از برجسته ترین چهره‌های ضد توده‌ای بود و در سیاست خارجی به شدت مخالف شوروی و سیاست‌های این کشور بود و زمانی که در مصدر صدا و سیما و وزارت امور خارجه بود تا آنجا که در توان داشت در مخالفت و دشمنی با کشورهای سوسیالیستی و از جمله شوروی کوتاهی نکرد.

دستگیری قطب زاده و اعتراف او به اینکه آیت الله شریعتمداری در دیداری با او از خبر کودتا مطلع شده بود، بهترین بهانه برای حمله به این مرجع تقلید را به دست مخالفین او داد. آیت الله شریعتمداری که در جریان قیام تبریز و ماجرای حزب خلق مسلمان به شدت مورد غضب رهبری نظام قرار گرفته بود، حالا در وضعیت به مراتب بدتری قرار داشت.

فخرالدین حجازی که از تهران به نمایندگی مجلس انتخاب شده و از سخنوران درجه اول مذهبی در کشور بود، از اولین کسانی بود که پس از دستگیری قطب زاده و اعتراف او به آگاهی آیت الله از جریان کودتا انتقاد از آیت الله شریعتمداری را شروع کرد. او در سخنرانی خود در صحن مجلس با حمله به شریعتمداری و نقش منفی او و موسسه دینی دارالتبلیغ در دوران انقلاب، آغازگر هجوم به این مرجع دینی شد. (*روزنامه اطلاعات،*

۲۹ فروردین ۱۳۶۱) این حمله‌ها آغاز روندی بود که بعدا به خلع مرجعیت آیت الله شریعتمداری انجامید.

هاشمی رفسنجانی که در آن زمان رئیس مجلس شورای اسلامی‌بود، در مجلس گفت "کسی که اعتراف می‌کند از کودتا مطلع بوده، نمی‌تواند مرجع باشد." (روزنامه اطلاعات، اول اردیبهشت ۱۳۶۱) جامعه مدرسین حوزه علمیه قم نیز در همان روز با صدور اطلاعیه‌ای اعلام کرد که شریعتمداری از مرجعیت خلع شده و صلاحیت مرجعیت ندارد. (روزنامه اطلاعات، اول اردیبهشت ۱۳۶۱) روزنامه‌های سراسری کشور از این فرصت استفاده کرده و به تبلیغ برعلیه این مرجع شیعه که میلیون ها مقلد نیز در سراسر دنیای شیعه داشت، پرداختند. روزنامه اطلاعات در ۶ اردیبهشت ۱۳۶۱ در مطلبی خبر از روابط آیت الله شریعتمداری با شاه، امینی، سپهبد مقدم و چاقوکش‌ها و لیبرال‌ها داد.

جالب بود که حالا در حکومتی که ادعا داشت تنها حکومت اسلامی شیعه در جهان است، یکی از مراجع بزرگ تقلید شیعیان مورد اتهام قرار گرفته بود. برای نخستین بار در تاریخ شیعه، مرجع تقلیدی را از منصب مرجعیت عزل می‌کردند. در شیعه، مرجعیت انتصابی نیست و هیچ نهاد و یا ارگانی حق انتصاب یا عزل مراجع را ندارد. اما حالا در جمهوری اسلامی ایران، جامعه مدرسین حوزه علمیه قم به عزل مرجعیت یکی از بزرگترین مراجع دینی در کشور رای می‌داد و از آن مهمتر اینکه هیچ کدام از مراجع دینی دیگر جرات مخالفت نداشتند.

عزل شریعتمداری از مقام مرجعیت، در حقیقت اعلام پایان مصونیت مراجع دینی در کشوری بود که نه یک حکومت معمولی، بلکه حکومتی دینی داشت. تا آن روز هیچ حکومتی جرات ورود به عرصه مصونیت مراجع تقلید را به خود نداده بود و مراجع شیعه چند صد سال با استفاده از این مصونیت از گزند تحولات سیاسی و اجتماعی در امان بودند. نه فقط خود آنها مصون بودند، که خانه آنها جزو اماکن مقدس محسوب می‌شد و محلی برای بست نشینی دیگران هم بود که ورود به حریم آن توسط مقامات انتظامی و امنیتی به مثابه بی احترامی به شعائر دینی به حساب می‌آمد. اما حالا فقط در کمتر از سه سال که از انقلاب اسلامی و حکومت فقها در ایران می‌گذشت، دیگر نه بیت مراجع حریم مقدس به حساب می‌آمد و نه خود مراجع از حرمت مرجعیت و مصونیت برخوردار بودند. پس از شریعتمداری، آیت الله حسن قمی در مشهد نیز مورد خشم و غضب رهبری واقع شد ولی در مورد ایشان مرجعیت او مورد تعرض قرار نگرفت.

برای ما توده ای‌ها اما آن روزها موضوع آیت الله شریعتمداری بیشتر یک نبرد سیاسی تلقی می‌شد و از آنجا که او در زمان شاه از طرفداران سلطنت و پس از رفتن شاه در جبهه ضد انقلاب بود، تضیف موقعیت او بیشتر موجب خوشحالی ما ‌شد. حذف او از عرصه قدرت، حذف رقیب محسوب می‌شد. درست است که او در قدرت سیاسی کشور مقام رسمی نداشت، اما به عنوان یک مرجع تقلید بسیار با نفوذ و از قدرت فراوانی برخوردار بود.

انجمن حجتیه

یکی دیگر از جریان‌های مخالف حزب در آن دوران انجمن حجتیه بود. انجمن حجتیه که پیش از انقلاب با عنوان مبارزه با بهائیت یک تشکل بزرگ سراسری را در کشور سازماندهی کرده بود، در دروان آغازین انقلاب متشکل ترین گروه اسلامی بود که در همه ارکان دولتی و نهادهای خیریه ریشه دوانده بود. اعضای این سازمان در همه جا حضور داشتند. تجربه آنها در سازماندهی و تشکل و نفوذ در ادارات و سازمان‌های دولتی و غیردولتی در گذشته، در سازماندهی نیروهایشان در ارگان‌های تازه شکل گرفته پس از انقلاب بسیار موثر بود. بسیاری از اعضای حجتیه در مجلس، سپاه، وزارتخانه‌ها و دادستانی‌ها مشغول به کار شده و در دستگاه‌های جدید حکومتی خط این سازمان را پیش می‌بردند که اکنون علاوه بر ضدیت با جامعه بهایی، دشمنی با حزب توده را نیز در صدر برنامه‌های خود قرار داده بودند.

از آنجا که در زمان شاه فعالیت‌های ضدحکومتی از طرف انجمن حجتیه تایید نمی‌شد، این انجمن پس از انقلاب آنچنان که باید مورد تایید رهبری نظام نبود. آنها در گذشته ضمن همکاری با ساواک که دستگاه امنیتی و سرکوب نظام پادشاهی بود، تمام توجه خود را به مبارزه برعلیه بهائیان ایران معطوف کرده بودند. اما رهبری انقلاب هدف اش سرنگونی حکومت شاه بود و به همین دلیل خط انجمن حجتیه را در آن دوران خط انحرافی ارزیابی می کرد.

حزب نیز با توجه به سابقه انجمن حجتیه و دشمنی این انجمن با فعالیت‌های حزبی ما، تا آنجا که ممکن بود به افشای خط انحرافی این انجمن پرداخته و مرتب مقامات حکومتی را از خطر خط انحرافی حجتیه آگاه می‌ساخت. از نظر ما توده‌ای ها، سیاستی را که حجتیه ای‌ها در پیش گرفته بودند، یعنی برجسته کردن خطر توده ای‌ها و بهایی ها، یک خط آشکارا انحرافی محسوب می‌شد که هدف اش خارج کردن امریکا و جریان‌های وابسته آن در داخل کشور از زیر ضربات انقلاب نوپا بود. شدت گرفتن رودررویی بخشی از حاکمیت نظام اسلامی با خط حجتیه برای ما توده ای‌ها یک پیروزی بزرگ سیاسی محسوب می‌شد. حزب در مورد حجتیه نیز چنان فضای تبلیغاتی ای به وجود آورده بود که کم کم حجتیه‌ای بودن نیز چون لیبرال بودن در جامعه انقلابی و پرشور و رادیکال آن دوران، مثل فحش و دشنام محسوب می‌شد و کمتر کسی از اعضای حجتیه جرات می‌کرد که رسما خود را حجتیه‌ای اعلام کند. رئیس آنها شیخ محمود حلبی تحت فشار رهبری انقلاب پس از صحبت‌های آیت الله خمینی در ۲۱ تیرماه ۱۳۶۲ در مرداد ماه همان سال انحلال انجمن را رسما اعلام کرد. اعلام انحلال انجمن حجتیه همزمان بود با هنگامی که ما توده‌ای‌های ضد حجتیه‌ای ماه‌ها بود که دستگیر شده و در بازداشتگاه‌های سپاه و دادستانی‌های انقلاب اسلامی زیر شکنجه رفته بودیم.

ادامه سرکوب

در آن ماه‌های بهار و تابستان ۱۳۶۱ سرکوب و دستگیری همچنان ادامه داشت. بسیاری از رفقای ما را نیز دستگیر کرده بودند. عبدل مسئول کمیته ایالتی حزب بود. او در یکی

از سفرهایی که به تهران داشت دستگیر شده و مدتها در زندان اوین در بازداشت بود. او پس از چندماه از زندان آزاد شد و پس از چندهفته‌ای دوباره کار حزبی خود را شروع کرد. اززندان اوین و اوضاع حاکم بر آن داستان‌های وحشتناکی حکایت می‌کرد. عبدل چندماه با چشم بند در راهروهای اوین نشسته بود، گرچه خودش شکنجه نشده بود اما از فجایعی برایمان می‌گفت که در حول و حوش او و در جریان بوده است. او گزارش مفصلی از آنچه دیده و بر سرش آمده بود را برای رهبری حزب به طور کتبی نوشت. خیلی دیگر از دوستان ما نیز در زندان در یک حالت بلاتکلیفی به سر می‌بردند. حزب تا وقتی که روزنامه حزب، نامه مردم، چاپ می‌شد معمولا از دستگیری رفقای حزبی در نامه مردم گزارش می‌داد و با ارسال نامه به دادستانی و سپاه، خواهان آزادی آنها می‌شد. در بیشتر موارد پس از مدتی رفقای ما را آزاد می‌کردند اما در بعضی موارد دادستانی و سپاه گوش شان به نامه‌های حزب بدهکار نبود و رفقای ما همچنان در حبس باقی می‌ماندند. ضابطه مشخصی هم در کار نبود. گاه رفیقی مثل عبدل را با اینکه از مسئولین ایالتی و کادرهای اصلی حزبی بود، پس از چند ماه آزاد می‌کردند و در همان زمان رفیق دیگری را که فقط عضو سازمان جوانان حزب بود برای ماه‌های طولانی در بازداشت نگه می‌داشتند. به طور نمونه، یکی از رفقای بسیار جوان ما، بهرنگ محمدی، را در ابتدای سال ۱۳۶۱ در تهران دستگیر کردند و هرچه ما نامه نگاری کردیم، او آزاد نشد. او تا دستگیری همه ما در اوین به سر برد و پس از آن برای محاکمه به مشهد انتقال داده شد.

بهرام مسئول جدید کمیته ایالتی

در دوره بازداشت عبدل، رضا شاملو مسئول موقت کمیته ایالتی شد. جلسه‌های حزبی ما همچنان ادامه داشت. خیلی از جلسه‌های کمیته ایالتی و بعضی از قرارهای ما در مطب دکترستاری برگزار می‌شد. دکتر از رفقای قدیمی بود که در دوران پیش ازکودتای ۲۸ مرداد از مسئولین سازمان جوانان و دانشجویان حزب در مشهد بوده و پس از کودتا چند سالی در زندان به سربرده بود. دکتر ستاری از معروف ترین چشم پزشکان شهر ما بود. مطب نسبتا بزرگی داشت که در پشت مطب اتاق بزرگی نیز قرار گرفته بود که دفتر کار و اتاق خود دکتر بود که چند مبل وصندلی در آن جای گرفته بود. آنقدر بزرگ بود که جلسه‌های ما که معمولا ۹ نفر بودیم در آن به راحتی برگزار می‌شد. مطب جای خوبی بود. در یک ساختمان پزشکان بود که هرروزه تعداد زیادی بیمار به آنجا رفت و آمد می‌کردند و به نظر ما کنترل رفت و آمد به آنجا کمی دشوارتر از خانه‌های مسکونی ما بود که بسیاری از جلسه‌های دیگر را در آنها برگزار می‌کردیم. به هرحال ما تصور می‌کردیم که آنجا جای مناسبی است و کنترل آمدوشد ما در آنجا دشوارتر است. که البته اشتباه می‌کردیم و آنجا - آنطور که بعدا فهمیدیم و خواهم گفت - همیشه زیر نظر بود و همه رفت و آمدهای ما به آن مطب هر روزه توسط سربازان گمنام امام زمان (این لقبی بود که به مامورین تعقیب و مراقبت سپاه در آن زمان به خودشان داده بودند) گزارش می‌شد. دوران مسئولیت موقتی رضا زیاد طولی نکشید و با آزادی عبدل از زندان تمام شد.

عبدل مدت کوتاهی پس از آزادی از مسئولیت کمیته ایالتی کنار گذاشته شد و مسئولیت کمیته شهرستان‌ها به او واگذار شد. رفیق جدیدی از تهران به مشهد آمده و حالا مسئول کمیته ایالتی خراسان و کمیته شهر مشهد شده بود. فروغیان روزی به اتفاق این رفیق جدید به جلسه کمیته شهر مشهد آمدند. فروغیان او را «بهرام» معرفی کرد و گفت که بهرام از مسئولین ایالتی حزب در تهران بوده و مسئولیت یکی از کمیته‌های ناحیه‌ای تهران را داشته است و حالا قرار است که مسئولیت کمیته ایالتی و کمیته شهر مشهد را داشته باشد. آن موقع هیچ کدام از ما نمی‌دانستیم که او به تازگی از شبکه مخفی حزب به شبکه علنی انتقال یافته بود. حتی اسم واقعی او را هم نمی‌دانستیم. به نظر ما، یا دست کم به نظر خود من، اسم او همیشه همان بهرام بود. دلیلی نداشت که در شبکه علنی حزب که همه ما با اسم واقعی خودمان فعالیت می‌کردیم و کاملا شناخته شده بودیم کسی با اسم مستعار فعالیت کند. بهرحال بهرام حالا مسئول ما بود. او برخلاف مسئولین قبلی کمیته شهر و یا ایالتی که با هم خیلی خودمانی و دوست و رفیق بودیم، حالتی شق و رق داشت. حداقل در نخستین دیدارها، به نظرم خیلی بوروکرات منش آمد. تر و تمیز می‌پوشید و در رفتار نیز مرتب و منظم بود. از همان اول که آمد، یک حالت تحکم در صدا و رفتارش بود. مثل رئیسی که با کارمندان اش رفتار می‌کند. روزها و هفته‌های اول تقریبا هیچ کدام از رفقای کمیته ایالتی و شهر از او خوش شان نمی‌آمد. برخورد همه کاملا سرد و رسمی شده بود. ولی خب، کم کم روابط بهتر شد، انگار کمی او صمیمی‌تر شد و کمی هم ما رسمی‌تر و بوروکرات تر، کم کم همه به هم عادت کردیم. بر خلاف ظاهر خیلی جدی اش، بعدها که بیشتر با هم دوست و رفیق شدیم، اهل شوخی و خنده بود و از تیپ آدم هایی بود که از مصاحبت با آنها بدت نمی‌آمد. بهرام پیش از اینکه همسرش را به مشهد بیاورد، خانه نسبتا خوبی اجاره کرد و یک ماشین رنو زردرنگ نو هم با پول حزب برای خودش خرید. آن وقت‌ها ماشین‌های کوچک رنو تازه در آمده بود و جوان پسند بود و شیک محسوب می‌شد.

بهرام به وضع تشکیلات حزب در مشهد که پس از دستگیری عبدل کمی از هم پاشیده شده بود، سریعا رسیدگی کرد و با کمی تغییرات در سازماندهی حزبی رونق جدیدی به کارها داد. آدم نسبتا با تجربه‌ای به نظر می‌رسید و به کار تشکیلاتی وارد بود و از تغییر در سازماندهی تشکیلات هم اصلا وحشتی نداشت. بر خلاف مسئولین قبلی تشکیلات که همیشه چشم شان به دهان رهبری حزب در تهران بود و جرات انجام هیچ تغییری را بدون مشورت و تایید آنها نداشتند، باشهامت به نظر می‌رسید و پیش از اینکه تایید از تهران و رهبری حزب بگیرد، مسئولیت جدید را اعلام می‌کرد و هنوز تائیدش را نگرفته بود مسئول جدید را به کمیته‌های حزب دعوت می‌کرد. من تا زمانی که بهرام مسئول کمیته ایالتی نشده بود، با وجود اینکه مسئول شعبه کارگری حزب در خراسان بودم و عضو کمیته شهر مشهد، ولی رسما عضو کمیته ایالتی محسوب نمی‌شدم و هر از چندگاهی در جلسات کمیته ایالتی شرکت می‌کردم و آن هم زمانی بود که گزارش شعبه کارگری را می‌دادم. هنوز رسما نمایندگی شعبه کارگری در کمیته ایالتی با اکبرآقا بود. حمید دزفولیان هم با اینکه مسئول ایالتی سازمان جوانان حزب بود، اما هنوز عضو کمیته ایالتی محسوب نمی‌شد و در جلسات ایالتی شرکت نمی‌کرد. منصور هم همین طور. او مسئول شعبه دهقانی بود. چند هفته پس از ورود بهرام، هر سه ما به کمیته ایالتی حزب اضافه شدیم و رسما به عنوان مسئول ایالتی در شعبه خود، کار را شروع کردیم.

ما از موقعیت بهرام در حزب و آنچه به گذشته او بر می‌گشت خبر نداشتیم، ولی او چنان محکم حرف می‌زد و چنان از رابطه‌اش با رفیق کیا (کیانوری) و جواد (جوانشیر) داد سخن می‌داد که انگار ۵۰ سالی رفیق گرمابه و گلستان آنها بوده است. فروغیان که پیش از ورود بهرام تقریبا تصمیم گیرنده اصلی در تمام مسائل مربوط به تشکیلات حزب در خراسان بود، با آمدن بهرام و حضور او در جلسه، دیگر هارت و پورت گذشته را نداشت و در مقابل بهرام نسبت به گذشته خیلی بیشتر دست به عصا راه می‌رفت.

بین من و بهرام پس از مدتی کوتاه مناسبات دوستانه‌ای برقرار شد. گرچه بیشتر رابطه ما حزبی بود، ولی کم کم راجع به مسائل دیگر هم گاه گپ و گفتگویی با هم داشتیم. چندباری با من که هنوز خیلی جوان بودم در مورد ازدواج و رابطه با رفقای دختر حزبی گپ و گو کرد. یک روز که در مطب دکتر با هم قرار داشتیم، پس از تمام شدن کار حزبی به من گفت که مایل است که یکی از رفقای دختر را که به تازگی به کمیته مسئولین تشکیلات زنان اضافه شده بود، به من معرفی کند که با او در زمینه فعالیت های کارگری کار کنم. من تا آن لحظه اصلا آن رفیق دخترمان را ندیده بودم. فقط شنیده بودم که به تازگی به مشهد آمده و در ناحیه سه یا دو حزبی مشغول به کار شده و در تشکیلات زنان هم فعال است. از چهره و قیافه او هیچ تصوری نداشتم. ولی اسم فاتان به نظرم کمی شیک و سوسولی می‌آمد و پیش خودم او را دختری شیک پوش و کمی سوسول که تازه از تهران آمده بود مجسم می‌کردم. بلافاصله به بهرام گفتم که در شعبه کارگری چند نفر از رفقای زن هستند و ما دیگر هیچ نیازی به رفیقی جدید نداریم. همه فکرم این بود که یک دختر سوسول تهرانی برای کار در شعبه کارگری اصلا مناسب نیست. او اما با لبخندی معنی دار به من گفت که "برو صحبت کن، شاید از او خوشت آمد!" تعجب کردم. یعنی چه، چرا می‌گفت "شاید از او خوشت آمد". اصلا فکر این را نمی‌کردم. بهرام به من مثل یک برادر کوچکتر نگاه می‌کرد. باز با همان حالت برادر بزرگتر و با کمی تحکم در صدایش گفت "رضا، سخت نگیر. کم کم باید به فکر زندگی باشی. رفقای دختر ما هم بهتر است به جای ازدواج با غیرحزبی‌ها با رفقای حزبی ازدواج کنند. ما نباید رفقای دختر را از دست بدهیم." راستش خجالت کشیدم که این بحث را ادامه دهم. گویا کمی‌رنگ و رویم سرخ شده بود، چرا که بهرام با نگاهی به من گفت "خجالت نکش، تو که کار بدی نمی‌کنی. برو او را ملاقات کن. اما یادت باشه که در کنار کارهای حزبی، زندگی هم هست! زندگی خانوادگی ما هم بخشی از مبارزه ماست."

او برای هر دوی ما از قبل قرار گذاشته بود و یکی دو روز بعد من و فاتان همدیگر را در منزل دکتر قریب برای اولین بار دیدیم. فاتان برخلاف اسمش که به نظرم سوسولی می‌آمد و برخلاف تصوری که من از یک دختر از تهران آمده داشتم، خیلی ساده پوش بود و قیافه معمولی داشت و اتفاقا به درد کارهای کارگری هم می‌خورد. ولی متاسفانه به خاطر نقشه‌ای که بهرام برای ما کشیده بود، من هیچ تمایلی به اضافه کردن او به شعبه کارگری نداشتم.

چندباری همدیگر را دیدیم. مطمئن بودم که فاتان هم از بهرام یا یکی از رفقای دختر که او را به این ملاقات کشانده بود حتما شنیده است که دلیل این ملاقات‌ها چه بوده و چرا ما همدیگر را می‌بینیم. ولی او هم از آنجا که من همه‌اش درباره کار حزبی، سختی کار با

کارگران و بهانه تراشی‌های الکی برای همکاری او با شعبه کارگری و خودم صحبت می‌کردم، متوجه مشکل کار شده بود و صحبت‌ها را در همان حول و حوش مسائل سیاسی و حزبی نگه می‌داشت و حرف دیگری نمی‌زد. اما در نگاه اش متوجه بودم که گاه مرا نه فقط به عنوان یک مسئول حزبی، که به عنوان یک مرد یا همسر آینده‌اش انداز و برانداز می‌کرد. تنها حرفی که بین ما ردوبدل نشد، احساسات و عواطف و زندگی مشترک و عشق بود. به نظرم فعالیت سیاسی تمام وقت و حرفه‌ای، همراه با بار زندگی مشترک و خانوادگی چنان دشوار می‌آمد که از خیر ازدواج باید می‌گذشتم. مهمتر از آن اینکه هنوز دختر مورد علاقه‌ام را پیدا نکرده بودم. خوشبختانه ماجرا به خیر و خوشی تمام شد. نه او دل شکسته شد و نه من گرفتار.

ازدواج رفقای حزبی

میانگین سن و سال رفقای حزبی ما، نسبت به جریان‌های سیاسی دیگر بالا بود. حتی در میان ما جوان ترها نیز همین طور بود. کم کم در آن سال‌ها خیلی از بچه‌های حزب از دختر و پسر به سن وسال ازدواج رسیده بودند و بی جهت نبود که گاه گذاری پیش می‌آمد که از همدیگر خواستگاری می‌کردند. شاید سخت تر شدن فعالیت سیاسی و فضای سرکوب و دستگیری‌ها و احساس اینکه عمر آزادی ما هم کم کم رو به پایان گذاشته نیز تمایل به زندگی مشترک را در بعضی از بچه‌ها بیشتر کرده بود ــ گرچه بعضی از ما شاید درست به همین دلیل از ازدواج و زندگی مشترک و پذیرش مسئولیت خانوادگی روی گردان بودیم و وحشت داشتیم.

احساسات آدم در آن حال و هوا گاه کاملا متناقض عمل می‌کرد. از یک سو، احساس نگرانی از دستگیری در ماه‌های آینده، امکان زندان و اعدام و مرگ، چشم انداز زندگی آینده را تیره و تار می‌کرد و موجب سرکوب احساسات لطیف ما می‌شد. اما از سوی دیگر، نیاز به زندگی و ادامه آن، نیاز به آرامش و تسکین در آن حال و هوای مسموم دوران کشتار، فکر زندگی مشترک، ازدواج و داشتن همدم و یار و یاوری را در آن دوران وانفسا در وجود ما جوان‌ها بیشتر بیدار کرده بود.

خیلی از رفقای ما در آن روزها یا مستقیما خودشان از رفیقی خواستگاری می‌کردند، یا رفقا و دوستان دیگر را به خواستگاری می‌فرستادند. به نظر می‌آمد که بسیاری از رفقای مجرد در آن روزها در حال و هوای ازدواج و پیدا کردن یار و همراه زندگی بودند. انگار همه ما احساس می‌کردیم که برای کشیدن بار سخت روزهای آینده، به رفیقی که یارمان نیز باشد احتیاج داریم. همان ماه‌ها بود که رضا مرا به خواستگاری رفیقی فرستاد. یادم هست در نزدیکی‌های میدان شهدا، در کوچه‌ای بین میدان شهدا و فلکه سراب با آن رفیق دختر قرار گذاشتم. ما قبلا مدتی با هم در یک کمیته ناحیه حزبی هم حوزه بودیم. چهره‌ای بسیار لطیف و دوست داشتنی داشت، با چشمانی سبزرنگ و نگاهی آرام که در ذهن باقی می‌ماند. یکی دوسالی از من بزرگتر بود ولی با رضا هم سن و سال بودند. سرکوچه منتظرم بود. طوری نگاهم می‌کرد که فکر کردم دست ام را خوانده است و می‌داند که چرا

با او قرار گذاشته‌ام. به او فقط گفته بودم که برای یک کار غیرحزبی قرار است همدیگر را ببینیم.

سلام و علیک کردیم و به طرف ته آن کوچه که به سمت و سوی میدان صاحب الزمان می‌رفت شروع به قدم زدن کردیم. حالا مدت‌ها بود که دیگر قرارها را در کوچه‌های تنگ و باریک می‌گذاشتیم. جاهایی که امکان عبور و مرور اتومبیل نباشد. خیابان‌ها آن روزها پر از ماشین‌های گشت کمیته، سپاه و دادستانی بود که هرمورد مشکوکی را دستگیر می‌کردند. مشکوک بودن هم خیلی چیز عجیب و غریبی نبود. اگر جوان بودی و یا احتمالا سبیل کلفتی داشتی و عینک زده بودی، مشکوک بودی. در مورد رفقای دختر اگر حجاب درست و حسابی نداشتند و یا رنگ روسری آنها سیاه نبود و یا روسری محکم بسته نشده بود، کافی بود که دستگیرشان کنند. خیلی وقت‌ها در ماشین‌های گشت سپاه و کمیته و دادستانی، بچه هایی را که دستگیر و وادار به همکاری کرده بودند، می‌نشاندند و در خیابان به دنبال بچه‌های سیاسی می‌گشتند. آنها هم معمولا هرکسی را که می‌دیدند و به نظرشان وابستگی گروهی داشت نشان می‌دادند. خیلی از دستگیری‌ها در آن زمان به این شکل اتفاق می‌افتاد. بچه‌های دستگیر شده مجاهدین و یا جریانات چپ خط سه‌ای از آنجا که با بچه‌های حزبی کینه و دشمنی عجیبی داشتند، معمولا با اینکه ما را می‌شناختند و می دانستند که هوادار انقلاب هستیم، اما در ماشین‌های گشت ما را به عنوان عضو گروه‌های ضد انقلاب معرفی می‌کردند. خیلی از دوستان ما به این طریق دستگیر و در بازداشتگاه‌ها گرفتار می‌شدند. پس بهتر بود که در مسیر ماشین‌های گشتی نباشیم.

حالا بهترین محل برای اجرای قرار و دیدار، کوچه‌های تنگ و باریک بودند. من نمی‌دانستم از کجا شروع کنم. این اولین باری بود که برای رفیقی به خواستگاری می‌رفتم ولی نمی‌دانم چرا احساس می‌کردم که شاید خیلی موفق نباشم. پس شروع به مقدمه چینی کردم. از اوضاع بد سیاسی حرف زدیم. از نیاز به داشتن پوشش خانوادگی برای ادامه فعالیت سیاسی و نیاز عاطفی برای ادامه مبارزه و امید به زندگی گفتم و خلاصه از هرچه به نظرم می‌آمد که می‌توانست یک دختر جوان را تشویق به ازدواج کند. در چهره او احساس قشنگی را می‌دیدم. حالت نگاه‌های او و آرامش چهره‌اش انگار به دنبال ادامه داستان خواستگاری بود. وقتی کاملا احساس کردم که همه مقدمه چینی هایم تمام شده و نتیجه داده بود و تمایل به شنیدن بقیه قصه را در چشمان اش دیدم، رفتم سراغ اصل مطلب. گفتم برای خواستگاری سراغ اش رفته‌ام، برای رضا. یکباره انگار همه چیز عوض شد. آرامش چهره‌اش در هم ریخت و به حالتی کمی‌عصبی تغییر کرد. گفت که اصلا تصورش را نمی‌کرده که از او برای رضا خواستگاری کنم. گفت که اصلا کمترین احساسی به او ندارد و از من خواست که دیگر صحبت را ادامه ندهم. گفت فکر می‌کرده که برای خودم به خواستگاری رفته بودم. هیچ وقت به فکرم هم خطور نکرده بود که خودم هم می‌توانستم از او خواستگاری کنم. اما حالا که رضا را جواب کرده بود چطور می‌توانستم از او برای خودم خواستگاری کنم. جواب رضا را چه می‌دادم. تازه این رفیق دختر به نظرم همیشه بالغ تر از آن می‌آمد که به فکر ازدواج با بچه‌های جوان تر از خودش باشد. اختلاف سنی زیادی نداشتیم ولی خوب در آن دوران، دو سه سال اختلاف هم

معمول نبود. تازه من اصلاً در فکر ازدواج نبودم. او بعدها با رفیق دیگری که هرگز تصورش را نمی‌کردم ازدواج کرد.

آزادسازی خرمشهر

حالا دیگر ماه های آخر بهار سال ۶۱ بود. دستگیری‌ها و اعدام‌ها به شدت ادامه داشت و وحشت دستگیری و سایه اعدام برسر گروه‌های مخالف و دگراندیش همه جا همراه ما بود و قدم به قدم همه ما را تعقیب می‌کرد. با این حال، روزهایی هم پیش می‌آمد که همه مردم خوشحال و خندان به جشن و پایکوبی می‌پرداختند و با همه غم و اندوه اعدام ها، زندان ها، شکنجه ها، ترورها و بمب گذاری‌ها و جنگ، همه آن غم‌ها را برای چندی فراموش می‌کردند. باز در خیابان‌ها شیرینی پخش می‌شد. حتی در گورستان‌ها نیز که کمترین بهانه‌ای برای شادی وجود نداشت، فتح خرمشهر انگار برای لحظاتی غم دنیا را کنار زده بود و حتی شهدا و اعدام شده‌ها هم خوشحالی می‌کردند و احساس شادی آنها را بر سر مزارهایشان در چشمان شعف زده خانواده‌های آنها که خوشحال از فتح و آزادسازی خرمشهر بودند، می‌شد که ببینی.

خرمشهر بعد از یک سلسله عملیات متوالی که از اردیبهشت ماه شروع شده بود، پس از آزادسازی هویزه و پادگان حمید و پس از یک محاصره چندهفته‌ای در شمال و شرق و جنوب این شهر و آزادسازی شلمچه بالاخره در چهارم خردادماه آزاد شد و اشغال چندساله آن به پایان رسید. با آزادسازی خرمشهر تقریبا تمام خوزستان در اختیار نیروهای ایرانی قرار گرفت و عراقی‌ها از همه مناطق اشغالی بیرون رانده شدند. نیروهای نظامی‌عراق در عملیات آزادسازی خرمشهر ضربات سنگینی را متحمل شدند و بیش از ۱۱ هزار نفر از آنان به اسارت جنگجویان ایرانی در آمدند.

آزادسازی خرمشهر که حالا به نام «خونین شهر» معروف شده بود، نقطه عطفی در جنگ ایران و عراق بود. فتح خرمشهر نه تنها نشان از عزم راسخ مردم ایران و جنگجویان ایرانی برای بازپس گرفتن تمامی مناطق اشغالی سرزمین مان داشت، بلکه نشان دهنده قدرت نظامی جمهوری اسلامی در منطقه نیز بود. عراق و بسیاری دیگر از کشورهای منطقه هرگز تصور این را نمی‌کردند که بار دیگر قدرت نظامی و توان دفاعی کشور ما که پس از انقلاب به دلیل تصفیه‌های شدید در ارتش و نیروهای انتظامی و اطلاعاتی و امنیتی در هم شکسته بود به این اندازه و با این سرعت بتواند بازسازی شود. عقب زدن لشگرهای مکانیزه عراق در همه جبهه‌های شرق و غرب بار دیگر نشان از قدرت نظامی و دفاعی کشور داشت.

بازپس گیری خرمشهر و صحبت از صلح و احتمال آتش بس و امید به پایان بخشیدن به جنگ، موجب شادی و سرور در تمام جامعه شده بود. جنگ اما همچنان ادامه داشت. برای بسیاری از رزمندگان دفاع از کشور، ادامه جنگ دیگر منطقی به نظر نمی‌آمد. تا دیروز صحبت از رفع تجاوز بود و دفاع از سرزمین مادری و همه دنیا هم می‌دانستند که صدام متجاوز بوده و آغازگر جنگ. بسیاری از کشورهای مترقی عربی از جمله کشورهای عضو جبهه پایداری با حمایت از ایران و محکوم کردن تجاوز صدام به خاک

میهن مان، عملاً توطئه صدام و سران مرتجع کشورهای عربی را که وانمود می‌کردند جنگ ایران و عراق جنگ بین ایرانیان و اعراب است خنثی کردند. افکار عمومی مردم در کشورهای عرب و مسلمان نیز صدام را تجاوزگر می‌دانست. جبهه پایداری به پیمان کشورهای لیبی، الجزایر، سوریه و یمن جنوبی و صحرا و سازمان آزادیبخش فلسطین گفته می شد که در جنگ ایران و عراق از جمهوری اسلامی ایران حمایت می کردند.

اما پس از فتح خرمشهر و اخراج نیروهای عراقی از جبهه‌های غرب و جنوب دیگر اصرار بر ادامه جنگ قابل قبول نبُود. حالا دیگر جنگ ماهیت دیگری پیدا کرده بود. موضوع دفاع از سرزمین مادری به حاشیه رفته بود و کم کم شعارهای دیگری وارد فضای سیاسی کشور شده بود، شعارهایی مثل «جنگ، جنگ، تا رفع فتنه در جهان» و یا «راه قدس از کربلا می‌گذرد».

کشورهای مرتجع عربی نیز پس از تماشای قدرت جنگاوران ایرانی در جبهه‌های جنگ، پیشنهاد آتش بس و پرداخت بیش از ۱۵۰میلیارد دلار خسارت جنگی از طرف صدام را به مقامات ایرانی دادند. آنها نگران تهاجم نیروهای ایرانی به درون عراق و احتمال فروپاشی حکومت صدام و سرایت امواج انقلاب اسلامی ایران به کل منطقه بودند.

مقامات حکومتی جدید گرچه بارها و بارها در گذشته مدعی شده بودند که با خروج متجاوزین عراقی از سرزمین مان به جنگ پایان خواهند داد، ولی حالا انگار مغرور از قدرت نظامی خود هوس‌های دیگری را در سر می‌پروراندند. جمعیت بزرگ شیعه عراق و گروه‌های سیاسی آنها که به نوعی با حکومت شیعه ایران احساس نزدیکی داشت نیز هوس ایجاد یک حکومت شیعه در عراق را در سر رهبران ایران بوجود آورده بود. با آزادسازی خرمشهر و استقرار چند صد هزار نیروهای جنگنده ایرانی در مرزهای کشور و عقب نشینی نیروهای عراقی، فکر تسخیر بصره در سر رهبران ایران افتاده بود. بصره بندری است پر اهمیت برای عراق، با جمعیت شیعه و در فاصله چند کیلومتری مرزهای جنوبی ایران. فکر تسخیر این شهر و سازماندهی شیعیان برعلیه صدام و فروپاشی حکومت بعثی در عراق کم کم در محافل رهبری نظام اسلامی غلبه پیدا کرد و مسیر پایان جنگ را که می‌توانست پس از بازپس گیری خرمشهر با دریافت غرامت چند ده میلیارد دلاری به نفع مردم و کشور ما باشد، به جنگی درازمدت و فرسایشی تغییر داد.

فکر حمله به عراق و تغییر حکومت در این کشور به یک حکومت شیعه، مرتجعین عرب در منطقه و نیز امریکا را به وحشت انداخت. طبیعی بود که اگر حکومت صدام سقوط می‌کرد و یک قدرت جدید شیعه با هویتی انقلابی و اسلامی و ضدامریکایی و ضداسرائیلی در آنجا شکل می‌گرفت، کل کشورهای منطقه خاورمیانه در بحران جدیدی گرفتار می‌آمدند که راه گریز از آن نه تنها برای حکومت‌های منطقه که برای امریکا نیز دشوار می‌نمود.

ما توده ای‌ها از بازپس گیری خرمشهر و پیروزی‌های جنگاوران ایرانی در جبهه‌های جنوب و غرب خوشحال، اما مخالف هجوم ایران به داخل سرزمین عراق بودیم.

در نوشته ها، تحلیل‌ها و بولتن‌های داخلی حزبی این نگرانی کم کم خود را نشان می‌داد. حزب گرچه آشکارا با سیاست‌های رهبری نظام در رابطه با ادامه جنگ مخالفتی

نمی‌کرد، اما کم کم این مخالفت در زمینه‌های گوناگون دیده می‌شد. مثلا دیگر نه تنها رهبری حزب مشوق رفتن ما به جبهه‌ها نبود که در بیشتر موارد حتی مانع رفتن رفقای ما به جبهه‌ها می‌شد. جنگ و ادامه آن در حقیقت افتادن در تله امریکا و ارتجاع منطقه قلمداد می‌شد و به همین بهانه نیز حزب مخالفت اش را با ادامه جنگ و حمله به عراق به اشکال مختلف نشان می‌داد. مثلا در بولتن داخلی حزب به تاریخ ۲۷ تیرماه ۱۳۶۱، مطلبی تحت عنوان «در جبهه‌های جنگ تحمیلی عراق علیه ایران — مرحله تازه ورود نیروهای مسلح ایران به خاک عراق» درج شد که بیانگر تغییر نظر رهبری حزب در رابطه با جنگ بود.

در این تحلیل اشاره شده بود که "مرحله تازه‌ای در جنگ تحمیلی عراق علیه ایران انقلابی، که همه می‌دانند صدام آن را طبق منافع و با تحریک امریکا آغاز کرد، پیش آمده است. و این در حالیست که همه می‌دانند که امریکای جنایتکار، درست مانند همکار خود صدام، بیرق صلح و خاتمه جنگ و عدم شرکت در درگیری را بلند می‌کند، ولی عملا بندبند منافعاش در گروی ادامه جنگ است. در ورای پرده دودی که امریکا ایجاد کرده هدف اصلی‌اش تحمیل یک جنگ فرسایشی طولانی است است. » در همان نوشته که در حقیقت تحلیل کیانوری از اوضاع جدید بود به صحبت های هاشمی اشاره شده بودکه در مصاحبه ای گفته بود «تحلیل من اینست که تا جنگ باشد، به نفع امریکاست. امریکا از جنگ هم در جهت تضعیف امکانات دو کشور، بلکه چند کشور که با امکاناتشان از عراق حمایت می‌کنند، استفاده می‌کند و هم از این جنگ در جهت بفروش رساندن اسلحه و مهمات استفاده می‌کند و هم نیازمند می‌کند کشورهای منطقه را به کشورهای استعماری» (مصاحبه هاشمی رفسنجانی با روزنامه جمهوری اسلامی، ۲۹ فروردین ۱۳۶۱)"

حزب با این استدلال و با تکیه بر صحبت‌های هاشمی رفسنجانی که مطابق استدلال‌های حزب بود، عملا مخالفت خود را با ادامه جنگ اعلام می‌کرد و مدعی بود که ادامه جنگ توطئه امریکا بوده و نباید در دام این توطئه افتاد. و ادعاهای صلح طلبی امریکا و دیگر نیروها در منطقه و صدام دروغی بیش نیست و آنها همه به دنبال ادامه جنگ هستند، پس باید برای عقیم کردن این توطئه از ادامه جنگ خودداری کرد.

با این حال برای اینکه عملا در تقابل با رهبری نظام اسلامی قرار نگیرد، به گونه‌ای دو پهلو به اعضا و هواداران چنین می‌گفت "همه رفقا باید به این وضع بغرنج توجه دقیق داشته باشند. با برخورد یک بعدی و سطحی، با جستجوی پاسخ مطلق مثبت یا منفی، نمی‌توان تمامی بغرنجی و پیچیدگی وضعی را که توطئه‌های گوناگون امپریالیسم پیرامون ایران بوجود آورده است توضیح داد."(بولتن داخلی حزب ۲۷ تیرماه ۱۳۶۱)

رودررویی مواضع حزب با رهبری نظام

مخالفت ضمنی حزب با جنگ در حقیقت مخالفت آشکار با مشی رهبری نظام اسلامی بود، همان رهبری‌ای که حزب اساسا هیچ تمایلی به مخالفت و رویارویی با آن نداشت. مخالفت حزب با سیاست رهبری نظام در جنگ کم کم حزب را وارد عرصه جدیدی می‌کرد که می‌باید آماده پرداخت هزینه آن نیز می‌بود. یکی از مشکلات اصلی

حزب حمایت اتحاد شوروی از حکومت عراق بود. در تمام دوران جنگ، اتحاد جماهیر شوری یکی از تامین کنندگان اصلی سلاح برای صدام بود. این وضعیت حزب را در موقعیت دشواری قرار داده بود. حزب از یک طرف از انقلاب ایران و رهبری آن دفاع می‌کرد و تلاش می‌کرد نشان دهد که دمکرات‌های انقلابی که از نظر حزب همان خط امامی‌ها بودند و رهبرآنها نیز آیت الله خمینی بود، کشور را در مسیر راه رشد غیرسرمایه داری پیش می‌برند. از طرف دیگر حکومت بعثی عراق نیز از نظر حزب به دلیل رابطه‌اش با شوروی و مشی حزب بعث در برنامه‌های اجتماعی-اقتصادی در عراق در زمره کشورهای ضدامپریالیستی به شمار می‌رفت چنان که هنوز در تحلیل‌های حزب از عراق به عنوان کشوری که می‌تواند "حکومتی مردمی داشته باشد و در صف دول ضدامپریالیست قرار گیرد" (*بولتن داخلی حزب ۲۷ تیرماه ۱۳۶۱*) نام برده می‌شد. به همین دلیل حزب ادامه تشنج در منطقه را در مجموع به ضرر جبهه ضدامپریالیستی تحلیل می‌کرد. حزب در این میانه دیگر نمی‌توانست چون سال های نخستین انقلاب بطور تمام و کمال ازسیاست‌های رهبری نظام حمایت کند.

مخالفت با سیاست‌های رهبری نظام در رابطه با جنگ، دفاع از سیاست‌های اتحاد شوروی که آشکارا در تقابل با سیاست خارجی جمهوری اسلامی ایران بود، و انتقاد از گروه‌های راستگرای درون نظام که روز به روز به قدرت آنها افزوده می شد، همه پیش درآمد و نشانه ای از آن بود که دیگر حتی ادامه فعالیت حزب به شکل نیمه مخفی- نیمه علنی هم برای رهبری نظام اسلامی قابل تحمل نخواهد بود.

کم کم اتهامات جدیدی بر علیه حزب در مطبوعات کشور مطرح می‌شد. مثلا در روزنامه اطلاعات در ۲۳ تیرماه سال ۱۳۶۱ مطلبی با این تیتر درشت چاپ شد «کاندیدای منفرد وابسته به حزب توده با سه اسلحه دستگیر شد» و صحبت از آن بود که "توده ای‌ها مسلح می‌شوند". این دست اتهامات در آن روزهایی که اعضای گروه‌های مسلح «مهدورالدم» اعلام شده بودند و هرروز و هر هفته خبر اعدام چند تن از آنها در مطبوعات کشور درج می شد، نشانه‌ای از تغییر در سیاست رهبری نظام در رابطه با حزب توده و تدارک مقدمات سرکوب حزب بود. اما بیشتر اعضای حزب ساده لوحانه هنوز گمانی به اینکه رهبری نظام دینی قصد دستگیری و سرکوب آنها را داشته باشد، به دل راه نمی‌دادند.

با وجود همه تبلیغات ضد حزبی و پرونده سازی‌های روزانه بر علیه حزب، رهبری حزب انگار در خواب غفلت فرو رفته بود و همچنان با دفاع سر سختانه از رهبری انقلاب و سیاست‌های آن در کوره اختلافات درونی جناح‌های مختلف نظام می‌دمید. حزب بر این باور بود یا حداقل چنان وانمود می‌کرد که مخالفت با حزب صرفا از جانب جریانات مخالف خط امام وافراطیون راستگرای طرفدار سرمایه داران بزرگ بازار بوده و همه این پرونده سازی‌ها از طرف آنها انجام می‌گیرد.

حزب تحریکات بر علیه خود در داخل را به گونه‌ای سیستماتیک به پروژه‌ای پیوند می‌زد که محصول توطئه مشترکی بود که یک سر آن در دستِ سرمایه داران و زمینداران بزرگ داخلی (به قول حزب، عوامل آمریکایی در داخل) بود، و سر دیگر آن در دست سازمان‌های اطلاعاتی غرب و امریکا، که تنها هدف شان انزوای خط امامی‌ها در داخل و در منطقه به منظور شکست انقلاب بود.

در این روزها دیگر عرصه‌ای برای فعالیت علنی حزب باقی نمانده بود. چاپ و نشر روزنامه مردم مدت‌ها بود که غیر قانونی شده بود و دفاتر حزب هم در همه شهرهای ایران تقریبا بسته شده بود. تنها یک بولتن داخلی بود که برای ما باقی مانده بود که حزب هفته‌ای یک بار منتشر می‌کرد و ما همان را تکثیر کرده و به اعضای حزب می‌دادیم و یا در حوزه‌های حزبی بخش هایی از آن را به عنوان تحلیل‌های سیاسی حزب مطالعه می‌کردیم.

تقریبا تم اصلی همه تحلیل‌های سیاسی حزب که عمدتا نوشته‌ی کیانوری بود بر چند محور اصلی استوار بود که هر هفته همان‌ها تکرار می‌شد.

- قانون کار و موضوعَات مربوط به آن [4]
- قانون واگذاری زمین و در گیری‌های مربوط به این عرصه [5]
- فرمان هشت ماده‌ای امام [6]
- جنگ و گزارش درباره شهدای حزب

حزب در هر کدام از این موارد سعی می‌کرد طوری وانمود کند که انگار دو گرایش اصلی در کل حاکمیت وجود دارد، یکی طرفدار زحمتکشان و به اصطلاح آن روزها مستضعفین، و دیگری طرفدار سرمایه داران و بزرگ زمینداران. در این تقسیم بندی حزب همیشه آیت الله خمینی و طرفداران نزدیک ایشان را که به نام خط امام معروف شده بودند در کنار زحمتکشان و مستضعفین قرار می‌داد و البته ما توده ای‌ها هم حامی بی قید و شرط آنها بودیم. حزب در عین حال به گونه‌ای این تقسیم بندی خود ساخته را به دیگر عرصه‌های سیاست تعمیم می‌داد به طوری که انگار خط امامی‌ها طرفداران راه رشد غیر

---

[4] قانون کار یکی از مهم ترین و جنجالی ترین عرصه‌های مبارزاتی برای حزب توده ایران در سال های پس از انقلاب بود. جریانات راست حکومتی به قانونگزاری در زمینه به رسمیت بخشیدن حقوق کارگران تن نمی‌دادند. احمد توکلی، وزیر کار در کابینه مهندس موسوی، با طرح اینکه رابطه بین کارگر و کارفرما باید بر اساس رضایت طرفین باشد معتقد بود که دولت حق دخالت در تنظیم این رابطه را ندارد و نوشتن قانون و اجبار کارگر و کارفرما در پذیرش آن خلاف شرع است. در پیش نویس قانونی که احمد توکلی با کمک جمعی از فقهای جامعه مدرسین قم تهیه کرده بود، تلاش شده بود رابطه کارگر و کارفرما بر اساس مفاهیم سنتی فقه در چارچوب رابطه اجیر و مستأجر تعریف شود. در این حالت، حقوق کار براساس احکام اولیه فقه اسلامی در چارچوب قرارداد خصوصي بین طرفین مشخص می‌شد. بنابراین هر نوع دخالت دولت در روابط کارگر و کارفرما، و الزام یک طرف یعني کارفرما را به پیروی از قانون کار، موافق موازین شرعي نمی‌دانست. این پیش‌نویس بر اساس اصل توافق طرفین تنظیم شده بود. تمام موارد قرارداد میان کارگر و کارفرما در این پیش‌نویس به توافق طرفین محول شده بود، از جمله ساعات کار، دستمزدها، مرخصی‌ها و غیره. این قانون با مخالفت شدید اتحادیه‌های کارگری و سازمان‌ها و احزاب چپ روبرو شد. خانه کارگر که خود سازمانی متشکل از شوراهای اسلامی کارگران بود به شدت مخالف این پیش نویس بود. حزب توده پیگیرترین نقش را در مخالفت با احمد توکلی و پیشبرد سیاست او در این عرصه داشت.

[5] مراجعه شود به پیوست ۱ - قانون واگذاری زمین
[6] مراجعه شود به پیوست ۲- پیام هشت ماده ای

سرمایه دری در ایران بودند و همانها در سیاست خارجی هم طرفدار همکاری با شوروی و کشورهای سوسیالیستی و جنبش‌های رهایی بخش و از طرف دیگر جبهه مخالف خط امامی‌ها را به طور کلی جمعیتی طرفدار امریکا و غرب و مخالف حقوق کارگران و زحمتکشان در داخل قلمداد میکرد و البته همین دسته به دنبال سرکوب کمونیست‌ها و احزاب و سازمان‌های طرفدار زحمتکشان در داخل کشور و دشمن شماره یک حزب توده.

این نگرش و تحلیل ساده لوحانه در میان بدنه حزب و کادرها موجبات خوش بینی عجیبی را به وجود آورده بود به این معنی که گویا تا وقتی آیت الله خمینی و طرفداران خط ایشان دست بالا را در قدرت دارند، نباید خیلی نگران بود و آنها به نوعی حامیان ما در حاکمیت هستند. در آن روزها انگار رهبری حزب خود به عمد به این توهم دامن می‌زد. حزب با برجسته کردن نقش شخصیت هایی چون حجت السلام موسوی خوئینی‌ها که پس از اشغال سفارت امریکا در تهران توسط دانشجویان نقش هدایت کننده آنها را به عهده داشت و در تمام آن سال‌ها از نزدیکان آیت الله خمینی بود و در آن روزها هم دادستان کل کشور بود، انگار داشت به هواداران اش القاء می‌کرد که زیادی نگران نباشید، هنوز سکان رهبری انقلاب در دست آیت الله خمینی است و خوئینی‌ها و هاشمی رفسنجانی و خامنه‌ای و موسوی دست بالا را دارند، و عسگر اولادی‌ها و آیت الله آذری قمی‌ها و یزدی‌ها که در آن روزها مخالفین خط امام بودند، نقش مغلوبه را دارند.

حزب هنوز در نبرد میان دو جناح که به قول کیانوری «نبرد که بر که» نامیده می‌شد، امیدوار بود که جناح خط امامی تسلط کامل پیدا کرده و مسیر کشور در جهت دمکراتیزه شدن پیش رفته و هر چه بیشتر به نفع زحمتکشان تغییر یابد.

در همین حال و هوا بودیم که ناگهان خشک مان زد.

رفیق جوانشیر و اکرم خانم

روز ۱۷ بهمن بود. جوانشیر هنوز در مشهد بود. او بیشتر از یک هفته بود که به مشهد آمده بود و تقریبا در همه کمیته‌ها و ارگان‌های حزبی شرکت کرد. حتی برای دیدن یک حوزه کارگری او را به خانه اکرم خانم بردم. اکرم خانم همسر رفیق جانیان بود که حالا خودش هم مدت ها بود که به عضویت حزب در آمده و خانه آنها یکی از پاتوق‌های همیشگی رفقای ما شده بود. رفیق جانیان و اکرم خانم خیلی دست و دلباز بودند و همیشه درب خانه آنها به روی ما باز بود و از برگزاری جلسات حزبی در خانه شان استقبال می‌کردند.

خیلی مایل بودم که جوانشیر تصویری از حوزه‌های کارگری ما داشته باشد. این حوزه در نوع خودش بی نظیر بود. اکرم خانم را همه در محله می‌شناختند. او از همان اولین روزهای انقلاب و به خصوص پس از آغاز جنگ در محله بسیار فعال و عضو تعاونی مسجد محل شده بود. فاطمه خانم عضو دیگر این حوزه بود. او زنی گردن کلفت، پر شور و بی نهایت مردمی بود. از همان اولین روزی که در کارخانه کمپوت سازی او را دیدم و با هم آشنا شدیم شدید رابطه‌ای بی نهایت دوستانه میان ما بر قرار شد. او با اینکه حداقل بیست

سال و شاید هم بیشتر از من بزرگتر بود ولی بی اندازه به من اعتماد داشت و هر چه از او می‌خواستم انجام می‌داد. او فقط به این دلیل که من عضو حزب بودم به عضویت حزب در آمده بود. فاطمه خانم در تمام این سال‌ها به عنوان سر کارگر در کارخانجات کمپوت سازی کار کرده بود و در محله قلعه ساختمان که در جاده قدیم سرخس بود، مثل شهردار محله سر شناس و مورد اعتماد مردم بود. بسیاری از دختران و زنان محله را به کار در کارخانجات کمپوت سازی برده بود و آنها او را مثل نان آور خانه هایشان دوست داشتند. رفیق دیگر عضو این حوزه بی بی بود که او را هم من اولین بار در همان کارخانه کمپوت سازی دیدم و به تشویق من و البته فاطمه خانم به سندیکای مواد غذایی آمد و پس از چند بار صحبت با من و یکی دو نفر دیگر از رفقای دختر حزبی به عضویت حزب در آمده بود. البته شاید دلیل اصلی آمدن او به حزب اعتماد او به فاطمه خانم بود که او را تشویق به آمدن به حوزه‌های حزبی کرده بود. زهرا رفیق دیگری بود که از همسایه‌های اکرم خانم بود و ضمنا در کارخانه نخریسی همکار رفیق جانیان بود. او از هر سه رفیق زن دیگر ما در آن حوزه جوان تر بود. زهرا دو بچه کم سن و سال داشت که اغلب وقتی سر کار بود اکرم خانم از آنها نگهداری می‌کرد. شوهر زهرا راننده تاکسی بار بود و با اکرم خانم و رفیق جانیان رابطه بسیار نزدیکی داشت. او مدتی بود که به جبهه رفته بود. زهرا و شوهرش را پیش از آنکه به عضویت حزب در آیند بارها در خانه اکرم خانم دیده بودم. آنها به اکرم خانم و رفیق جانیان مثل پدر و مادر خودشان نگاه می‌کردند و بهشان احترام می‌گذاشتند. یادم هست که یک روز اکرم خانم به من گفت که "رفیق رضا، دو تا عضو جدید برای حزب پیدا کرده ام." منظور او زهرا و شوهرش بودند. شوهر زهرا گرچه به قول اکرم خانم و آقای جانیان توده‌ای شده بود اما هیچ وقت در هیچ حوزه حزبی‌ای شرکت نکرد. ولی هر وقت او را می‌دیدم یا با هم حرف می‌زدیم مشتاقانه خود را هوادار حزب نشان می‌داد.

مسئول این حوزه حزبی ابتدا نسرین بود. اما بعد از اینکه به خاطر مخالفت‌های همسرش تقریبا از فعالیت حزبی کناره گرفت، فریبا مسئولیت این حوزه را به عهده گرفت و موفق شده بود روابط بسیار نزدیک و خوبی با این زنان زحمتکش بر قرار کند.

یادم هست که وقتی جوانشیر وارد خانه اکرم خانم شد و او را به رفقای زن معرفی کردم، اکرم خانم و سپس فاطمه خانم با چه شوقی دست در گردن او انداختند و او را بوسیدند. برق شادی عجیبی در چشمان جوانشیر می‌درخشید و برای دقایقی چشم از دیدن فاطمه خانم که چادری به کمرش گره زده بود و یک روسری مدل کردهای کرمانج خراسانی به سرش پیچیده بود، بر نمی‌کند. فکر کنم جوانشیر تا آن روز تصوری از داشتن اعضایی چون فاطمه خانم و بی بی و اکرم خانم در حزب نداشت. فاطمه خانم چنان صمیمانه حرف می‌زد و آنقدر رفیق رضا، رفیق رضا، می‌کرد که جوانشیر مات و مبهوت مانده بود که چگونه یک جوان دانشجوی حزبی توانسته است چنین روابط صمیمانه‌ای را با زنی از زحمتکش ترین قشر جامعه بر قرار کند. همان جا در نگاه اش حالت تحسین او را نسبت به خودم احساس کردم وقتی که فاطمه خانم برای او داشت از چگونگی آشنایی‌اش با حزب حرف می‌زد و دلیل اصلی آن را اعتمادش به من که رفیق رضا صدایم می‌کرد گفت. در این جلسه فریبا، حمید و بهرام هم بودند.

آن روز جمعه بود. معمولا بیشتر جلسات کارگری ما در روزهای جمعه که کارخانه‌ها تعطیل بود برگزار می‌شد. فردای آن روز از صبح تا شب در جلسات مختلف حزبی با جوانشیر گذشت. او قرار بود یک هفته دیگر هم در مشهد بماند و در جلسات حوزه‌های بیشتری شرکت کند.

خبر کشف شبکه جاسوسی شوروی

یکشنبه صبح جوانشیر باز طبق معمول هر روزه که با تهران تماس می‌گرفت به تهران زنگ زد. به هر کجا که زنگ می‌زد، افرادی که از آن طرف خط حرف می‌زدند مشکوک به نظر می‌رسیدند. او چندین شماره از افراد مختلف در رهبری حزب داشت که تماس‌های اضطراری او بودند ولی تلاش او برای صحبت با رهبری ناکام ماند.

روزنامه اطلاعات، ۱۸ بهمن ۱۳۶۱

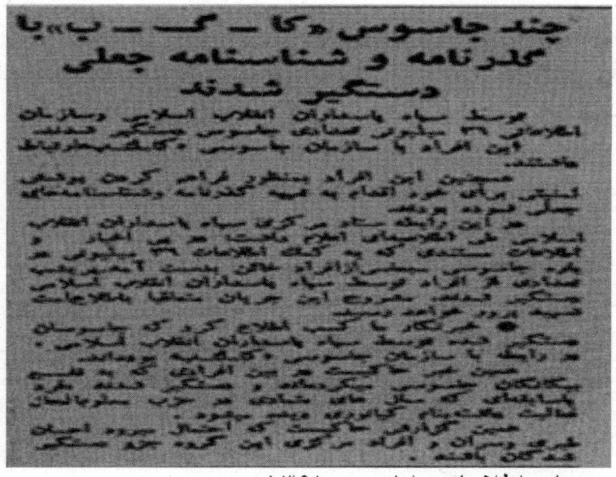

روزنامه اطلاعات، ۱۸ بهمن ۱۳۶۱

جوانشیر هنوز مطمئن نبود که چه اتفاقی افتاده است ولی یقین داشت که همه امکانات تماس او در تهران به یکباره از دست رفته و تمام آن اماکن که بسیاری از آنها محل سکونت اعضای هیات دبیران و هیات سیاسی حزب بود به اشغال در آمده است. همان یکشنبه شب خبر کوتاهی از بی بی سی مبنی بر اینکه شبکه‌ای از جاسوسان شوروی در ایران کشف و دستگیر شده‌اند پخش شد.

خبر برای همه ما شوک آور بود. حالا تازه فهمیده بودیم که چرا در آن سوی خط همه چیز مشکوک به نظر می‌رسید. جوانشیر از همان روز تقریبا مخفی شد و یکی دو روز بعد با بهرام به تهران رفت. فردای آن روز، روزنامه‌های سراسری کشور خبر دستگیری شبکه جاسوسی شوروی را تیتر اول کرده و پخش کردند. در همان خبر صحبت از دستگیری رهبران حزب توده ایران بود که متهم به جاسوسی برای شوروی شده بودند.

روزنامه اطلاعات، ۲۱ بهمن ۱۳۶۱

همزمان با جوانشیر، رفیق دیگری که از مسئولین نشریه اتحاد بود نیز به مشهد آمده و مهمان من بود. معمولا رفقای شعبه کارگری و یا مسئولین مربوط به امور کارگری وقتی به مشهد می‌آمدند در خانه ما می‌ماندند. این رفیق ما کمی مسن بود و بیشتر از شصت سالی زندگی را تجربه کرده بود. در چند روز اقامت اش در مشهد او را با خودم به چند حوزه کارگری بردم و در جلسه شعبه کارگری ما هم شرکت کرد. یکی دیگر از دلایل آمدن او به مشهد این بود که پس از توقیف و بسته شدن نشریه اتحاد، ما هنوز حساب و کتاب خودمان را با نشریه تسویه نکرده بودیم و او در حقیقت آمده بود که طلب نشریه را نقد کند. از شانس بد، حالا او در مشهد بود که خبر دستگیری رهبران حزب به اتهام جاسوسی برای شوروی در روزنامه‌های کشور چاپ شد. از صبح دوشنبه که او از جریان با خبر شد چنان ترسیده بود که از اتاق بیرون نمی‌آمد. مرتب از من می‌پرسید که آیا این خانه امن است و یا اینکه آیا پیشتر کسی از این خانه دستگیر شده بود و یا خانه ما مورد تهاجم سپاه واقع شده بود، یا نه. خلاصه که وحشتناک ترسیده بود.

من در آن یکی دو روزه تقریبا تمام وقت بیرون از خانه به دنبال کارهای حزبی بودم. جوانشیر و بهرام هنوز به تهران نرفته بودند و هیچ کدام از ما نمی‌دانستیم که چه باید کرد. حوزهای حزبی هنوز مثل گذشته تشکیل می‌شد و همه رفقای ما نگران بودند که چه سرنوشتی در انتظار ماست. شب‌ها دیر وقت به خانه می‌آمدم. مادرم نیز با شنیدن خبر دستگیری رهبران حزب به شدت نگران آینده من بود و تا دیر وقت بیدار می‌ماند تا من به خانه برگردم.

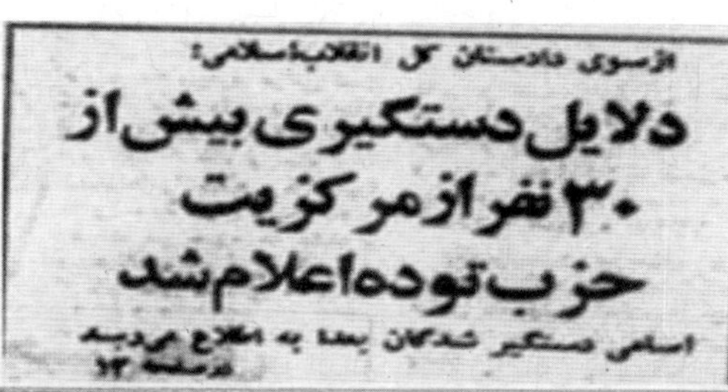

روزنامه اطلاعات، ۲۱ بهمن ۱۳۶۱

یکی دیگر از دلایل نگرانی مادرم، بودن همین رفیق ما در خانه مان بود. مادرم می‌گفت این پیرمرد دارد از وحشت می‌میرد. می‌گفت از صبح تا شب در گوشه همین اتاق کز کرده و پایش را از اتاق بیرون نمی‌گذارد. وقتی به خانه برمی‌گشتم، او به سراغم می‌آمد و با نگرانی جویای اخبار جدید می‌شد. مرتب از من می‌پرسید که آیا ما امکانات خروج از کشور را داریم و آیا امکان آن هست که او را به شوروی و یا افغانستان بفرستیم. به نظر او با اتهامی که حالا به رهبران حزب زده بودند همه ما را در صورت دستگیری اعدام می‌کردند. وقتی به او گفتم که ما هیچ امکانی برای خروج از کشور نداریم و به خروج هم اصلا فکر نکرده ایم، اصلا باورش نمی‌شد. او مطمئن بود که در خراسان با وجود داشتن هزاران کیلومتر مرز مشترک با شوروی و افغانستان، تشکیلات حزب حتما امکانات خروج را در نظر گرفته و تیم هایی هستند که کارشان باید همین باشد و نگران آن بود که نکند این امکانات فقط برای استفاده رفقای رهبری در نظر گرفته شده و در اختیار

کادرهایی چون او نیست. او می‌دانست که جوانشیر هنوز در مشهد است و مرتب از من سراغ او را می‌گرفت و خواهان دیدار با او بود و وقتی به او گفتم که او مشهد را ترک کرده، اولین چیزی که به ذهنش خطور کرد این بود که او به شوروی گریخته است. وقتی به او گفتم که او به همراه بهرام برای سر و سامان دادن به وضعیت تشکیلات به تهران رفته اند، باورش نمی‌شد و هنوز اصرار داشت که راهی هم برای خروج او دست و پا کنیم.

چند روزی گذشت تا او را بالاخره توسط رفیقی که راهی تهران بود به تهران فرستادیم ودیگر هیچ گاه از سرنوشت آن پیرمرد خبری نشنیدم.

آخرین دیدار پیش از دستگیری

آخرین بار پیش از دستگیری اکبر آقا را در خیابان دیدم. هنوز چند روزی بیشتر ازعید نوروز ۱۳۶۲ نگذشته بود. داشتم می‌رفتم سراغ حمید. بین فلکه سراب و سه راه سناباد بودم که یک دفعه چشمم به اکبر آقا افتاد. تصورم این بود که او مدتی است که از ایران خارج شده ولی حالا در کمال تعجب می‌دیدم که هنوز نرفته است. تقریبا دو هفته پیش از آن پیغام جوانشیر را به او داده بودم که تاکید کرده بود باید از کشور خارج شود، ولی انگار او گوشش بدهکار نبود. پیش خودم فکر کردم شاید امکان خارج شدن را نداشته است. به سرعت به طرف او رفتم و سلام کردم.

گفتم "اکبر آقا، اینجا چکار می‌کنین، مگه قرار نبود که شما خارج بشین؟ رفیق جواد (جوانشیر) تاکید کرده بود که شما باید خارج شین، تعجب می‌کنم که شما هنوز اینجایین!"

با خونسردی مرا نگاه می‌کرد. از او پرسیدم "اگه‌امکان خروج ندارین شاید بشه کاری کرد."

دیگر اجازه نداد ادامه دهم. گفت "ببین رفیق من، من هیچ جا نمیرم! ما یک بار رفتیم، برای هفت پشت مان بسّه."

گفتم "رفیق، دستگیرتون می‌کنن!"

گفت "بکنن!"

خیره نگاهم می‌کرد. گفت "اگه قراره دستگیر کنن، پس تو خودت اینجا چکار می‌کنی؟"

گفتم "ما قرار نیس جایی بریم، حزب دستور داده که باید همینجا بمونیم و تشکیلات رو جمع و جور کنیم. ولی وضع شما فرق می‌کنه!"

باز تاکید کردم که "رفیق جواد گفته بود شما باید در اسرع وقت از کشور خارج بشین."

او با خونسردی گفت "رفیق جواد غلط کرده که گفته! اگر قراره تو و امثال تو اینجا بمونن و دستگیر بشن، خب ما هم می‌مونیم و دستگیر میشیم. مگر خون من از خون شما جوون‌ها رنگین تره که فرار کنم؟"

برایم تعجب آور بود. چهره‌اش آنقدر آرام بود که اصلا نمی‌شد هیچ ترسی از دستگیری در وجودش احساس کنی. کاملا مطمئن بودم که اگر به دنبال فرار بود حتما می‌توانست راهی برای خروج خودش از کشور پیدا کند. حداقل می‌توانست مخفی شود. او گاو پیشانی سفید حزب در شهر ما بود. کمتر کسی بود که او را نشناسد. با آن موهای خاکستری متمایل به سفید و آن پالتوی پوست قهوای و چهره منحصر به فردش، او را از صد فرسنگی می‌شد شناخت. به نظرم رسید که اصلا نه به فکر فرار است و نه وحشتی از دستگیری دارد.

با هم خداحافظی کردیم. همین طور که می‌رفت از پشت نگاهش می‌کردم. احساس عجیبی داشتم. از دستگیری او وحشت داشتم. او پیر مردی ضعیف و کم بنیه به نظرم می‌رسید که شاید با اولین ضربه شلاق در هم می‌شکست. اما با این وجود از اینکه به صراحت می‌گفت که قصد فرار ندارد و کنار ما خواهد ماند در دلم او را تحسین می‌کردم. ولی از طرف دیگر سرزنش‌اش می‌کردم که از دستور حزبی خارج شدن از کشور سر پیچی کرده بود. اما راست اش در تمام راه تا خانه حمید از ته دل خوشحال بودم که این بار رهبران و مسئولین حزب فرار نمی‌کنند، با ما دستگیر شده و احتمالا با ما شکنجه خواهند شد و با ما در دادگاه‌ها از حزب و آرمان های حزبی دفاع کرده و محاکمه خواهند شد و در زندان همه ما با هم خواهیم بود.

مطمئن بودم که اینبار بر خلاف دوره گذشته پس از کودتای ۲۸ مرداد که بیشتر رهبران حزب فرار کرده بودند، ما رو سفید خواهیم شد. فرار رهبران حزب به خارج از کشور پس از کودتای ۲۸ مرداد از مواردی بود که در هر بحث و جدل سیاسی ما باید پاسخگوی آن می‌بودیم. دیدن اکبر آقا وحرف‌های او حالا به من این نوید را می‌داد که اینبار قضیه فرق کرده است و همه ما می‌مانیم و شجاعانه از آرمان‌های حزبی و سوسیالیستی خود زیرشکنجه و در دادگاه‌ها دفاع خواهیم کرد. این بار انگار قضیه داشت جور دیگری می‌شد. همه آنها که سال‌ها بر سر ما توده ای‌ها می‌زدند که رهبران حزب با فرار و جا خوش کردن در خارج به مردم و هواداران حزب خیانت کرده بودند، حالا خودشان هر کدام در گوشه‌ای از دنیا جا خوش کرده بودند. از مسعود رجوی گرفته که میلیشیای چند ده هزار نفری سازمان را گذاشت و فرار را بر قرار ترجیح داد تا رهبران گروه‌های خیلی رادیکال چپ که مخالفت با حزب توده اساس موجودیت شان بود. شاه بیت مخالفت آنها با حزب خیانت رهبری حزب، انفعال سیاسی پس از کودتای ۲۸ مرداد و فرار رهبران حزب به خارج از کشور بود. حالا بیشتر آنها فراری شده بودند، اروپانشین هاشان به اروپا برگشته و آمریکانشین‌ها به امریکا، تعداد زیادی هم آواره در ترکیه و پاکستان دربدر به دنبال ویزا درب هر سفارت خانه‌ای را می‌کوبیدند. از همه بدتر اما آنهایی بودند که در عراق و تحت نظارت سازمان استخبارات صدام ماموریت انفجار لوله‌های نفت ایران یا شناسایی قرارگاه‌های بسیج و سپاه را داشتند. حالا همان‌ها که سال ها حزب توده را به خاطر حضور رهبرانش در کشورهای سوسیالیستی متهم به مزدوری بیگانگان می‌کردند خودشان در عراق تحت حمایت صدام و با کمک مرتجعین عرب روزگار می‌گذراندند و این در حالی بود که بخش بزرگی از رهبران حزب در داخل زندان‌های جمهوری اسلامی زیر شکنجه رفته بودند و بقیه آنها هنوز هم در کشور مانده و در کنار بدنه تشکیلاتی خطر را به جان خریده بودند. با آن حال و هوای فکری درآن دوران،

رفتار اکبر آقا برایم خیلی تحسین برانگیز بود. او تصمیم گرفته بود که در کنار ما جوان ترها بماند، با ما دستگیر شود و با ما از آرمان‌های حزب در دادگاه‌ها دفاع کند.

تعقیب و مراقبت

ما در آن دوران دچار سرگردانی عجیبی بودیم. از اول صبح تا به آخر شب تحت «تعقیب و مراقبت» از سوی «سربازان گمنام امام زمان» (عنوانی که در اطلاعیه‌های سپاه و دادستانی به مامورین اطلاعات داده می شود) بودیم. آنها لحظه‌ای از ما غافل نمی‌شدند. بعضی از دوستان ما بیشتر از یک سال بود که به گونه‌ای کاملا آشکار تحت مراقبت بودند. یادم هست برای اولین بار یکی از دوستان ما مسعود که مسئول تبلیغات حزب و مسئول کمیته حزبی در یکی از نواحی شهر مشهد بود متوجه تعقیب و مراقبت مداوم خودش شده بود. ما ابتدا باور نمی‌کردیم و گاه او را دست می‌انداختیم که دچار توهم شده است. او بارها و بارها گزارش داد که ۲۴ ساعته تعقیب می‌شود و بارها از او در خیابان عکس گرفته شده است. چندین بار از آنجا که تحت تعقیب بود از آمدن به جلسه کمیته شهر خودداری کرده بود و همیشه به همه ما هشدار می‌داد. اما هیچ کس او را جدی نمی‌گرفت. به نظر بیشتر ما او دچار مالیخولیا شده بود و ما آنقدر انکار کردیم که او خود نیز کم کم باور کرد که دچار توهم است. تقریبا همزمان با او اعضای دیگری از حزب یا مسئولین نیز مدعی شدند که مرتب تحت تعقیب و مراقبت هستند. در این ماه‌های آخری حمید نیز که خودش از کسانی بود که تعقیب و مراقبت مسعود را اصلا باور نمی‌کرد و آن را خیالبافی تلقی می کرد، فهمیده بود که خودش نیز شبانه روز تحت تعقیب و مراقبت است و مرتبا به دنبال اش هستند. حمید چنانکه قبلا گفتم از بهترین و فعال ترین رفقای حزبی ما بود. او یکی از قابل اعتمادترین اعضای تشکیلات ما در خراسان و مسئول کمیته حزبی شهر مشهد و همچنین مسئول شعبه تشکیلات در کمیته ایالتی خراسان بود. حمید حالا متوجه شده بود که تحت تعقیب و مراقبت دائمی است. سر قرارها نمی‌آمد، بسیار مضطرب و نگران به نظر می‌رسید و ادامه کار را به این شکل دیگر به صلاح خود و تشکیلات نمی‌دید. ما تصمیم گرفتیم که حمید برای مدتی از تشکیلات فاصله بگیرد. بهرام ما را قانع کرد که حمید پس از دستگیری جمعی رهبران حزب که در دی ماه ۱۳۶۱ اتفاق افتاد دچار وحشت شده و بریده است و اینها بیشتر بهانه است، پس همان بهتر که او را از تشکیلات کنار بگذاریم. همین طور هم شد. حمید نیز مشهد را به قصد کرمان که محل زندگی خانواده همسرش بود ترک کرد.

حالا دیگر شرایط روز به روز سخت تر و سخت تر می‌شد. به توصیه جوانشیر که از در سفرش به مشهد با من آشنایی بیشتری پیدا کرده بود، بهرام مسئولیت کمیته ایالتی حزب را به من ابلاغ کرد. من در این دوران هم مسئول کمیته ایالتی و هم مسئول کمیته شهر مشهد بودم. ارتباط بیشتر رفقای عضو کمیته ایالتی را فردی کرده بودیم. جلسه ایالتی دیگر برگذار نمی‌شد. همه جلسات حزبی را در این دوران به شکل شکسته و حداکثر با تعداد سه نفر تشکیل می‌دادیم. همین هم باعث شده بود که از اول صبح تا آخر شب گرفتار باشم. در حقیقت من و منصور که در گذشته مسئول بخش دهقانی بود و حالا پس از رفتن عبدل به

تهران مسئولیت شعبه شهرستان‌ها را بر عهده داشت، تنها مسئولین ایالتی حزب در خراسان بودیم. این وضعیت تا زمان دستگیری ما به همین ترتیب ادامه داشت.

در بسیاری از استان‌های دیگر تشکیلات حزب به صورت تعطیل و یا نیمه تعطیل در آمده بود. در بعضی از ایالت‌ها مثل آذربایجان کل تشکیلات را منحل اعلام کرده بودند. مسئولین تشکیلات متواری شده و اعضای حزب را به حال خود رها کرده بودند. به احتمال زیاد در این دوران بخش قابل ملاحظه‌ای از تشکیلات حزب یا از طریق افراد نفوذی و یا تعقیب و مراقبت دائمی به طور کامل در تور دادستانی و اطلاعات سپاه بود. جز جوانشیر که یکی دو روز پیش از هجوم اولیه به حزب و دستگیری اکثریت رهبران حزبی به مشهد آمده بود و یکی دو نفر دیگر از رهبران اصلی حزب از جمله احسان طبری و انوشیروان ابراهیمی‌که مسئول تشکیلات آذربایجان بود، بقیه رهبری همه یک‌جا در تهران دستگیر شده بودند.

در این دوره رهبری حزب در سراسر کشور در اختیار تشکیلات مخفی حزب قرار گرفت. خسرو (محمد مهدی پرتوی) و برادرش بهرام (محمد هادی پرتوی) سکان اداره حزب را در اختیار گرفتند. بهرام که تا دستگیری رهبری حزب در بهمن ماه ۱۳۶۱ مسئول کمیته ایالتی خراسان و مسئول مستقیم من نیز بود، پس از هجوم سراسری به حزب به تهران رفت و مسئولیت کل تشکیلات شهرستانهای حزب را بر عهده گرفت. هم او بود که با انحلال تشکیلات و مخفی شدن شبکه تشکیلاتی حزب در خراسان به شدت مخالفت کرد. چند روزی از دستگیری رهبران حزبی در بهمن ماه نگذشته بود که خواهرم زهره و همسرش سعید که از مسئولین حزبی آذربایجان بود به مشهد آمدند. سعید با دیدن من در مشهد و ادامه فعالیت حزبی ما در خراسان تعجب کرد. تصور او این بود که تشکیلات حزبی در سراسر ایران منحل اعلام شده و فکر می‌کرد که همه کادرهای حزبی مخفی شده اند. او می‌گفت دایی (انوشیروان ابراهیمی را دایی می‌گفتند) که خود یکی از اعضای پنج گانه هیات دبیران حزب بود به آنها ابلاغ کرده بود که تشکیلات به طور موقت منحل شده و همه مسئولین ایالتی باید آذربایجان را به مقصدهای امن ترک کنند. به همین دلیل هم او به همراه خواهرم و فرزند خردسال‌شان سیامک به مشهد آمده بودند. من در اولین سفرم به تهران موضوع انحلال تشکیلات را در قراری که با بهرام در رستورانی در خیابان طالقانی داشتیم در میان گذاشتم. او به شدت برافروخته شد و از من خواست که در بازگشت به مشهد از سعید، شوهر خواهرم، بخواهم که هر چه زودتر به آذربایجان باز گشته و تشکیلات را بازسازی کند. او مدعی شد که دایی نیز مورد مواخذه قرار گرفته و قرار نیست که تشکیلات در هیچ کجا منحل گردد. او با تاکید بر اینکه مسئول کل شهرستان‌های کشور است از من خواست که این پیام را به سعید بدهم. آنجا بود که فهمیدم تمام تشکیلات شهرستان‌های حزب را او در اختیار گرفته است. از آنجا که مطمئن بودم که به زودی دستگیر می‌شویم و در مورد چگونگی برخورد در بازجویی‌ها پرسیدم. ما در تمام آن سال‌های پس از انقلاب فعالیت علنی داشتیم. پس طبیعی بود که در بازجویی‌ها از ما که مسئولین محلی حزب بودیم در مورد تشکیلات بپرسند.

از او پرسیدم که پس از دستگیری در بازجویی‌ها چگونه باید برخورد کنیم. مثلا در مقابل این سوال که مسئولیت تشکیلاتی ما چیست، چه باید بگوییم ویا اگر در رابطه با تشکیلات

پرسیدند چه جوابی بدهیم. بهرام در جواب ام گفت در صورت دستگیری، همه ما موظفیم که منکر عضویت در حزب شده و در ضمن دفاع از مواضع عمومی حزبی، اطلاعات تشکیلاتی را لو ندهیم. او تاکید داشت که این نظر شخصی او نیست و رهنمود و دستور حزبی است.

به نظرم انکار عضویت در حزب برای ما که سال‌ها به شکل علنی فعالیت کرده بودیم و در پرسش نامه‌های ستاد انقلاب فرهنگی نیز رسما به عنوان عضو حزب از توده‌ای بودن خود دفاع کرده بودیم و به همان دلیل هم از دانشگاه اخراج شده بودیم و با آگاهی بدان حتی اعتراضی هم به اخراج خود نکرده بودیم، نه تنها منطقی نبود که احمقانه به نظر می‌رسید. برای افرادی مثل من بسیار راحت‌تر بود که توده‌ای بودن خود را بپذیریم و از آن دفاع کنیم ولی اطلاعاتی در مورد تشکیلات ندهیم. این بر خورد هم منطقی‌تر و هم قابل دفاع‌تر بود. جالب بود که در آن لحظات فکر اینکه چرا نباید مخفی شویم و یا اینکه چرا نباید فرار کنیم اصلا به ذهن ام خطور هم نمی‌کرد. ظاهرا همین که حزب گفته بود ما باید بمانیم و تشکیلات را حفظ کنیم کافی بود که چنین سوالی حتی به ذهن هم نیاید. حالا مهم نبود که دیگر کدام حزب.

من خوب می‌دانستم که دیگر حزبی در کار نبود. رهبران حزب همه دستگیر شده بودند. جوانشیر و طبری و ابراهیمی هم که احتمالا در خانه‌های امن تشکیلات مخفی در گروگان خسرو بودند، خسرو که بعدها شایعه شد که پیش از دستگیری با سپاه همکاری می‌کرده است. ولی برای من، جوان توده‌ای مومن، کلام حزب عین وحی منزل بود و حتی آنجا که کمترین هسته عقلانیت هم در آن نبود، باز مطمئن بودم که مراجع ما مقدس تر از آن اند که در درستی احکام و فرامین مقدس‌شان شک و تردیدی روا دارم. ایمان ما به کتاب و مراجع مان کمتر از بقیه مومنین نبود.

در این چند ماهه چندین بار دیگر به تهران رفتم. گاه با بهرام و چند باری هم با عبدل که حالا رابط تشکیلات خراسان با بهرام شده بود، دیدار کردم. قرار همان بود که بهرام گفته بود. تشکیلات در هیچ جای کشور منحل نشده و اگر کسی اعلام انحلال کرده عملی غیر حزبی بوده و مواخذه خواهد شد. به مشهد بازگشتم. خواهرم و سعید با دریافت پیام من مشهد را ترک کردند. آنها را دیگر برای سال ها ندیدم. آپارتمان مخفی‌ای را که برای آنها اجاره کرده بودم برای خودم نگه داشتم که خانه مخفی‌ام باشد اما تا روز دستگیری بیشتر از چند شب از آن استفاده نکردم.

پس از دستگیری رهبران حزب، بهرام به همه ما توصیه کرد که محلی برای زندگی مخفی دست و پا کنیم و امکانات جدیدی را در بدنه حزب برای مخفی شدن شناسایی کنیم.

من درآن مدت که به اصطلاح زندگی نیمه مخفی داشتم دیگر هر شب برای خواب به خانه خودمان نمی رفتم و مخصوصا وقتی تحت تعقیب و مراقبت بودم سعی می کردم شب را در جای دیگری بگذرانم.

زمستان مشهد از قضا آن سال خیلی سردتر از همیشه شده بود و همین هم رفتن به شهرک ابوذر را خیلی سخت تر می کرد، آخرین اتوبوس از فلکه آب ساعت ۹ راه می افتاد و تقریبا هیچ امکان دیگری در آن شب های یخ بندان برای رفتن به شهرک نبود.

من بطور خیلی جدی رعایت مخفی کاری را نمی کردم و هنوز هفته ای چند شب را اگر به اتوبوس می رسیدم به خانه خودمان می رفتم ولی بعضی شب ها را در شهر می ماندم. چند شبی را در خانه نیمه سازی با جواد گذراندم.

جواد از اعضای علنی حزب در مشهد بود که در کارخانه خانه های پیش ساخته مشهد کار می کرد. او جوان پر شور و شری بود و با اینکه خیلی سابقه دوستی دیرینه ای نداشتیم ولی از بودن با او و مصاحبت اش لذت می بردم، خیلی گرم و صمیمی و خوش مشرب بود. من در آن زمان اصلا از اینکه برادرش، صاحب آن خانه نیمه ساز هم توده ای است هیچ آگاهی نداشتم.

خانه نیمه تمام بود. در و پنجره درست و حسابی نداشت و از آب لوله کشی هم خبری نبود. خوشبختانه برق داشت. شب ها من به همراه جواد به آن خانه می رفتیم. جواد یک کرسی گذاشته بود و زیرش یک لامپ ۱۰۰ وات نصب کرده بود که حسابی زیر کرسی را داغ می کرد. ولی سرمان در بیرون از لحاف یخ می زد. هر دوی ما تا صبح کلاه به سر زیر همان کرسی می خوابیدیم. صبح که بیدار می شدیم، شستن دست و صورت یک شکنجه حسابی بود. خانه که آب لوله کشی نداشت، ولی یک منبع بزرگ آب، یعنی یک تانکر آب، وسط حیاط بود که شیر آن در پایین منبع قرار داشت. آب آن تانکر در حقیقت برای کار ساختمانی استفاده می شد ولی ما صبح ها دست و صورت مان را با همان آب تقریبا یخ زده می شستیم و بعد از شستن دست و صورت، یادم میاد که تا چند دقیقه استخوان انگشت هایم و تخم چشم هایم از شدت سرما درد داشت.

تقریبا یک هفته ای شب ها را در آن خانه نیمه ساز گذراندم. بعدها وقتی دستگیر شدم، در یکی از گزارش های تعقیب و مراقبت درباره رفت و آمد من به آن محل نوشته بودند. رضا سربازجوی سپاه در مورد آن خانه از من سوال کرد و پرسید که آیا صاحب آن خانه را میشناختم؟ او گفت که صاحب آن خانه نیمه ساز برادر بزرگتر جواد غلامرضا خاضعی عضو شبکه مخفی حزب و از مسئولین شاخه نظامی حزب بوده است.

زنده یاد غلامرضا خاضعی

چهره او را، صاحب آن خانه نیمه ساخته را تقریبا یک سال بعد برای اولین بار بود که دیدم، از تلویزیون در بازداشتگاه سپاه در جلسه دادگاه نشسته بود، باز زمستان بود و سردتر از همیشه، زمستان ۱۳۶۲. غلامرضا در اولین گروه محاکمات سازمان نظامی در دادگاهی به ریاست حجت الاسلام ری شهری به اعدام محکوم شد و چند روز بعد او را تیرباران کردند.

شروع دستگیری‌ها

حالا دیگر کم کم رفت و آمد با وجود تعقیب و مراقبت دائمی خیلی دشوار شده بود. ماشین ژیان برادرم عباس را چند روزی بود که قرض گرفته بودم و قرار بود که فردا به او پس بدهم.

هفتم اردیبهشت نزدیک غروب بود که با منصور قرار داشتم. ساعتی با هم بودیم. او گزارش اوضاع شهرستان‌ها را به من داد. یکی دو هفته‌ای بود که با عبدل که نقش رابط تشکیلاتی با خراسان را در تهران به عهده داشت قرار تلفنی روزانه داشتیم. بین ساعت ۷ تا ۸ بعد از غروب به خانه یکی از رفقای قدیمی که کمتر شناخته شده بود می‌رفتم و منتظر تلفن عبدل می‌نشستم. تماس آن رفیق‌مان را با همه قطع کرده بودم که این امکان لو نرود. آن زمان تلفن تا حدودی هنوز لوکس محسوب می‌شدد و همه کس تلفن نداشتند و خوشبختانه این تلفن هنوز کنترل نمی‌شد. آن زمان یکی از رفقای ما در اداره مخابرات کار می‌کرد و لیست تلفن‌های تحت کنترل را در اختیار ما می‌گذاشت. بیشتر تلفن‌های منازل فعالین حزب تحت کنترل بود. اما خوشبختانه این یکی مشکلی نداشت. منزل منصور در مسیر خانه همان رفیق‌مان بود. بهتر دیدم که او را به جای اینکه در خیابان به انتظار تاکسی رها کنم به خانه‌اش برسانم. منصور کمی بالاتر از چهارراه خواجه ربیع دریکی از کوچه‌های خیابان خواجه ربیع زندگی می‌کرد، کمی‌پایین تر از منزل همان رفیقی که قرار بود برای تماس تلفنی با عبدل به آنجا بروم. یک کمی دیر شده بود. خیلی تند و با شتاب رانندگی می‌کردم. با سرعت تمام مسیر میدان شهدا تا منزل منصور را طی کردم. همه مسیر با هم حرف می‌زدیم. او را مقابل کوچه‌ای که خانه‌اش در آنجا بود پیاده کردم و با سرعت هر چه تمام تر به طرف قرار تلفنی خودم رفتم.

اصلا متوجه نبودم چه چیزی در حال وقوع بود. نزدیکی خانه آن رفیق قدیمی ماشین را پارک کردم و به اتاقی که تلفن در آن قرار داشت رفتم. آن زمان‌ها بر خلاف حالا نه تلفن همراه وجود داشت و نه تلفن بدون سیم، و نه همه اتاق‌ها پریز تلفن داشتند. از آنجا که تلفن کمی هم لوکس بود معمولا در مهمان‌خانه و اتاق پذیرایی جا خوش می‌کرد. چند دقیقه‌ای نگذشته بود که تلفن زنگ زد. با عبدل چند دقیقه‌ای صحبت کردم. او از من خواست فورا به تهران بروم. پس از تمام شدن صحبت ام با عبدل با عجله به طرف خانه خودمان راه افتادم. هوا تاریک شده بود و تقریبا ساعت نزدیک نه و نیم شب بود که به شهرک رسیدم. ما در شهرک ابوذر زندگی می‌کردیم. به همین دلیل هم اسم من را در گزارش‌های تعقیب و مراقبت که بعدها پس از دستگیری در سپاه دیدم، «شهرکی» گذاشته بودند. با اینکه

عبدل از من خواسته بود که به تهران بروم، ولی به خاطر گرفتاری‌های زیاد فکر کردم بهتر است مسعود را به جای خودم به تهران بفرستم. فردایش چندین قرار داشتم، از بچه‌های حزب گرفته تا رفقای اکثریتی. امکان نداشت که کس دیگری را سر این قرارها بفرستم و راهی هم نبود که آنها را به هم بزنم. پس تصمیم گرفتم که بمانم و مسعود را راهی تهران کنم. مسعود مدتی بود که دیگر خانه پدری را ترک کرده و در آپاتمان برادرش که در همان شهرک ابوذر بود، زندگی می‌کرد. این آپارتمان مال برادر مسعود خسرو بود و چون هنوز خالی بود، مسعود به آنجا نقل مکان کرده بود یا شاید هم به دلیل تعقیب و مراقبت‌های شدیدی که در محدوده خانه پدری هر روزه مسعود را آزار می‌داد.

به شهرک که رسیدم، یکسره به خانه مسعود رفتم. کمی‌خوش و بش کردیم از همه چیز و همه جا با هم حرف زدیم. با او مدت‌ها بود که رفاقت و دوستی خوبی داشتم. ما هر دو برای مدتی در کمیته ناحیه سه با هم بودیم. او آنجا مسئول شعبه تبلیغات ناحیه بود. بعدها که مسئول شعبه تبلیغات شهر شد و به عضویت کمیته شهر مشهد در آمد، باز هم با هم در کمیته شهر کار می‌کردیم. این اواخر هم با اندکی تغییرات که در تشکیلات حزبی داده بودیم، او مسئول ناحیه سه مشهد شده بود و بازمن مسئول مستقیم او بودم. با هم آنقدر نزدیک بودیم که او حتی از من می‌خواست که برایش از میان دختران حزب همسری پیدا کنم و گاه گداری هم از من درباره بعضی از آنها پرس و جو می‌کرد. مدتی بود که به فکر ازدواج افتاده بود ولی خودش آنقدر خجالتی بود که رویش نمی‌شد مستقیم از کسی خواستگاری کند.

در آن دوران ما کمونیست‌ها هم دست کمی از بچه مذهبی‌ها نداشتیم. بر خلاف تبلیغات مزخرف در دوران حکومت شاه و پس از انقلاب توسط برخی از جریانات مذهبی که مدعی بودند چپ‌ها روابط آزاد جنسی دارند و یا بی بند و باری یکی از دلایل گرایش به جریانات چپ است. اما در جریانات چپ مثل حزب توده و سازمان چریکهای فدایی خلق که من از نزدیک شاهد آن بودم مناسبات میان رفقای دختر و پسر بسیار محدود و به شدت متاثر از اخلاق مذهبی بود. به همین دلیل هم بیشتر رفقای ما با اینکه برای مدت طولانی در حوزه‌های حزبی در کنار رفقای دختر فعالیت می‌کردند، ولی به شدت از برقرارکردن هر گونه رابطه عاطفی و احیانا جنسی خود را دور نگاه می‌داشتند. گاه حتی بعضی از رفقا به همان شکل سنتی به جای اینکه مادر و خواهرشان را به خواستگاری بفرستند از رفقای دیگر که به خاطر مسئولیت تشکیلاتی مناسبات گسترده تری با بدنه حزبی داشتند، درخواست می کردند که برای آنها به خواستگاری بروند. من در چند مورد برای یکی دو نفر از رفقایم از رفقای دختر حزبی خواستگاری کرده بودم.

مسعود آن‌شب باز صحبت ازدواج را پیش کشید و از من جویای حال یکی از رفقای دختر شد. غذای معمول او نیمرو بود که با محبت همیشگی‌اش مرا هم برای شام نگه داشت. پس از اینکه شام را خوردیم، از او خواستم که فردا به جای من به تهران برود. او قرار شد از طریق رفیقی که در دفتر هواپیمایی داشتیم بلیت پرواز برای فردا صبح تهیه کند تا عصر فردا با عبدل در تهران دیدار داشته باشد. من هم گزارش‌هایی را که قبلا آماده کرده و به ریزترین خط ممکن روی کاغذهای بسیارنازک نوشته بودم، به او دادم که فردا به عبدل بدهد.

پیش از اینکه از آپارتمان او خارج شوم، از پنجره به بیرون نگاهی انداختم. از پنجره اتاق مسعود آپارتمان ما به خوبی پیدا بود. چراغ‌های اتاق های آپارتمان ما هنوز روشن بود. حتی مادرم را دیدم که به آشپزخانه رفت و آمد می‌کرد. اما درست جلوی آپارتمان ما توی خیابان زیر تیر چراغ برق یک اتومبیل پیکان پارک کرده بود که چهار نفر در آن نشسته بودند. مطمئن بودم که منتظر من هستند ولی نمی‌دانستم چرا اینقدر آشکارا به انتظار نشسته بودند. برای اولین بار احساس می‌کردم که هیچ کسی در تعقیب ام نبود. فکر کردم احتمالا از آنجا که شب قبل در آپارتمان جدیدم خوابیده بودم از تور تعقیب و مراقبت در رفته ام، اما حالا آنها منتظر بودند که با بازگشت به خانه دوباره برای فردا در دامشان باشم. پس تصمیم گرفتم کمی بیشتر با مسعود بمانم. مسعود هم خوشحال شد چون بیشتر وقت داشتیم با هم صحبت کنیم. یکی دو ساعت دیگر هم گذشت. در این مدت چند بار باز بیرون را نگاه کردم. آنها هنوز آنجا منتظر بودند. قرار من با مامان و خواهرم پری این بود که اگر وضعیت از نظر امنیتی مناسب نبود و سپاه به خانه ریخته و یا کسی از اعضای خانواده را دستگیر کردند و یا خلاصه به هر دلیل دیگری خانه نامن شد، با انداختن تکه‌ای پارچه رنگی روی بند لباس روی ایوان از وضعیت نامن خانه خبردهند. آن پارچه رنگی در واقع یکی از کهنه‌های نازلی بود. حالا تقریبا ساعت نزدیک دوازده شب بود. دوباره از پنجره نگاهی به بیرون انداختم. در کمال تعجب دیدم که ماشین سپاه هنوز همانجا منتظر بود. چراغ‌های خانه همه خاموش بود جز چراغ روی ایوان، و حالا می‌دیدم که کهنه نازلی روی بند لباس روی ایوان آویزان بود.

به مسعود گفتم هوا خوش نیست، بهتر است امشب اینجا بخوابم. شب را همانجا خوابیدم. صبح تقریبا ساعت شش و نیم بود که از خواب بیدار شدم. اول از همه از پنجره نگاهی به بیرون انداختم. اینبار دیدم که دو تا ماشین پشت سر هم همانجا ایستاده بودند و همان پارچه کهنه زرد رنگ نازلی هم که علامت ما بود، هنوز روی بند ایوان آویزان بود و کمی با وزش باد صبحگاهی تکان می‌خورد. مسعود نان و پنیرو چای را حاضر کرده بود. صبحانه را با هم خوردیم و چند دقیقه بعد از او خداحافظی کردم و رفتم. قرار شد او هم سریعا به دنبال بلیت برود. قراربعدی ما شد برای پس فردا شب، دوباره در خانه او، اگر همه چیز خوب بود وگرنه یک قرار اضطراری دوم هم داشتیم که می‌رفتیم سر آن قرار.

پایان دفتر اول

پیوست ۱ـ قانون واگذاری زمین

چند ماه پس از پیروزی انقلاب، شورای انقلاب قانونی در جهت واگذاری اراضی در ایران به تصویب رساند که متن کامل آن در زیر آمده است.

در این قانون اراضی کشور به سه بخش تقسیم شد که مواد قانونی مربوط به این سه بخش با بندهای الف، ب و ج تعریف شده بود. اراضی مربوط به بند الف و بند ب در اختیار دولت بود و در همان ماه های نخست پس از انقلاب بسیاری از آنها توسط جهاد سازندگی و یا هیات‌های هفت نفره تقسیم اراضی میان روستاییان تقسیم شده بود. جنگ اصلی بر سر بند ج بود که در یک سوی آن جریان راست قرار داشت که تعداد زیادی از روحانیون از آنها حمایت می‌کردند و در سوی دیگر خط امامی‌ها و نهادهای انقلابی مثل جهاد سازندگی و هیات‌های هفت نفره بودند. بند ج به دنبال تقسیم اراضی زمینداران بزرگی بود که قانونا صاحب آن اراضی بودند ولی نهادهای انقلابی می خواستند که زمین های آنان تقسیم شود. تعدادی از روحانیون سرشناس چون آیت الله منتظری و یا آیت الله مشکینی حامی تقسیم اراضی شامل بند ج بوده و از نهادهای انقلابی در این عرصه حمایت میکردند. حزب در این زمینه فعالانه و پیگیرانه حامی نهادهای انقلابی بود و تقریبا در همه تحلیل‌های روزانه خود و در تمام نشریات حزبی از تقسیم اراضی به نفع روستاییان حمایت می‌کرد. تعدادی از رفقای حزبی ما در جهاد سازندگی و هیت‌های هفت نفره فعالانه در این راستا کار می‌کردند. حزب در تحلیل‌های سیاسی خود زمینداران بزرگ را یکی از پایگاه‌های اصلی نیروهای ضد انقلاب دانسته و خلع قدرت اقتصادی و سیاسی آنها را از طریق این اصلاحات به نفع پیشرفت کشور می‌دانست.

در زیر متن کامل قانون را مشاهده می‌کنید.

لایحه قانونی اصلاح لایحه قانونی نحوه واگذاری و احیاء اراضی در حکومت جمهوری اسلامی‌ایران مصوب ۲۵ شهریور ۱۳۵۸ و لایحه قانونی مربوط به واگذاری زمین به کشاورزان مصوب ۲۸ اسفند ۱۳۵۸

اراضی مورد نظر به سه قسمت تقسیم می‌شوند.

الف ـ اراضی منابع طبیعی که در اختیار دولت اسلامی‌است.

ب ـ اراضی که زیر کشت بوده و توسط نهادهای دولت اسلامی‌قانوناً مصادره شده و در دست بنیاد مستضعفین می‌باشد.

ج ـ اراضی بزرگ که در دست زمین‌داران بزرگ است و ظاهراً با ملاک‌های رژیم قبلی مجوز قانونی هم دارند. (زمین بزرگ سه برابر زمینی است که عرف‌محل برای تأمین زندگی یک کشاورز یا خانواده او لازم می‌داند.)

توضیح بند الف - این گونه اراضی به عنوان ثروت عمومی‌در اختیار و کنترل دولت اسلامی‌است که بر اساس نیاز و توانایی افراد واجد شرایط‌بهره‌وری از اینگونه اراضی و منابع را به آنها واگذار می‌کند. در واگذاری این اراضی همیشه مصلحت جامعه باید مد نظر قرار گیرد.

توضیح بند ب - در مورد اراضی مصادره شده، مانند بند الف با توجه به مصلحت جامعه و نیاز و توانایی اشخاص اراضی به افراد واجد شرایط واگذارمی‌شود و یا برای کارهای عام‌المنفعه اختصاص می‌یابد.

توضیح بند ج - در مورد زمینهای مالکین بزرگ می‌توان اینگونه زمینها را به دو قسمت تقسیم نمود:

۱- زمینهای بایر - که به علل مختلف توسط مالکین بزرگ بایر نگاه داشته شده است و با توجه به نیاز جامعه و مسئله خودکفایی مملکت و با توجه به‌اینکه این زمینها فقط به صرف اینکه مالکیت از آن آنها است بدون کشت مانده و اجازه کشت به دهقانان هم داده نمی‌شود. دولت اسلامی‌در صورت‌ضرورت این زمینها را در اختیار خود می‌گیرد تا به دهقانان و داوطلبان واجد شرایط محل که فاقد زمین کافی برای زراعت هستند و جز از راه گرفتن‌مقدار زائد زمین این گونه افراد وسیله اعاشه‌ای برایشان موجود نباشد واگذار می‌نماید

تبصره - در صورت وجود تأسیساتی در این گونه زمینها: آن قسمت از زمینی که عرفاً و به طور طبیعی مربوط و مورد احتیاج تأسیسات مزبور باشدمستثنی تلقی می‌شود، چنانچه تأسیسات موجود مستقیماً برای کشاورزی زمین باشد قسمت زائد بر احتیاج مالک ارزیابی گردیده بهای آن پرداخت‌خواهد شد و در غیر این صورت کماکان در اختیار مالک باقی می‌ماند، در این موارد قبلاً به مالک اخطار می‌شود تا با رعایت حدودی که در بند ج آمده‌است به عمران زمین اقدام نماید. در مورد زمینهای دائر و مزروعی تحت تصرف این گونه افراد اگر شخصاً به‌امر کشاورزی اشتغال داشته باشند با شرایط‌اقلیمی و اجتماعی مختلف ایران تا حد سه برابر مذکور در توضیح بند ج زمین در اختیارشان باقی خواهد ماند در صورتی که کشت‌کننده فرد دیگری‌واجد شرایط باشد باز هم در مواقع ضرورت به حکم حاکم و به مقتضای ولایت زمین به کشت‌کننده واگذار می‌گردد.

افراد متصرف قبلی بهای نسق خود را پس از کسر بدهیهای قانونی و شرعی که احیاناً داشته باشند از بیت‌المال دریافت می‌نمایند. و بقیه به مقتضای‌ولایت حاکم و با رعایت موازین شرعی و به ترتیبی که در این قانون آمده است به کشاورزان دیگر محل واگذار می‌شود.

تبصره (۱) - در صورتی که در محل زمینهای دولتی و مصادره شده قابل کشت مشمول بندهای الف و ب وجود داشته باشد آن زمینها داده می‌شودو اگر کافی نبود نوبت به بند ج می‌رسد.

هیأت مسئول واگذار زمین (هیات هفت نفره) امور ذکر شده در بالا توسط یک هیأت هفت نفره به شرح ذیل و با رعایت اصل فقهی‌الضرورات متعدد به قدرها انجام می‌گیرد و دیگران حق دخالت ندارند:

۱- دو نفر نماینده از وزارت کشاورزی

۲- یک نفر نماینده از وزارت کشور یا استانداری محل

۳- یک نفر نماینده جهاد سازندگی (در صورت وجود)

۴- یک نفر نماینده حاکم شرع و ولی امر

۵- دو نفر نماینده شورای ده

تبصره (۲) - مقررات مغایر با این هیأت ملغی می‌باشد.

وظایف هیأت هفت نفره

۱- حل و فصل قضایای مورد نزاع مربوط به اجرای این قانون (در حل دعاوی اعمال ولایت صرفاً نظر نماینده حاکم شرع معتبر است).

۲- واگذاری زمین با توجه به نوع اراضی بالا بند (الف - ب - ج).

۳- تشخیص صلاحیت و میزان استفاده از وام و امکانات کشاورزی در طول اجرای این قانون.

ضوابط واگذاری زمین

۱- در واگذاری زمین به روستاییان بدون زمین، کم زمین و فارغ‌التحصیلان کشاورزی و افراد علاقمند به کار کشاورزی با توجه به اولویت بین آنها زمین‌داده می‌شود.

۲- واگذاری زمین برای مدت معین (چندساله) با توجه به شرایط خاص منطقه است و در صورت عملکرد مطلوب واگذاری زمین تمدید می‌شود.

۳- زمینهای واگذاری به صورت شرکت و تعاونی و مشاع می‌باشد به جز موارد استثنایی که در این صورت تصمیم مقتضی توسط گروه ۷ نفری اتخاذخواهد شد.

۴- در صورتی که قرار بشود زمین انتقال یابد این کار باید از طرف دولت اسلامی انجام گیرد.

۵- باید زمین بدون عذر موجه معطل نماند.

۶- باید عملکرد روی زمین به گونه‌ای باشد که موجب اتلاف زمین نشود.

۷- زمینهای واگذاری قابل فروش نمی‌باشد.

۸- کشت روی زمینها باید با توجه به نیاز‌های جامعه باشد.

۹- زارع یا زارعین موظف هستند حدود و سازمان اراضی مورد قرارداد را حفظ نمایند.

۱۰- ا ز ارعین حق تصرف زمینهای دیگر غیر آنچه که دولت اسلامی‌به آنها داده است ندارند.

واژه‌نامه

۱- اراضی بایر - زمینهایی است که سابقه احیاء دارد ولی به علت اعراض و عدم بهره‌برداری برای مدت پنج سال متوالی بدون عذر موجه متروک مانده‌و یا به ماند.

۲- اراضی دایر - زمینهایی است که احیاء شده و مستمراً مورد بهره‌برداری است.

۳- ارضی منابع طبیعی - جنگلها و مراتع: بیشه‌های طبیعی، نهالستانهای دولتی، جنگلهای دست کاشت می‌باشد. غیر از اراضی فوق‌الذکر زمینهایی که‌به نحوی از انحاء در رژیم سابق ملی اعلام شده (زمینهایی که جهت محیط زیست و شکارگاه‌ها و جلوگیری از بدی آب و هوا در ملکیت دولت درآمده‌است).

۴- اراضی موات - زمینهایی است که سابقه احیاء و بهره‌برداری ندارد و به صورت طبیعی باقی مانده است.

۵- اراضی آیش - زمین دایری است که به صورت متناوب طبق عرف محل برای دوره معینی بدون کشت بماند.

پیوست ۲ ـ پیام هشت ماده‌ای
پیام هشت ماده‌ای به قوه قضاییه و ارگانهای اجرایی (اسلامی شدن قوانین)
زمان: ۲٤ آذر ۱۳٦۱ / ۲۹ صفر ۱٤۰۳

مکان: تهران، جماران

موضوع: «فرمان هشت ماده‌ای» درباره حقوق مردم، قانون، قوه قضاییه و لزوم اسلامی شدن روابط و قوانین

مخاطب: قوه قضاییه و ارگانهای اجرایی

بسم الله الرحمن الرحیم

در تعقیب تذکر به لزوم اسلامی نمودن تمام ارگانهای دولتی بویژه دستگاههای قضایی و لزوم جانشین نمودن احکام الله در نظام جمهوری اسلامی به جای احکام طاغوتی رژیم جبار سابق، لازم است تذکراتی به جمیع متصدیان امور داده شود. امید است ان شاء الله تعالی با تسریع در عمل، این تذکرات را مورد توجه قرار دهند:

۱- تهیه قوانین شرعیه و تصویب و ابلاغ آنها با دقت لازم و سرعت انجام گیرد و قوانین مربوط به مسائل قضایی که مورد ابتلای عموم است و از اهمیت بیشتر برخوردار

است در رأس سایر مصوبات قرار گیرد، که کار قوه قضاییه به تأخیر یا تعطیل نکشد و حقوق مردم ضایع نشود، و ابلاغ و اجرای آن نیز در رأس مسائل دیگر قرار گیرد.

۲- رسیدگی به صلاحیت قضات و دادستانها و دادگاهها با سرعت و دقت عمل شود تا جریان امور، شرعی و الهی شده و حقوق مردم ضایع نگردد. و به همین نحو رسیدگی به صلاحیت سایر کارمندان و متصدیان امور، با بیطرفی کامل بدون مسامحه و بدون اشکال‌تراشیهای جاهلانه که گاهی از تندروها نقل می‌شود، صورت گیرد تا در حالی که اشخاص فاسد و مفسد تصفیه می‌شوند اشخاص مفید و مؤثر با اشکالات واهی کنار گذاشته نشوند. و میزان، حال فعلی اشخاص است با غمض عین از بعض لغزشهایی که در رژیم سابق داشته‌اند، مگر آنکه با قرائن صحیح معلوم شود که فعلاً نیز کارشکن و مفسدند.

۳- آقایان قضات واجد شرایط اسلامی، چه در دادگستری و چه در دادگاههای انقلاب باید با استقلال و قدرت بدون ملاحظه از مقامی احکام اسلام را صادر کنند، و در سراسر کشور بدون مسامحه و تعویق به کار پر اهمیت خود ادامه دهند. و مأمورین ابلاغ و اجرا و دیگر مربوطین به این امر باید از احکام آنان تبعیت نمایند تا ملت از صحت قضا و ابلاغ و اجرا و احضار، احساس آرامش قضایی نمایند، و احساس کنند که در سایه احکام عدل اسلامی جان و مال و حیثیت آنان در امان است. و عمل به عدل اسلامی مخصوص به قوه قضاییه و متعلقات آن نیست، که در سایر ارگانهای نظام جمهوری اسلامی از مجلس و دولت و متعلقات آن و قوای نظامی و انتظامی و سپاه پاسداران و کمیته‌ها و بسیج و دیگر متصدیان امور نیز به طور جدی مطرح است و احدی حق ندارد با مردم رفتار غیر اسلامی داشته باشد.

۴- هیچ کس حق ندارد کسی را بدون حکم قاضی که از روی موازین شرعیه باید باشد توقیف کند یا احضار نماید، هر چند مدت توقیف کم باشد. توقیف یا احضار به عنف، جرم است و موجب تعزیر شرعی است.

۵- هیچ کس حق ندارد در مالِ کسی چه منقول و چه غیر منقول، و در مورد حق کسی دخل و تصرف کند یا توقیف و مصادره نماید مگر به حکم حاکم شرع، آن هم پس از بررسی دقیق و ثبوت حکم از نظر شرعی.

۶- هیچ کس حق ندارد به خانه یا مغازه و یا محل کار شخصی کسی بدون اذن صاحب آنها وارد شود یا کسی را جلب کند، یا به نام کشف جرم یا ارتکاب گناه تعقیب و مراقبت نماید، و یا نسبت به فردی اهانت نموده و اعمال غیر انسانی- اسلامی مرتکب شود، یا به تلفن یا نوار ضبط صوت دیگری به نام کشف جرم یا کشف مرکز گناه گوش کند، و یا برای کشف گناه و جرم هر چند گناه بزرگ باشد، شنود بگذارد و یا دنبال اسرار مردم باشد، و تجسس از گناهان غیر نماید یا اسراری که از غیر به او رسیده و لو برای یک نفر فاش کند. تمام اینها جرم [و] گناه است و بعضی از آنها چون اشاعه فحشا و گناهان از کبایر بسیار بزرگ است، و مرتکبین هر یک از امور فوق مجرم و مستحق تعزیر شرعی هستند و بعضی از آنها موجب حد شرعی می‌باشد.

۷- آنچه ذکر شد و ممنوع اعلام شد، در غیر مواردی است که در رابطه با توطئه‌ها و گروهکهای مخالف اسلام و نظام جمهوری اسلامی است که در خانه‌های امن و تیمی برای

براندازی نظام جمهوری اسلامی و ترور شخصیتهای مجاهد و مردم بیگناه کوچه و بازار و برای نقشه‌های خرابکاری و افساد فی الأرض اجتماع می‌کنند و محارب خدا و رسول می‌باشند، که با آنان در هر نقطه که باشند، و همچنین در جمیع ارگانهای دولتی و دستگاههای قضایی و دانشگاهها و دانشکده‌ها و دیگر مراکز با قاطعیت و شدت عمل، ولی با احتیاط کامل باید عمل شود، لکن تحت ضوابط شرعیه و موافق دستور دادستانها و دادگاهها، چرا که تعدی از حدود شرعیه حتی نسبت به آنان نیز جایز نیست، چنانچه مسامحه و سهل انگاری نیز نباید شود. و در عین حال مأمورین باید خارج از حدود مأموریت که آن هم منحصر است به محدوده سرکوبی آنان حسب ضوابط مقرره و جهات شرعیه، عملی انجام ندهند. و مؤکداً تذکر داده می‌شود که اگر برای کشف خانه‌های تیمی و مراکز جاسوسی و افساد علیه نظام جمهوری اسلامی از روی خطا و اشتباه به منزل شخصی یا محل کار کسی وارد شدند و در آنجا با آلت لهو یا آلات قمار و فحشا و سایر جهات انحرافی مثل مواد مخدره برخورد کردند، حق ندارند آن را پیش دیگران افشا کنند، چرا که اشاعه فحشا از بزرگترین گناهان کبیره است و هیچ کس حق ندارد هتک حرمت مسلمان و تعدی از ضوابط شرعیه نماید. فقط باید به وظیفه نهی از منکر به نحوی که در اسلام مقرر است عمل نمایند و حق جلب یا بازداشت یا ضرب و شتم صاحبان خانه و ساکنان آن را ندارند، و تعدی از حدود الهی ظلم است و موجب تعزیر و گاهی تقاص می‌باشد. و اما کسانی که معلوم شود شغل آنان جمع مواد مخدره و پخش بین مردم است، در حکم مفسد فی الأرض و مصداق ساعی در ارض برای فساد و هلاک حرث و نسل است و باید علاوه بر ضبط آنچه از این قبیل موجود است آنان را به مقامات قضایی معرفی کنند. و همچنین هیچ یک از قضات حق ندارند ابتداءً حکمی صادر نمایند که به وسیله آن مأموران اجرا اجازه داشته باشند به منازل یا محلهای کار افراد وارد شوند که نه خانه‌امن و تیمی است و نه محل توطئه‌های دیگر علیه نظام جمهوری اسلامی، که صادرکننده و اجراکننده چنین حکمی مورد تعقیب قانونی و شرعی است.

۸- جناب حجت الاسلام آقای موسوی اردبیلی رئیس دیوان عالی کشور، و جناب آقای نخست وزیر «۱» موظفند شرعاً از امور مذکوره با سرعت و قاطعیت جلوگیری نمایند. و لازم است در سراسر کشور، در مراکز استانداریها و فرمانداریها و بخشداریها هیأتهایی را که مورد اعتماد و وثوق می‌باشند انتخاب نمایند و به ملت ابلاغ شود که شکایات خود را در مورد تجاوز و تعدی مأمورین اجرا، که به حقوق و اموال آنان سر می‌زند بدین هیأتها ارجاع نمایند و هیأتهای مذکور نتیجه را به آقایان تسلیم، و آنان با ارجاع شکایات به مقامات مسئول و پیگیری آن متجاوزین را موافق با حدود و تعزیرات شرعی مجازات کنند. باید همه بدانیم که پس از استقرار حاکمیت اسلام و ثبات و قدرت نظام جمهوری اسلامی با تأیید و عنایات خداوند قادر کریم و توجه حضرت خاتم الاوصیا و بقیة الله- ارواحنا لمقدمه الفداء- و پشتیبانی بی‌نظیر ملت متعهد ارجمند از نظام و حکومت، قابل قبول و تحمل نیست که به اسم انقلاب و انقلابی بودن خدای نخواسته به کسی ظلم شود، و کارهای خلاف مقررات الهی و اخلاق کریم اسلامی از اشخاص بی‌توجه به معنویات صادر شود.باید ملت از این پس که حال استقرار و سازندگی است احساس آرامش و امنیت نمایند و آسوده خاطر و مطمئن از همه جهات به کارهای خویش ادامه دهند، و اسلام بزرگ و دولت اسلامی را پشتیبان خود بدانند، و قوه قضاییه را در دادخواهیها و اجرای

عدل و حدود اسلامی در خدمت خود ببینند، و قوای نظامی و انتظامی و سپاه پاسداران و کمیته‌ها را موجب آسایش و امنیت خود و کشور خود بدانند. و این امور بر عهده همگان است، و کار بستن آن موجب رضای خداوند و سعادت دنیا و آخرت می‌باشد، و تخلف از آن موجب غضب خداوند قهار و عذاب آخرت و تعقیب و جزای دنیوی است. از خداوند کریم خواهانم که همه ما را از لغزشها و خطاها حفظ فرماید، و جمهوری اسلامی را تأیید فرموده و آن را به حکومت عالَمی قائم آل محمد- صلی الله علیه و آله- متصل فرماید «انّه قریب مجیب». و السلام علی عباد الله الصالحین.

روح الله الموسوی الخمینی

Sūsyālysm-i ruyāyī-i man

Volume 1 - Daftar-i avval: Dar kūrān-i mubārizah-i inqilābī

Rizā *Fānī Yazdī*

Design: Reza Fani Yazdi

ISBN: 978-1-946655-00-4

First Edition: February 2017

Copyright © Reza Fani Yazdi

Published by: Bibi Publication

rezafani@gmail.com